知行 财经类专业规划教材
省级一流本科课程配套教材

创业融资

理论、工具及实践

第二版

沈 俊◎编 著

ENTREPRENEURIAL FINANCING: THEORY, TOOLS AND PRACTICE

上海财经大学出版社
SHANGHAI UNIVERSITY OF FINANCE & ECONOMICS PRESS
上海学术·经济学出版中心

图书在版编目(CIP)数据

创业融资：理论、工具及实践 / 沈俊编著.
2 版. -- 上海：上海财经大学出版社, 2025. 8.
(知行·财经类专业规划教材). -- ISBN 978-7-5642
-4734-8

Ⅰ. F275.1

中国国家版本馆 CIP 数据核字第 2025UZ8893 号

□ 责任编辑　徐　超
□ 联系信箱　1050102606@qq. com
□ 封面设计　贺加贝

创业融资：理论、工具及实践
（第二版）
沈　俊　编著

上海财经大学出版社出版发行
（上海市中山北一路 369 号　邮编 200083）
网　　址：http://www. sufep. com
电子邮箱：webmaster @ sufep. com
全国新华书店经销
上海新文印刷厂有限公司印刷装订
2025 年 8 月第 2 版　2025 年 8 月第 1 次印刷

787mm×1092mm　1/16　18. 75 印张（插页：2）　480 千字
印数：3 501—6 500　定价：59. 00 元

前　言

自“大众创业、万众创新”的政策提出以来，极大程度点燃了有志创业者的创业热情，也激发了创新创业学习者的创新精神和创业意识。他们创意新颖，创业热情澎湃；他们希望在创新创业的浪潮中尽显风流，勇立潮头。党的二十大以来，创新创业被赋予了新的时代使命，大会强调“坚持创新在我国现代化建设全局中的核心地位”。《国务院办公厅关于做好金融“五篇大文章”的指导意见》（国办发〔2025〕8 号）中，将“科技金融”作为大文章之首。这为创新创业提供了前所未有的发展机遇，也为创新创业投融资的参与者指明了行动方向。创业融资更加聚焦关键核心技术攻关，助力科技成果转化为新质生产力。

本教材编著者和教学研究团队长期以来从事“企业投融资”相关课程的教学、科研和案例开发，对多家企业提供融资和成长的咨询辅导，指导“互联网＋”“挑战杯”等各级各类创新创业比赛。在此过程中，发现具有创新创业精神的企业家、大学生创业者以及实际从事风险投资或私募投资的部分从业人员缺乏系统性、全局性理论指导或思维训练，亟需一本具有时代性、实用性和创新性特色，能够兼顾理论与实务、传统与创新、专业性与可读性的教材。于是，作者在教学、研究和服务社会的过程中，不断积累教学资源、实务案例，并结合国家最新政策，与研究团队共同撰写了本教材，旨在为创新创业的实践者提供一个集创业融资理论、工具和实际案例于一体的学习工具。

第二版教材是对第一版教材的继承、纠偏以及更新。本教材分上、中、下三篇，共十一章。上篇为创新创业融资基础理论篇，包括第一章和第二章。中篇为创业融资工具及创新篇，包括第三章、第四章、第五章、第六章和第七章。下篇为创业融资实践篇，包括第八章、第九章、第十章和第十一章。各章节的内容修正与增新旨在进一步凸显课程特色与案例教学方法。在第一版的基础上，根据新时代、新形态对课程教材提出的新要求，结合第一版使用者的使用反馈及课程建设团队成员的建议，对教材第二版增加了以下内容：每章章前增加思维导图，增强学生对课程的整体认知，以训练和提升学生的逻辑思维能力。每章章末增加了课程思政点、案例及思考题。每章增加相应内容的挑战性思维和深度思考指引,引导读者对相关文献进行课后查阅。在相关知识点旁增加了二维码,读者通过扫码阅读可以进一步加深对相关知识的理解及运用。

为了体现鲜明的时代特征和数字教材的要求,提升教材质量,作者对所有章节的文字表达、图表格式进行了修订和完善,力求体现专业性和可读性。个别章节修改的主要内容有:第一章增加了创新基础理论内容,第五章增加了科技金融工具,第六章完善了图表表达及文字表述,第八章到第十一章增加了新案例。同时,对涉及公式和计算的内容进行了修正,并删除了已经或即将过时、链接失效的内容,如 P2P、关于创新创业比赛的文件等内容。

在教材不断迭代的过程中,作者及团队成员积极进行课程建设,课程团队开发的五篇教学案例入选中国管理案例共享中心案例库。与教材配套的"创业融资"课程已被认定为省级一流本科课程,在线课程(https://www.icourse163.org/course/WHUT－1206648804)在中国大学 MOOC 平台已开课 11 次。学习者可以通过在线学习获取更为丰富、不断更新迭代的教辅材料和音视频学习资源。

第二版教材付梓之际,作者深深感受到这个成果的来之不易,它是众多人士的指导、参与以及支持的结晶。特别感谢我的同事、教学团队成员、使用过教材的同行和业界专家,他们为第一版教材中出现的错漏和不足提出了很好的建议。感谢在第一版教材中参与文献收集、案例编写、教材审校的几届研究生,也要感谢在第二版教材中参与教材修订的在校研究生叶佳欣、余子洋、龚渝深、宋晚轶和何鸿笛。更要感谢上海财大出版社的徐超和相关同志,他们为教材的出版进行了严格的修审。

作　者
2025 年 4 月

目 录

上篇 创业融资理论

中篇 创业融资工具及创新

下篇 创业融资实践

上篇

创业融资理论

第一章　创新创业基础

【本章思维导图】

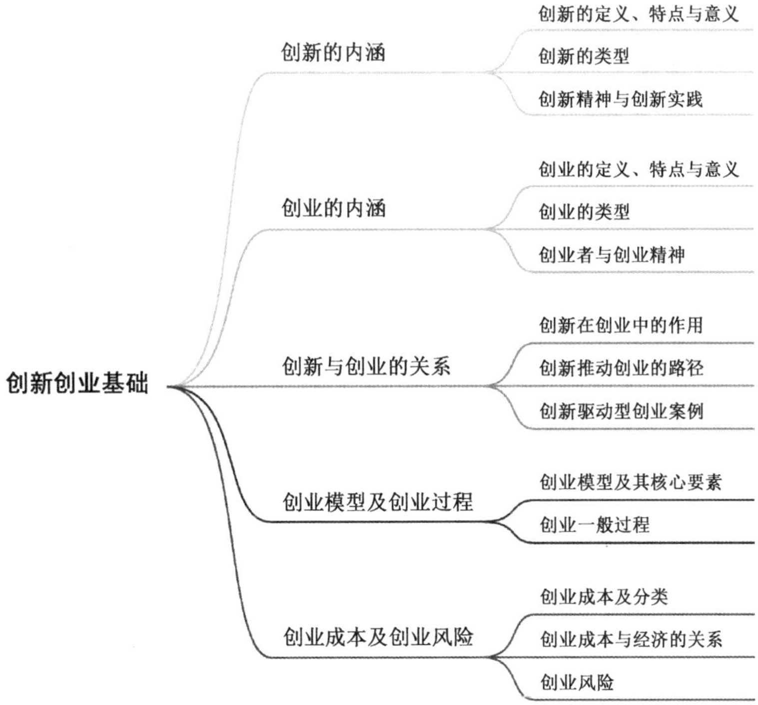

【引导案例】

张茵，中国女企业家，玖龙纸业(控股)有限公司董事长。只用了17年，55岁的张茵已将玖龙纸业(控股)有限公司(下称“玖龙”)，打造成了亚洲最大、世界第二的包装用纸制造集团，但她依然强调：事业尚在征途，仍在继续努力。

张茵的创业经历并不复杂：1985年，她来到香港，从收购废纸开始赚到第一桶金；1990年，她到美国创办公司，把废纸贸易国际化；1995年底，她成立玖龙，经过不断的战略拓展，使之成为中国包装纸板之王。10年后,她荣登2006年胡润榜中国首富,胡润称她为“世界上最富有的女白手起家者”。

“人生的价值并非追求更多的物质财富,而是坚定地做好自己的事业。当你实现了自身的价值,财富自然就会到来。如果东一把西一把的,看到哪个行业赚的钱多就奔过去,累心累肺的,觉都睡不好,别说赚钱了。”张茵说完放声大笑。张茵有远见,她坚持自己的选择并一以贯之,她关心如何保持产品的质量做到最好,打造一个被世界认可的百年品牌,关心如何能把自己的事业一代代地传承下去。“我要让玖龙成为百年传承的企业,这就是我追求的成就感。”张茵喜欢看阿信的故事。阿信这个20多年前日本电视剧中的主人公,出身贫困,曾遭遇生活中的不幸和生意上的灭顶之灾,但始终对人生充满希望,最终铸造了日本百货第一企业。“阿信坚持卖鱼,跟我在香港做废纸贸易很相似。”

20世纪50年代,张茵出生在广东省一个军人家庭。“文革”期间父亲被迫入狱。张茵身为8个兄弟姐妹中的老大,小小年纪就挑起家庭的重担,但正是这种艰苦的环境,塑造了她独立、坚强、大度的个性。1982年父亲平反,张茵有机会攻读了她喜爱的财会专业。毕业后她到深圳闯荡,并曾在工厂做过工业会计,在深圳一家合资企业担任过财务部部长和贸易部部长。按理说,一切都在按她之前认为的较为理想的职业规划方向运行。20多岁时,张茵在一家公司掌管会计和贸易部门,在此期间,结识了一位年长的造纸厂厂长,建议张茵到香港进入废纸贸易行业。去一个国际大都市以收破烂为生?张茵心存疑虑。但这位老厂长说:“别小瞧这些废纸,它们可是森林,将来造纸业肯定要从资源造纸向再生纸发展。”

带着攒下的3万元钱,27岁的张茵去了香港,她与两位合作伙伴成立了一家公司,业务是将香港等地的废纸运到内地的造纸厂。受到国内造纸厂的委托,张茵想把纸的水分控制好。当时市场盛行废纸中水分比例为30%,她想把它降到10%~15%。这种做法触犯了同行的利益,被认为是违反了行规,她因此接到过黑社会的恐吓电话。“人都说,初生牛犊不怕虎,我当时是一个刚到香港的内地孩子,并不知道害怕。”张茵说。一方面,张茵不卑不亢地应对着复杂的环境,另一方面,张茵的豪爽和公道让公司的信誉越来越好,收废纸的人都愿意跟她做生意,愿意把收来的废纸卖给她。“在创业的过程中,信誉是最重要的。必须要做到大家都认可你,相信你,用广东话说,就是‘牙齿要当金使’。”张茵说。

“我觉得自己的性格跟阿信很像,在困难中我会努力顶过去,不会老是想我当时很困难。”张茵的观点未曾改变,人不能放弃自己的个性,觉得对的就要坚持,不管需要付出多少代价,战争中也会有人牺牲。这种从创业之初就确立的行业价值观,她延续至今。“我们要做稳定的、客户信赖的产品,品质至上,在市场上要做到龙头。”

与很多企业家频频试水新的掘金点不同,张茵很执着,她的眼光从不旁移。“不能身在这山望那山高,我们是白手起家的创业者,不是含着金锁头出世的,一个铜钱,不掰了好几瓣去用,哪能做大做强?”张茵第一次进入全国公众的视线是在2003年,这一年胡润将玖龙的张茵列入富豪榜。一直以来,东莞经济总量位居全国地市级城市前茅,但东莞的财富故事大多呈现出低调致富、藏富于民的特点,因此,在张茵入榜之前,没有任何一位东莞企业家进入过富豪榜。收到了胡润发来的关于核实财富数字等信息的邮件后,张茵婉拒了胡润的要求。不过,胡润最终还是把张茵列入榜单,2003年,张茵以25亿元的财富排在胡润百富榜第17位。3年以后,张茵登顶财富榜,这个名字被全国知晓。然而,张茵依然选择低调,把大量的时间都花在工作上。玖龙的员工宿舍小区里有一栋12层的楼房,张茵就住在这栋楼的顶层。300多平方米的房子,除了一些金色的装饰物,没有多少奢华气息。“下班后,站在阳台上,就能看到员工们在运动场上锻炼、跳舞、领着一家大小散步玩耍的场景，这是让我最开心的。”张茵说。她把精力投入促进环保的循环经济上，“没有环保就没有造纸！”的大字标语刷在公司的最外墙上，展示着玖龙最核心的企业理念和对环保的态度。管理透明化是她管理公司的一种方式，一如她用玻璃进行隔断的办公室，一览无遗在这里。每年年底她都会抽出时间亲自和部分员工进行一次一对一的谈心，在每两周一次的集团例会上，除了讨论公司正常的生产、经营情况，还有一个固定的话题就是各基地的负责人要汇报近期在员工吃住行等方面福利的完善情况。张茵对员工的关爱细致入微，除了对油、米等食堂物资要求定点采购外，还倡导食堂做菜要讲究酸碱平衡，有利于员工的健康。

张茵喜欢读历史类书籍，“我觉得中国有很多历史书要读一读，读了以后能受到启发，受益匪浅；古代人很聪明，他们很多经验对我们很有用”。她很喜欢明朝、清朝的历史故事，最喜欢到北京旅游，她说在故宫里有很多神秘的中国历史值得挖掘，怎么看都不厌，但目前她表示还没有这么多时间。“现在首先要保证休息，然后保证运动，最后才保证读书。”

（案例来源：邹锡兰，黄振鹏．张茵：白手起家的全球女首富[J]．人才资源开发，2013(02)：42—43．）

案例启示与思考：

创业是一个发现和捕获机会并由此创造出新颖的产品、服务或实现其潜在价值的过程。然而，在这个过程中，创新是不可或缺的关键因素，若想要创业成功，并非那么简单。请思考以下问题：

1. 你认为张茵创业成功的原因有哪些？
2. 你身边有创业成功的例子吗？
3. 你觉得如何在创业过程中培养创新精神？

【本章学习目标】

1. 使学习者理解创业的定义、不同创业模型及核心要素和类型，培养其社会责任感和诚信经营意识。
2. 增加学习者对创新创业一般过程的认知，弘扬艰苦奋斗和勇于创新的精神。
3. 提高学习者分析创业成本、创新创业精神等内涵的能力，强化其在创业过程中遵守法律法规和道德规范的意识，为国家和社会的发展贡献力量。

第一节　创新的内涵

一、创新的定义、特点和意义

（一）创新的定义

创新是推动社会进步和经济发展的重要力量，在学术界和实践中都有着广泛的讨论。尽管创新的概念在不同领域和不同学者之间有所差异，但总体上，创新可以被定义为在不断变化的环境中，通过引入新的思想、技术、产品、服务或方法，以创造新的价值和竞争优势的过程。国际学者们从不同的角度对创新进行了定义。

首先,约瑟夫·熊彼特(Joseph Schumpeter)是最早系统研究创新的经济学家之一,他在其著作《经济发展理论》中提出了著名的“创造性破坏”理论。熊彼特认为,创新是引入新的生产函数,即引入新的组合方式,包括新产品或新质量的引入、新生产工艺的引入、新市场的开拓、新供应来源的发现以及新组织形式的实施。熊彼特的定义强调了创新在经济周期中的重要作用,认为创新是推动经济增长和结构变革的关键因素。

与此同时,埃弗雷特·罗杰斯(Everett Rogers)在其著作《创新的扩散》中,将创新定义为“一种被个人或其他采纳单位视为新颖的想法、实践或对象”。罗杰斯强调了创新在社会系统中的传播和接受过程,更侧重于创新在社会和文化中的传播机制,以及人们如何采纳和使用这些创新。这一观点与熊彼特的宏观经济学视角形成了互补,进一步丰富了我们对创新的理解。

其次,克莱顿·M. 克里斯滕森(Clayton M. Christensen)在《创新者的窘境》中提出了“颠覆性创新”的概念。他认为,颠覆性创新是指那些能够打破现有市场格局,创造新市场和价值网络的创新。克里斯滕森的定义强调了创新对现有企业和市场的冲击,以及如何通过创新创造新的市场机会。此外,彼得·德鲁克(Peter Drucker)在《创新与企业家精神》中也指出,创新是将变化转化为新的机会,将新的知识应用于经济和社会的过程,强调了创新的系统性和组织性,认为创新不仅是个人的创意,更是组织和管理的过程。

最后,迈克尔·E. 波特(Michael E. Porter)在其著作《竞争优势》中提到,创新是企业通过引入新产品、新工艺、新市场或新的组织形式来获取竞争优势的过程。作为头脑风暴法的创始人之一,亚历克斯·F. 奥斯本(Alex F. Osborn)在《应用想象力》中将创新定义为“通过创造性思维和方法,找到解决问题的新途径”,强调创新过程中的创造力和思维方法。

表1—1列示了国外学者对于创新的定义。

表1—1　　国外学者对于创新的定义

定义焦点	作者	定义/解释	关键修饰词
创造新组合	约瑟夫·熊彼特	引入新的生产函数,即引入新的组合方式,包括新产品或新质量的引入、新生产工艺的引入、新市场的开拓、新供应来源的发现以及新组织形式的实施。	新;组合
社会系统的传播和接受	埃弗雷特·罗杰斯	一种被个人或其他采纳单位视为新颖的想法、实践或对象。	传播;接受
打破现有市场格局	克莱顿·M. 克里斯滕森	颠覆性创新是指那些能够打破现有市场格局,创造新市场和价值网络的创新。	打破;新市场
组织和管理过程	彼得·德鲁克	将变化转化为新的机会,将新的知识应用于经济和社会的过程。	组织;管理
获取竞争优势	迈克尔·E. 波特	企业通过引入新产品、新工艺、新市场或新的组织形式来获取竞争优势的过程。	获取;竞争优势
解决问题的新途径	亚历克斯·F. 奥斯本	通过创造性思维和方法,找到解决问题的新途径。	创造性思维;解决问题

除此之外,在中国,创新管理领域的研究吸引了众多学者深入探讨并产生了独特见解。

首先,陈劲,作为中国创新管理领域的知名学者,在其著作《创新管理》中提出了创新的概念，即在技术、产品、市场、组织等方面引入新的元素，以提高企业的竞争力和市场适应能力。他强调了创新在提升质量和创造价值方面的作用，并指出创新不仅仅是技术上的突破，还包括商业模式、管理方式、市场开拓等方面的创新。

其次，吴晓波是浙江大学管理学院的教授，他在其著作《激荡三十年：中国企业 1978—2008》中详细探讨了中国企业在改革开放后的创新历程。吴晓波教授强调了创新在经济转型中的重要性，并认为创新是推动中国经济持续增长的关键因素。他在书中展示了众多企业在技术和管理上的创新实践，以及这些创新如何帮助企业在激烈的市场竞争中脱颖而出。

中山大学管理学院的教授李新春在企业战略管理、家族企业管理和创业管理等领域有着丰富的研究成果，他特别关注家族企业在创新过程中的独特优势和挑战，并认为创新是企业持续发展的核心驱动力。此外，北京大学光华管理学院教授周长辉在其研究中指出，创新是通过引入新的思想、技术、产品、服务或方法，以创造新的价值和竞争优势的过程。他强调了创新在动态环境中的重要性，并认为创新需要组织和个人具备敏锐的市场洞察力、持续的学习能力、勇于冒险的精神以及有效的资源配置和管理能力。

最后，作为上海交通大学安泰经济与管理学院的教授，王方华在企业战略管理、市场营销等领域有着深厚的研究。王方华教授在其多篇论文和著作中强调，创新是通过引入新的技术和方法，提升现有产品和服务的质量，从而创造更大的经济或社会价值的过程。他特别关注企业如何通过战略管理来实现持续创新，并认为创新是企业保持竞争力和适应市场变化的关键。

综合以上国内外学者的定义，创新可以被理解为在不断变化的环境中，通过引入新的思想、技术、产品、服务或方法，以创造新的价值和竞争优势的过程。创新不仅仅是技术上的突破，还包括商业模式、管理方式、市场开拓等方面的创新。这一过程要求组织和个人不仅要具备敏锐的市场洞察力和持续的学习能力，还要有勇于冒险的精神和有效的资源配置及管理能力。无论是从国际还是国内的角度来看，创新都是推动经济社会发展和企业持续成长的关键因素。

技术创新与其他相关概念的区别

小思考

根据上述对创新的定义，我们可以看到创新不仅限于技术上的突破，还包括商业模式、管理方式、市场开拓等多个方面。基于此，请判断以下情况是否符合创新的标准：

①一家传统书店引入线上销售平台，同时推出电子书阅读服务。

②SpaceX 公司开发可重复使用的火箭技术。

③A 食品公司推出了一款全新的健康零食产品。

④B 科技公司为其现有软件产品增加了新的功能，但这些功能在市场上已有类似产品。

（二）创新的特点

创新是一种推动社会进步和经济发展的核心动力，它涉及思想、技术、产品、服务、流程等多个方面的新颖性和创造性变革。创新不仅仅是简单的模仿或微小改进，而是需要深度的思考、独特的视角和前瞻性的规划。以下是创新的主要特点。

1. 具有原创性与新颖性

基础研究原始创新是开辟新的创新周期，而不是延长一个创新周期①。创新的核心在于其原创性和新颖性，即创造出前所未有的新事物或新方法。这种新事物或新方法不仅是对现

① 于绥生. 论基础研究原始创新的特点[J]. 技术与创新管理，2017，38(04)：354－360. DOI：10.14090/j. cnki. jscx. 2017. 0402.

有知识的整合和优化，更是对未知领域的探索和突破。这种原创性和新颖性是创新的基本属性，也是其区别于其他活动的关键所在。

2. 需要持续的学习与探索

创新是一个持续不断的过程，需要不断地学习和探索新知识、新技术和新方法。创新者需要具备强烈的学习意愿和好奇心，能够紧跟时代潮流，不断吸收新的信息和理念。同时，他们还需要具备探索精神，勇于尝试新的思路和方法，不断挑战自我和突破传统。

3. 面临不确定性和风险

创新往往伴随着不确定性和风险。由于创新涉及未知领域和新颖事物，因此其成功与否往往难以预测。创新者需要承担可能失败的风险，并准备好面对各种挑战和困难。然而，正是这种不确定性和风险性，也赋予了创新巨大的潜力和价值。一旦成功，创新将带来巨大的社会经济效益和竞争优势。

4. 带来显著的变革与提升

创新的目的在于推动社会进步和经济发展，因此它必须带来显著的变革和提升。这种变革和提升可能表现为生产效率的提高、产品质量的提升、服务水平的改善、用户体验的优化等方面。通过创新，企业可以开发出更具竞争力的产品和服务，满足消费者不断变化的需求，从而在市场中获得更大的份额和更高的利润。同时，创新还可以推动整个行业的进步和发展，提升整个社会的福祉水平。

5. 推动社会文化的进步

创新不仅仅是一种经济活动，更是一种文化活动。它推动着人们的思想观念、价值观念和审美观念的变革和更新。通过创新，人们可以不断开拓新的思维领域和认知领域，丰富和深化对世界的理解和认识。同时，创新还可以激发人们的创造力和想象力，推动文化艺术的发展和繁荣。

（三）创新的意义

创新，作为现代社会发展的核心引擎，其意义深远且重大，不仅在经济领域发挥着举足轻重的作用，更在社会、文化乃至个人层面产生了广泛而深远的影响。

在经济领域，创新是推动经济增长的关键力量。通过引入新技术、开发新产品、优化生产流程，创新企业能够显著提升生产效率，降低成本，扩大市场份额，从而带动整个行业的繁荣与发展。同时，创新也是产业升级与转型的重要驱动力。随着技术的不断进步，传统产业面临着转型升级的压力和挑战，而创新则为企业提供了转型升级的新思路和新方法，推动产业结构的优化升级，为经济发展注入了新的活力。

在社会层面，创新的意义同样不可忽视。通过创新，我们能够解决许多社会问题，如环境污染、资源短缺、人口老龄化等，从而改善民众的生活质量，提升社会福祉。此外，创新还促进了文化的繁荣与发展。在全球化的大背景下，文化的交流与融合日益频繁，而创新则为文化的传承与发展提供了新的思路和途径，推动了文化的多样性和包容性。

在个人层面，创新更是激发个人潜能与创造力的源泉。通过参与创新活动，个人能够不断挑战自我，突破传统思维的束缚，培养独立思考、勇于探索的精神品质。这种经历不仅能够提升个人的专业素养和综合素质，还能够为个人的职业发展和社会贡献奠定坚实的基础。

体会创新内涵

二、创新的类型

创新作为推动社会进步和经济发展的关键力量，其类型同样呈现出多样化的特点。学者们从不同角度对创新进行了分类，以下是一些具有代表性的分类方式。

（一）基于创新内容的分类

这种分类方式主要是根据创新活动所针对的具体对象进行划分，具体分为产品创新、过程创新、组织创新和市场创新，最早可以追溯到熊彼特等经济学家的创新理论。

1. 产品创新

产品创新是指通过研发新的产品或对现有产品进行改进，以满足市场需求或创造新的市场需求。这种创新通常涉及产品设计、功能、性能等方面的改进或创新，旨在为消费者提供更好、更便捷、更具吸引力的产品。

2. 过程创新

过程创新是指通过改进生产或服务流程，提高生产效率、降低成本或提升服务质量。这种创新可能涉及新的生产工艺、设备、技术或管理方法的引入，旨在优化生产或服务流程，提高整体运营效率。

3. 组织创新

组织创新是指通过改变企业的组织结构、管理方式或企业文化，以适应市场变化或提升企业的竞争力。这种创新可能涉及新的组织结构设计、管理流程优化、员工激励机制改进等方面，旨在提高企业的组织效率和创新能力。

4. 市场创新

市场创新是指通过开拓新的市场或改变市场定位，以满足不同消费者群体的需求。这种创新可能涉及市场调研、市场细分、营销策略制定等方面，旨在发现新的市场机会并提升企业的市场份额。

（二）基于创新来源的分类

一些学者们通过研究发现，企业可以通过不同的路径来进行创新，这些路径的选择取决于企业的内部资源、外部环境以及战略目标。基于创新来源的分类主要包括自主创新、合作创新和引进创新三种形式。

1. 自主创新

自主创新是指企业依靠自身的研发能力和资源，独立进行新技术、新产品的开发和创新。这种创新方式需要企业具备较强的研发实力和创新能力，能够自主掌握核心技术和知识产权。

2. 合作创新

合作创新是指企业与其他企业、研究机构或高校等合作，共同进行新技术、新产品的开发和创新。这种创新方式可以充分利用各方的资源和优势，实现资源共享和优势互补，提高创新效率和成功率。

3. 引进创新

引进创新是指企业通过引进国外先进的技术、产品或管理经验，进行消化吸收再创新。这种创新方式可以快速提升企业的技术水平和管理能力，但需要注意知识产权的保护和技术的消化吸收能力。

（三）基于创新强度的分类

1. 渐进式创新

渐进式创新是指对现有技术、产品或服务进行小幅度的改进和优化，以提高性能、降低成本或提升用户体验。这种创新方式通常是在现有技术框架内进行，风险较小，但创新效果也相对有限。

2. 颠覆式创新

颠覆式创新是指通过引入全新的技术、产品或商业模式,对现有市场格局产生重大冲击,甚至颠覆整个行业。这种创新方式通常具有较高的风险和不确定性,但一旦成功,将带来巨大的市场机会和竞争优势。

(四)基于创新主体的分类

1. 个人创新

个人创新是指个人通过自身的创意和努力,开发出新的技术、产品或服务。这种创新方式通常具有较高的灵活性和创新性,但也需要个人具备较强的研发实力和创新能力。

2. 企业创新

企业创新是指企业作为创新主体,通过研发、生产、销售等各个环节的创新活动,推动企业的技术进步和产业升级。这种创新方式通常具有较大的规模和影响力,能够带动整个行业的发展和进步。

三、创新精神与创新实践

(一)创新精神的内涵

创新精神,作为推动个人和组织在复杂多变环境中持续进步与发展的核心动力,其内涵丰富而深远。它不仅是一种敢于挑战现状、勇于探索未知的勇气,更是一种追求卓越、不断超越自我的精神境界。创新精神,从根本上讲,是个人或组织在面对挑战和机遇时,主动寻求并应用新思路、新方法、新技术,以创造新的价值和解决方案的精神状态。这种精神不仅体现在技术和产品的创新上,更贯穿于管理、服务、商业模式乃至文化理念等多个层面。它鼓励人们跳出传统框架,敢于质疑既定规则,勇于探索未知领域,从而推动社会进步和文明发展。

创新精神具有以下特征:

1. 前瞻性

创新精神要求个体或组织具备对未来趋势的敏锐洞察力,能够预见并把握潜在的机会。这要求人们不仅要关注当前的市场动态和技术发展,更要具备长远眼光,通过深入分析和预测,把握行业发展的脉搏,为未来的挑战和机遇做好准备。

2. 冒险精神

创新总是伴随着风险,无论是技术上的不确定性,还是市场接受度的未知,都考验着创新者的勇气和决心。创新精神鼓励人们勇于承担风险,面对失败时能够保持积极态度,从失败中汲取教训,不断前行。这种冒险精神是创新过程中不可或缺的一部分,它激发了人们的创造力和探索欲。

3. 持续改进

创新不是一蹴而就的过程,而是一个不断迭代、持续优化的循环。创新精神要求个体或组织具备持续学习和反思的能力,通过不断试错、调整和优化,实现产品和服务的持续改进。这种持续改进的精神不仅有助于提升产品和服务的质量,还能在竞争中保持领先地位。

4. 团队合作

创新往往涉及多个学科、多个领域的交叉融合,需要跨学科、跨领域的合作。创新精神强调团队合作精神的重要性,鼓励不同背景、不同专长的人们携手合作,共同解决问题。这种跨领域的合作不仅有助于拓宽创新的视野和思路,还能促进知识和技能的共享与交流。

5. 社会责任

创新精神在追求经济效益的同时，也要考虑对社会和环境的影响。这要求个体或组织在创新过程中，不仅要关注产品的功能和性能，还要关注其对社会和环境的潜在影响。通过创新解决社会问题、改善环境质量、提升人类福祉，是创新精神的重要体现。这种社会责任感不仅有助于提升企业的社会形象，还能促进社会的和谐与可持续发展。

（二）创新精神的重要性

创新精神在个人、企业乃至社会层面都扮演着至关重要的角色，是推动进步与发展的核心动力。

1. 对个人而言

创新精神是职业生涯和个人成长的双重催化剂。首先，职业发展方面，创新精神能够帮助个人在职业生涯中不断进步，提升竞争力。在快速变化的职场环境中，具备创新精神的个人能够不断寻找新的机会，提出新的解决方案，从而在众多求职者和同事中脱颖而出。此外，创新精神还能帮助个人在现有职位上实现更大的突破，通过创新的方法和思路，提升工作效率和工作质量，从而获得更多的晋升机会。

其次，个人成长方面，创新精神促使个人不断学习新知识，拓展视野，实现个人成长。创新不仅是技术或产品上的创新，还包括思维方式和工作方法的创新。通过不断尝试新的方法和思路，个人可以拓宽知识面，提升解决问题的能力，从而在个人能力和专业素养上实现质的飞跃。此外，创新精神还能够激发个人的创造力和想象力，使个人在面对复杂问题时能够提出独特的见解和解决方案。

2. 对企业而言

创新精神是企业竞争优势和持续发展的源泉。首先，竞争优势方面，创新能够帮助企业开发新产品、改进服务、优化流程，从而在激烈的市场竞争中脱颖而出。通过创新，企业可以不断推出符合市场需求的新产品，提升服务质量，优化内部管理流程，从而在竞争中占据有利地位。例如，苹果公司通过持续的产品创新，推出了 iPhone、iPad 等革命性产品，从而在全球市场上占据了领先地位。

其次，持续发展方面，创新是企业持续发展的动力，能够帮助企业适应不断变化的市场环境。市场和技术环境的快速变化要求企业必须不断进行创新，以保持竞争力。通过持续创新，企业可以不断调整战略方向，优化业务模式，提高运营效率，从而在不断变化的市场中保持活力和竞争力。例如，亚马逊通过不断创新，从最初的在线书店发展成为涵盖电商、云计算、人工智能等多个领域的科技巨头。

3. 对社会而言

创新精神是推动经济增长和社会进步的重要引擎。首先，经济增长方面，创新是推动经济增长的重要引擎。创新能够创造新的就业机会，提高生产力，从而推动经济的持续增长。通过创新，企业可以开发出新的产品和服务，开拓新的市场，带动相关产业链的发展，从而刺激经济增长。例如，互联网和移动通信技术的创新不仅创造了数百万的就业机会，还催生了新的商业模式和经济增长点。

其次，社会进步方面，创新有助于解决社会问题，提高人们的生活质量，推动社会进步。通过创新，可以开发出更环保、更节能的产品和技术，解决环境污染和能源短缺等问题。此外，创新还可以改善医疗服务、教育、交通等领域的服务水平，提高人们的生活质量和幸福感。例如，医疗领域的创新，如基因编辑技术和远程医疗服务，不仅提高了疾病的治疗效果，还让更多人享受到优质的医疗服务。

(三)创新实践的关键要素

在探索企业创新实践的奥秘时，我们不难发现，一系列关键要素共同构成了企业推动创新、实现可持续发展的基石和企业不断前行的力量源泉。

1. 创新文化

创新文化是企业创新活动的灵魂，它塑造了一个鼓励探索和实验的工作环境。首先，鼓励尝试是创新文化的基础。企业应该建立一种鼓励员工尝试新思路的文化氛围，容忍失败并从中学习。这意味着企业要为员工提供一个安全的空间，让他们敢于提出大胆的想法，即使这些想法可能会失败。通过这样的文化，员工会更加积极地参与到创新过程中来。

其次，开放沟通也是创新文化的重要组成部分。企业需要建立开放的沟通渠道，鼓励员工分享想法和反馈，促进信息的自由流通。这种开放性有助于打破部门间的隔阂，促进跨部门的合作，从而加速创新进程。此外，企业还应该定期举办创新论坛或工作坊，为员工提供一个正式的平台来展示他们的想法。

最后，通过奖励机制来表彰创新行为和成果，激发员工的创新热情。这可以是物质奖励，比如奖金、股票期权，也可以是非物质奖励，比如公开表扬、晋升机会等。通过明确的奖励机制，企业可以强化员工对创新的承诺，同时也树立了正面的榜样，激励更多人参与到创新活动中来。

2. 资源投入

资源投入是创新实践的物质基础。充足的资源是创新活动得以持续进行的重要保证。研发投入是最直接的方式之一，企业需要持续投入研发经费，支持新技术、新产品的开发。这种投资不仅可以帮助企业保持技术领先，还能确保其在市场上的竞争优势。此外，企业还需要确保研发团队有足够的资源来进行试验和测试，以便更快地将创新成果推向市场。

其次，人才培养同样重要。企业应当培养和引进具有创新能力和专业知识的人才，提供必要的培训和发展机会，以确保团队能够跟上最新的技术和市场趋势。通过内部培训、外部研讨会、在线课程等多种方式，企业可以帮助员工不断提升自己的技能和知识水平，从而更好地支持创新工作。

最后，基础设施建设也不可忽视。为了给创新提供坚实的硬件支持，企业需要建设必要的基础设施，如实验室、研发中心等。这些设施不仅提供了进行研究和开发所需的空间和工具，还能够吸引高水平的研究人员加盟，进一步增强企业的创新能力。

3. 合作与开放

合作与开放是企业创新实践的重要途径。跨界合作是现代创新的一个显著特征。通过与高校、研究机构以及其他企业等进行跨界合作，企业可以共享资源，共同攻克难题，加速创新进程。这种合作可以是正式的研发伙伴关系，也可以是临时性的项目合作。无论是哪种形式，跨界合作都能够为企业带来新的视角和资源，促进创新的多样化。

开放式创新则是另一种重要的创新模式。通过利用外部资源和知识，企业可以加速创新进程，降低创新成本。开放式创新可以包括众包、合作伙伴关系、技术许可等多种形式。这种模式要求企业保持开放的心态，积极寻求外部的合作机会，并有效地整合外部资源。

除此之外，用户参与同样是创新过程中不可或缺的一环。企业应该鼓励用户参与到创新过程中来，通过收集用户的反馈，更好地理解他们的需求和期望。这样不仅可以提高产品的市场适应性，还能够增加用户的忠诚度。企业可以通过调查问卷、用户访谈、贝塔(Beta)测试等多种方式，邀请用户参与到产品或服务的设计和改进过程中。

4. 风险管理

风险管理在创新实践中同样至关重要，任何创新活动都伴随着一定程度的风险。因此，风险评估是必不可少的。企业需要对创新项目进行全面的风险评估，识别潜在的风险点，包括技术风险、市场风险、财务风险等。通过详细的风险评估，企业可以更早地发现潜在问题，并制定相应的应对策略。

风险管理则是在识别风险后，制定具体的计划来降低风险。这可能包括建立备份计划、分散投资、加强内部控制等措施。有效的风险管理可以帮助企业减少损失，确保创新项目的顺利进行。

最后，灵活调整也是风险管理的一个重要方面。企业需要根据市场反馈和实际情况，灵活调整创新方向和策略。这意味着企业要有足够的灵活性和适应性，能够在面对不确定性和变化时迅速作出反应。通过不断的调整和优化，企业可以确保创新活动始终保持在正确的轨道上。

（四）创新实践案例分析

请先扫码阅读案例《宜家：家居巨头的创新之路》。在深入研读宜家的创新案例后，我们不仅对其在全球家居零售市场的卓越表现有了更深的理解，更会被其持续创新、以消费者为中心和灵活应变的精神所打动。根据案例，我们可以看出，宜家成功的关键有以下几点。

宜家：家居巨头的创新之路

1. 持续创新：企业发展的灵魂

宜家之所以能在全球家居市场屹立不倒，关键在于其持续不断的创新精神。从产品设计的简约自然，到购物体验的舒适放松，再到商业模式的全面革新，宜家始终走在创新的前沿。这种精神不仅体现在技术层面，如数字实验室的设立和 SPACE 10 的创新项目，更体现在对消费者需求的深刻洞察和满足上。正如前文所述，宜家通过引入导航系统、图像识别技术和人工智能技术，不断优化消费者的购物体验，这正是其持续创新精神的生动体现。

2. 以消费者为中心：品牌成功的基石

宜家深知，品牌的成功离不开消费者的支持和信任。因此，它始终将消费者放在核心位置，通过深入了解消费者的需求和偏好，提供符合其期望的产品和服务。无论是自助式购物模式的引入，还是模块化设计和体验式营销的创新，都是为了更好地满足消费者的需求。这种以消费者为中心的经营理念，使宜家赢得了广泛的认可和好评，成为家居零售行业的佼佼者。

3. 灵活应变：适应市场变化的法宝

面对新零售、人工智能等新型技术的快速发展，宜家没有选择固守传统，而是积极拥抱变革，灵活调整战略。通过设立创新孵化团队和数字实验室，宜家不断追踪新技术并探索其在商业场景中的应用，从而保持了市场的领先地位。同时，宜家还敢于尝试新的商业模式，如搭建线上家居销售平台、将门店从郊区转移到市中心等，这些举措都体现了其灵活应变的能力和对市场变化的敏锐洞察力。

4. 品牌建设与文化传播：提升品牌影响力的关键

宜家的成功不仅在于其产品和服务，更在于其独特的品牌文化和价值观。通过色彩鲜明的黄蓝标志、简约自然的产品风格以及舒适放松的购物体验，宜家成功塑造了一个具有亲和力和辨识度的品牌形象。同时，宜家还通过举办科技节、开设 SPACE 10 实验室等方式，不断传播其创新理念和未来愿景，进一步增强了品牌的吸引力和影响力。这种品牌建设与文化传播的策略，使宜家在全球市场上独树一帜，成为家居零售行业的典范。

5. 面向未来：持续探索新的可能性

宜家的创新之路并没有止步于当前的成功。相反，它正以前所未有的勇气和决心，面向未来持续探索新的可能性。无论是线上家居销售平台的搭建，还是将门店融入更多年轻消费者的生活，宜家都在不断探索新的商业模式和市场机会。这种面向未来的态度和精神，使宜家能够保持敏锐的市场洞察力，不断引领家居零售行业的创新发展。

宜家的创新案例给我们带来了深刻的启示和体会。而作为企业或个人，我们应该学习宜家的创新精神、以消费者为中心的经营理念、灵活应变的能力、品牌建设与文化传播的策略以及面向未来的态度。只有这样，我们才能在激烈的市场竞争中立于不败之地，实现持续稳健的发展。

第二节　创业的内涵

一、创业的定义、特点和意义

（一）创业的定义

1987 年《管理学报》(Journal of Management)正式开辟创业研究，创业开始进入学术研究领域，此后许多学者开始对这一领域给予关注，并加入创业研究的行业，创业研究得以迅速发展。20 世纪 80 年代以来，美国管理学会将创业作为一个单独的领域正式纳入管理学科，许多学校也开设了创业学课程。但一直以来，学术界对于创业的概念没有形成一个统一的意见，以下是不同学者从不同角度对创业的定义。

杰夫里·A. 蒂蒙斯(Jeffry A. Timmons)在其所著的创业教育领域的经典教科书《创业创造》(New Venture Creation)中给出创业的定义：创业是一种思考、推理结合运气的行为方式，它为运气带来的机会所驱动，需要在方法上全盘考虑并拥有和谐的领导能力。

美国著名管理学家德鲁克认为创业是一种可以组织并且需要组织的系统性的工作。只有那些能够创造出一些新的、与众不同的事情并能创造价值的活动才是创业。

奥地利经济学家熊彼特认为创业是实现创新的过程，这个创新过程主要包括新产品、新工艺、采用新的生产原料、进入新市场以及制度创新等。

哈佛商学院工商管理教授霍华德·H. 斯蒂文森(Howard H. Stevenson)认为：创业是不拘泥于当前资源条件的限制下对机会的追寻，将不同的资源组合以利用和开发机会并创造价值的过程。创业是个人追踪和捕捉机会的过程，这一过程与当时所控制的资源无关。

科尔(Cole)则把创业定义为：创业是以发起、维持和发展利润为导向的企业的有目的性的行为。

美国管理学会认为创业概念可以被解释为新企业、小企业和家族企业的开创和管理，以及创业者的特征和特殊问题。

综上所述，创业可以指在动态的时间与环境中，个体通过一定的组织形式发现和捕获机会并由此创造出新颖的产品或服务和实现其潜在价值的过程。创业必须要贡献时间和付出努力，承担相应的财务的、精神的和社会的风险，并获得金钱的回报、个人的满足和独立的自主。

表 1—2 列举了一些典型的国外学者对创业的定义，如康纳(Conner)从识别机会的能力和创业家个性与心理特质定义创业，拜格雷夫(Bygrave)从识别机会的能力、创业家个性与心理特质和获取创业机会三方面来定义创业，可以看出，虽然每种定义都描述了创业的一个或几

个侧面，但至今仍然没有人给出一个反映创业全貌的完整概念。比较这些定义可以发现，大多数研究者都是根据谁是创业家、他/她干什么来单独界定创业的研究领域，尤其是基于识别机会和创业家活动的研究。分类虽然不是十分精确，但我们却不难发现，这些有影响和有代表性的创业定义主要立足于四个方面，即创业家个性与心理特质、识别机会的能力、获取机会、创建新组织与开展新业务的活动，而其中的两个方面涉及创业机会。

表 1—2　　国外学者对创业的定义

定义焦点	作者	定义/解释	关键修饰词
识别机会的能力	Knight(1921)	成功地预测未来的能力	成功;预测未来
	Kirzner(1973)	成功地预测下一个不完全市场和不均衡现象在何处发生的套利行为与能力	正确;预测;不完全市场和不均衡现象
	Leibenstein(1978)	比你的竞争对手更明智、更努力地工作的能力	更明智、更努力地工作
	Stevenson, Roberts and Grousbeck(1958)	是洞察机会的能力，而不是已控制的资源，驱动了创业	洞察机会
	Conner(1991)	按资源观点，从根本上来说，辨识合适投入的能力属于创业家的远见和直觉。但在目前，这种远见下的创造性行为却还没成为资源理论发展的重点	资源观点;辨识合适的投入;远见和直觉
创业家个性与心理特质	William Bygrave(1989)	首创精神、想象力、灵活性、创造性、乐于理性思考和在变化中发现机会的能力	在变化中发现机会
获取机会	Stevenson, Roberts and Grousbeck(1994)	根据已控制的资源去获取机会	根据已控制的资源
	Shane and Venkataraman(2000)	创业就是发现和利用有利可图的机会	发现和利用;有利可图
	the US National Commission on Entrepreneurship (2003)	不断的变化会产生创造财富的新机会，(创业就是)经济(主体)利用这些新机会的方式	利用;不断的变化
创建新组织与开展新业务的活动	Schumpeter(1934)	进行新的结合	新;结合
	Cole(1968)	发起、维持和开展以利润为导向的有目的业务活动	发起、维持和开展;有目的
	Vesper(1983)	开展独立的新业务	新;独立的
	Gartner(1985)	建立新组织	建立;新
	The Academy of Management(1987)	创办和管理新业务、小企业和家族企业，创业家特征和创业家的特殊问题	创办和管理;新、小、家族、创业家;特殊
	Low and MacMillan(1988)	创办新企业	创办;新

资料来源：朱仁宏．创业研究前沿理论探讨——定义、概念框架与研究边界[J]．管理科学，2004(04)：71—77.

从这些定义产生的时间先后顺序分析，可以发现创业研究的大体趋势，从关注谁是创业家、他/她干什么逐渐发展到创业家如何在变化的环境中发现和利用机会。综合以上定义我们认为，一个能全面反映所有创业特征的定义应该是商业行为者在一定的创业环境中如何识别机会并利用机会、动员资源、创建新组织和开展新业务的活动。

我国一些学者认为，创业是创业者对自己拥有的资源或通过努力能够拥有的资源进行优化整合，从而创造出更大经济或社会价值的过程。

郁义鸿等人认为，创业是一个发现和捕获机会并由此创造出新颖的产品、服务或实现其潜在价值的过程；雷家骊、冯婉玲认为，发现、创造和利用商业机会，组合生产要素，创立自己的事业，以获得商业成功的过程或活动称为创业；刘健钧认为，创业活动是一个为适应产品创新与营销模式创新的需要，而构建企业制度体系尤其是企业组织管理体系的动态过程，他还认为没有创新的活动不是创业活动，这与德鲁克的观点是一致的。

综合中外学者的研究来看，创业的概念分为两个层次：狭义的创业概念和广义的创业概念。狭义的创业是指"创办新企业的生产经营活动"，广义的创业是指"社会生活各个领域里人们开创新事业的实践活动"，即所有开创新事业的活动都是创业。

综合以上的定义，我们认为创业是这样的一种过程：某一个人或一个团队，使用组织力量去寻求机遇、去创造价值和谋求发展，并通过创新和特立独行来满足个人愿望和社会需求的过程。

（二）创业的特点

创业是一种受机会推动的劳动方式，是一种需要创业者组织、运用服务、技术、器物作业的思考、推理、判断的行为。创业必须要贡献出时间、付出努力，承担相应的财务的、精神的和社会的风险，并获得金钱的回报、个人的满足和独立自主。

1. 具有独创性与创新性

它创造出某种有价值的新事物。这种新事物必须是有价值的，不仅对创业者本身有价值，而且对社会也要有价值。价值属性是创业的重要社会性属性，同时也是创业活动的意义和价值。

2. 必须要付出必要的时间和大量的精力

要完成整个创业过程，要创造新的有价值的事物，就需要大量的时间，而要获得成功，没有极大的努力是不可能的，而且很多创业活动的创业初期是在非常艰苦的环境下实现的。

3. 要承担必然的风险

创业的风险可能有各种不同的形式，取决于创业的领域和创业团队的资源。但通常的创业风险主要是人力资源风险、市场风险、财务风险、技术风险、外部环境风险、合同风险、精神方面的风险等几个方面。创业者应具备超人的胆识，甘冒风险，勇于承担多数人望而却步的风险事业。

4. 将给创业者带来收益(或成长)

作为一个创业者，最重要的回报可能是其从中获得的独立自主，以及随之而来的个人物质财富的满足。对于追求利润的创业者，金钱的回报无疑是重要的，对其中的许多人来说，物质财富是衡量成功的一种尺度。通常，风险与收益成正相关关系。创业带来的收益，既包括物质的收益也包括精神的收益，它是创业者进行创业的动机和动力。

小思考　以下李红莉的创业过程哪些方面如何体现了创业的特点？

李红莉，大学毕业后进一家工厂上班，工作没到一年就被炒鱿鱼。一气之下，她索性做起旧书生意。读大学时，李红莉就发现许多二手书店通常是将人家卖不出去的书籍抱到店里来销售，却忽视了顾客究竟要什么读物。而随着图书市场格局的变化，现存的正规旧书店已为数不多，无形中导致旧书业的现状已无法满足市场和读者的实际需求。加上近年来纸张飞涨，包装精美的新书更是价格不菲，这无疑给二手书市场留下了巨大的交易空间。

李红莉认为做旧书生意的定位就在于——业精于专。根据现实情况，她打算主营社会、科学、"文革"类书籍，从而形成自己的特色。她首先看书的内容，其次是出版社。她收购到一百多本财富类书籍，没想到新学期开学没几天，就被大学生抢购一空。书店开张没多久，为增加有效的交易渠道，李红莉还开设了网上交易(主要是学术类著作)，意在便于与同行交流，现在，网上交易量已占到书店业务总量的15%。增设"寄卖"业务，是李红莉的新招。现在李红莉的书店每月有3万元的纯利。

(三)创业的意义与作用

1996年，硅谷平均每5天有一家公司挂牌上市，每24小时增加62个新的富翁，创造了5万多个就业机会。据调查，创业活跃度高的美国、加拿大，经济增长率和就业率也较高；创业活跃度低的丹麦、芬兰等，经济增长率和就业率也较低。由此可见，创业对社会经济增长的贡献不容小觑。

在社会层面上，创业活动产生了大量的中小企业，催生出一批优秀的企业成为国家经济的中流砥柱，同时一些成熟的企业也凭借创业活动和创新精神获得了新生。创业在社会中的作用如图1—1所示。

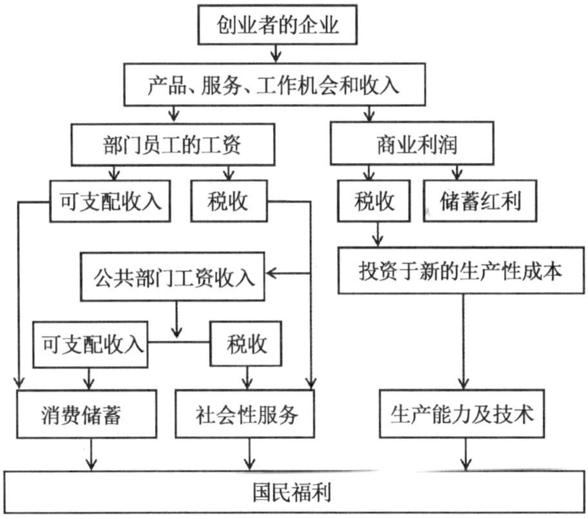

图1—1　创业在社会中的作用

除了在产值和就业等多方面做出贡献，创业活动最主要的贡献是还有力推动创新和促进技术进步，这将促使产业升级，促进新兴产业的发展，甚至改变人们的生活。

根据美国心理学家马斯洛的需要层次理论，人的需要分为生理需要、安全需要、爱与归属的需要、尊重的需要和自我实现的需要。创业者创业动机的激发因素可以归结为经济的需要和社会的需要：经济的需要主要是指生理和安全方面的需要，社会需要主要是指受人尊重和自我实现的需要，包括地位、认可、赞赏、独立、自信等。

创业会给你一种完全控制自己命运的感觉，这十分令人兴奋，表现如下：

(1)你会感到特别能干，你可以充分支配自己的时间，这通常意味着每周工作六天，每天从早到晚地干，但如果想到了这样做都是为了你自己，你就不会痛苦。

(2)你获得了远远大于货币收入的个人满足感，它给了你自信心，让你更沉着，并比以前更善于面对风险。

(3)不必再被办公室的条条框框束缚，这使感到自由。

(4)你的成就感与你的购买力与物质财富在增长。

体会创业者内心感受

二、创业的类型

随着创业活动的活跃，创业活动的类型也呈现出多样化的趋势。学者们在长期观察创业活动的基础上，从不同角度对创业活动进行了分类，具有代表性的分类如下。

(一)基于初始动机的分类

美国宾夕法尼亚大学沃顿学院管理学与创业学教授拉斐尔·阿米特(Raphael Amit)从创业动机的角度将创业分为“推动型创业”和“拉动型创业”。

推动型创业是指创业者对当前现状不满，并受到了一些非创业者特征因素的推动而从事创业的行为；拉动型创业指创业者在“新创一个企业的想法”以及“开始一个新企业活动”的吸引下，由于创业者的个人特质和商业机会本身的吸引而产生的创业行为。

全球创业观察(GEM)在2001年第一次提出生存型创业与机会型创业的概念。这一概念的提出是建立在前人对推动型创业和拉动型创业的研究基础之上的。报告中，雷诺兹(Reynolds)等人指出生存型创业就是那些由于没有其他就业选择或对其他就业选择不满而从事创业的创业活动；机会型创业是指那些为了追求商业机会而从事创业的创业活动。

在GEM研究的基础上，南开大学的张玉利教授通过1 500份调研问卷，根据创业动机的差异性，把创业行为分成三类：机会拉动型创业，创业的动机在于个人抓住现有机会的强烈愿望，是一个个体的偏好，并将创业作为实现某种目标(如实现自我价值、追求理想等)的手段；贫穷推动型创业，创业的动机处于别无其他更好的选择，是一种被迫的选择，而不是个人自愿行为；混合型创业，是介于机会拉动型和贫穷推动型创业之间的创业行为。

Madhushree Nanda Agarwal将创业类型划分为五种：

(1)机会型创业：由经济利益上的预期而驱动的创业行为；

(2)推动型创业：由生存推动驱使的创业行为；

(3)管理型创业：拥有很高的领导权、管理权，为了获得经济回报而进行的创业；

(4)新工匠型创业：既有高独立工作的需求，又同时希望从事实现产品或服务想法的工作；

(5)想法驱动机会型创业：由想法驱动创业与机会驱动创业混合而成的创业类型。

池仁勇教授在对日本创业主体分类的研究中，根据创业动机产生的时期不同将创业划分为早熟型创业和晚熟型创业。早熟型创业者主要来自中小企业的职工，有积极的创业动机，对事业的追求和扩大经营事业的愿望较强烈，对新兴产业有较高的创业热情；晚熟型创业者主要来自大中型企业，创业念头没有青年时期所萌发的来得强烈，但是，由于人生阅历丰富，对创业的行业选择、创业时机的把握等方面显得更加成熟。

(二)基于初始资源的分类

芝加哥大学教授阿玛尔·V.毕海德(Amar V. Bhide)曾在哈佛商学院讲授创业课程，他强调创业并不单纯指企业家或创业团队创建新的企业，大企业同样有创业行为，并将创业分为：冒险型的创业、与风险投资融合的创业、大公司的内部创业、革命性的创业这四种创业类型，如表1－3所示。

表 1—3 不同创业类型的对比

因素	冒险型的创业	与风险投资融合的创业	大公司的内部创业	革命性的创业
创业的有利因素	创业的机会成本低、技术进步等因素使得创业机会增多	有竞争力的管理团队、清晰的创业计划	拥有大量的资金、创新绩效直接影响晋升、市场调研能力强、对R&D的大量投资	无与伦比的创业计划、财富与创业精神集于一身
创业的不利因素	缺乏信用、难以从外部筹措资金、缺乏技术管理和创业经验	尽力避免不确定性、追求短期快速回报、市场机会有限、资源的限制	企业的大系统不鼓励创新精神、缺乏对不确定性机会的识别和把握能力	大量的资金需求、大量的前期投资
获取资源	固定成本低、竞争不是很激烈	个人的信誉、股票及个人所得激励措施	良好的信誉和承诺、资源提供者的转移成本低	富有野心的创业计划
吸引顾客的途径	上门销售和服务、了解顾客的真正需求、全力满足顾客需要	目标市场清晰	信誉、广告宣传、关于质量服务等多方面的承诺	集中全力吸引少数的大客户
成功基本因素	企业家及其团队的智慧、面对面的销售技巧	企业家团队的创业计划和专业化管理能力	组织能力、跨部门的协调及团队精神	创业者的超强能力、确保成功的创业计划
创业的特点	关注不确定性程度高但投资需求少的市场机会	关注不确定性程度低的、广阔而且发展快速的市场和产品或技术	有丰厚利润的市场机会,会比不确定性程度大的市场几率高	技术生产经营过程方面实现巨大创新、向顾客提供超额价值的产品和服务

资料来源:BHIDE A V. The origin and evolution of new business[M]. Oxford University Press,2003.

(三)基于价值创造的分类

B. 克里斯汀(B. Christian)等人依照创业对市场和个人的影响程度,把创业分为四种基本类型,即复制型创业、模仿型创业、安家型创业和冒险型创业。

1. 复制型创业

这种创业模式是在现有经营模式基础上的简单复制。例如某人原先担任某家电公司部门主管,后来他自行离职,创建了一家与原家电公司相似的新家电公司,且新组建公司的经营风格也基本与离职前的那家公司相同。现实中这种复制型企业的例子特别多,且由于前期生产经营经验的积累而使得新组建公司成功的可能性更高,但这种类型的创业模式中,创新贡献较低,也缺乏创业精神的内涵,并不是创业管理研究的主流。

2. 模仿型创业

模仿型创业虽然也很少给顾客带来新创造的价值,创新的成分并不算太高,但对创业者本身命运的改变还是较大的。如某煤矿公司的经理辞职后,模仿别人新组建一家网络公司。相对来说,这种创业具有较大的不确定性,学习过程较长,经营失败的可能性也比较大。不过,如果是那些具备创新精神的创业者,只要能够得到专门化的系统培训,注意把握市场进入契机,创业成功的可能性也比较大。

3. 安家型创业

这种形式的创业,创业者个人命运的改变并不大,所从事的仍旧是原先熟悉的工作,但他的确不断地在为市场创造新的价值,为消费者带来实惠。例如,企业内部的研发小组在开发完成一项新产品后,继续在该公司开发另一种新产品项目。安家型企业所强调的是个人创业精神的最大程度实现,而并不对原有组织结构进行重新设计和调整。

4. 冒险型创业

冒险型创业模式,有可能会改变个人的命运,从事一项全新的产品经营,个人前途的不确定性也很大,并且由于是创造新价值的活动,失败的可能性也很大。尽管如此,因为这种创业预期的报酬较高,对那些充满创新精神的人来说仍旧极富有诱惑力。但是,它需要创业者较强的个人能力、适当的创业时机、合理的创业方案、科学的创业管理,具备这几个条件才有可能获得成功。

(四)基于创业者的分类

创业活动根据创业者不同还可以分为个体创业和公司创业。个体创业主要指与原有组织实体不相关的个体或团队的创业行为;而公司创业主要是指由公司自己组织发起的组织创造、更新与创新的活动。

个体创业与公司创业的主要差异点如表 1—4 所示。

表 1—4　　个体创业与公司创业的对比

个体创业	公司创业
创业者承担风险	公司承担风险,而不是与个体相关的风险
创业者拥有商业概念	公司拥有概念特别是与商业概念有关的知识产权
创业者拥有全部或大部分事业	创业者或许拥有公司的权益,但可能只是很小的部分
理论而言,对创业者的潜在回报是无限的	在公司内,回报是有限的
个体的一次失误可能意味着生涯失败	公司具有更多的容错空间
受外部环境波动的影响较大	受外部环境波动的影响较小
创业者具有相对独立性	公司内部的创业者更多受团队的牵扯
在过程、实验和方向上的改变具有灵活性	公司内部的规则、程序和官僚体系会阻碍策略调整
决策迅速	决策周期长
缺乏安全网	有一系列安全网
低保障	高保障

三、创业者与创业精神

(一)创业者的定义及素质

创业者是创业活动的核心,国外学者从不同的角度对创业者进行了阐述。创业者(Entrepreneur)一词由法国经济学家坎蒂隆(Cantillon)于 1755 年首次引入经济学。1800 年,法国经济学家萨伊(Say)首次给出了创业者的定义:将经济资源从生产率较低的区域转移到生产率较高区域的人,并认为创业者是经济活动过程中的代理人。著名经济学家熊彼特则认为创业者应为创新者。这样,创业者概念中又加了一条,即具有发现和引入新的更好的能赚钱的产品、服务和过程的能力。

中国香港创业学院院长张世平对创业者的定义为:是一种主导劳动方式的领导人,是一种无中生有的创业现象,是一种需要具有使命、荣誉、责任能力的人,是一种组织、运用服务、技术、器物作业的人，是一种具有思考、推理、判断的人，是一种能使人追随并在追随的过程中获得利益的人，是一种具有完全权利能力和行为能力的人。

在对创业者特质的研究过程中，学者们都毫不例外地将创业者定义为一组多维度的个性特征，他们认为正是这些素质，导致了一系列后续的创业行为。根据我国的创业环境，创业者的基本素质主要包括创业意识、创业心理品质、创业能力和创业知识结构等四大要素。如图1—2所示。

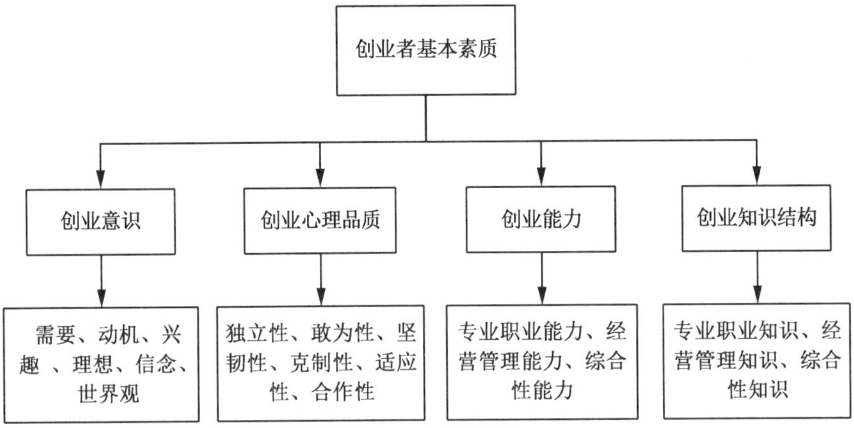

图1—2　创业者的基本素质构成

以上四个方面的要素中，每一项要素均有其独特的地位与功能，任何一个要素发生变化或残缺不全，都会影响其他要素的形成和发展，影响其他要素的功能和作用的发挥，乃至影响创业的成功。创业意识、创业心理品质、创业能力、创业知识结构要素之间既相互独立，又相互影响，形成相互制约的一个有机的整体。因此，一个未来的创业者，不仅要注意在环境和教育的双重影响下培养自己的创业素质，而且要重视其整体结构的优化，在创业实践中不断提高自己的创业素质。

（二）创业者的类型

综合现有资料对创业者的分类，本书对创业者的分类如下：

1. 从创业的背景和动机角度分

（1）生存型创业者。生存型创业者指自主创业的下岗工人、失去土地或不愿困守乡村的农民及毕业找不到工作的大学生。

（2）变现型创业者。变现型创业者是指过去在党政机关掌握一定权力或者在国有企业、民营企业当经理人期间积累了大量市场关系并在适当时机自己开办企业，从而将过去的权力和市场关系等无形资源变现为有形财富的创业者。目前，后一类变现者成为主体，前一类变现者则随着政策规定的不断修改完善逐渐退出历史舞台。不过，当下仍存在部分地方政府鼓励公务员带薪下海，甚至允许政府官员创业失败之后重新回到原工作岗位的现象，但这种做法极有可能破坏市场竞争环境的公平性。

2. 从在创业过程中所处的角色和所发挥的作用角度分

（1）独立创业者。独立创业者是指自己出资、自己管理的创业者。其创业动机和实践受很多因素影响，如发现很好的商业机会，失去工作或找不到工作，对目前的工作缺乏兴趣，对循规蹈矩的工作模式和个人前途感到无望，受他人创业成功的影响等。独立创业充满挑战和机遇：

可以自由发挥创业者的想象力、创造力，充分发挥主观能动性、聪明才智和创新能力；可以主宰自己的工作和生活，按照个人意愿追求自身价值，实现创业的理想和抱负。但是，独立创业的难度和风险较大：可能缺乏管理经验，缺少资金、技术资源、社会资源、客户资源等，生存压力大。

（2）主导创业者与跟随创业者。主导创业者与跟随创业者是相对的。在一个创业团队中，带领大家创业的人就是团队的领导者，即主导创业者，其他成员就是跟随创业者，也叫参与创业者。

（三）创业精神

创业精神（Entrepreneurship Spirit）的概念最早出现于18世纪，此后其含义一直在不断演化。20世纪的经济学家约瑟夫·熊彼特专门研究了创业者创新和追求进步的积极性所导致的动荡和变化，并将创业精神看作是一股"创造性的破坏"力量。创业者采用的"新组合"使旧产业遭到淘汰，原有的经营方式被新的、更好的方式所摧毁。管理学专家彼得·德鲁克将这一理念更推进了一步，称创业者是主动寻求变化、对变化做出反应并将变化视为机会的人。

当今大多数经济学家认为：创业精神是在各类社会中刺激经济增长和创造就业机会的一个必要因素。

1. 创业精神的特征

（1）高度的综合性。创业精神是由多种精神特质综合作用而成的。诸如创新精神、拼搏精神、进取精神、合作精神等等都是形成创业精神的特质精神。

（2）三维整体性。无论是创业精神的产生、形成和内化，还是创业精神的外显、展现和外化，都是由哲学层次的创业思想和创业观念，心理学层次的创业个性和创业意志，行为学层次的创业作风和创业品质三个层面所构成的整体，缺少其中任何一个层面，都无法构成创业精神。

（3）超越历史的先进性。创业精神的最终体现就是开创前无古人的事业，创业精神本身必然具有超越历史的先进性，想前人之不敢想、做前人之不敢做。

（4）鲜明的时代特征。不同时代的人们面对着不同的物质生活和精神生活条件，创业精神的物质基础和精神营养也就各不相同，创业精神的具体内涵也就不同。创业精神对创业实践有重要意义，它是创业理想产生的原动力，是创业成功的重要保证。

2. 创业精神的表现

我们看到那些有名的创业者的故事：在他们还没有运作百万美元规模的公司之前，借着在街边售卖饮料、在车库里生产些小玩意，逐步培养起自己的经商技能。看起来似乎每一位成功的大人物都是为了商业而生的。但实则他们身上确实是有一些与众不同之处的，那么，是什么令某些人能够充满自信地积极面对失败挫折，先人一步达成自己的目标？

（1）激情（Passion）。没有人能比维京集团（Virgin Group）创始人理查德·布兰森（Richard Branson）更理解"激情"一词的含义。布兰森的激情，从他对创建公司的强烈欲望中可窥一斑。始建于1970年的维京集团，目前旗下拥有超过200家公司，业务范围涵盖音乐、出版、移动电话，甚至太空旅行。布兰森曾打过一个比方："生意就好像公共汽车，总会有下一班车过来。"

（2）积极性（Positivity）。亚马逊（Amazon.com）创始人杰夫·贝索斯（Jeff Bezos）非常清楚积极思考的能量。他以"每个挑战都是一次机会"为座右铭。事实上，贝索斯把一家很小的互联网创业公司，发展成全球最大的书店。

亚马逊于1995年7月正式启动，两个月内就轻松实现每周2万美元的销售额。20世纪90年代末，互联网公司纷纷倒闭，亚马逊股价也从100美元降至6美元。雪上加霜的是，一些评论家预测，美国最大的书店巴诺(Barnes & Nobles)启动在线业务，这将彻底击垮亚马逊。紧要关头贝索斯挺身而出，向外界表达了乐观和信心，针对批评言论，他还一一列举公司的积极因素，包括已经完成的和准备实施的。

贝索斯带领亚马逊不断壮大，出售从图书到衣服、玩具等各种商品。今天，亚马逊年度营收已超过百亿美元，这很大程度上要得益于贝索斯的积极思考。

(3)适应性(Adaptability)。具备适应能力是企业家应具备的最重要的特质之一。每个成功的企业主，都乐于改进、提升或按照客户意愿定制服务，以持续满足客户所需。

谷歌(Google)创办人谢尔盖·布林(Sergey Brin)和拉里·佩奇(Larry Page)更进一步，他们不仅对变化及时反应，还引领发展方向。凭借众多新创意，谷歌不断引领互联网发展，将人们的所见所为提升到一个前所未有的新境界，你可以想想Google Earth技术带来的变化。拥有这种先锋精神，也无怪乎谷歌能跻身最强大的网络公司行列。

(4)领导力(Leadership)。好的领导人一定具有很强的个人魅力和感召力，有道德感，有在组织里树立诚信原则的意愿；他也可能是个热心人，具有团队协作精神。在已近迟暮之年的玫琳凯·艾施女士(Mary Kay Ash)身上我们可以发现所有这些元素。她创建了玫琳凯(Mary Kay Cosmetics)品牌，帮助超过50万名女性开创了自己的事业。

很早以前，身为单亲母亲的艾施为一个家用产品公司做销售。虽然25年间她的销售业绩一直名列前茅，但是由于性别歧视，艾施无法在晋升和加薪时获得和男同事一样的待遇。艾施终于受够了这种待遇，1963年她用5 000美元创办了玫琳凯公司。

艾施以具有强大驱动力和富于灵感的领导风格闻名，她创办公司的态度是"你能做到!"她甚至会用卡迪拉克轿车奖给顶尖的销售者。由于其强大的领导力技巧，艾施被认为是近35年来最具影响力的25位商业领袖之一，而玫琳凯也被评为美国最适合工作的企业之一。

(5)雄心壮志(Ambition)。20岁时，戴比·菲尔兹(Debbi Fields)几乎一无所有。作为一个年轻的家庭主妇，她毫无商业经验，但她拥有绝佳的巧克力甜饼配方，并梦想全世界的人都能分享到。

创业基本素质自测

1977年，菲尔兹开设了自己第一家店(Mrs. Field's)，尽管很多人认为她仅靠卖甜饼无法将业务维持下去。菲尔兹的果断决定和雄心壮志使得小小甜饼店变成了一家大公司，600多个销售点遍布美国和其他10个国家。

第三节　创新与创业的关系

一、创新在创业中的作用

创新是创业成功的核心驱动力之一，对于初创企业的成长与发展具有不可估量的价值。在当今这个快速变化的商业环境中，创新不仅是企业生存的基石，更是其脱颖而出的关键所在。

(一)创新为创业者提供了差异化竞争的机会

通过创新，创业者可以创造出与众不同的产品或服务，从而在市场中建立独特的品牌形象,以此与竞争对手形成明显的区分。这种差异化不仅有助于吸引消费者的注意力,还能增强企业的市场地位,使其在市场上占据一席之地。当然,差异化不仅体现在产品特性上,还可以是用户体验、售后服务等方面。例如,苹果公司通过其创新的设计理念和用户界面,成功地将自己定位为高端科技产品的代表,与竞争对手形成了鲜明对比。

(二)创新有助于市场开拓

在竞争激烈的市场环境中,寻找并满足未被充分发掘的市场需求是企业发展的关键。创新能够帮助创业者识别这些潜在的市场机会,并通过开发新产品或服务来开辟全新的市场空间,扩大客户基础,并获得先发优势。例如,优步(Uber)通过创建一个连接乘客与司机的在线平台,颠覆了传统的出租车行业,开辟了一个全新的出行服务市场。创新不仅能够扩大企业的客户基础,还能为企业带来先发优势和市场份额的提升。

(三)创新能够提高企业的运营效率

通过技术创新或流程优化,创业公司能够降低成本、提高生产率和服务质量,进而增强企业的盈利能力。这种效率的提升不仅有助于企业在竞争中保持优势,还能为企业创造更多的价值。同时,自动化、人工智能等先进技术的应用,可以帮助企业实现规模化生产,同时减少人为错误。比如,Zara 通过优化其供应链管理流程,实现了快速响应市场变化的能力,极大提高了库存周转率和顾客满意度。

(四)创新还能吸引投资者的关注

在寻求资金支持的过程中,投资者往往倾向于支持那些拥有创新商业模式或技术解决方案的企业,因为这些企业具有更大的增长潜力和更高的回报预期,能够为投资者带来丰厚的收益。当然,创新不仅是吸引初期投资的关键因素,也是企业后续融资轮次中持续吸引资本的重要条件。例如,SpaceX 以其可重复使用的火箭技术吸引了大量的私人投资,这些资金支持了公司进一步的技术研发和市场扩张。

(五)持续创新是企业实现长期成功的关键因素

创新不是一次性的活动,而是一个持续不断的过程。对于初创企业而言,持续创新意味着不断地改进产品和服务以适应不断变化的市场条件,这种适应性和灵活性是企业实现长期成功的关键因素。只有不断地改进产品和服务,才能适应不断变化的市场条件,保持企业的竞争力和生命力。因此,创业者需要时刻保持敏锐的市场洞察力,不断寻求新的创新点,以推动企业的持续成长和发展。

二、创新推动创业的路径

在创业过程中有效地运用创新,是推动企业持续增长与保持竞争力的关键。创业者若想在激烈的市场环境中脱颖而出,或许可以采取以下几个系统性步骤来深化并实践创新理念(见图 1—3)。

(一)明确创新目标

创业者应当明确创新的目的,即希望通过创新具体实现哪些目标,比如增加市场份额、降低成本、提高生产效率或是显著提升客户满意度。创新是创业的基础,创业是创新的实践。创新提供了创业所需的新思路、新技术和新产品,为创业者提供了可行的商业机会,明确的目标不仅能指引创新的方向,还能帮助团队在决策过程中保持聚焦,确保每一分努力都能精准地服务于企业的长远发展。

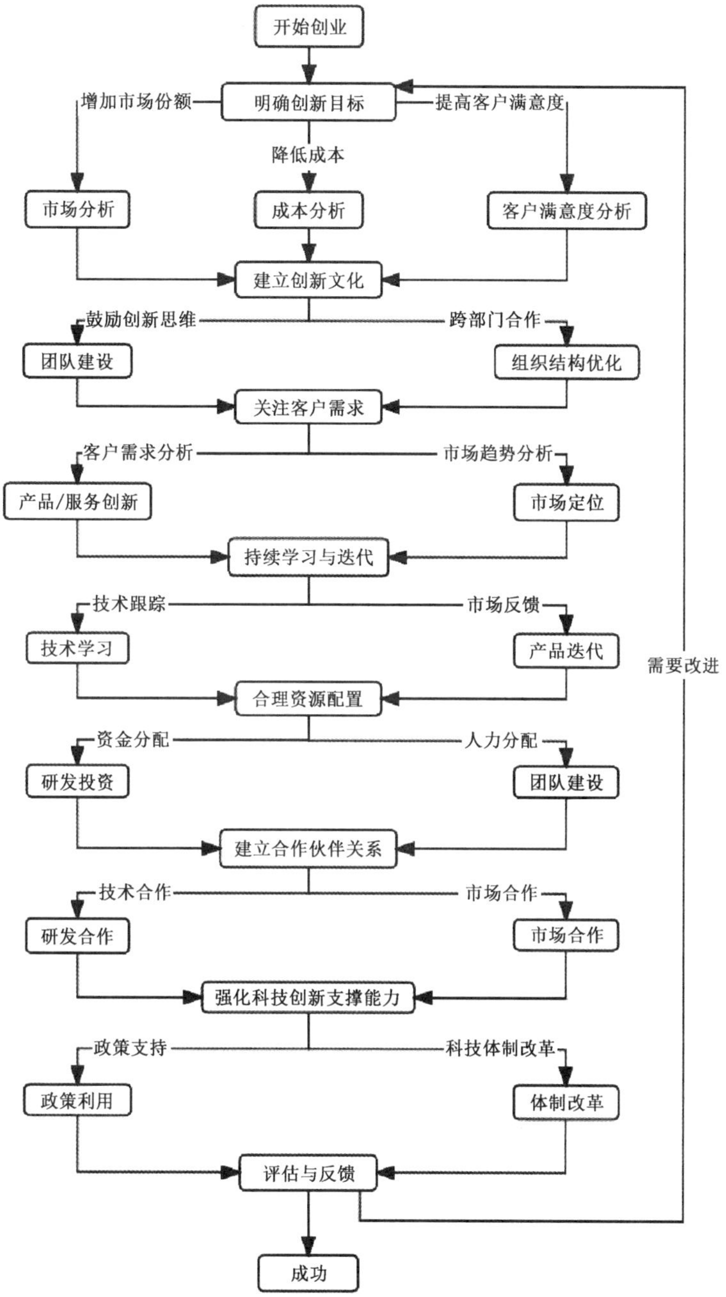

图 1—3　创新推动创业流程图

（二）建立创新文化

创业者应该努力建设一种积极向上的企业文化，营造一个开放包容的环境，鼓励团队成员勇于提出新想法，即使这些想法最初看起来可能不成熟或具有挑战性。这包括建立一种对失败宽容的态度，鼓励尝试新事物，并视其为学习和成长的宝贵机会，而非终点。此外，构建一个支持创新的组织结构，打破部门壁垒，促进跨部门间的协作与交流，激发更多创新火花，让创意在团队内部自由流动。同时，跨部门的合作也有助于整合资源，加速创新进程。

(三)深入关注客户需求

一切创新活动都应以满足用户需求为核心。创业者需要通过市场调研、客户访谈、直接对话等方式,深入了解目标客户的真实需求与未被满足的痛点。基于此洞察力去设计和优化产品或服务,才能真正触动人心,赢得市场的认可。因此,倾听顾客声音、快速响应市场反馈至关重要。

(四)持续学习与迭代

成功的创业者总是保持着强烈的好奇心和求知欲,他们密切关注行业动态以及新兴科技的发展趋势,定期审视并调整业务模型,以适应不断变化的市场环境。同时,采用敏捷开发模式,通过快速原型制作和小规模试验来快速验证新概念的有效性,并根据反馈迅速调整策略,不断优化产品或服务。这样的循环过程能够让企业始终站在变革前沿,灵活应对各种挑战。

(五)合理资源配置

在保证日常运营不受影响的前提下,合理规划研发投入是非常重要的。这意味着既要给予足够的资金支持以推动项目进展,又要谨慎评估每一项提议的价值潜力,防止盲目投入造成浪费。同时,也要建立有效的成本控制机制,避免盲目投资于未经充分验证的想法,而对于那些经过初步检验表现出良好前景的概念,则应及时追加投资,加速商业化步伐,确保资源的有效利用。

(六)建立合作伙伴关系

单打独斗难以成就大事。寻找合适的商业伙伴或科研机构共同推进技术创新项目,不仅能够分散风险,还能带来额外的知识资本和渠道资源。例如,与高校合作可以获得最前沿的研究成果;而与供应链上下游企业联合则有利于打造完整生态系统,共同开拓更广阔的市场空间。这不仅能加速创新进程,还能帮助企业获取外部的专业知识和经验,进一步提升自身的创新能力。

三、创新驱动型创业案例

在认识到创新在创业过程中的关键作用,以及它如何推动创业成功之后,学习现实中的创新驱动创业成功案例显得尤为重要。请扫码阅读案例《爱彼迎(Airbnb)逆境增长:共享经济巨头的创新与转型之路》,通过深入分析爱彼迎如何在共享经济的激烈竞争中,通过创新的增长战略和产品创新,实现逆境中的逆势增长,来探讨爱彼迎的轻资产平台模式、增长黑客策略、差异化旅居体验、品牌营销优化以及平台服务创新。

爱彼迎逆境增长:共享经济巨头的创新与转型之路

第四节　创业模型及创业过程

一、创业模型及其核心要素

创业是一个复杂的工程,这个工程由许多相互联系、相互作用的要素组成。那么在创业过程中,核心要素包括哪些?不同的学者有不同的观点。

(一)国外研究观点介绍

1. 蒂蒙斯的创业核心要素模型

美国著名的创业管理专家蒂蒙斯教授在1999年提出了经典的创业管理模型——蒂蒙斯

模型。在这个模型中，蒂蒙斯教授指出，影响创业的主要因素是团队、机会和资源。而创业过程也就是团队整合、利用资源，识别、开发机会的过程，也是不断调试、平衡、整合“机会、资源、团队”的动态过程。如图 1—4 所示。

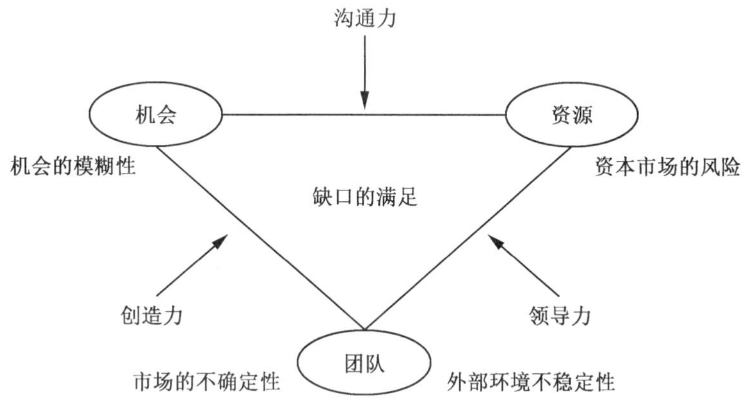

图 1—4　蒂蒙斯创业核心要素组合模型①

在这个过程中，首先创业由机会所激活，在取得必要的资源与组成创业团队之后，创业计划才顺利开展。在创业过程中，领导者及团队的任务就是反复探求更大的商机和资源的合理运用，使整个三角保持平衡，其中，领导者的作用至关重要，其本质任务就是有效处理机会、资源和组织之间的关系。

2. 威克姆(Wickham)的创业核心要素组合模型

威克姆以创业者为核心，提出了创业过程模型，如图 1—5，在模型中，威克姆认为创业活动包括创业者、机会、组织和资源四个核心要素。

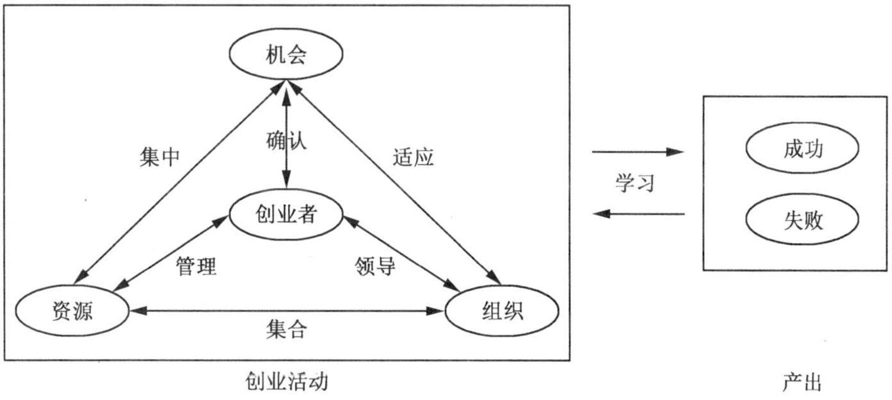

图 1—5　威克姆的创业模型②

创业者处于创业活动过程的中心。其在创业中的职能体现在与其他三个要素之间的关系上：发现和确认有利的创业机会；管理创业资源，包括人员、资金和社会网络等；建立创业组织。

① 这个模型是蒂蒙斯于 1989 年在他的博士论文中提出的。
② 威克姆在其论文《战略型创业》中提出了基于学习过程的创业模型。

创业者任务的本质就是有效处理机会、资源和组织之间的关系。机会、资源和组织三者之间的关系为：资本、人力、技术等资源要集中用于机会的利用上，且要注意资源的成本和风险；资源的集合形成组织，包括组织的资本结构、组织结构、程序和制度，以及组织文化；组织的资产、结构、程序和文化等作为一个有机的整体，来适应所开发的机会，为此组织需要根据机会的变化而不断调整。因此，创业活动包括以下三个方面：组织适合于所开发的机会；集合资源以形成组织；将资源集中于追逐的机会。在这三种关系中，创业者起着关键的作用。

另外，威克姆认为创业过程是一个不断学习的过程，创业组织是一个学习型组织。这就是说，组织必须不仅对机会和挑战做出反应，而且还要根据这种反应的结果来调整和修正未来的反应，即组织的资产、结构、程序、文化等要随着组织的发展而不断改进，组织在不断的成功与失败中得到锻炼，从而获得更大的成功，得以发展壮大。威克姆发展了蒂蒙斯的观点，他比蒂蒙斯更强调创业者在创业过程中的核心作用，认为是创业者把机会、资源和创业团队三种要素集合在一起进行创业，由创业者来平衡机会、资源和创业团队之间的关系；他强调创业过程是一个学习的过程，创业型企业都应该是学习型组织，因此，组织的学习能力是决定创业成败的关键，而在实际工作中，传统企业要想成为创业型企业必须在组织结构上进行相应的改造，提高自身的学习能力。

3. 萨尔曼(Sahlman)的创业核心要素模型

萨尔曼认为，在企业创业过程中，为了更好地开发商业机会，提升企业价值，创业者需要把握四个关键要素：人和资源、机会、外部环境以及创业者的交易行为，图1－6所示。

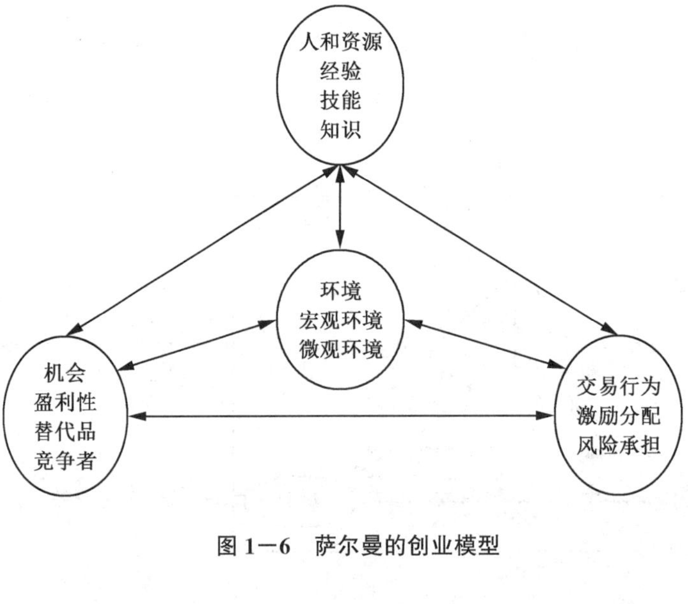

图1—6　萨尔曼的创业模型

(1)人和资源：指为创业提供服务或资源的人员，包括经理、员工、律师、会计师、资金提供者、零件供应商等与新创企业直接、间接相关的人员；他们所提供的资源包括工作经验或非工作经验、经营管理及技术技能等相关的知识。

(2)机会：指任何需要投入资源的活动，这种活动不单是企业亟待开发的技术、市场，也包括创业过程中所有需要创业者投入资源的事物，当然，投入资源的根本目的是为了企业将来的赢利。

(3)外部环境：包括宏观环境和微观环境两部分，指所有影响机会产出，又在管理者的直接控制之外的因素，诸如银行利率水平、相关政策法规、宏观经济形势以及一些行业因素如替代品的威胁等。

(4)创业者的交易行为：指创业者与所有资源供应者之间的直接或间接关系。创业者的交易行为应该既包括创业者作为管理者对创业团队成员和员工的管理行为(管理交易)，还包括创业者与外部资源提供者的市场交易行为，以及与社会网络成员的长期契约交易行为。

萨尔曼分析模型的核心思想是要素之间的适应性，也就是人、机会、交易行为以及外部环境能否协调整合，共同促进创业的成功。根据这一模型，较容易识别成功的创业——配置良好的人才资源，管理团队拥有所需要的知识和技能，拥有赢利前景良好的商业模式，容易获取高额利润又能防止其他人进入市场，市场环境良好，交易方式能够给所有的利益相关者以充分的激励等，这些要素使得新创企业能够紧密结合，朝着同一个目标前进①。

(二)国内研究观点介绍

综合国内专家的研究成果，创业成功的核心要素主要有以下几项：

1. 创业需要足够的资源

很多人在初次创业的时候，都是资源十分欠缺的。资源不足，使企业创业成功的概率降低，但要有完全充分的资源也是不可能的。一般情况下，创业资源条件主要包括几个方面：业务资源——赚钱的模式是什么？客户资源——谁来购买？技术资源——凭什么赢取客户的信赖？经营管理资源——经营能力如何？财务资源——是否有足够的启动资金？行业经验资源——对该行业资讯与常识的积累；行业准入条件——某些行业受到一些政策保护与限制，需要进入资格条件；人力资源条件——是否有合适的专业人才？

以上资源创业者也不需要100%具备，但至少应具备其中一些重要条件，其他条件可以通过市场化方式来获取。创业者如有足够的财务资源，其他资源欠缺也可以弥补；如果有足够的客户资源，其他资源欠缺也容易改变。

2. 创业之前需要慎思

创业前要认真思考、反复评估，考虑成熟再行动。除了要足够的资源准备外，心理准备最重要。以下几个方面问题，值得好好思考。

第一，我为什么要创业？是否有足够的决心？愿意承担风险吗？过去的利益是否舍得放弃？

第二，我是否具备创业者应有的能力与素质，是否能承受挫折，是否具有综合全面的素质，还是有专项技术特长？

第三，我创业成功的核心资源优势是什么？我具备的条件是：足够的资本？行业经验？客户资源？技术创新？商业运作能力？与即将面对的竞争对手相比是否有明显的优势？

第四，是否有足够的耐心与耐力度过创业期的消耗？估计通过多长时间走过创业瓶颈阶段，自己有多长时间的准备。

第五，创业最大的风险是什么？最坏的结果是什么，我是否能承受？不要只想到乐观的一方面，对风险一定要有充分的心理准备，否则，碰到现实状况与想象不一样，容易造成信心动摇。

回答清楚以上问题之后，再决定是否创业不迟。很多创业者的失败，都是因为创业前心理准备不够，匆匆忙忙进行创业，最后失败得一塌糊涂。假如准备不足，条件不具备，晚一点创业

① 资料来源：葛宝山，王立志，姚梅芳，等. 经典创业模型比较研究[J]. 管理现代化，2008(01)：10-12.

也不迟。

(1)先有业务再创业。

很多人创业是迫于生存的压力，希望多赚点钱，过上较好的生活。因此，在创业之初，是无所谓事业的，创业选择极具盲目性，为创业而创业，在刚开始创业之前，进入什么行业，以什么为盈利模式，都是一片茫然。很多创业者，先将公司注册好了，再考虑业务范畴。

创业者在创业之前，一定要有明确的创业方向，再决定创业。假如，选择了某一个行业，创业前一定要积累一些该行业的经验，收集相关的资讯，如果有可能，可以先考虑进入该行业为别人打工，通过打工的经历来积累经验与资源。那么“学费”自然由别的老板给你付了，也就用不着自己交学费，行业知识、客户资源渠道，盈利模式都有了，再创业，成功就指日可待了。

(2)经营能力很重要。

经营赚钱的能力是最重要的能力之一，只要有非常出色的经营能力，自然会找到投资者，很多投资家天天都在找好项目投资。

在创业初期，创业者个人的能力非常重要，事无巨细，都要自己亲自动手，创业不是一件很轻松的事情。在创业者的个人能力中业务能力、开发客户能力、综合应变能力十分重要。创业者其实很多时候就是一个业务经理，能够拿到订单什么都好办了。很多创业成功者，都是做业务出身。有了客户，有了订单，自然事情都变得容易了。

对于有志创业者而言，不断打造好自己的经营能力是至关重要的。从学做业务开始，是一个好办法，当能力足够强，创业机会自然很多，特别是今天，进入靠能力赚钱的时代，经营能力更是重中之重。

(3)内部创业更容易。

在创业者中，有自己从零开始独立创业成功者，有技术与他人合作成功者，有在企业内部创业成功者。研究认为，第三种模式更容易成功。

一个创业者比较好的选择就是有计划与策略地进入一家成功公司，先取得老板的信任，再找准机会，建议老板从公司发展角度投资新项目，这样创业的机会就有了，作为项目的提出者，自然会被老板赋予重任。从企业内部创业，有很多有利条件：雄厚资本实力的支持、管理的指导、综合资源的共享、业务资源的利用、品牌形象借助等，如果创业公司的业务与母体公司的业务有延续性或关联性，创业起来更容易成功。

（三）其他研究观点

(1)古德温：创业者的人格特征、管理技巧、人际关系以及环境因素。

(2)杜特里豪斯：外部环境的配合性、创业团队的经营能力、创业策略的适当性。

(3)弗莱文：创业容易失败的原因有四——缺乏资金、缺乏财务控制及会计信息、缺乏管理技巧及经验、无法弹性适应市场的变化。

(4)约瑟夫：下列因素是影响创业成功的关键——良好的管理能力、政府的支持、市场因素、教育培训水平。

从以上所列观点可以看出，不同人从不同角度总结出的创业成功要素有所不同，但有一点可以肯定，创业要获得成功必须同时具备多方面的因素，包括完善的创业计划、有满足市场需求的新技术或新服务、比较畅通的融资渠道、较强的创新能力、较强的市场开拓能力、支撑企业成长的管理制度和组织机构、高素质的创业团队和员工队伍等。

创业思维的五大原则

二、创业一般过程

（一）创业过程的相关理论

创业过程看似简单，但实践过程却很复杂，其含义可从狭义和广义进行理解。

狭义的创业过程往往只是指新企业的创建过程，本书研究的是广义上的创业过程，不仅包括新企业的创建过程，还包括企业的成长管理过程，即创业过程"是从最初的一个创业者一个创业理念发展成为一个具有核心竞争力的可持续发展的成功企业的过程"。由于环境的不确定性、人的有限理性及活动的创新，使得创业过程同样还是一个不断积累学习的过程，是创业者商业构思不断修正，创业团队信息量不断增加，解决问题的能力不断提高，社会网络不断扩张及对风险认知及掌控能力提高的过程。

（二）创业的一般过程

创业是围绕机会识别、开发、利用的行为过程，通过这一过程，创业者将资本转化为能为市场带来新价值的产品或服务，如图 1—7 所示。从阶段性活动来看，创业活动可分为机会识别、机会开发以及机会利用的过程，具体表现为创业者发现并评估商机，并将商机转化为企业，以及创业者对新创企业进行成长管理的过程。

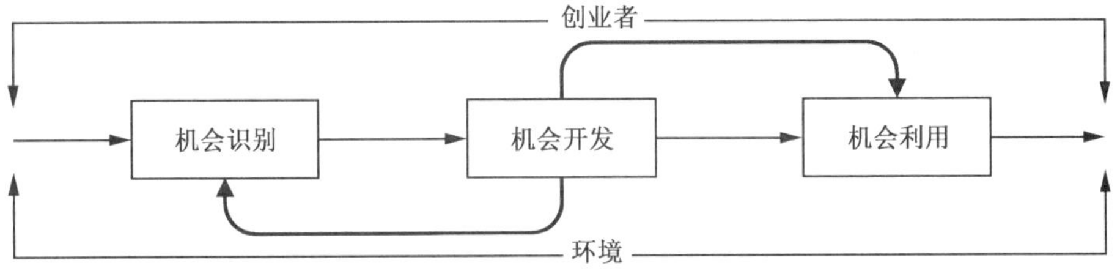

图 1—7　创业一般过程

一般来说，创业过程可细分为：创业机会识别、资源整合、组建团队、撰写商业计划书、创业融资、创建新企业、新企业生存和成长、企业传承等。

1. 识别创业机会

识别创业机会是创业的开端，也是创业的前提。创业者难能可贵之处就是能够发觉其他人看不到的机会，并迅速采取行动开发创业机会。像比尔·盖茨、张瑞敏、马云这样的眼光独到者。当然我们不可能每个人都像他们一样，但经过时间的积累和实践的锻炼，我们就具有了一些识别创业机会的规律和技巧。

2. 整合外部资源

在整个创业过程中，创业者都需要根据企业不同发展阶段的需要整合创业资源来发展壮大企业。尤其是在新创企业和早期发展阶段，整合外部资源尤为重要。如中国香港立丰集团，没有自己的制造厂和制造工人，却为全球 30 多个国家的 400 多个经销商提供服装，靠的就是对分布于 50 多个国家的超过一万家的供应商的整合，但很少有企业具有立丰这样的整合能力，对资源的集成和协调就是立丰集团的核心竞争力。

3. 组建团队

团队是创业最重要的资源，创业者不可能是全才，他需要一个可以互相取长补短的团队，这包括知识、资源、眼界、专业技术、人际关系等。一个好的团队可以让 1+1>2，创业者想要成功，必须组建自己志同道合的创业团队。

4. 撰写商业计划书

商业计划书帮助企业家或创业者勾画事业蓝图,安排公司运作,进行融资,本质上是一座沟通理想与现实的桥梁。最初没有在脑海里看到预期的最终结果,企业家是不可能看到企业成为物质实体的 。商业计划书首先把计划中的创业或经营活动推销给了企业家自己。在做一份商业计划书的同时,企业家心目中会对自己要做的事情有越来越深入的了解。

5. 创业融资

资金是创业不可或缺的基本生产要素。如何融资,向谁融资,融资多少,是每一个白手起家的创业者都必须考虑的问题。而且,在企业发展的每一个阶段,都需要面对不同的融资问题。

6. 创建新企业

企业是创业的重要载体之一,是对创业机会进行开发的重要平台。创建新企业需要经过企业法律组织形式的选择、企业名称的设计、企业地址的选择、企业人财物的配置、企业登记注册等多个步骤。

7. 新企业生存和成长

企业成长主要就是企业结构和功能的不断完善,也就是企业的“质”的变化,而不能仅仅盯住企业的规模。企业成长过程中需要新企业组织管理、战略管理、营销管理、财务管理等管理手段。

8. 企业传承

创业者实现了创业目标,并且企业也在稳定地发展下去,但就理论而言,任何事物一般都有一个出现、成长、发展、衰退、消亡的过程,企业也不例外,也有其出现、成长、发展、衰退、消亡的过程,因为组成企业的各种要素,同样有生命周期现象,如图 1—8 所示。而如何让企业长远发展下去,则是每个创业者需要考虑的问题。

总结一般创业过程

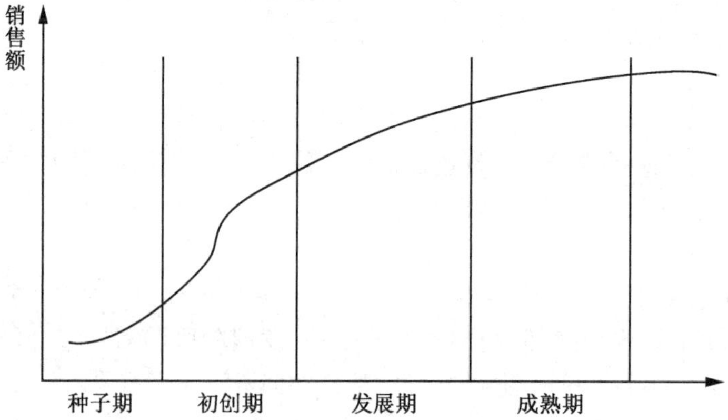

图 1—8 企业生命周期

表 1—5 列出的部分百年企业,其很好地得到了企业传承就是不断进行管理和技术创新的结果。

表 1—5　　部分百年企业一览表

公司	开创年代	公司	开创年代
花旗银行	1812	施乐	1906
埃克森石油	1863	霍尼韦尔	1885
奔　驰	1870	IBM	1911
可口可乐	1886	AT&T	1885
默克制药	1891	通用电气	1892
吉　列	1901	3M 公司	1902
招商局集团	1872	开滦	1878
张裕	1892	青岛啤酒	1903

第五节　创业成本及创业风险

一、创业成本及分类

(一)创业成本的定义

成本是对象化了的费用,创业成本作为一种成本就必须具有“成本”的概念特征,即与某一成本中心相关的特定费用。创业成本的承担主体仍然是企业,但并不是企业支付的所有投资和维持经营的费用都可以称作创业成本,因为创业成本概念是和企业所处的经营环境相关联的。

所以,我们将创业成本定义为:企业在一定的城市或地区,进行投资和维持经营所发生的与经营所在地相关的各种特定耗费。值得注意的是,由于各类型企业的生产经营方式存在差异,即使在同一城市或地区,它们也可能面临不同的创业成本。

(二)创业成本的类型

创业成本一般分为两部分,第一部分是生产要素成本,也叫硬成本、狭义创业成本;另一部分是获得生产要素和组织生产的成本,被研究者称为软成本,是广义的创业成本。

(1)硬成本,也称要素成本或直接成本。它包括:土地成本、劳动力成本、财产购置成本(买房或租房成本、汽车购置成本)、交通通信及用水成本(电信费、交通费、电费、水费)等。硬成本受市场供求关系影响。

(2)软成本,是生产经营中为所需公共环境而支付的交易费用,也称间接成本。通常包括交易成本与运输成本。前者主要受政府服务效率与水平、政府政策(如税率政策)和市场化程度等因素的影响,包括税负、行政性收费、政府的效率、公务员素质、个人权益保护、商业诉讼、市场的规范程度、中介服务、进出壁垒、产业的配套能力、社会的治安状况、地区的文化氛围等;后者主要受区位条件、基本设施、物流市场的规范性与开放性等影响。

二、创业成本与经济的关系

创业成本的上升对创业活动发展的影响表现在许多方面,如资本向创业成本较低的区域流动、导致区域“产业空洞化”、就业率的下降等等。

（1）创业成本的上升导致资本大量向创业成本较低的区域流动。资本向什么地方流动，在很大程度上取决于投资回报率，而投资回报率的大小与投资成本有很大的关系。创业成本的增加必然导致企业的费用的增加，企业的利率下降，促使资本向创业成本较低的区域流动。

（2）创业成本的上升有可能使该地区的创业活动出现"空洞化"，即在产业调整和转移的过程中，由于原有的产业已经转移到其他地方，而本区域的产业还没有建立起来，以至本区域的产业出现"空洞化"。

（3）创业成本的上升将导致就业率下降。就业与经济的发展以及产业结构的变化直接相关。一般来说投资的增加带动了经济的发展，经济的发展必然会吸引更多的劳动力就业。当一个经济区域由于创业成本的增加，一方面原有的资本流向创业成本较低的经济区域，另一方面，该区域吸收的资本逐渐减少，这两方面共同作用的结果是创业成本上升的经济区域投资下降，由投资所吸纳的劳动力下降，引起了就业率的下降；同时，由于资本的流出，创业成本比较高的经济区域，必然要进行产业结构的调整和转换，产业结构的调整和转换往往也会导致一批工人的失业，即经济学中所谓的结构性失业，从而增加了该区域的失业率。

（4）创业成本的上升有可能导致创业活动的减少进而导致经济的衰退。当一个区域的创业成本增加时，由于资本的外流，致使投资下降，而当区域经济出现了投资的下降、需求的减少和出口的减少时，该区域的经济也就会出现衰退。

三、创业风险

（一）创业风险的概念

创业风险，就是指创业中存在的风险，它是指由于创业环境的不确定性，创业机会与创业企业的复杂性，创业者、创业团队与创业投资者的能力与实力的有限性，而导致创业活动偏离预期目标的可能性及其后果。这种可能性和后果更强调损失。

（二）创业风险的来源

从创业风险的定义中我们可以知道，创业环境的不确定性，创业机会与创业企业的复杂性，创业者、创业团队与创业投资者的能力与实力的有限性，是创业风险的根本来源。具体体现在以下几个方面：

（1）融资缺口。融资缺口存在于学术支持和商业支持之间，是研究基金和投资基金之间存在的断层。其中，研究基金通常来自个人、政府机构或公司研究机构，它既支持概念的创建，还支持概念可行性的最初证实；投资基金则将概念转化为有市场的产品原型（这种产品原型有令人满意的性能，对其生产成本有足够的了解并且能够识别其是否有足够的市场）。创业者可以证明其构想的可行性，但往往没有足够的资金将其实现商品化，从而给创业带来一定的风险。

（2）研究缺口。研究缺口主要存在于仅凭个人兴趣所做的研究判断和基于市场潜力的商业判断之间。当一个创业者最初证明一个特定的科学突破或技术突破可能成为商业产品基础时，他仅仅停留在自己满意的论证程度上。然而，这种程度的论证后来不可行了，在将预想的产品真正转化为商业化产品（大量生产的产品）的过程中，即具备有效的性能、低廉的成本和高质量的产品，在能从市场竞争中生存下来的过程中，需要大量复杂而且可能耗资巨大的研究工作（有时需要几年时间），从而形成创业风险。

（3）信息和信任缺口。信息和信任缺口存在于技术专家和管理者（投资者）之间。技术专家知道哪些内容在科学上是有趣的，哪些内容在技术层上是可行的，哪些内容根本就是无法实现的。管理者（投资者）通常比较了解将新产品引进市场的程序，但当涉及具体项目的技术部分时，他们不得不相信技术专家。如果技术专家和管理者（投资者）不能充分信任对方，或者不能够进行有效的交流，那么这一缺口将会变得更深，带来更大的风险。

（4）资源缺口。资源与创业者之间的关系就如颜料和画笔与艺术家之间的关系。没有了颜料和画笔，艺术家即使有了构思也无从实现。创业也是如此，没有所需的资源，创业者将一筹莫展，创业也就无从谈起。在大多数情况下，创业者不一定也不可能拥有所需的全部资源，这就形成了资源缺口。如果创业者没有能力弥补相应的资源缺口，要么创业无法起步，要么在创业中受制于人（如大股东控制）。

（5）管理缺口。现实创业活动中，创业者多数基于技术出身，但缺乏管理思维，即创业者利用某一技术进行创业，他可能是技术方面的专业人才，但却不一定具备专业的管理才能，从而形成管理缺口。

（三）创业风险的类型

（1）机会风险：机会风险是指在决策或投资过程中，由于外部环境的不确定性（如市场波动、政策变化等）或自身决策的复杂性（如信息不完全、预测不准确），导致结果既有可能带来收益，也有可能造成损失。

（2）技术风险：技术风险是指在企业技术创新过程中，因技术因素导致创业失败的可能性。包括技术成功的不确定性，技术前景、技术寿命的不确定性，技术效果的不确定性。

（3）市场风险：指市场主体从事经济活动所面临的盈利或亏损的可能性和不确定性。

（4）资金风险：资金风险是指因资金不能适时供应而导致创业失败的可能性。

（5）管理风险：管理风险包括管理者风险、决策风险、组织和人力资源风险。

（6）环境风险：环境风险是指一项高技术产品创新活动由于所处的社会、政治、政策、法律环境变化或由于意外灾害发生而造成失败的可能性。

（7）自然灾害风险：包括干旱、洪涝、台风、冰雹、暴雪、沙尘暴等气象灾害，火山、地震灾害，山体崩塌、滑坡、泥石流等地质灾害，风暴潮、海啸等海洋灾害，森林草原火灾和重大生物灾害等造成的失败的可能性。

以上风险不是每个企业都会遇到的，这里只做一般性分析，而且企业发展阶段不同和技术成熟性差异都会影响风险的表现形式。

本章小结

无论是创新还是创业，都需要激情，也需要理论支撑。本章主要介绍创新创业的核心概念与理论，包括创新与创业的定义及其特征、创新的类型与驱动力、创新精神的内涵与实践、创业精神、创新与创业的协同关系、创业模型与创业风险等，使学习者系统掌握创新创业的理论框架，并形成对现实问题的分析能力。

本章中英文关键词

创新（Innovation）

创业（Entrepreneurship）

创业要素（Elements of Entrepreneurship）

创业成本（Start-up Costs）

创新精神（Pioneering spirit）

创业模型（Business Model）

创业者（Entrepreneurs）

创业风险（Entrepreneurial risk）

复习思考题

1. 简述创新的特点。
2. 简述创业的定义与功能。
3. 浅谈创新与创业之间的关系。
4. 简述创业过程的主要阶段和所涉及的活动。
5. 哪些有利因素(如政策、经济发展等)有利于激发创业活动?
6. 创业者应具备什么样的精神?

拓展与提升:课程思政点、案例及思考

本章课程思政元素索引

序号	教学内容	课程思政
1	创业的内涵	乐观坚韧,积极前行
2	创新的内涵	勇于探索,持续精进
3	创业过程	辩证思维,洞察先机
4	创新与创业	资源整合,协同共进
5	创业成本与创业风险	明确定位,发挥优势

课程思政案例一:

19世纪末,美国加利福尼亚州发现了黄金,出现了淘金热。有一位17岁的少年来到加州,他和许多淘金者一样,肩扛铁锹怀着灿烂的黄金梦,千辛万苦地来到了加利福尼亚的一个山谷也想加入淘金者的队伍,可看到金子没那么好淘,淘金的人很野蛮,他很害怕。

这里烈日炎炎,环境相当艰苦,在叮叮当当的铁锹声中,到处夹杂着痛苦的抱怨声:"这鬼地方!一滴水都没有。""谁要是让我痛饮一顿,老子给他两块金币也干!"亚尔默没有参加咒天骂地的合奏,心一动,向一个在此采金已久的"老资格"问道:"先生,在这里,这样的天气多吗?""怕了吗毛头小伙子,这样的天气多着呢,跟黄金一样,都是加利福尼亚的特产!"这番话使亚尔默感觉到,他找到了属于自己的"矿苗"。于是,他毅然把铁锹换了方向,使劲向远处的小河挖去,他终于挖通了一条小小的引水渠,把河水经过细纱过滤,变成了清凉的饮用水,然后,把水装在桶里,卖给挖金子的人。

在很短的时间内,这位少年就靠着那一桶桶的清水,赚了六千美元!而其他许多人因掘不到金子,不得不仰天长叹,遗憾无穷地退出了黄金战场。而少年回到家乡办起了罐头厂,这人就是后来被称为美国食品大王的亚尔默。

(资料来源:百度文库. 亚尔默创业成功的原因是什么[EB/OL]. (2022—04—29)[2024—11—14]. https://wenku. baidu. com/view/4f5617af80d049649b6648d7c1c708a1284a0a23. html? _wkts_=1731583370024)

思考:

通过亚尔默的创业故事,你获得了哪些启示呢?

课程思政案例二：

张大勇性格开朗，待人热情，头脑灵活，善于社交，有一定的管理能力。他既酷爱电脑又做着电脑的生意，兜里也有一些积蓄，而且身边又结识了众多的电脑爱好者们。由于当今的网络已成为年轻人生活的一部分，张大勇就瞄准了一个挣钱的机会——开一家网吧。但是，自己积蓄的钱又不够。经过仔细分析和市场调研后，在一个交通便利又比较热闹的地段，张大勇和几个朋友一起开了一家规模较大的网吧。一年后，张大勇不仅收回了本钱，自己又开了一家分店。

（资料来源：百度文库．创业成功案例创业精神分析[EB/OL].（2022－10－17）[2024－11－14]. https://wenku.baidu.com/view/066872fe1937f111f18583d049649b6648d7091a.html?_wkts_=1731584409171）

思考：

在张大勇成功开设并扩大网吧的创业历程中，哪些关键要素起到了决定性的作用？并谈谈这些要素对我们在创新与创业征程中的启示。

综合分析案例

“大众点评”的成功之路

张涛，1972 年出生，沃顿商学院 MBA，曾任美国公司 IT 咨询顾问。2003 年归国后创立大众点评网，首创全球餐饮消费者点评模式。

张涛是那种想好了就坚持沉稳做事的人，他的创富不是神话，因为动手之前，他就有一个明确、正确而又坚定的方向，做事过程中，他始终坚持他的方向不偏不倚。因此，后来他获得新商业领袖、年度创新领袖、互联网新势力风云人物等光荣称号，一点都不稀奇。他用 10 年时间讲述了一个互联网创富的美好故事。

张涛，土生土长的上海人，高中毕业后打算出国留学，折腾了 3 年才踏上了赴美求学之路。回忆起留学时光，张涛认为那是他创业非常关键的一个动力，这让他理解其实很多事情并不是要去迁就，完全可以用崭新的角度来看待。而在大学就读期间，张涛就表现出了创业方面的天赋，当时大学生唯一的兼职工作就是家教，张涛便和几个朋友一起捣鼓了一个兼职招聘平台，为企业和学生间搭建桥梁。“我们开玩笑说，如果当时做下去就是后来的‘51job’，”张涛回忆道。

大学毕业后，张涛在美国一家 IT 咨询公司工作了几年，后前往沃顿商学院修读 MBA。在沃顿商学院，张涛认识了他的太太。而在读 MBA 前，他就对自己的职业有了明确的规划。“对我来讲，喜欢冒险并不是一味地冒险，而是在计划和冒险之间做一个平衡，我是这样一个性格，”张涛笑道：“命中注定我要创业。”那时，互联网发展已经经历一波起落，正值低潮，但是张涛对互联网的前景却相当看好，并非常感兴趣，当时已有人将美国的搜索引擎、聊天工具等模式引入国内，张涛就这样带着创业的念头，携太太回国。张涛的太太是新加坡人，两人回国后，在他筹备创业阶段，“前期资金几乎都是从太太的工资里来的，当时就是她赚钱，我花钱，”张涛很感激太太的支持。张涛的父亲喜欢吃，母亲厨艺极佳。张涛也不例外喜欢美食，并且讲究情调，回国后他发现上海吃来吃去就那么几家饭店，联想到美国曾见到的饭馆索引指南，2003 年，张涛开始尝试通过用户点评把饭馆信息搬到互联网上。当时，做这样的事情在全球范围内都没有先例,完全摸着石头过河。中国人性格的内敛和那个时期网民结构偏年轻化,张涛不确定这种模式能不能行。但他很快发现国人在网上还是乐于表达的,在上海相对发达的商业环境下,餐馆林立让网民天生对去哪吃喝就有选择和比较的欲望,点评的成功也是因为选择了竞争激烈、信息丰富且用户需要经常做出选择的领域。“如果我们当时选择做房地产的点评或者按摩院的点评,可能早就死掉了。”张涛笑称幸亏自己喜欢的是美食。

2003 年 10 月,张涛把最初积累的餐馆点评信息出了一本书,反响还不错,网站上也开始有一批核心用户整天黏在社区中,他有了底气,开始将模式在北京、杭州、南京、深圳等地进行复制。从搜罗当地餐馆信息到鼓励用户写点评,再到形成社区氛围逐渐让用户产生内容,这样的艰苦工作持续了一年多,当美国的“大众点评网”Yelp 诞生时,2004 年底,张涛的大众点评已经覆盖了 20 多个主要城市。

公司在 2003 年成立之初,发展非常缓慢,感觉是在做美食网站,不像公司,那时经常纠结的一个问题是没有竞争对手,“不是我们太强大没人敢跟我们竞争,而是因为没多少人对我们这个行业感兴趣。”他回忆称,“大众点评发展一年半之后整个公司才 5—6 个人,发展速度非常慢,一天访问数据不到 10 万,两年后慢慢开始发展。2010 年之前其实速度都不快,“我觉得跟这个行业有很大关系,竞争也不激烈,也没什么人做。”张涛坦言,“早期时候人家问我做什么事情的时候我不太好意思说我在做这种事情,当时的感觉是我在做美食网站,而互联网还是冬天。”到了 2010 年,张涛称行业的情况完全变了,机会多了很多。“这里面有很多因素,第一是中国消费者的收入水准到了临界点;第二,得感谢乔布斯;第三,创出了交易类闭环模式。突然之间我们觉得身处一个最热的行业之中,说穿了是希望能够用互联网真正改变服务行业。随后,竞争也越来越激烈,巨头切入,千团大战,大家都进来了。”随着团购行业的兴起,大众点评发展也日益迅速,数据显示,2012 年,大众点评移动客户端独立用户数已经突破 5 400 万,团购消费金额比 2011 年全年增长超过 25 倍;到 2013 年,仅第一季度,移动端的团购消费金额已相当于 2012 年全年团购消费金额的 80%。但张涛认为,大众点评要做到改变市场起码还需要 10 年,因为“很多东西还不是非常好,或者根本还没开始做,比如预订,半年多以前刚刚做预订,大家反映非常不错,但是很多工作还得做。首先得有菜单才能点菜,还有很多关于支付方面的问题。此外,一方面很多人进入这个行业,另外一方面却有很多需求并没有得到很好的满足,还有很多不确定因素”。张涛认为大众点评目前有点像淘宝的前两三年:从类似于信息的平台慢慢往媒体信息广告、优惠券方向发展,团购有半广告、半交易类型,“我们现在逐渐往交易方向走。从行业角度可以这样说,我们是从最蓝的蓝海发展到最红的红海,而且是突然之间的。”

10 年前,一个人,一个域名,一个服务器,一个破旧的办公室,大众点评网由此而生。10 年后,几乎人人手里的智能手机,都有大众点评网和新浪微博、微信这样的标配应用。这个国内第一家地方服务点评网站,占据中国网络点评市场逾 50%的市场份额,移动客户端独立用户数达 7 500 万,商家数量超过 400 万家。对于大众点评来说,多年积累的众多本地吃喝玩乐的数据与点评,正开始加速变现,使之有望成为市值百亿元的新一代互联网巨头。10 年间,国内互联网行业风起云涌,大众点评网这艘海中船难免随波起伏,但在这个低调而谨慎的上海男人带领下,这艘船总能化险为夷,就算是在团购这样凶险的行业中,也占据了领先者的位置,成为活下来的那一批。即便团购极大地改变了点评网的盈利模式,为了保住大众点评的市场份额,张涛不得不延迟了本想在 2010 年完成的上市计划。张涛还有另一个牛气之处:他是国内互联网行业内为数不多敢于宣称不靠复制美国模式起家的创业者。大众点评网的出生比美国地方服务网络点评领域内的霸主 Yelp 早一年之久。他笑称，本地生活这几年这么火，其实让我这样一个在蓝海中行驶七八年的人非常不适应，现在还在适应过程中。我们是 2003 年开始做，美国 Yelp 是 2004 年年底才开始做，我现在想想都有些后怕，当时莫名其妙地做了这件事情，如果再早做两年，肯定活不到今天。

2003～2005 年，大众点评用了两年的时间验证"通过线上用户的点评产生内容"这一模式是否行得通，然后从上海复制到北京以及全国其他城市，从餐饮复制到其他行业。验证成功后，2005 年公司开始正式引进高管团队。2006 年开始做优惠券，后来也被证明是个好模式。这一年完成了第一轮融资，也开始做更多商业模式上的尝试，直到 2009 年移动互联网兴起、2010 年出现团购，大众点评网完成初级阶段积累，顺势而上。张涛把大互联网(PC＋移动)解构成人、信息、商品、服务四个元素，他认为每个连接点都有产生巨头的机会。百度连接人与信息，腾讯连接人与人，阿里连接人与商品，人与服务之间即是第四个巨头的席位。2003 年起，大众点评就为此辛苦积累，终于等到了移动互联网大爆发，手机把"位置"和"服务"弥合了起来。目前没有哪家公司比大众点评更符合第四巨头的想象，而这正是张涛想要的。

其实，创业多年，大众点评网只是牢牢围绕两件事情做文章：帮助商户做营销，帮助用户找优惠。这就决定了他们的生意天然就具有本地化的属性，而在本地化这一点，手机的特性恰好与之深深契合。也正因如此，张涛很早就知道，手机才是能够真正引爆大众点评这个生意的关键。2005 年，之前在掌上灵通担任高管的龙伟被老同学张涛邀请加入大众点评网负责无线业务，大众点评就此开始在手机领域尝试进行探索。2009 年底，就在国内的 IOS 开发者还是凤毛麟角的时候，大众点评在 IOS 和安卓平台上同时开发出了他们的手机客户端，如今经过不断的更新和迭代，大众点评移动客户端独立用户数已经超过 7 500 万。凭借对手机客户端的专注，大众点评网借着智能机的普及悄然形成了令对手难以超越的门槛：智能手机的出现让 PC 时代对网站流量的争夺彻底成为历史，而在手机端率先进入，足够多的安装量让其客户端对于后来的智能手机成为一种标配，这充分释放了大众点评过去几年与线下商户的关系，也反过来大大提升了对商户的影响力。

在张涛眼中，一个公司的定位至关重要。"把定位想清楚，把自己做的事情为了满足什么需求想得透彻了就能做决策了，专注也是取决于此。很多公司不够专注的一个原因是自己定力不够，更重要的一个原因是他还没有想清楚到底要做什么。"张涛总结道。因此，在手机客户端领域做扎实之后，大众点评再去进军团购就显得"磨刀不误砍柴工"了。尽管算不上最早进军团购的企业，但是如今大众点评已经成为最受信赖的团购平台之一。张涛笑着说，"今年过年亲戚聚会，我舅舅他们七八十岁了，竟然都在买点评的团购，买了之后说用得很舒服，不但买餐馆，还买按摩、理发呢！"张涛认为，近两三年移动互联网和团购模式的兴起，从某个角度来讲，让大众点评网又站到了新的起跑线上，公司内部甚至有"二次创业"的提法。公司规模迅速扩大，创办前 7 年到 2010 年，员工约 500 人，目前达到 3 000 人，才用了两年时间。从餐饮出发，大众点评在后来几年中又拓展了亲子、丽人等，酒店点评也已开展数年，旅游点评还没专门做，但已有一些景点点评，已触及中国香港和中国台湾、欧洲等地，空间很大。张涛说，未来，互联网将改变服务业。用张涛的话说，做吃喝玩乐 O2O，就需要点评、团购、电子会员卡、预约预订等环节都具备，这些一起做是效率最高的，而目前这些都具备的在全球范围内仅大众点评一家，美国的 Groupon 和 Yelp 都没有做成。这也是张涛最为自豪的地方。更让他自豪的是，截止到 2013 年第二季度，大众点评月活跃用户数超过 7 000 万，点评数量超过 2 600 万条，收录的商户数量超过 400 万家，覆盖全国 2 300 多个城市；大众点评月综合浏览量(网站及移动设备）超过20亿，其中移动客户端的浏览量超过70%，移动客户端累计独立用户数超过7 500万。

（资料来源：王彩霞，张涛．带着大众去点评生活[J]．中国连锁，2013(12)：56—62.）

案例思考题：

1. 从上述案例，总结大众点评创始人张涛的创业过程（结合不同创业模型）。
2. 你认为张涛创业成功的原因有哪些？
3. 分析大众点评在发展过程中可能面临的问题与不利因素。

挑战性思维和深度思考指引

在学习创新创业的过程中，我们不仅要掌握基础知识和案例，还需要培养挑战性思维和进行深度思考。本部分将通过推荐阅读一些优秀文献资料，帮助大家从不同角度审视和理解创新创业的复杂性和多样性，激发大家的批判性思维和创新能力。所选文献均来源于中国知网官方网站（https://www.cnki.net/）。

思考题：

1. 观察你日常生活中的某个领域（如教育、健康、娱乐等），是否有未被充分满足的潜在需求？基于这些需求，你能构想出一个创新的解决方案或产品概念吗？请描述你的创意，并分析它的市场潜力。

2. 你认为"匠心"精神在创新创业中如何体现？它对于提升产品或服务质量、建立品牌信誉有何重要意义？这种精神又会为社会带来些什么呢？

3. 你认为现在比较热门的创业商机是什么？如果你现在要开始创业，你会选择热门行业进行创业吗？谈谈你的看法。

4. 在创业团队中，你认为哪些关键角色是不可或缺的？（如技术负责人、市场营销专家、财务管理者等）基于你的个人特质和技能，你认为自己在团队中最适合扮演什么角色？在选择团队成员时，除了专业能力外，还有哪些性格特质或价值观是你认为至关重要的？

5. 个人的自我定位（包括职业兴趣、价值观、核心竞争力等）是如何在创新创业过程中逐渐清晰和演变的？你认为有哪些方法或经历可以帮助创业者更好地认识自己？

推荐阅读：

[1]刘志阳，林嵩，邢小强．数字创新创业：研究新范式与新进展[J]．研究与发展管理，2021，33(01)：1—11.

[2]陈红川，魏璐璐，李云健，等．管理创新如何影响企业竞争优势——新冠疫情冲击下组织韧性与政府支持的作用[J]．广东财经大学学报，2021，36(05)：90—102.

[3]江涛涛，王文华．企业数字化转型背景下商科创新创业人才的培养[J]．教育与职业，2021(03)：98—102.

[4]贾康，韩娇．创新创业对经济高质量发展的影响及其空间溢出效应：数字化转型的中介作用[J]．经济体制改革，2023(06)：33—42.

第二章　创业企业融资基础理论

【本章思维导图】

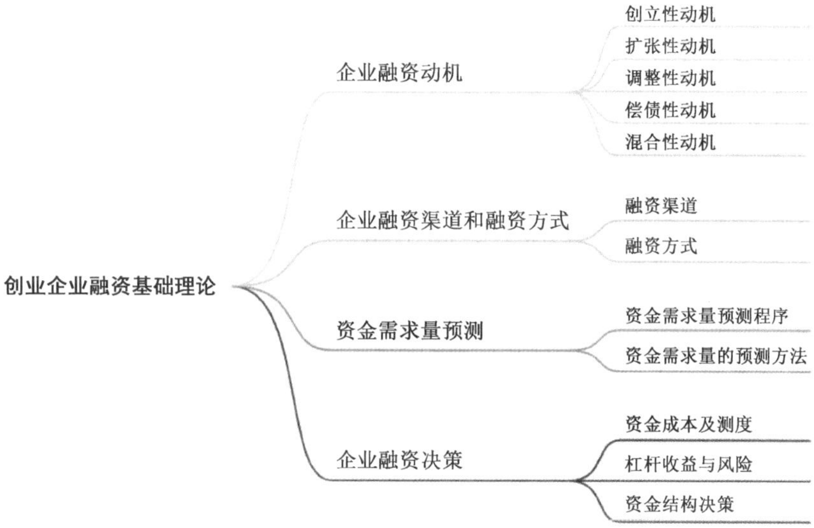

【引导案例】

腾讯融资史

深圳市腾讯计算机系统有限公司成立于1998年11月，由马化腾、张志东、许晨晔、陈一丹、曾李青五位创始人共同创立，是中国最大的互联网综合服务提供商之一，也是中国服务用户最多的互联网企业之一。

腾讯多元化的服务包括：社交和通信服务QQ及微信/WeChat、社交网络平台QQ空间、腾讯游戏旗下QQ游戏平台、门户网站腾讯网、腾讯新闻客户端和网络视频服务腾讯视频等。

通过互联网服务提升人类生活品质是腾讯的使命。腾讯把“连接一切”作为战略目标，提供社交平台与数字内容两项核心服务。通过即时通信工具QQ、移动社交和通信服务微信和WeChat、门户网站腾讯网（QQ.com）、腾讯游戏、社交网络平台QQ空间等中国领先的网络平台,满足互联网用户沟通、资讯、娱乐和金融等方面的需求。腾讯的发展深刻地影响和改变了数以亿计网民的沟通方式和生活习惯,并为中国互联网行业开创了更加广阔的应用前景。

1998 年马化腾与他的同学张志东“合资”注册了深圳腾讯计算机系统有限公司。之后又吸纳了三位股东:曾李青、许晨晔、陈一丹。作为一家没有风险资金介入就成立的软件公司,初期的每一笔支出都让马化腾和他的同伴心惊。在决定做 OICQ 的时候,当时国内已经有了两家公司先做,产品比腾讯更有市场名气。马化腾没有想更多,除了因为这个产品可以和公司的主项发展业务移动局、寻呼台、无线寻呼方案和项目相互促进外,也因为当时飞华、中华网等许多公司有意向做即时通信项目,市场显得很有发展前景。

也许是马化腾看到了 ICQ 以 2.87 亿美元的“天价”从以色列卖到美国,也许是看到了高喊免费的 .com 公司在大洋彼岸掀起的股市高潮,也许是看到了中国第一批网络英雄们的风起云涌,在 1999 年初的某一天,OICQ 软件忽然被挂在了网上,由定向赠送变成了免费下载。

凭借其简洁、实用的风格以及诸项细心的设计,OICQ 首先在高校一炮打响,然后凭借高校为中心,以令人吃惊的速度传播开来。PICQ、CICQ 等对手几乎不堪一击。这时的腾讯,一边继续开发着项目,一边用赚来的钱养活着 OICQ。

然而,随着 OICQ 的用户数的几何级增长,更大的麻烦接踵而至:每月以几何级增长的服务器托管费用也让腾讯不堪承受,OICQ 养活不起了。马化腾后来回忆起当时的情景时说,想卖掉 OICQ,卖了好多次没卖掉,只能另谋生计。

这个计策即是融资。融资尝尽苦辣酸甜,历次融资主要过程如下:

1. 腾讯创业初期(约 1999 年),马化腾及其团队持股 60%,IDG 和香港盈科数码各自分享腾讯 20%的股份,作为交换条件,二者共向创业初期的腾讯投资 220 万美元。

2. 2001 年 6 月,香港盈科数码以 1260 万美元的价格出售手中腾讯 20%的股权,接手方为南非米拉德国际控股集团公司(MIH)。同年 7 月,MIH 再以 800 万美元收购 IDG 持有的 12.8%的腾讯股份。此时,腾讯的股权架构为腾讯团队占 60%、MIH 占 32.8%、IDG 占 7.2%。

3. 2002 年 6 月,MIH 再度从腾讯创始团队(张志东、曾李青等)收购 13.5%股权,此次交易后,MIH 成为腾讯单一最大股东(占比 46.3%),IDG 占 7.2%,但创始团队通过一致行动协议保持控制权。

4. 2003 年 8 月,出于上市方面的考虑,腾讯进行股权结构调整,控股结构变成腾讯与 MIH 各持 50%。

5. 2004 年,腾讯 IPO 发行 4.2 亿股公众股,此次 IPO 采取增加股本方式将原有股东同比例稀释至 37.5%。同年 8 月 31 日,ABSA Bank 宣布持有腾讯 1.85 亿股好仓权益(好仓权益指投资者因预期未来股价会上涨而购买并持有股票),占已发行股份的 10.43%。

IPO 后,腾讯创始团队与 MIH 各持股 37.5% ,其中马化腾个人持有 14.43%,ABSA Bank 10.43%,其他公众持有 14.57%。

面向未来,坚持自主创新,树立民族品牌是腾讯的长远发展规划。腾讯 50%以上员工为研发人员,拥有完善的自主研发体系,在存储技术、数据挖掘、多媒体、中文处理、分布式网络、无线技术六大方向都拥有了相当数量的专利,在全球互联网企业中专利申请和授权总量均位居前列。2018 年 3 月 7 日,腾讯和联发科共同成立创新实验室,围绕手机游戏及其他互娱产品的开发与优化达成战略合作,共同探索 AI 在终端侧的应用。2018 年 6 月 20 日,世界品牌实验室(World Brand Lab)在北京发布了 2018 年《中国 500 最具价值品牌》分析报告。腾讯

(4 028.45 亿元)居第二位。而这一合作在 2024 年取得了显著成果:①技术突破:双方在 AI 算法优化、低功耗技术、高性能计算等方面取得了多项技术突破,提升了手机游戏的流畅度和用户体验。②产品创新:推出了一系列基于 AI 技术的创新产品,如智能语音助手、AR 游戏等,受到了市场的广泛好评。③市场扩展:通过联发科的芯片解决方案,腾讯的互娱产品在国内外市场得到了更广泛的推广和应用,市场份额进一步提升。根据 2023 年 Brand Z 最具价值中国品牌 100 强评估报告显示,腾讯的品牌价值在 2023 年继续保持强劲增长,同比增长 10%。在 2024 年 Brand Finance 全球品牌价值 500 强榜单中,腾讯以 361 亿美元的品牌价值位列全球第 43 位,获 AAA 评级。

(资料来源:闫瑛. 集团公司资金管理问题研究———以腾讯集团为例[D]. 南昌:华东交通大学,2015. 并结合公开资料编写)

案例启示与思考:

资金是企业得以生存、发展以及获利的血液,能否以恰当的方式及时筹措到所需资金,是企业健康发展的关键和保障。而对企业来说,如何选择融资方式,怎样把握各种融资方式的利用时机、条件、成本和风险,是融资成败的关键。那么请思考:

1. 腾讯公司历次融资后的股权结构变化会对下一轮融资产生怎样的影响?

2. 腾讯公司发展过程中都采用了哪些融资渠道和方式?

【本章学习目标】

1. 增强学习者对融资动机的道德认知与责任感,理解不同融资动机(如促进企业发展、实现社会责任等)对企业融资决策的长远影响,引导学生树立正确的融资观念,平衡经济效益与社会贡献。

2. 培养学习者在融资成本、融资风险及资本结构考量中的综合决策能力,融入诚信与法治观念。

3. 引导学习者深入思考基于企业生命周期的融资选择,融入可持续发展理念。

第一节　企业融资动机

融资动机是融资者基于内外部融资环境所进行融资的初始动力。不同创业阶段,企业的融资动机有所区别。

一、创立性动机

创立性动机是创业者愿意冒各种风险去创立新的企业的动力因素。这些因素中最普遍的是独立性,即不愿意为别人工作。促使创业的其他动力往往随性别和地域的不同而有差异。这些创业动机部分反映了创业者的工作和家庭境遇以及社会角色。

二、扩张性动机

扩张性动机是企业为扩大生产经营规模或追加对外投资规模的需要而产生的融资动机。因为一般企业的生产不会满足于简单再生产,而要进行规模的扩大。企业在进行扩大再生产时，需要新资金的注入。而且，当有一个投资收益率较高的项目出现时，需要追加投资规模。

例 2—1 A 公司由于发展需要，准备扩大生产规模，调整原资产结构，因此同时需要筹集新的资金。资产总额计划在原来 15 000 万元的基础上增加到 20 000 万元，其中，追加存货 1 500 万元，追加固定资产 2 000 万元，增加对外投资 1 500 万元，其他资产项目没有变动。增加的融资 5 000 万元，主要来源于两个方面：长期借款 2 000 万元，发行普通股 3 000 万元。A 公司在扩张性融资前后的资产负债表有关项目的变动情况如表 2—1 所示。

表 2—1　　A 公司扩张性融资前后资产负债表有关项目变动情况　　单位：万元

资　产			负债及所有者权益		
项　目	扩张融资前	扩张融资后	项　目	扩张融资前	扩张融资后
现金	800	800	应付账款	2 500	2 500
应收账款	3 000	3 000	短期借款	2 800	2 800
存货	3 200	4 700	长期借款	2 200	4 200
长期投资	2 000	3 500	应付债券	2 500	2 500
固定资产	5 500	7 500	长期应付款	500	500
无形资产	500	500	所有者权益	4 500	7 500
资产总额	15 000	20 000	负债及所有者权益总额	15 000	20 000

从表 2—1 中可知，A 公司在进行扩张性融资之后，资产总额增加了 5 000 万元，同时，资本结构也发生了变化，资产负债率从扩张性融资之前的 70%下降到 62.5%。

三、调整性动机

调整性动机是指企业为了优化资本结构而进行的融资行为。这种融资的主要目的是通过调整债务和股权的比例，降低财务成本，提高财务灵活性，降低财务风险。由于不同的资本结构所产生的资金成本和收益不同，调整性融资通常发生在企业认为现有资本结构不合理，需要进行优化的情况下。

例 2—2 A 公司目前的资产负债率为 70%，经分析认为资本结构不够合理，资产负债率偏高，财务风险较大。公司计划对现有的资本结构进行调整，将资产负债率降到 60%，因此，决定增发新股。调整性融资前后的资产负债表有关项目的变动情况如表 2—2 所示。

表 2—2　　A 公司调整性融资前后资产负债表有关项目变动情况　　单位：万元

资　产			负债及所有者权益		
项　目	调整融资前	调整融资后	项　目	调整融资前	调整融资后
现金	800	800	应付账款	2 500	2 500
应收账款	3 000	3 000	短期借款	2 800	2 000
存货	3 200	3 200	长期借款	2 200	2 200
长期投资	2 000	2 000	应付债券	2 500	1 800
固定资产	5 500	5 500	长期应付款	500	500

续表

资　产			负债及所有者权益		
项　目	调整融资前	调整融资后	项　目	调整融资前	调整融资后
无形资产	500	500	所有者权益	4 500	6 000
资产总额	15 000	15 000	负债及所有者权益总额	15 000	15 000

从表2—2可知,A公司在调整融资之前的资产总额为15 000万元,资产负债率为70%,经调整性融资,增加了股东权益1 500万元,负债总额减少了1 500万元,资产总额仍为15 000万元,没有发生变化,但资本结构已经改变,资产负债率下降到60%。

四、偿债性动机

偿债性动机是企业为了偿还原有旧债务而举借新债所产生的融资行为。这种融资的主要目的是避免违约风险,维持企业的信用评级,确保企业能够正常运营。偿债性融资通常发生在企业面临到期债务,但现有资金不足的情况下。

例2—3　D公司是一家科技企业,目前有一笔即将到期的长期借款,金额为1 500万元。由于近期现金流紧张,无法按时偿还这笔债务。为了解决这一问题,D公司决定通过发行短期债券来筹集资金,偿还到期的长期借款。具体融资前后的资产负债表变动情况如表2—3所示。

表2—3　**D公司偿债性融资前后资产负债表有关项目变动情况**　单位:万元

资　产			负债及所有者权益		
项　目	偿债融资前	偿债融资后	项　目	偿债融资前	偿债融资后
现金	1 200	2 700	应付账款	1 800	1 800
应收账款	2 000	2 000	短期借款	1 000	2 500
存货	1 500	1 500	长期借款	1 500	0
长期投资	1 000	1 000	应付债券	500	500
固定资产	3 000	3 000	长期应付款	300	300
无形资产	800	800	所有者权益	3 900	3 900
资产总额	9 500	9 500	负债及所有者权益总额	9 500	9 500

从表2—3中可以看出,D公司在进行偿债性融资后,通过发行短期债券筹集了1 500万元资金,用于偿还到期的长期借款。具体变化如下:

现金:从1 200万元增加到2 700万元,增加了1 500万元;短期借款:从1 000万元增加到2 500万元,增加了1 500万元;长期借款:从1 500万元减少到0万元,完全偿还了到期的长期借款。

通过这次偿债性融资,D公司成功解决了到期债务问题,避免了违约风险,维持了企业的信用评级。虽然短期借款增加,但总体负债总额没有变化,财务结构得到了优化,财务风险得以降低。

五、混合性动机

混合性动机是企业为了同时满足扩张性或调整性动机而进行的融资行为。在此动机下，企业的资产规模会发生变化，而且资本结构也会符合企业的财务管理整体目标。

例 2—4 A公司需要扩大生产经营规模，同时也需要改善资本结构。为此，A公司需要进行混合性融资。计划增加资产总额5 000万元，同时，将资产负债率由原来的70%降低到60%。混合性融资前后的资产负债表有关项目变动情况如表2—4所示。

表 2—4 **A公司混合性融资前后资产负债表有关项目变动情况** 单位：万元

资产			负债及所有者权益		
项目	混合融资前	混合融资后	项目	混合融资前	混合融资后
现金	800	800	应付账款	2 500	2 500
应收账款	3 000	3 000	短期借款	2 800	2 300
存货	3 200	4 700	长期借款	2 200	4 200
长期投资	2 000	3 500	应付债券	2 500	2 500
固定资产	5 500	7 500	长期应付款	500	500
无形资产	500	500	所有者权益	4 500	8 000
资产总额	15 000	20 000	负债及所有者权益总额	15 000	20 000

从表2—4可知，A公司经过混合性融资，资产总额由原来的15 000万元增加到20 000万元，扩大了生产经营规模，同时资产负债率由原来的70%下降到60%，改变了资本结构。

第二节 企业融资渠道和融资方式

企业能够融通到符合各种融资动机的资金，必须了解现实资本市场上的融资渠道和融资方式。

一、融资渠道

融资渠道是指筹措资金的来源方向，提供可供企业选择的资金来源，解决创业企业资金从哪里来的问题，强调资金的供给主体。融资渠道受一国金融市场的发展状态和完善状态的影响，由社会资本供给者的数量和结构所决定。目前，我国企业的融资渠道有以下几种：

(一)国家财政资金

即国家对企业的直接投资，特别是对国有独资企业，其资本全部由国家投资形成。国家投资包括国家直接拨款、税前还贷、减免税款。

(二)银行信贷资金

银行贷款方便灵活，是我国目前各类企业最重要的资金来源渠道。商业银行是以营利为目的、从事信贷资金发放的金融机构，它主要为企业提供各种商业贷款，政策性银行则主要为特定企业提供政策性贷款。

(三)非银行金融机构资金

非银行金融机构提供的金融服务包括信贷资金投放、物资融通、承销证券等。这种融资渠道所提供的资金量较小,但发展前景广阔。

(四)其他企业资金

包括企业间的相互投资和商业信用。因为企业在经营过程存在暂时闲置的资金,可以进行相互投资,同时企业间的购销业务也可通过商业信用方式,形成债务人对债权人的短期信用资金占用。其他企业资金也是企业融资的重要来源。

(五)居民个人资金

居民个人资金是指居民(个人或家庭)持有的闲置货币或可支配收入,构成企业融资的重要渠道之一,通常以股权投资和民间借贷等方式流入企业。

(六)企业自留资金(内部资金)

企业内部资金是指企业内部形成的各种积累资金。主要是提取折旧、出售固定资产的收入、提取公积金和未分配利润而形成的自留资金。这些资金的重要特征是它们无须企业通过一定方式对外筹集,而是直接由企业内部自动生成或转移。

(七)外商及我国港澳台资本

主要包括外国银行信贷、外国政府信贷、发行国际债券、国际金融机构贷款、外国企业及我国港澳台地区投资者投入的资金,是我国外商投资企业重要的资金来源渠道。

二、融资方式

(一)融资方式分类

企业按照不同的融资渠道与不同融资方式所得到的资金,形成不同的融资组合。它们对企业的收益和风险产生的影响不同。进行融资管理时,要认真分析各种属性的资本结构,有必要从各个角度对资金进行分类。

1. 自有资金与借入资金

按照资金权益性质的不同,企业资金分为自有资金和借入资金两类。自有资金亦称所有者权益资金,或自有资本,或权益资本,是企业依法筹集并长期拥有、自主调配运用的资金来源,属于长期资金。包括实收资本、资本公积、盈余公积和未分配利润。而借入资金亦称借入资本或债务资本,是企业依法筹措并依约使用、按期偿还的资金来源。借入资金包括各种借款、应付债券、应付款项等。

2. 短期资金与长期资金

按照资金可使用期限,企业资金分为短期资金和长期资金。短期资金是指期限在一年以内的资金。短期资金一般是通过短期借款、商业信用、发行融资债券等方式来筹措的。长期资金是指期限在一年以上的资金。长期资金通常采用吸收直接投资、发行股票、发行债券、长期借款、融资租赁等方式来筹措的。

3. 内部资金与外部资金

按照资金的取得来源,企业资金分为内部资金与外部资金。内部资金指企业通过计提折旧或留存利润等方式在内部积累的资金来源。其中,计提折旧并不增加企业的资金规模,只是资金的形态转化,为企业增加现金来源,其数量的多寡由企业的折旧资产规模和折旧政策所决定;留用利润则增加企业的资金总量,其数量由企业可分配利润和利润分配政策(或股利政策)决定。内部融资是在企业内部“自然地”形成的,因此,一般无需花费融资费用。外部资金是指在企业内部融资不能满足需要时,向企业外部筹集资金而形成资金来源。初创时期的企业,内部融资的可能性是很有限的;成长阶段的企业,内部融资也往往难以满足需要。于是,企业就要广泛开展外部融资。

4. 直接资金与间接资金

按照取得资金是否以银行等金融机构为中介,企业资金分为直接资金与间接资金。直接资金是取得时企业不经过银行等金融机构,资金需求者直接与资金供应者协商借贷或发行股票、债券等办法筹集资金。间接资金是取得时企业以银行等金融机构为中介而进行的融资活动。间接融资的基本方式是银行借款,此外还有非银行金融机构借款、融资租赁等某些具体形式。目前,我国多数企业仍以间接融资为主。

(二)具体融资方式

具体融资方式是指企业筹集资金所采用的具体形式,解决创业企业资金怎么来的问题,强调资金的供给形式。不同的融资方式取得的资金属性不同,给企业带来的资金成本不同。企业应选择融资成本低的方式来筹集所需的资金。因此,融资者必须全面掌握各种融资方式的特点得到需要的资金。以下是几种常见的融资方式:

1. 吸收直接投资

吸收直接投资是企业以协议等方式吸收国家、法人、个人和外商直接投入资金,形成企业权益资金的一种融资方式。吸收直接投资与发行股票、留存收益都属于企业融资的主要方式。发行股票要以证券作媒介,而吸收直接投资无须任何证券,是非股份制企业筹集资金的一种基本形式。投资方按其所拥有的股权比例对被投资企业拥有相应的权利,承担相应的义务和风险。

2. 发行股票①

发行股票是股份有限公司根据有关法律为筹集权益资金而发行一种有价证券。投资者所拥有的股票份额代表股东对企业的所有权。股票可分为普通股和优先股两大类。

3. 发行债券

发行债券是企业为筹集资金而发行的,约定在一定期限内还本付息的一种直接融资方式。

4. 银行借款

银行借款是企业根据借款合同向银行及非银行金融机构借入的,按规定期限还本付息的款项,是企业筹集长、短期负债资金的重要方式。

5. 商业信用

商业信用是企业之间采取延期付款的方式赊购商品而形成的借贷关系。商业信用是商品生产与流通的必然产物,是一种自然短期负债融资方式,也是一种古老的信用形式,主要有应付账款、商业汇票、本票、预收货款等形式。

6. 发行短期融资券

短期融资券是企业融通季节性、临时性短期资金而发行的短期无担保商业本票。融资券通常由大型工商企业或金融机构发行,投资者主要为其他企业或金融机构。该方式对融资企业的资信状况要求较高,具有严格的发行条件。

7. 融资租赁

融资租赁是出租人以收取租金为条件, 在契约或合同规定的期限内将资产出租给承租人

---

① 根据《公司法》和《证券法》,发行股票和发行债券都要求发行企业具备一定条件才可以。

使用的一种经济行为。融资租赁将融资和融物相结合，是企业筹集中长期资金的一种特殊方式。

除以上形式外，还包括各种满足科技型企业特别是创业初期企业的融资方式，如风险投资、科技金融、互联网融资、供应链融资等。

体会新时代下企业融资方式

第三节　资金需求量预测

资金需求量预测是采用一定方法合理预计企业未来的资金数量，做到既保证生产需要，又不闲置资金。对资金需求量进行预测是财务计划的基础，能从总量上保证资金的合理使用，提高资金利用率。资金需求量受诸多因素的影响，如企业的生产经营规模、对外投资规模、资金成本以及企业现金净流量等。

一、资金需求量预测程序

(一)制定企业经营和投资计划

企业经营和投资计划是根据企业发展战略做出的，决定企业融资数量。企业资金是在满足基本的生产经营需要的基础上再满足投资需求，所以，在制定一定时期经营和投资计划后，才能预测资金的需求量。

(二)根据财务状况确定目标资本结构

企业根据资产负债表、损益表以及现金流量表对企业的偿债能力、营运能力、盈利能力和可持续发展能力进行分析，评价企业财务状况，确定合适的资本结构。并按照目标资本结构进行资金需求量的预测，才能降低资金成本，实现财务管理目标。

(三)选择适当的方法进行预测

科学合理的方法是影响预测精度的主要因素，企业根据经营或投资的特点以及自身的技术条件在各种方法中选择，找到适合自身的方法，可以提高预测效果，节约预测成本。

二、资金需求量的预测方法

(一)定性预测方法

1. 专家个人意见集合法

这种方法是首先征求各位专家的意见，要求他们根据企业大发展战略对资金的需求量进行预测，然后综合各位专家意见，综合确定预测数值。这种方法可以汇集各位专家意见，预测结果相对准确。但是，如果专家不能全面掌握企业的经营状况或投资战略，预测结果可能带有一定片面性。

2. 专家小组预测法

这种方法是将众多专家分成多个预测小组，对企业所需资金量进行预测，最后将各小组的结果进行汇总计算。这种方法的优点是能够发挥集体智慧，预测结果更为准确。缺点是在预测过程中可能会受某些权威专家的影响，不利于各位专家发挥个人见解。

3. 德尔菲法

该方法首先以函询的形式向各位专家征询意见，各位专家根据企业状况对融资需求量进行预测。企业将各位专家的意见进行汇总计算后反馈给各位专家，再次请各位专家根据别人的判断结果修正自己的意见，如此反复，最后得到一个比较趋同的预测结果。本方法是在专家个人意见集合法的基础上反复多次预测的结果，而且各位专家都是在独立的情况下进行，既参考了各位专家的意见，又排除了受其他专家的影响，预测结果相对最为准确。

(二)定量预测方法

理论上对资金需求量预测的定量方法很多，如趋势预测法、销售百分比法以及线性回归分析法等。趋势预测法根据企业生产经营的历史资料预测企业未来的资金需求量，要求企业必须有历史资料而且生产经营状态比较稳定。对于缺乏历史资料的某些企业或投资项目来说，则无法应用该方法进行预测。所以，本章重点介绍销售百分比法以及线性回归分析法。

1. 销售百分比法

销售百分比法是利用企业销售收入和损益表以及资产负债表某些项目之间的比例关系，预测各项目的资金需求量。一般按各报表项目与销售收入是否有正相关关系，将它们分为敏感项目和非敏感项目。如存货与销售收入一般成正相关，销售量每增加一定百分比，则存货必然会增加，那么存货就属于敏感项目，货币资金、应收账款等也属于敏感性项目。有些项目的数量不会随销售收入的变化而变化，则称为非敏感项目，如固定资产、对外投资等。销售百分比法就是根据这些项目与销售收入之间的变化，通过预计财务报表来预测企业资金需要量。

在资产负债表中，左边资产为企业资金运用数，右边负债和所有者权益是资金的来源数。根据会计等式——资产＝负债＋所有者权益，若预计资产＞预计负债＋预计所有者权益，表明企业资金运用多于资金来源，因此企业需要从外部追加资金来满足生产。因此，企业需要追加的资金数可用以下公式计算：

需追加的资金＝预计的资产－预计负债－预计的所有者权益

例 2—5 B公司 20×6 年的财务数据如表 2—5 所示。假设该公司 20×6 年的实际销售收入为 4 000 万元，实收资本始终保持不变，20×7 年预计销售收入将达到 5 000 万元，请采用销售百分比法来预测 20×7 年的资金需要量。

表 2—5　　B公司 20×6 年的财务数据

项　目	金额(万元)	占销售收入百分比
流动资产	4 000	100%
长期资产	(略)	无稳定的百分比关系
应付账款	400	10%
其他负债	(略)	无稳定的百分比关系
当年的销售收入	4 000	
净利润	200	5%
分配股利	60	无稳定的百分比关系
留存收益	140	无稳定的百分比关系

首先，计算敏感性项目的销售百分率计算公式如下：

敏感性项目的销售百分率＝基期资产(或负债)/基期销售收入

本例中敏感性项目的销售百分率的计算结果如表 2—5 第 3 栏数据。

其次，计算需追加的外部融资额。计算公式如下：

需要增加的外部融资额＝增加的资产－增加的负债－增加的留存收益

其中：

增加的资产＝增量收入×基期资产占基期销售额的百分比

增加的负债＝增量收入×基期负债占基期销售额的百分比

增加的所有者权益＝预计销售收入×销售净利率×收益留存率

那么，B公司需要增加的外部融资额可做如下计算：

增加的资产＝1000×100％＝1000(万元)

增加的负债＝1000×10％＝100(万元)

股利支付率＝60/200＝30％

收益留存率 1－30％＝70％

增加的所有者权益＝5000×5％×70％＝175(万元)

需要增加的外部融资额＝1000－100－175＝725(万元)

2. 线性回归分析法

线性回归分析法是假定资金需求量与产销业务量之间存在线性关系，利用历史资料可以建立回归直线方程，确定参数预测资金需求量的方法。根据资金需求量和产销量变动之间的关系，将企业所需资金总量分为不变资金和变动资金。其中：不变资金是指不随产销量变动而变动的资金需求量，主要包括为维持一定生产规模所需要的最低数额的现金、保险储备的原材料、固定资产占用资金等；变动资金是指随着产销量的变动而成正比例变动的资金需求量，如存货、应收账款等。该方法的预测模型可用下式表示：

$$y=a+b\cdot x \tag{2-1}$$

式中：y——资金需求量；

a——不变资金数；

b——变动资金数；

x——产销业务量。

利用该预测模型，只要确定了 a 和 b，就可以根据产销业务量来预测资金需求量。

例 2－6　C公司 20×3～20×8 年的产销业务量和资本需求量如表 2－6 所示。预计 20×9 年的产销业务量为 85 000 件。利用线性回归分析法预测 C公司 20×9 年的资金需求量。

表 2－6　C公司产销量与资金需求量表

年度	产销量(x)(万件)	资本需求量(y)(万元)
20×3	7.0	1 600
20×4	6.8	1 580
20×5	6.9	1 585
20×6	7.5	1 650
20×7	8.0	1 750
20×8	8.2	1 780

线性回归分析法的预测步骤如下：

第一步,根据表 2—6 的资料,计算出表 2—7 的数据。

表 2—7 回归直线方程数据计算表

年度	产销量 x (万件)	资本需求量 y (万元)	xy	x^2
20×3	7.0	1 600	11 200.0	49.00
20×4	6.8	1 580	10 744.0	46.24
20×5	6.9	1 585	10 963.5	47.61
20×6	7.5	1 650	12 375.0	56.25
20×7	8.0	1 750	14 000.0	64.00
20×8	8.2	1 780	14 596	67.24
$N=6$	$\sum x=44.4$	$\sum y=9\ 945$	$\sum yx=73\ 878.5$	$\sum x^2=330.34$

第二步,根据最小二乘法,列出如下方程组:

$$\begin{cases}\sum y=na+b\sum x\\ \sum yx=a\sum x+b\sum x^2\end{cases}$$

将表 2—7 中的数据代入上面的方程组:

$$\begin{cases}9\ 945=6a+44.4b\\ 73\ 878=44.4a+330.34b\end{cases}$$

解方程组求得:

$$\begin{cases}a=470.54\\ b=160.4\end{cases}$$

第三步,将 a 和 b 代入公式预测模型,可得:

$y=470.54+160.4x$

第四步,将 20×9 年的预计产值量 85 000 件代入第三步中的方程,计算出资本需求量为:

$y=470.54+160.4\times 8.5=1\ 833.94$(万元)

因此,预计 C 公司 20×9 年的资本需求量为 1 833.94 万元。

线性回归分析法的特点是比较科学,精确度高,但是计算繁杂,实用性不强。

第四节 企业融资决策

一、资金成本及测度

(一)资金成本的定义和意义

1. 资金成本的定义

资金成本是指企业为筹集和使用资金而付出的代价。广义地讲,企业筹集和使用任何资金,不论是短期的还是长期的,都要付出代价。狭义的资金成本仅指筹集和使用长期资金(包括自有资金和借入长期资金)的成本。由于长期资金也被称为资本,所以长期资金的成本也称为资本成本。

资金成本包括资金筹集费和资金使用费。其中资金筹集费是指公司在筹集资金活动中为获得资金而付出的费用。如向银行支付的借款手续费，因发行股票、债券而支付的发行费用，以及融资过程发生的公证费、担保费、律师费等。资金使用费是指为使用资金而付出的费用。如向债权人支付的利息，向股东分配的股利等。

资金成本可用绝对数表示，也可用相对数表示。但一般采用相对数即资金成本率来表示。资金成本率是指资金使用费与有效融资额之间的比率，计算公式如下：

$$\text{资金成本率}=\frac{\text{资金使用费}}{\text{融资总额}-\text{资金筹集费}}\times 100\%$$

$$=\frac{\text{资金使用费}}{\text{融资总额}\times(1-\text{融资费用率})}\times 100\% \qquad (2-2)$$

即：

$$K=\frac{D}{P-f} \qquad (2-3)$$

或：

$$K=\frac{D}{P(1-F)}$$

式中：K——资金成本率；

D——资金使用费；

P——融资总额；

f——资金筹集费；

F——融资费用率，即融资费用额与融资总额的比率。

资金成本有多种形式。在比较各种融资方式时，使用个别资金成本，如长期借款成本、债券成本、股票成本等；在企业全部资本结构决策时，使用综合资金成本；在追加融资决策时，还可以使用边际资金成本。

2. 资金成本的意义

资金成本是企业财务管理的一个重要概念，国际上将其列为一项"财务标准"。资金成本对于企业融资管理、投资管理，乃至整个经营管理都有重要意义。

首先，资金成本是比较融资方式、选择追加融资方案的依据。资金成本是比较各种融资方式优劣的一个尺度。企业筹集长期资金一般有多种方式可供选择，如长期借款、发行债券、发行股票等。这些长期融资方式的个别资金成本是不一样的。资金成本的高低可作为比较各种融资方式优缺点的一个依据。当然，资金成本并不是选择融资方式的唯一依据。综合资金成本是企业进行资本结构决策的基本依据。企业的全部长期资金通常是采用多种方式融资组合构成的，这种长期融资组合可有多个方案可供选择。综合资金成本的高低是比较各个融资组合方案，做出资本结构决策的基本依据。边际资金成本是比较选择追加融资方案的重要依据。企业为了扩大生产经营规模，增加经营所需资产或追加对外投资，往往需要追加筹集资金。在这种情况下，边际资金成本是比较选择各个追加融资方案的重要依据。

其次，资金成本是评价投资项目、比较投资方案和追加投资决策的主要经济标准。一般而言，一个投资项目，只有其投资收益率高于其资金成本率，经济上才是合理的；否则，该投资项目就将无利可图，甚至会发生亏损。国际上通常将资金成本视为投资项目的"最低收益率"，视为是否采用投资项目的"取舍率"，作为比较选择投资方案的主要标准。

在预测分析中，有时还将资金成本作为贴现率，用以计算各投资方案的现金流量现值、净现值和现值指数,以比较不同方案的优劣。

再次,资金成本还可作为衡量企业整个经营业绩的基准。在这方面,可将企业实际的资金成本率与相应的投资回报率相比较,如果投资回报率高于资金成本率,可认为该投资决策创造价值,有利;反之,如果投资回报率低于资金成本率,则意味着资本回报未能覆盖资金成本,实质是在损耗股东价值。此时需要具体分析:若是经营性问题(如投资回报率过低),应改善运营效率;若是融资问题(如资金成本率过高),则需优化资本结构。

(二)个别资金成本

个别资金成本是指各种长期资金的成本。企业的长期资金一般有长期借款、长期债券、优先股、普通股、留用利润等,其中前两者可统称债务资本或简称债务,后三者可统称权益资本简称权益。个别资金成本相应地有长期借款成本、债券成本、优先股成本、普通股成本、留用利润成本等。前两者统称为债务成本,后三者统称为权益成本。

1. 债务成本

按照国际惯例和各国所得税法的规定,债务的利息一般允许在企业所得税前支付,因此,企业实际负担的利息为:利息×(1-企业所得税税率)。

(1)长期借款成本

企业长期借款的成本可按以下公式计算:

$$K_l=\frac{I_l(1-T)}{L(1-F_l)} \tag{2-4}$$

式中:K_l——长期借款成本;

I_l——长期借款年利息;

L——长期借款融资额,即借款本金;

F_l——长期借款融资费用率。

以上公式还可以写成如下形式:

$$K_l=\frac{R_l(1-T)}{1-F_l} \tag{2-5}$$

式中:R_l——借款年利率。

在长期借款附加补偿性余额的情况下,长期借款融资额应扣除补偿性余额,从而长期借款成本将会提高。

例 2-7 某公司欲从银行取得一笔长期借款 1 000 万元,年利率 5%,期限 3 年,每年结息一次,到期一次还本。筹措这笔借款的费用率为 0.1%。企业所得税税率 20%。该项长期借款的成本计算如下:

$$K_l=\frac{1\,000\times5\%\times(1-20\%)}{1\,000\times(1-0.1\%)}=4\%$$

长期借款的融资费用主要是借款手续费,一般数额很小,有时可以忽略不计。这时,长期借款成本可按下列公式计算:

$$K_l=R_l(1-T)$$

仍用上例资料,长期借款成本为:

$K_l=5\%\times(1-20\%)=4\%$

(2)债券成本

债券成本主要包括利息费用和融资费用,其中利息费用在所得税前列支,但发行债券的融资费用一般较高，应予以考虑。债券的融资费用即债券发行费用，包括申请发行债券的手续费、债券注册费、印刷费、上市费以及推销费用等。其中有些费用按一定的标准（定额或定率）支付，有的并无固定的标准。

债券的发行价格有等价、溢价和折价三种。债券利息按面额（即本金）和票面利率确定，但债券的融资额应按具体发行价格计算。债券成本的计算公式为：

$$K_b = \frac{I_b(1-T)}{B(1-F_b)} \tag{2-6}$$

式中：K_b——债券成本；

I_b——债券年利息；

B——债券融资额，按发行价格确定；

F_b——债券融资费用率。

例 2—8　某公司等价发行总面额为 500 万元的 3 年期债券，票面利率 8%，发行费用率为 5%，企业所得税税率为 20%。该债券的资金成本为：

$$K_b = \frac{500 \times 8\% \times (1-20\%)}{500 \times (1-5\%)} = 6.73\%$$

债券成本一般高于长期借款成本。

2. 权益成本

股票的股利是以所得税后净利支付的，不会减少企业应缴的所得税。

（1）优先股成本

优先股股利通常是固定的，企业利用优先股融资需支付发行费用。因此，优先股成本可按下列公式计算：

$$K_p = \frac{D_p}{P_P(1-F_P)} \tag{2-7}$$

式中：K_p——优先股成本；

D_p——优先股年股利；

P_p——优先股融资额；

F_p——优先股融资费用率。

其中，优先股融资额应按优先股的发行价格确定。

例 2—9　某公司按面值发行优先股总面值为 100 万元，发行费用率 6%，规定年股利率为 10%。则优先股成本计算如下：

$$K_p = \frac{1\ 000 \times 10\%}{1\ 000 \times (1-6\%)} = 10.64\%$$

（2）普通股成本

普通股的资金使用费是向股东分配的股利，在所得税税后支付，没有抵税的作用。而且发行费用相对较高，计算时必须考虑。普通股资金成本的计算方法一般有股利折现模型和资本资产定价模型。

①股利折现模型：

股利折现模型的基本形式为：

$$P_0 = \sum_{t=1}^{n} \frac{D_t}{(1+K_c)^t} \tag{2-8}$$

式中：P_0——普通股融资额；

D_t——普通股第 t 年的股利；

K_c——普通股投资必要报酬率，即普通股成本。

运用上述模型测算普通股成本，在不同的股利分配政策下，普通股成本的计算略有不同。

第一种情况：如果公司采用固定股利政策，即每年分派现金股利 D 元，则普通股成本可按下式计算：

$$K_c=\frac{D}{P_0}=\frac{D}{P_c(1-F_c)} \tag{2-9}$$

式中：K_c——普通股成本；

D——每年固定股利；

P_c——普通股融资额；

F_c——普通股融资费用率。

例 2—10 某公司以面值发行普通股 5 000 万元，发行费用率为 6%，预定每年股利率为 12%。普通股成本为：

$$K_c=\frac{5\ 000\times 12\%}{5\ 000\times(1-6\%)}=12.77\%$$

第二种情况：如果公司采用固定增长股利的政策，股利固定增长率为 g。普通股的股利一般不是固定的，通常是逐年增长的。如果每年以固定比率 g 增长，第一年股利为 D_c，则第二年股利为 $D_c(1+g)$，第三年 $D_c(1+g)^2$，……，第 n 年为 $D_c(1+g)^{n-1}$。因此，普通股成本的计算公式可推导如下：

$$K_c=\frac{D_c}{P_c(1-F_c)}+g \tag{2-10}$$

例 2—11 某公司以面值发行普通股 5 000 万元，发行费用率为 6%，预定第一年股利率为 12%，以后每年增长 5%。普通股成本为：

$$K_c=\frac{5\ 000\times 12\%}{5\ 000\times(1-6\%)}+5\%=17.77\%$$

②资本资产定价模型：

根据资本资产定价模型确定普通股成本的公式如下：

$$K_c=R_f+\beta(R_m-R_f) \tag{2-11}$$

式中：K_c——普通股成本；

R_f——无风险报酬率；

R_m——平均风险股票必要报酬率；

β——股票的贝他系数。

例 2—12 在市场无风险报酬率为 10%，平均风险股票必要报酬率为 14%的情况下，大地公司普通股 β 值为 1.2。大地公司普通股成本为：

$$K_c=10\%+1.2\times(14\%-10\%)=14.8\%$$

(3)留用利润成本

表面看，企业留用利润并不存在资本成本。但实际上，股东愿意将其留用于公司而不作为股利取出投资于别处，总是要求获得与普通股等价的报酬。因此，留用利润成本实质是一种机会成本。其计算方法与普通股基本相同，只是一般不考虑发行普通股时的融资费用。

$$K_r = \frac{D_c}{P_c} + g \tag{2—12}$$

式中：K_r——留用利润成本。

3. 综合资金成本

综合资金成本是指企业全部长期资金的总成本，通常是以各种长期资金占全部资金的比重为权数，对个别资金成本进行加权平均确定的，故亦称加权平均资金成本。因此，综合资金成本是由个别资金成本和相应的个别资金权数这两个因素所决定的，计算公式为：

$$K_w = \sum_{j=1}^{n} K_j W_j \tag{2—13}$$

式中：K_w——综合资金成本，即加权平均资金成本；

K_j——第 j 种个别资金成本；

W_j——第 j 种个别资金占全部资金的比重(权数)。

其中：$$\sum_{j=1}^{n} W_j = 1$$

例 2—13　某公司账面共有长期资金(账面价值)1 000 万元，其中：长期借款 150 万元，长期债券 200 万元，优先股 100 万元，普通股 300 万元，留用利润 250 万元，其个别资金成本分别为 5.64%、6.25%、10.5%、15.7%、15%。则该公司的综合资金成本可分两步计算如下：

第一步：计算各种资金占全部资金的比重。

长期借款：$W_l = \frac{150}{1\ 000} = 15\%$

长期债券：$W_b = \frac{200}{1\ 000} = 20\%$

优先股：$W_p = \frac{100}{1\ 000} = 10\%$

普通股：$W_c = \frac{300}{1\ 000} = 30\%$

留用利润：$W_r = \frac{250}{1\ 000} = 25\%$

第二步：计算加权平均资金成本。

$$\begin{aligned} K_w &= 5.64\% \times 15\% + 6.25\% \times 20\% + 10.5\% \times 10\% + 15.7\% \times 30\% + 15\% \times 25\% \\ &= 0.85\% + 1.25\% + 1.05\% + 4.71\% + 3.75\% \\ &= 11.61\% \end{aligned}$$

上述计算过程见表 2—8。

表 2—8　**综合资金成本计算表**

资金种类	账面价值(万元)	所占比重	个别资金成本	加权平均资金成本
长期借款	150	15%	5.64%	0.85%
长期债券	200	20%	6.25%	1.25%
优先股	100	10%	10.5%	1.05%
普通股	300	30%	15.7%	4.71%

续表

资金种类	账面价值(万元)	所占比重	个别资金成本	加权平均资金成本
留用利润	250	25%	15%	3.75%
合计	1 000	100%	—	11.61%

上述加权平均资金成本计算中的权数是按账面价值确定的。使用账面价值权数易于从资产负债表上取得这种资料;但如果债券和股票的市场价值已脱离账面价值许多,就会误估加权平均资金成本,不利于投资决策。

在实际中,加权平均资金成本的权数还有两种选择,即市场价值权数和目标价值权数。

(1)市场价值权数。市场价值权数是指债券、股票等以现行市场价格确定权数,从而计算加权平均资金成本。见表 2—9。

表 2—9　　基于市场价值权数的加权平均资金成本

资金种类	市场价值(万元)	所占比重	个别资金成本	加权平均资金成本
长期借款	150	10%	5.64%	0.56%
长期债券	180	12%	6.25%	0.75%
优先股	75	5%	10.5%	0.53%
普通股	645	43%	15.7%	6.75%
留用利润	450	30%	15%	4.5%
合计	1 500	100%	—	13.09%

将表 2—8 和表 2—9 比较,该公司债券和优先股的市场价值实际上低于其账面价值,而普通股及留用利润的市场价值高于其账面价值,综合资本成本为 13.09%。这反映了该公司目前实际的资金成本水平,有利于融资决策。市场价值权数的不足之处是证券的市场价格处于经常变动之中,因而不易于选用。为弥补这一不足,可以选用平均价格。另外,市场价值权数和账面价值权数,反映的是现在和过去的资本结构,据以确定的资金成本不一定适于未来融资决策。

(2)目标价值权数。是指债券、股票等以未来预计的目标市场价值确定权数,从而估计加权平均资金成本。对综合资金成本的一个基本要求是,它应反映公司未来新增融资的边际资本成本,而非历史或当前的资本成本,而目标价值权数满足了这种要求。

例 2—14　假定上例中公司筹措新资后的资本结构是:长期借款 20%,债券 25%,优先股 15%,普通股 30%,留用利润 10%,据以确定的加权平均资金成本计算如表 2—10 所示。

表 2—10　　基于目标价值权数的加权平均资金成本

资金种类	所占比重	个别资金成本	加权平均资金成本
长期借款	20%	5.64%	1.13%
长期债券	25%	6.25%	1.56%
优先股	15%	10.5%	1.58%
普通股	30%	15.7%	4.71%

续表

资金种类	所占比重	个别资金成本	加权平均资金成本
留用利润	10%	15%	1.50%
合　计	100%	—	10.48%

一般来说，使用目标价值做权数，能够体现期望的资本结构，但目标价值难以客观合理地确定。因此，通常应选择市场价值作为权数。在实务中，虽然目标价值和市场价值权数优于账面价值权数，但仍有不少公司坚持账面价值权数，因其易于确定。

可见，在个别资金成本一定的情况下，企业的综合资金成本的高低是由资本结构所决定的。

4. 边际资金成本

企业无法以某一固定资金成本来筹措无限的资金，当其筹集的资金超过一定限度时，原来的资金成本就会增加。在企业追加融资和追加投资的决策中必须考虑边际资金成本的高低。

边际资金成本是指资金每增加一个单位而增加的成本。边际资金成本需要按加权平均法来计算，其权数必须为市场价值权数，不应采用账面价值权数。

下面举例说明边际资金成本的计算和应用。

在未来追加融资过程中，为了便于比较选择不同规模范围的融资组合，企业可以预先计算边际资金成本，并以图或表的形式反映。

例 2—15　某公司目前拥有长期资金 100 万元，其中长期借款 20 万元，长期债券 5 万元，普通股 75 万元。由于扩大经营规模的需要，拟筹措新资金，经分析筹集新资金后仍应保持目前的资本结构，即长期借款 20%，长期债券 5%，普通股 75%，并测算了随融资的增加，各种资金成本的变化如表 2—11。

表 2—11　　**各种资金成本的变化情况**

资金种类	目标资本结构	新融资额	资金成本
长期借款	0.2	10 000 元以内	6%
		10 000～40 000 元	7%
		40 000 元以上	8%
长期债券	0.05	2 500 元以内	10%
		2 500 元以上	12%
普通股	0.75	22 500 元以内	14%
		22 500～75 000 元	15%
		75 000 元以上	16%

(1)计算融资突破点。

因为花费一定的资金成本率只能筹集到一定限度的资金，超过这一限度的资金就要多花费资金成本，引起原资本成本率的变化，于是就把在保持某资金成本率的条件下可以筹集到的资金总限度称为融资突破点。在融资突破点范围内融资，原来的资金成本率不会改变；一旦融资额超过融资突破点，即使维持现有的资本结构，其资金成本率也会增加。

融资突破点的计算公式为：

$$BP_j = \frac{TF_j}{W_j} \tag{2-14}$$

式中：BP_j——融资突破点；

TF_j——可用某一特定成本率筹集到的第 j 种资金额；

W_j——目标资本结构中第 j 种资金所占的比重。

根据融资突破点的计算公式，对该公司的融资突破点计算如表 2－12 所示。

表 2－12　　融资突破点计算表

资金种类	资本结构	资金成本	新融资额	融资突破点
长期借款	20%	6%	10 000 元以内	$\frac{10\ 000}{0.2}=50\ 000$
		7%	10 000～40 000 元	$\frac{40\ 000}{0.2}=200\ 000$
		8%	40 000 元以上	—
长期债券	5%	10%	2 500 元以内	$\frac{2\ 500}{0.05}=50\ 000$
		12%	2 500 元以上	—
普通股	75%	14%	22 500 元以内	$\frac{22\ 500}{0.75}=30\ 000$
		15%	22 500～75 000 元	$\frac{75\ 000}{0.75}=100\ 000$
		16%	75 000 元以上	—

(2)计算边际资金成本。

根据上一步计算出的分界点，可以得出下列五个新的融资范围：①30 000 元以内；②30 000～50 000 元；③50 000～100 000 元；④100 000～200 000 元；⑤200 000 元以上。

对上列五个融资范围分别计算加权平均资金成本，即可得到各种融资范围的边际资金成本(见表 2－13)。

表 2－13　　边际资金成本计算表

融资总额范围	资金种类	资本结构 (1)	资金成本 (2)	边际资金成本 (3)=(1)×(2)
30 000 元以内	长期借款	20%	6%	1.2%
	长期债券	5%	10%	0.5%
	普通股	75%	14%	10.5%
				12.2%
30 000～50 000 元	长期借款	20%	6%	1.2%
	长期债券	5%	10%	0.5%
	普通股	75%	15%	11.25%
				12.95%

续表

融资总额范围	资金种类	资本结构 (1)	资金成本 (2)	边际资金成本 (3)=(1)×(2)
50 000～100 000元	长期借款	20%	7%	1.4%
	长期债券	5%	12%	0.6%
	普通股	75%	15%	11.25%
				13.25%
100 000～200 000元	长期借款	20%	7%	1.4%
	长期债券	5%	12%	0.6%
	普通股	75%	16%	12%
				14%
200 000元以上	长期借款	20%	8%	1.6%
	长期债券	5%	12%	0.6%
	普通股	75%	16%	12%
				14.2%

二、杠杆收益与风险

杠杆收益与风险问题是企业资本结构决策的一个重要因素。资本结构决策需要在杠杆收益与其相关风险之间进行合理的权衡。

(一)经营杠杆

经营杠杆，又称营业杠杆或营运杠杆，是指企业在经营决策时对经营成本(包括销售成本、价内销售税金、营业费用、管理费用等)中固定成本的利用。运用经营杠杆，企业可以获得一定的经营杠杆收益，同时也承受相应的经营风险，对此可用经营杠杆系数来衡量。

1. 经营杠杆收益

经营杠杆收益是指在扩大营业额条件下，经营成本中固定成本这个杠杆所带来的增长程度更大的经营利润(是指支付利息和所得税之前的利润，通常称为“息税前利润”或“息税前盈余”)。在一定的产销规模内，由于固定成本并不随产品销量(或销售额，下同)的增加而增加，而随着销量的增长，单位销量所负担的固定成本会相对减少，从而给企业带来额外的收益(见表2—14)。

表2—14　　经营杠杆收益分析表

销　售		变动成本 (万元)	固定成本 (万元)	息税前利润	
金额(万元)	增长率			金额(万元)	增长率
240	—	144	80	16	—
260	8%	156	80	24	50%
300	15%	180	80	40	67%

由表2—14可见，在一定的销售规模内，固定成本保持不变的条件下，随着销售的增长，息

税前利润以更快的速度增长,从而获得经营杠杆收益。

2. 经营风险及其影响因素

经营风险也称营业风险,是指与企业经营相关的风险,尤其是指利用经营杠杆而导致息税前利润变动的风险。由于经营杠杆的作用,当销售额下降时,息税前利润下降得更快,从而给企业带来经营风险,见表2—15。

表2—15　　经营风险分析表

销售		变动成本(万元)	固定成本(万元)	息税前利润	
金额(万元)	增长率			金额(万元)	增长率
300	—	180	80	40	—
260	−13%	156	80	24	−40%
240	−8%	144	80	16	−33%

经营风险影响着企业的融资能力,因此,也是制约资本结构决策的重要因素。

影响经营风险的因素主要有:(1)产品需求的变动;(2)产品价格的变动;(3)单位产品变动成本的变动;(4)经营杠杆等。其中,经营杠杆对经营风险的影响最为综合。

3. 经营杠杆系数

为了反映经营杠杆的作用程度,估计经营杠杆收益的大小,评价经营风险的高低,需要测算经营杠杆系数。

经营杠杆系数,也称经营杠杆程度,是息税前利润的变动率相当于销售额变动率的倍数。计算公式如下:

经营杠杆系数=息税前收益变动率/销售变动率

$$DOL=\frac{\Delta EBIT/EBIT}{\Delta S/S} \tag{2—15}$$

式中:DOL——经营杠杆系数;

$EBIT$——息税前利润;

$\Delta EBIT$——息税前利润变动额;

S——销售额;

ΔS——销售变动额。

为了便于计算,可将上述公式做如下变换:

因为:

$$EBIT=Q(P-V)-F$$

$$\Delta EBIT=\Delta Q(P-V)$$

所以:

$$DOL_Q=\frac{Q(P-V)}{Q(P-V)-F} \tag{2—16}$$

或:

$$DOL_S=\frac{S-VC}{S-VC-F} \tag{2—17}$$

式中:DOL_Q——按销售数量确定的经营杠杆系数;

Q——销售数量;

P——销售单价；

V——单位变动成本；

F——固定成本总额；

DOL_S——按销售金额确定的经营杠杆系数；

VC——变动成本总额，可按变动成本率乘以销售额来确定。

例 2—16　天力公司销售产品 40 000 件，单位产品售价 1 000 元，销售总额 4 000 万元，固定成本总额为 800 万元，单位产品变动成本为 600 元，变动成本占总成本的比率为 60%，变动成本总额为 2 400 万元。则其经营杠杆系数为：

$$DOL_Q=\frac{40\ 000\times(1\ 000-600)}{40\ 000\times(1\ 000-600)-8\ 000\ 000}=2(\text{倍})$$

$$DOL_S=\frac{40\ 000\ 000-24\ 000\ 000}{40\ 000\ 000-24\ 000\ 000-8\ 000\ 000}=2(\text{倍})$$

此例中经营杠杆系数为 2 的意义在于：息税前利润变动幅度是销售额变动幅度的 2 倍。一般而言，公司的经营杠杆系数越高，经营杠杆收益和经营风险就越高；公司的经营杠杆系数越低，经营杠杆收益和经营风险就越低。

经营杠杆系数还说明：在销售额处于盈亏临界点前的阶段，经营杠杆系数随销售额的增加而递增；在销售额处于盈亏临界点后的阶段，经营杠杆系数随销售额的增加而递减；当销售额达到盈亏临界点时，经营杠杆系数趋近于无穷大，此时经营风险同样趋近于无穷大。

在销售收入一定的情况下，影响经营杠杆的因素主要是固定成本和变动成本的金额。固定成本加大或变动成本变小都会引起经营杠杆系数增加。研究结果表明，在固定成本一定的情况下，公司应采取多种方式增加销售额，最终会赢得“正杠杆收益”。相反，一旦销售额减少，利润会下降得更快，形成“负杠杆收益”。

（二）财务杠杆

财务杠杆又称融资杠杆，是指企业在资本结构决策时对债务融资的利用。运用财务杠杆，企业可以获得一定的财务杠杆收益，同时也承受相应的财务风险，对此可用财务杠杆系数来衡量。

1. 财务杠杆收益

财务杠杆收益是指利用债务融资这个杠杆而给企业所有者带来的额外收益。

为了扩大生产规模或改变资本结构，企业总要发生借入资金。一旦负债经营，企业就要背上固定的利息负担。当利润增大时，每 1 单位利润所负担的利息就会相应减少，从而使投资者收益有更大幅度的提高；反之，当利润减少时，每 1 单位利润所负担的利息就会相应增加，从而使投资者收益有更大幅度的下降。如表 2—16 所示，在资金结构一定、债务利息保持不变的条件下，随着息税前利润的增长，税后利润以更快的速度增长，从而获得财务杠杆收益。

表 2—16　　**财务杠杆收益分析表**

息税前利润		债务利息（万元）	所得税（25%）	税后利润	
金额（万元）	增长率			金额（万元）	增长率
16	—	15	0.25	0.75	—
24	50%	15	2.25	6.75	800%
40	67%	15	6.25	18.75	177%

2. 财务风险及其影响因素

财务风险也称融资风险,是指企业因举债融资而产生的风险,也就是指全部资金中由于债务资金比率的变化所带来的风险。

财务风险与收益呈正相关,如表2—17所示,由于财务杠杆的作用,当息税前利润下降时,税后利润下降得更快,从而给企业带来财务风险。

表2—17 **财务风险分析表**

息税前利润		债务利息(万元)	所得税(25%)	税后利润	
金额(万元)	增长率			金额(万元)	增长率
40	—	15	6.25	18.75	
24	−40%	15	2.25	6.75	−64%
16	−33%	15	0.25	0.75	−89%

影响财务风险的因素主要有:(1)资金供求的变化;(2)利率水平的变动;(3)获利能力的变化;(4)资本结构的变化,即财务杠杆的利用程度。其中,财务杠杆对财务风险的影响最为综合。

3. 财务杠杆系数

财务杠杆系数又称财务杠杆程度,是普通股每股税后利润变动率相当于息税前利润变动率的倍数。它可以用来反映财务杠杆的作用程度,估计财务杠杆收益的大小,评价财务风险程度的高低。计算公式为:

$$DFL=\frac{\Delta EPS/EPS}{\Delta EBIT/EBIT} \tag{2—18}$$

式中:DFL——财务杠杆系数;

ΔEPS——普通股每股利润变动额;

EPS——普通股每股利润。

为了便于计算,可将上述公式变换如下:

因为:

$$EPS=(EBIT-I)(1-T)/N$$

$$\Delta EPS=\Delta EBIT(1-T)/N$$

式中:I——利息;

T——所得税税率;

N——流通在外普通股份数。

所以:

$$DFL=\frac{EBIT}{EBIT-I} \tag{2—19}$$

在有优先股的条件下,由于优先股股利通常也是固定的,但是以税后利润支付的,此时,上述公式应改写为:

$$DFL=\frac{EBIT}{EBIT-I-D_P/(1-T)} \tag{2—20}$$

式中:D_P——优先股股利。

例2—17 A、B、C为三家经营业务相同的公司,它们的有关财务数据如表2—18所示。

表 2—18　　**A、B、C 公司有关财务数据表**

序号	项　目	A 公司	B 公司	C 公司
1	普通股本(元)	2 000 000	1 500 000	1 000 000
2	发行股数(股)	20 000	15 000	10 000
3	债务(元)	0	500 000	1 000 000
4	资金总额(元)	2 000 000	2 000 000	2 000 000
5	息税前利润(元)	200 000	200 000	200 000
6	债务利息(利率 8%)(元)	0	40 000	80 000
7	税前利润(元)	200 000	160 000	120 000
8	所得税(税率 25%)(元)	50 000	40 000	30 000
9	税后利润(元)	150 000	120 000	90 000
10	财务杠杆系数	1	1.25	1.67
11	普通股每股收益(元)	7.5	8.0	9.0
12	息税前利润增加(元)	200 000	200 000	200 000
13	债务利息(元)	0	40 000	80 000
14	税前利润(元)	400 000	360 000	320 000
15	所得税(税率 25%)(元)	100 000	90 000	80 000
16	税后利润(元)	300 000	270 000	240 000
17	普通股每股收益(元)	15.0	18.0	24.0

计算结果表明：

(1)财务杠杆系数表明的是息税前利润增长所引起的每股收益的增长幅度。

A 公司的息税前利润增长 100%时，其每股收益也增长 100%[(15.0—7.5)/7.5=1]；

B 公司的息税前利润增长 100%时，其每股收益也增长 125%[(18.0—8.0)/8.0=1.25]；

C 公司的息税前利润增长 100%时，其每股收益也增长 167%[(24.0—9.0)/9.0=1.67]。

(2)如表 2—19 所示，在融资总额、息税前利润相同的情况下，负债比率越高，财务杠杆系数越高，财务风险越大，但预期每股收益(投资收益)也越高。

表 2—19　　**A、B、C 公司财务杠杆系数**

项　目	A 公司	B 公司	C 公司
负债比率	0%	25%	50%
财务杠杆系数	1	1.25	1.67
每股收益	7.5	8.0	9.0

(三)综合杠杆

经营杠杆和财务杠杆的综合作用称为综合杠杆或总杠杆。经营杠杆通过扩大销售量影响息税前利润，而财务杠杆通过负债扩大息税前利润影响每股收益。如果两种杠杆共同起作用，那么销售额稍有变动就会使每股收益产生更大的变动。综合杠杆作用的程度，可用综合杠杆系数或总杠杆系数来反映。它是经营杠杆系数与财务杠杆系数的乘积，公式为：

$$DCL(\text{或}DTL)=DOL\cdot DFL$$

$$=\frac{\Delta EPS/EPS}{\Delta S/S} \tag{2-21}$$

$$=\frac{\Delta EPS/EPS}{\Delta Q/Q} \tag{2-22}$$

式中：DTL——总杠杆系数；

DCL——综合杠杆系数。

上列公式显示，综合杠杆系数是每股利润变动率相当于销售额（数量或金额）变动率的倍数。综合杠杆能够估计出销售额变动对每股收益造成的影响。

例 2—18 假设某公司经营杠杆系数为 3，财务杠杆系数为 2 时，则该公司综合杠杆系数为：

$DCL=3\times 2=6$

上例计算结果表明，公司销售额每增长（或减少）10％，就会造成每股利润增长（或减少）60％。

三、资本结构决策

（一）资本结构概念及影响因素

1. 资本结构概念

资金结构是指企业各种资金的构成及其比例关系。有广义和狭义之分，广义的资金结构是指企业全部资金的构成和比例关系，包括负债资金和权益资金的构成和比例关系，短期负债和长期负债的比例关系等。而狭义的资金结构仅指各类长期资金筹集来源的构成和比例关系，即企业长期债务资金和权益资金间的比例关系，又称为资本结构。

资本结构是企业长期融资决策的核心问题，最佳资本结构会直接对企业资金使用效率产生影响。其中关键是解决长期负债资金在总资金中的比例问题，一定程度的债务资金可以获取财务杠杆利益，但由于债务资金有固定的利息负担，同时会加大企业财务风险。

2. 资本结构的影响因素

（1）所得税税率

债务利息在税前支付，因此具有减税效应；而权益资本的股利是在税后支付，没有减税功能。所以，企业所得税税率越高，长期负债带来的好处就越大。在安排资本结构时，应充分考虑所得税税率对资本结构的影响。

（2）资本成本

不同的资金来源和数量的资金具有不同的个别资本成本和加权平均资本成本。企业在安排资本结构时，应根据资金成本的高低来确定构成比例关系。因债务利息具有减税效应，债务资本成本明显低于权益资本成本，一定程度上可以合理提高债务资本的比重，以降低综合资本成本。

（3）财务风险

财务风险是指公司到期无法偿还债务本息的可能性。企业利用债务资本，可以发挥正的财务杠杆效应，但过度负债，增大债务资本在总资本结构中的比重，则会增大企业固定的债务利息负担，财务风险增加。因此，企业在安排资本结构时，要适当控制长期负债在整个长期资金中的比重。

此外，企业资产结构、产品销售情况、投资者和管理人员的态度、贷款人和信用评级机构的影响、利率水平的变动趋势等都会影响资本结构。

（二）最佳资本结构的确定方法

1. 比较资本成本法

比较资本成本法是计算不同资本结构下的加权平均资金成本，以此为标准进行资本结构决策的方法。企业融资分为初始期的融资和发展过程中的融资两种情况，对应于此，资本结构决策分为初始资本结构决策和追加资本结构决策。

（1）初始资金结构决策

企业预期的资金使用量可以用多种融资方式来筹集，每种融资方式的融资数额可有多种安排，因此可形成若干个资本结构（或融资方案）可供选择。

例 2—19　ABC 公司在初创期有三个融资方案可供选择，有关财务数据如表 2—20 所示。

表 2—20　**ABC 公司初创期融资方案**

融资方式	甲方案		乙方案		丙方案	
	融资额（万元）	资金成本（%）	融资额（万元）	资金成本（%）	融资额（万元）	资金成本（%）
长期借款	40	6.0	50	6.5	80	7.0
债券	100	7.0	150	8.0	120	7.5
优先股	60	12.0	100	12.0	50	12.0
普通股	300	15.0	200	15.0	250	15.0
合计	500	—	500	—	500	—

甲方案加权平均资本成本为：

$$6\%\times\frac{40}{500}+7\%\times\frac{100}{500}\times12\%\times\frac{60}{500}+15\%\times\frac{300}{500}=12.32\%$$

经计算，乙方案加权平均资本成本为 11.45%，丙方案加权平均资本成本为 11.62%。

计算结果表明，三个方案中乙方案的加权平均资本成本最低，应是最好的融资方案，ABC 公司可按此方案筹集资金，以实现其资金结构的最优化。

（2）追加资本结构决策

对于发展过程追加融资所进行的资本结构决策，可用两种方法进行：

方法一：直接测算比较各备选追加融资方案的边际资本成本，从中选择最优融资方案；

方法二：将各备选追加融资方案与原有最优资本结构汇总，测算各追加融资条件下汇总资本结构的综合资本成本，比较确定最优追加融资方案。

例 2—20　ABC 公司欲追加融资，现有两个融资方案可供选择，有关财务数据如表 2—21 所示。

表 2—21 **ABC公司追加融资方案比较表**

融资方式	原资本结构		追加融资方案 1		追加融资方案 2		追加融资后的资本结构	
	资金额(万元)	资本成本(%)	追加融资资额(万元)	资本成本(%)	追加融资资额(万元)	资本成本(%)	方案 1	方案 2
长期借款	80	7	50	7.5	60	8	130	140
债券	100	7	—	—	—	—	100	100
优先股	120	12	20	13	20	13	140	140
普通股	200	15	30	16	20	16	230	220
合计	500	—	100	—	100	—	600	600

方法一:追加融资方案 1 和方案 2 的边际资本成本计算如下:

方案 1:$\frac{50}{100}\times 7.5\%+\frac{20}{100}\times 13\%+\frac{30}{100}\times 16\%=3.75+2.6\%+4.8\%=11.15\%$

方案 2:$\frac{60}{100}\times 8\%+\frac{20}{100}\times 13\%+\frac{20}{100}\times 16\%=4.8+2.6\%+3.2\%=10.6\%$

该方法下,直接比较追加融资后部分资本成本的大小,方案 2 的资本成本明显低于方案 1,所以追加融资方案 2 为最优方案。

方法二:追加融资条件下汇总资本结构的综合资金成本计算如下:

方案 1 追加筹资后的综合资本成本为:

$$\frac{130}{600}\times\frac{80\times 7\%+50\times 7.5\%}{80+50}+\frac{100}{600}\times 7\%+\left(\frac{120}{600}\times 12\%+\frac{20}{600}\times 13\%\right)+\frac{230}{600}\times 16\%$$

$=11.69\%$

方案 2 追加筹资后的综合资本成本为:

$$\frac{140}{600}\times\frac{80\times 7\%+60\times 8\%}{80+60}+\frac{100}{600}\times 7\%+\left(\frac{120}{600}\times 12\%+\frac{20}{600}\times 13\%\right)+\frac{220}{600}\times 16\%$$

$=11.43\%$

该方法下,考虑追加融资部分总资本成本,方案 2 同样由于低于方案 1,所以追加融资方案 2 优于方案 1。

2. 每股利润分析法

每股利润分析法也称为每股利润无差别点分析法,是指利用每股利润无差别点来进行资本结构决策的方法。每股利润无差别点是指不同资本结构的每股利润相等时的息税前利润相交点,也称息税前利润平衡点。在这一点上,每种融资方案的资金成本相同,看不出哪一种资本结构为最佳。由于该方法主要是研究息税前利润(*EBIT*)与每股收益(*EPS*)之间的关系,经常将该方法称为 *EBIT*－*EPS* 分析法。

假定某企业有两种不同的融资方案——方案 1 和方案 2,在无差别点上存在:

$$EPS_1=EPS_2$$

则有:

$$\frac{(\overline{EBIT}-I_1)(1-T)-D_{P1}}{N_1}=\frac{(\overline{EBIT}-I_2)(1-T)-D_{P2}}{N_2} \qquad (2-23)$$

式中：$\overline{EBIT}$——息税前利润平衡点，即每股利润无差别点；

I_1、I_2——两种融资方式下的年利息；

D_{P1}、D_{P2}——两种融资方式下的年优先股股利；

N_1、N_2——两种融资方式下流通在外的普通股股数。

根据其基本原理，使用该方法进行融资决策时可依照以下标准：

(1)当息税前利润等于每股利润无差别点时，普通股融资和债务融资均可；

(2)当息税前利润大于每股利润无差别点时，采用负债融资为佳；

(3)当息税前利润小于每股利润无差别点时，采用普通股融资为佳。

例 2—21　ABC 公司目前有资本 750 000 元，因经营规模扩大需要再筹集 250 000 元，这些资金可以利用发行普通股票或长期债券来筹集。ABC 公司原资本结构和用两种融资方式融资后资本结构变化情况见表 2—22。

表 2—22　ABC 公司资本结构及变化表

融资方式	原资金结构	增加融资后资金结构	
		增发普通股	增加长期债券
长期负债(元)	100 000	100 000	350 000
普通股(元)	200 000	300 000	200 000
资金公积(元)	250 000	400 000	250 000
留存收益(元)	200 000	200 000	200 000
资金总额合计(元)	750 000	1 000 000	1 000 000
普通股股数(股)	20 000	30 000	20 000

注：发行新股票时，每股发行价格 25 元，融资 250 000 元需发行 10 000 股，普通股股本增加 100 000 元，资金公积增加 150 000 元。公司长期债券年利率为 8%，普通股面值每股 10 元。

首先，计算不同资本结构下的每股利润(假设所得税税率为 25%)，如表 2—23 所示。

表 2—23　ABC 公司不同资本结构下的每股利润

序号	项　目	增发股票	增发债券
1	预计息税前利润(EBIT)(元)	200 000	200 000
2	减：利息(元)	8 000	28 000
3	税前利润(元)	192 000	172 000
4	减：所得税(元)	48 000	43 000
5	净利润(元)	144 000	129 000
6	普通股股数(股)	30 000	20 000
7	每股利润(EPS)(元)	4.8	6.45

计算结果表明，ABC 公司利用长期债券融资能增加每股收益。

其次，计算每股利润无差别点。

根据公式$\frac{(\overline{EBIT}-I_1)(1-T)}{N_1}=\frac{(\overline{EBIT}-I_2)(1-T)}{N_2}$

利用表 2－23 中的财务数据，可求得：$\overline{EBIT}=68\ 000$（元），在此点，$EPS_1=EPS_2=1$（元）。

这就是说，当 $EBIT>68\ 000$ 元时，公司利用长期负债融资有利；当 $EBIT<68\ 000$ 元时，公司发行普通股融资有利。当盈利能力 $EBIT=68\ 000$ 元时，采用两种融资方式无差别。因为 ABC 公司预计 $EBIT=200\ 000$ 元，故采用长期债券融资更加有利。

3. 公司价值比较法

公司价值比较法是在反映公司面临财务风险的条件下，以公司价值的大小为标准进行公司最佳资本结构决策的方法。与资本成本比较法和每股利润分析法相比，公司价值比较法以公司价值最大为标准，充分考虑了公司的财务风险和资本成本等因素的影响，更符合现代公司价值最大化的财务管理目标。但其计算原理及计算过程较为复杂，通常用于资金规模较大的上市公司。

(1)公司价值的含义

理论界对公司价值的界定和含义有不同的看法和观点，比较典型的观点有：

①公司价值等于未来净收益的贴现价值。这种观点认为影响企业价值的因素在于公司税后净收益、折现率以及公司的存续期。但这些因素都不易确定，该方法的实用性较小。

②公司价值等于其股票的现行市场价值。从股东角度看，股票价值和公司价值是一致的，这也是股东财富最大化理财目标的观点。但问题是，股票价格随时变动，公司价值到底按哪个价格确定存在现实难度。而且，从客观来看，企业价值是否只包括股票价值？如果只包括股票价值，长期债务给公司带来的价值如何考虑？因此，该方法实务中也不用于资本结构的决策。

③公司价值等于其债务和股票的现值。该观点符合公司价值来自多个投资主体，财务风险由多个主体共同承担的实际，体现企业价值广泛性和长期性的特点。按照该观点，公司的总价值 V 等于长期债务的现值 B 加上股票的现值 S，公式为：

$$V=B+S$$

其中，长期债务价值经常用其面值简单表示，股票价值用以下公式表示：

$$S=\frac{(EBIT-I)(1-T)}{K_S} \tag{2-24}$$

式中：S——公司股票的折现价值；

K_S——股票资金成本。

(2)公司价值比较法决策程序。

首先，测算公司资本成本。其次，测算不同资本结构下的公司总价值。最后，比较公司价值进行资本结构的决策。下面结合实例说明该方法在资本结构决策中的应用。

例 2－22 某公司现有长期资本全部为普通股，账面价值总额 20 000 万元。为了充分利用财务杠杆作用，公司决定调整现行资本结构。公司预计息税前利润为 5 000 万元，所得税税率为 25%。

首先，测算公司资金成本。

如果公司的全部长期资本由长期负债和普通股组成，则公司的综合资金成本率可按以下公式测算：

$$K_W=R_B\left(\frac{B}{V}\right)(1-T)+K_S\left(\frac{S}{V}\right) \tag{2-25}$$

式中：K_W——公司综合资本成本率；

R_B——公司税前债务资本成本率；

K_S——公司普通股资本成本率。

上式中，为了考虑公司融资风险的影响，普通股资金成本率可用下列公式来测算：

$$K_S=R_F+\beta_S(R_M-R_F) \tag{2-26}$$

式中：K_S——公司普通股投资的必要报酬率；

R_F——无风险报酬率；

R_M——市场平均报酬率；

B——公司股票的贝塔系数。

根据以上原理，公司对不同资本结构下长期债务的年利率和普通股资本成本计算如表2—24。

表2—24　公司调整资本结构后的资金成本测算表

长期负债资本 B（万元）	税前债务资本成本率 R_B（%）	税后负债资本成本 K_B（%）	贝他系数 β	无风险报酬率 R_F（%）	市场平均报酬率 R_M（%）	股票资本成本 K_S（%）	加权平均资本成本 K_W（%）
0	—	—	1.20	10	14	14.8	14.8
2 000	10	7.5	1.25	10	14	15.0	14.42
4 000	10	7.5	1.30	10	14	15.2	14.05
6 000	12	9	1.40	10	14	15.6	14.14
8 000	14	10.5	1.55	10	14	16.2	14.54
10 000	16	12	2.10	10	14	18.4	15.97

其次，测算不同资本结构下的公司总价值，见表2—25。

表2—25　公司企业价值测算表

负债资本价值 B	股权资本价值 S	企业总价值 V
0	25 338	25 338
2 000	24 000	26 000
4 000	22 697	26 697
6 000	21 154	27 154
8 000	19 444	27 444
1 000	16 304	26 306

表中，股权资本价值 $S=\dfrac{(EBIT-I)(1-T)}{K_S}$。

最后，比较公司价值，进行资本结构的决策。

表2—25数据显示，当长期负债资本达到8 000万元时，企业总价值最大，因此，在公司价值比较法下，该资本结构为最优资本结构。

本章小结

资金是企业得以生存的血液,不同创业阶段企业进行融资的动机有所区别。基于动机的差异性和融资的可得性,企业可以选择不同的融资渠道和融资方式,合理安排资金结构,从而合理实现筹集资金目的。

企业融资数量的多少直接与融资成本相关,即获取资金需要付出代价。所以,企业融资要基于成本、风险、资本结构等因素进行决策。

本章中英文关键词

融资动机(Financing Motivation)
融资方式(Financing Manner)
融资渠道(Financing Channel)
资金需求量(Capital Requirements)
长期借款(Long-term Loan)
公司债券(Corporation Bond)
资金成本(Cost of Capital)
财务标准(Financial Standard)
个别资金成本(Individual Cost of Capital)
长期借款成本(Cost of Long-term Loan)
优先股成本(Cost of Preferred stock)
普通股成本(Cost of Common stock)
留用利润成本(Cost of Retained Earnings)
加权平均资金成本(Weighted Average Cost of Capital)
市场价值权数(Market Value Weights)
目标价值权数(Target Value Weights)
边际资金成本(Marginal Cost of Capital)
经营杠杆(Operating Leverage)
经营风险(Business Risk)
经营杠杆利益(Benefit on Operating Leverage)
经营杠杆系数(Degree of Operating Leverage)
财务杠杆(Financial Leverage)
财务杠杆利益(Benefit on Financial Leverage)
财务风险(Financial Risk)
财务杠杆利益(Degree of Financial Leverage)
综合杠杆系数(Degree of Comprehensive Leverage)
总杠杆系数(Degree of Total Leverage)
资本结构(Capital Structure)
最佳资本结构(Optimum Capital Structure)
目标资本结构(Target Capital Structure)
息税前利润(Earning before Interest and Taxation)
每股利润(Earning Per Share)
每股利润分析法(EPS Analysis Method)
每股利润无差别点(EPS Indifference Point)

复习思考题

1. 企业融资的动机有哪些?融资时应遵循哪些原则?
2. 企业有哪些融资渠道和融资方式?
3. 企业融资决策时必须考虑哪些因素?

拓展与提升：课程思政点、案例及思考

本章课程思政元素索引

序号	教学内容	课程思政
1	企业融资动机	担当社会责任，共创美好未来
2	企业融资渠道和融资方式	诚信为本，信誉至上
3	资金需求量预测	着眼全局，谋划长远
4	企业融资决策	辛勤耕耘，收获成长

课程思政案例一：

甲医院是一家市级综合性医院，2020 年初，甲医院融资租赁了一台高级手术设备用来进行癌症手术的操作。由于这台设备技术顶尖，其对于治疗肿瘤的精准度极高，操作技术难度大，所以运用这台设备来进行手术的费用极其高昂，很多患者负担不起高昂的手术费用而选择放弃。但由于手术费作为偿还融资租赁款项的主要来源，所以医院同样面对着较大压力。

思考：

请根据本案例中描述的情况，思考一下，在资金筹集的过程中，创业者应如何平衡企业的经济利益与社会责任？如何在确保企业稳健发展的同时，积极履行社会责任，为社会带来正面影响？

课程思政案例二：

在一片充满生机与希望的田野上，一家名为“绿科”的绿色农业科技创业公司正悄然崛起。绿科公司，一个以现代科技手段推动农业可持续发展的先行者，致力于研发和推广一套集土壤监测、精准施肥、病虫害预警等功能于一体的智能农业系统。这套系统旨在帮助农民实现高效、环保的农业生产，减少化肥农药的使用，保护生态环境，为农业的可持续发展贡献力量。

然而，任何伟大的事业都离不开资金的支持。绿科公司在初创阶段，面临着资金短缺的严峻挑战。为了克服这一困难，绿科公司首先向政府创业扶持基金伸出了橄榄枝。通过与政府部门的深入沟通，绿科公司不仅成功获得了初步的资金支持，还争取到了更多的政策支持和税收优惠。这些政策扶持不仅为绿科公司提供了资金上的保障，更为其后续的研发和市场推广奠定了坚实的基础。

随着产品的不断完善和市场的初步认可，绿科公司开始寻求更高层次的资金支持。在一次创业大赛中，绿科公司的项目凭借其创新性和实用性，赢得了评委和观众的高度赞誉。这次大赛不仅为绿科公司带来了广泛的曝光度，还吸引了多位天使投资人的关注。经过多轮谈判和尽职调查，绿科公司成功获得了数百万元的天使轮融资。这笔资金为绿科公司注入了新的活力，使其能够进一步扩大生产规模，加速市场推广，为更多的农民提供优质的智能农业服务。

在天使轮融资的基础上，绿科公司继续深耕细作，不断提升产品的核心竞争力。随着市场的不断拓展和客户的积累，绿科公司开始寻求 A 轮融资，以进一步加速企业的发展。经过与多家风险投资机构的深入沟通和谈判，绿科公司最终获得了一家知名风险投资机构的数千万元 A 轮融资。这笔资金不仅为绿科公司提供了充足的现金流，还带来了丰富的行业资源和管理经验，为绿科公司的未来发展注入了强大的动力。

在融资过程中，绿科公司始终坚守诚信守法原则，确保信息披露的真实性和准确性。同

时,绿科公司积极与投资者沟通,传递企业的价值理念和发展目标,赢得了投资者的信任和支持。此外,绿科公司还注重团队建设,培养了一支高素质、专业化的创业团队。团队成员之间紧密合作,共同面对挑战,推动了企业的快速发展。

绿科公司的融资之旅不仅是一个典型的创业融资案例,更是一个融合创新与责任的实践。绿科公司以其独特的创新理念和坚定的社会责任感,为农业的可持续发展贡献了力量。在未来的发展中,绿科公司将继续秉承这一理念,不断推动农业科技的进步和创新,为更多的农民带来实惠和福祉。同时,绿科公司也将继续加强与投资者的沟通和合作,共同推动企业的稳健发展,为社会的繁荣和进步贡献力量。

思考:

1. 绿科公司是如何通过技术创新来增强其融资吸引力的?这种创新精神在创业融资过程中起到了怎样的作用?

2. 在绿科公司的融资案例中,诚信守法原则是如何被贯彻执行的?这一原则对于建立投资者信任、促进融资成功具有怎样的意义?

综合分析案例

京东集团融资战略

(一)京东集团成长期融资方式

成长期融资是指,在 2007 年至 2014 年企业上市以前,自京东获得 1 000 万美元资本起,到腾讯投进京东 2.145 亿美元为止,这一期间京东集团总共获得 20.26 亿美元的融资资金。其股权融资以及夹层融资,便是表现出来的具体融资方式。

1. 夹层融资。私募股权资本市场投资形式中,存在着夹层融资这一方式。夹层融资,通常附带着融资方的权益认购权,而具体债权转换股权的条款以及方式是由投融资双方共同决定的。夹层融资的方式通常采用于企业需要快速增长营业额以及改善资本结构的情况下,同时上市或收购股权的认购权一般是由企业提供。

2. 股权融资。京东商城在 2011 年后,将发行普通股作为融资方式。之后京东在 2011 年至 2014 年中进行了六次普通股股权融资,其间累计共发售约 8 亿股。由于京东在 2011 年对于资金需求巨大,一年内主要对 DST Global 与红杉资本进行了多次融资,并且在 2013 年,DST Global 对京东商城追加了投资。

(二)京东集团成熟期融资方式

1. 京东上市融资。京东集团在发展到成熟阶段之后,选择进行上市融资。京东集团于北京时间 2014 年 5 月 22 日晚间,正式登陆美国纳斯达克并以股票代码 JD 挂牌上市,成为当时成功在纽约挂牌的中国互联网企业中最大的 IPO 案例。虽然京东公司在过去一直被外界认定将会面临资金链断裂导致破产的危险,但是京东这次 IPO 的成功,显示了其逐步迈入了更加稳健的企业发展阶段。

2. 京东上市后融资。债券融资是京东集团上市后的主要融资方式,2016 年的 3 个月内京东发债的次数就到达两次。京东集团的资金处于不断耗损的状态,企业获得的利润少、业务模块的扩张、物流体系的长期投入等都是资金消耗的原因,而保持利润的高速增长必须以融资的方式来促进企业资金的正常运转。我们也可以了解到当国外利率水平较低时,融资的成本也会比较低，而这样的情况下债券融资是一种十分有效的选择。2016 年 4 月京东集团首次发行美元债券，融资金额达到了 2014 年上市时金额的一半，同年 7 月京东集团发行第二次债券融资，发行的公司债券多达 30 亿元人民币。这两次债券发行的时间仅仅只隔了 3 个月，两者的规模都比较大，金额也较多。

（资料来源：王翠青．企业融资战略研究——以京东集团为例[J]．现代商业，2018(19)：2.）

案例思考题：

1. 京东商城在 2011 年后选择发行普通股进行融资，这一决策背后的原因是什么？为什么在 2011 年和 2013 年分别进行了多次融资？

2. 京东集团在上市后主要采用债券融资方式，尤其是在 2016 年进行了两次大规模的债券发行。债券融资相对于股权融资有哪些优势？为什么京东会选择这种方式？

3. 从京东集团的成长期到成熟期，其融资策略发生了哪些变化？这些变化反映了企业发展的哪些特点？

4. 融资对京东集团的发展起到了哪些关键作用？如果京东在成长期和成熟期没有进行有效的融资，可能会面临哪些挑战？

挑战性思维和深度思考指引

在探索创业融资的广阔领域时，我们不仅要掌握基础的融资知识、了解成功的融资案例，更需培养一种挑战性思维和进行深度思考的能力。这一环节旨在通过推荐阅读一系列精选的文献资料，引导大家从多个维度审视和理解创业融资的复杂性与多样性，从而激发大家的批判性思维和创新能力。所选文献均来源于中国知网官方网站(https://www.cnki.net/)。

思考题：

1. 你认为在创业融资过程中，诚信问题是更多地体现为个人问题还是社会问题？简要谈谈你的看法。

2. 如何理解社会责任与创业者个人之间的关系？作为创业者，我们个人应如何在实际行动中履行社会责任，以提升企业形象并吸引更多投资者的关注和支持？谈谈你的看法。

3. 你认为树立全局观对创业者进行融资决策有何重要意义？为了培养全局观，我们当下可以从哪些方面着手？

4. 你如何看待生活中付出与回报的关系？结合自身谈谈你的看法。

推荐阅读：

[1]高昊．关于中小企业融资问题的探索——从企业外源融资的角度分析[J]．全国流通经济，2021(13)：87—89.

[2]宫义飞，张可欣，徐荣华，等．政府引导基金发挥了“融资造血”功能吗[J]．会计研究，2021(04)：89—102.

[3]张茜，蔺楠，倪梦媛，等．性别视角下创业企业融资绩效研究回顾与展望[J]．研究与发展管理，2022，34(04)：168—182.

[4]彭华涛，吴双．社会网络视角下内源与外源融资对创业绩效的影响[J]．科技进步与对策，2023，40(15)：32—42.

[5]温瑶，李翠妮，王正斌，等．创业企业身份特征、组织场域对创业融资的影响[J]．科技进步与对策，2023，40(16)：62—71.

中 篇

创业融资工具及创新

第三章 风险投资

【本章思维导图】

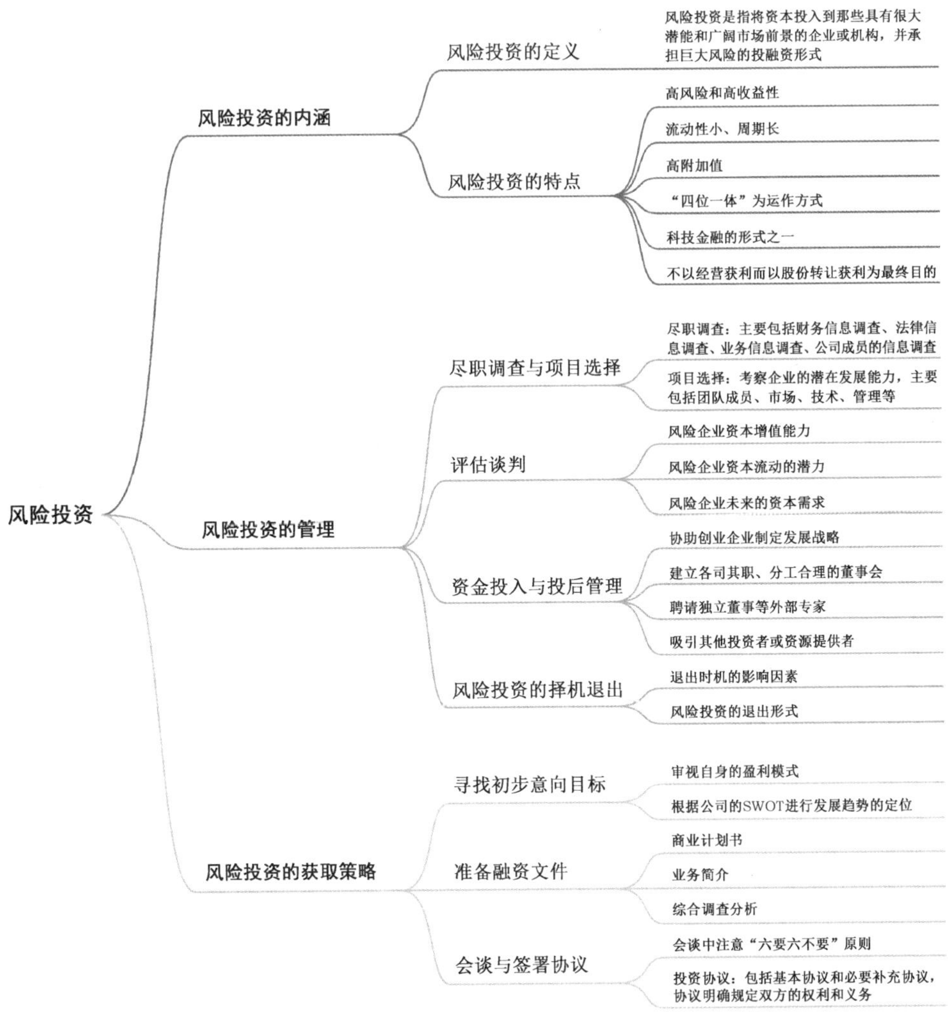

【引导案例】

"Yahoo!"的火速成长

一、Yahoo！的创始

20世纪90年代，Internet上的万维网(WWW)技术开始流行，万维网的网站数量以指数速度迅速膨胀。1993年底，斯坦福大学的两位学生杨致远和大卫·费勒有着相同的业余爱好，他们分别收集自己喜爱的网点，然后靠着校园中的一台搜索器记录这些网站。随着收集量的增大，管理就变得困难起来，于是他们就运用自己掌握的软件技术开发了一个数据库系统来管理这些信息，并分类整理成"杨致远和戴维的WWW网指南"，放在万维网上与网友们共享，并取了个名字"Yahoo!"。Yahoo！的网址慢慢地传播开来，不久，就有数以百计的人来访问该网站，从而引起了一向支持学生创新活动的斯坦福大学的注意。斯坦福大学免费向Yahoo！提供了服务器空间和通信线路，随着访问人数的增加，及时给予升级换代。1994年，Internet进入了爆发性增长阶段，WWW网站同样以疯狂的速度增长。此时，无论是收集网站信息的工作量，还是访问Yahoo！的人数都在飞增(平均每天达100万人次)。不久，著名的网景公司(Netscape)发布了其极具影响力的浏览器Navigator(导航号)的测试板，并将其目录按钮指向Yahoo!。Navigator的出现，使大批网民纷纷涌向WWW，由此Yahoo！在WWW上声誉鹊起。

二、风险投资的介入

风险投资家向来对新的经济增长点极为敏感，他们察觉到了Internet的商业气息，纷纷向WWW涌去。Yahoo！作为Internet上的红人，得到了许多投资者的关注。首先登门的是赫赫有名的英国路透社，负责路透社市场营销的副总裁等人专程从伦敦飞往洛杉矶寻求合作；信息产业的投资者，如微软、CI、Netscape等公司也加入了投资者的行列。资深高技术产业风险投资人西奎也选中了Yahoo!。

1995年4月，西奎对Yahoo！估价400万美元，虽然事后证明这个估价是保守的，但毕竟当时Yahoo！的营业收入几乎为零。西奎的合伙人麦克·莫利茨回忆第一次走进Yahoo！工作间的情景："杨致远和他的同伴坐在狭小的房间里，服务器不停地散发热量。电话应答机每隔一分钟响一下。地板上是比萨饼盒和脏衣服。"他把当时Yahoo！的发展模式总结为"在Web网上提供免费服务"。而它之所以吸引投资者的眼光是因为它有过百万的访问人数。凭借这一点，Yahoo！完全有可能变成一棵摇钱树。Yahoo！公司就这样正式成立了，并拥有了第一笔运转资金。

三、Yahoo！的发展

西奎给Yahoo！注入的第一笔资金将Yahoo！推上了火速发展的道路。公司成立后就聘请了第一批工程师，负责信息的收集和分类处理；请来了曾担任过摩托罗拉(Motorola)加拿大公司总经理的丁克(Timkoogle)具体管理日常工作，而杨致远负责发展战略和公共关系。随着业务的发展，Yahoo！需要注入更多的资金。1995年8月第一次融资活动开始，此后在短短的四个月内，Yahoo！的身价暴涨到原来的十倍。

1996年，Yahoo！开始筹备上市工作，并于4月12日正式上市，股票上市报价每股13美元，一开盘就狂升到每股24.5美元，最高达到每股42美元，当日收盘价是每股33美元，几乎是上市价的3倍。同时，Yahoo！的市值达到8.5亿美元，是一年前西奎估价的200倍，这样的增长速度让人望而兴叹。《商业周刊》这样评论："Yahoo！就像在沙滩上搭起的楼阁，却在一夜之间就在四周建起了摩天大厦。”

案例启示与思考：

风险投资青睐于创新型企业，对其发展起到很好的资金助推作用，Yahoo! 就是典型案例之一。对于其他初创型企业来说，在其进行技术创新过程中，如何吸引到风险投资，提升技术创新效果成为必须思考的问题。根据案例请思考：

1. 什么是风险投资？
2. 风险投资在企业发展过程中起什么作用？

【本章学习目标】

1. 加强学习者对风险投资及其特点的基本认知，树立科学理性与风险意识并重的投资观念。
2. 提升学习者获取风险投资的能力，积极践行创新创业精神，为经济社会发展贡献力量。
3. 培养学习者换位思考的思维，强化社会责任感和人文关怀，促进投资与合作中的和谐共赢。

第一节　风险投资的内涵

随着我国创新型国家战略的实施和推进，以及风险投资不断利好政策的制定，风险投资进一步进入创业企业的视野，成为创业者在创业初期寻求的主要资金形式之一。

一、风险投资的定义

风险投资(Venture Capital)亦称风险资本，是指将资本投入到那些具有很大潜能和广阔市场前景的企业或机构，并承担巨大风险的投融资形式。风险投资以承担风险为前提，以获得最大的资本增值为目的。其目的不是对被投资企业股份的占有和控制，而是在投入的资本获得理想的增值后转让其产权并撤出该企业。

风险资本家不仅为创业企业提供资金的支持，还会以专业知识和拥有的资源参与经营，帮助被投资企业健全经营、迅速成长。风险资本家可于被投资企业经营成功后，将所持有的股份卖出收回资金，再投资于另一新创企业，通过这种周而复始的长期投资运作模式，持续参与新创企业的发展，以获得投资收益。

二、风险投资的特点

风险投资不同于常规投资，其作为一种高新技术与金融相结合的投资机制，是以高风险为代价来追求高收益的资本投资形式。与以传统产业为投资对象的普通投资相比具有表 3－1 的特点。

表 3－1　　风险投资与普通投资的特点

类　别		风险投资		常规投资	
风险	技术上	创新型	风险大	成熟型	风险小
	市场上	潜在市场		现时市场	
	管理上	变化大		变化小	
资产	无形资产	大	无法抵押	小	可以抵押
	有形资产	小		大	
信誉	历史记录	无	无人担保	有	有人担保

（一）风险投资是没有担保的投资，具有高风险和高收益性

风险投资以创意为基础，而不是以总资产为基础。换句话说，风险投资的基础是投资者对未来的判断。风险投资就是投资于想法，通过知识、信息和资源引导资金流向。风险投资重点投资于高科技的种子技术、尚未起步的小企业，因而具有极大的风险性，一般有市场风险、技术风险、管理风险和财务风险四大风险。风险投资家志在管理风险、驾驭风险、追逐高风险后隐藏的高收益，虽然成功率极低，而一旦成功，则收益丰厚。

（二）风险投资是一种流动性小、周期长的投资

风险投资参股风险企业，以相对不流动性为特征，在其中寻求增长。从投资周期来看，风险投资历时较长，且具有明显的周期性。风险投资的投资周期要经历研究开发、产品试制、正式投产、扩大生产到盈利规模进一步扩大等多个阶段。风险投资在企业创始初期开始投资，当新产品进入成熟期，企业经营稳定时，投资者开始清理资产，通过股票上市和股份转让撤出投资，收回风险资本，获得资本增值收益，开始新的项目。风险投资是一种长期的、流动性低的权益资本。风险投资者为了减少风险和灵活周转资金，通常会随着风险企业的成长而分批投入资金。风险投资周期一般在 3—7 年，有时甚至长达 10 年。据美国因第佛斯公司的调查，从 1972 年到 1982 年，157 家创业企业平均需要 30 个月才能达到第一平衡点，即现金流平衡点（负现金流转向正现金流），需要 75 个月才能恢复原始股本价值。① 正因为如此。人们也将风险资本称为“有耐心和勇敢”的资金。

（三）风险投资是一种高附加值投资

风险投资是一种长期性股本投资，这种投资可以充实企业资本金，改善企业资产负债结构。它不谋取分红，以便企业能够迅速积累资本，也不谋求控制企业。由于风险投资家自身利益和公司利益息息相关，利益上是一致的，其不仅参与企业长期或短期发展规划、企业生产目标的测定、企业营销方案的建立，还参与企业的资本运营过程，甚至参与企业重要人员的雇用、解聘，并利用他们长期积累的经营、知识和信息网络参与企业管理，为企业提供咨询服务。因此，风险投资能使企业获得除投资资金外更多的价值，即所谓的增值的投资。

（四）风险投资是以“四位一体”为运作方式的投资

无论是哪个阶段的投资，风险投资一般都包含着四方主体，分别为：资金供给方、资本运作方、资金需求方、资金退出渠道。资金从投资者流向风险投资公司，经过风险投资公司的筛选决策，再流向风险企业，通过风险企业的运作，资本得到增值，再回流至风险投资公司，风险投

① 刘曼红. 风险投资：创新与金融[M]. 北京：中国人民大学出版社，1998：33.

资公司再将收益回馈给投资者，构成一个资金循环。如图 3－1 所示。

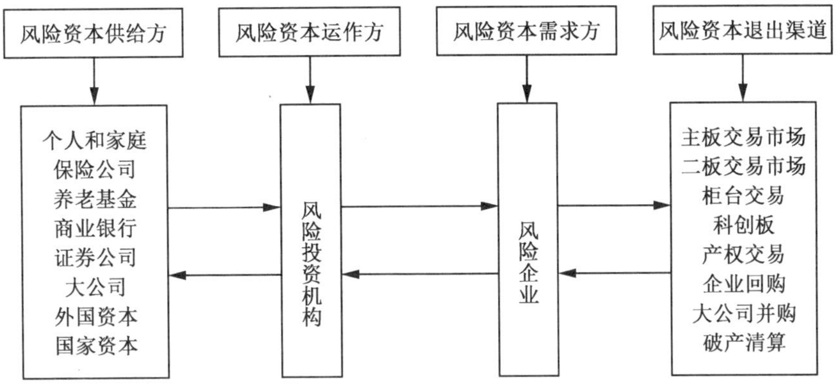

图 3－1　风险投资"四位一体"运作图

风险投资来源于各种基金、富有的家庭和个人、银行、保险公司等，投资者本着对风险投资家个人的信赖投出资金，而这种信赖无形中会给风险投资家带来巨大压力。他们深知，一旦投资失误，再融资的可能性将会趋近于零。

风险投资是以融资为首的投资与融资的有机结合，融资之中有投资，没有一定的投资目标或投资方向很难融到资金，很多时候，投资方向的选定是能否融到资金的关键。同样，投资当中有融资，投资的过程往往伴随着第二轮或第三轮的融资，融资、投资机构和风险企业一道构成了不可分割的有机整体。

（五）风险投资是科技金融的形式之一

高科技和风险投资作为知识经济中的两大支柱产业，存在着紧密的相互推动、相互促进的关系。风险投资本身即是与科技相结合的投融资机制。在美国，高达 70％的风险资本投向高科技，尤其是信息、通信领域，为美国高科技取代周期性产业和经济增长做出了巨大贡献。高科技产业是如今带领世界经济迅速发展的火车头，当代高、精、尖产品无一不是高科技成果的结晶。风险投资就是为了支持这种创新产业而产生的，其发展至今几乎成了高科技产业投资的代名词。高科技产业具有知识密集、技术密集和人才密集的特点，与之相应，风险投资行业也是知识密集、技术密集、人才密集的行业。因此，风险投资是一种金融与科技相结合的投融资机制。

（六）风险投资是不以经营获利而以股份转让获利为最终目的的投资

风险投资家的最终目的是带着丰厚利润和显赫功绩从风险企业退出。退出政策是风险投资公司规划中至关重要的一部分。风险投资从风险企业退出的方式有：公开上市、与其他企业兼并或被其他企业收购、股本赎回或私人收购、破产。这几种方式中以公开上市最佳，破产为最次，使风险企业达到首次公开发行股票是风险投资家的奋斗目标。

第二节　风险投资的管理

风险投资起始于投资者对项目的选择，终止于投资的回收和获得投资收益。如图 3－2 所示，风险投资管理可分为四个主要阶段：第一阶段是投资者尽职调查与项目选择；第二阶段是投融双方的评估谈判；第三阶段是资金的投入与管理；第四阶段是风险投资的择机退出。

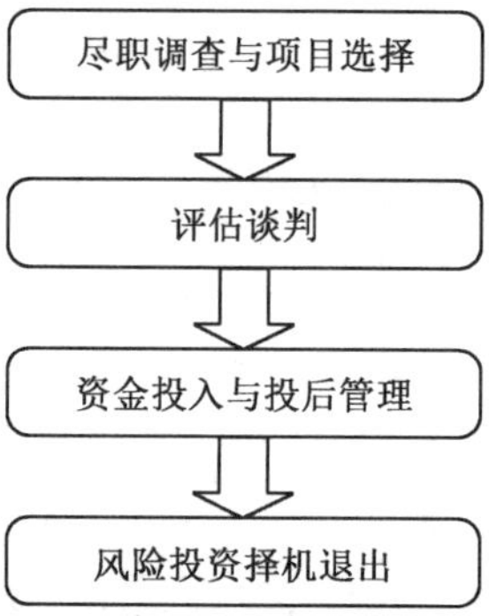

图 3—2 风险投资管理流程示意图

一、尽职调查与项目选择

（一）尽职调查

尽职调查，又称谨慎性调查，是指投资人在与目标企业达成初步合作意向后，经协商一致，投资人对目标企业一切与本次投资有关的事项进行现场调查、资料分析的一系列活动。其目的是为了确定项目公司未来成长预测的假设基础的合理性以及项目公司对投资人不存在隐瞒的重大风险，并且保护投融资双方免受其他利益相关方的起诉。风险投资尽职调查所涉及的内容主要有：

（1）财务信息调查（Financial Due Diligence，FDD）。FDD 调查的目的是核实公司提供的财务报表是否真实可信。投资公司一般会请会计师事务所对拟投资账务的真实性、合法性、一致性等内容进行审阅。

（2）法律信息调查（Legal Due Diligence，LDD）。LDD 就是要了解拟投资公司或项目的法律的合规性。主要内容包括；公司是否合法成立；外汇有没有得到审批；所处行业是国家鼓励类、限制类，还是禁止类；土地产权是否完整环；环保是否达标；员工政策，以及公司章程等。

（3）业务信息调查（Business Due Diligence，BDD）。BDD 主要调查拟投资公司在上下游业务环节中存在的信息，可能通过查验公司运货车、调查客户和供货商等了解公司的情况。

（4）公司成员的信息调查（People Due Diligence，PDD）。PDD 调查内容包括主要成员的成长经历、名声、受教育情况、个人财务、个人品质，以及是否有犯罪记录等。

（二）项目选择

项目选择阶段是风险投资企业真正开始运作的起点，目的在于确保投资风险最小同时投资收益最大化。项目的选择不是去看企业本身的业绩和担保能力，而是考察企业的潜在发展能力。它体现了风险投资的高智能性，投资的判断不是现期的获利能力的反馈，而是长期获利能力的前瞻。

风险投资家考察项目的次序一般先从团队成员开始，然后是市场、技术、管理等。当然，风险投资者投资偏好不同，具体考察顺序可能会调整。

第一，创业者的素质是否符合公司投资标准。从各个角度去考察创业者或创业团队是否在其所从事的领域里有敏锐的洞察力，是否掌握市场全貌并懂得如何去开拓市场，是否懂得利用各种手段去筹措资金，是否能将自己的技术设想变为现实，是否有较强的综合管理能力。

第二,研究和开发的新产品是否具有广阔的市场前景和市场吸引力。任何一项新技术或新产品都应达到风险投资家获利的目标。有发展潜力的产品或服务才是最受风险投资者欢迎的项目。

第三,产品技术的稳定性。有些技术上不成熟或性能上不稳定的项目存在巨大的技术风险,投资者对此类项目一般持谨慎态度。

第四,被投资企业的管理能力。投资者一般认为:一流的管理加二流的产品比一流的产品加二流的管理更具有优势。创业团队所形成的组织结构只有分工合理,责、权、利高度统一,才能在管理上先人一步。

二、评估谈判

风险投资家在完成项目选择后,还需要与被投资的风险企业进行一系列的协商谈判。谈判是在项目评估的基础上进行的,项目初选后,一般还会剩下20%项目可供选择,这些项目的数量可能很多,所以必须作进一步的选择。在此阶段,风险投资家可要求创业公司提供详细的商业计划书进行审查,其中评估指标法是最常用的审查方法之一。风险投资家认真审阅商业计划书后,会筛选其中约50%的候选投资项目,并约见创业家,询问有关问题,让创业家就一些关键问题向风险投资家介绍,以试图说服创业资本家,风险投资家也从中考察创业家的信心和对项目的把握。一份准备充分的商业计划书反映出创业家清晰的思路和周密的计划,也反映了创业家的管理素质。

风险投资者考察商业计划书时一般会着重考虑如下因素:

第一,风险企业资本增值能力。对风险投资家来说,无论投资规模大小,最终的资本获利必须要达到投资费用的几倍。第二,风险企业资本流动的潜力。风险投资家决定投资前必须要了解清楚投资退出渠道的可能性,这是因为风险投资家的最终目的并不是为了拥有公司,而是为了取得投资回报后退出。第三,风险企业未来的资本需求。对风险企业未来资本需求的预测,可以帮助投资者估计出保持主要投资者地位所需的资本量,并取得合乎需要的股份。同样的资金在企业发展中的不同时期所占的股份也是不同的。

三、资金投入与投后管理

项目评估通过后,风险投资进入实质性投资阶段。但是,考虑到初创企业的高风险性,一般投资方会要求在创业企业进行投后管理,也可在力所能及的各方面对被投资企业进行扶植和培育,尽快树立企业形象、寻找和匹配相关资源、占领产品市场,促使其尽快成长。投资者投后管理中重点关注的事项主要有:第一,协助创业企业制定发展战略。第二,建立各司其职、分工合理的董事会。第三,聘请独立董事等外部专家。第四,吸引其他投资者或资源提供者。

四、风险投资的择机退出

(一)风险投资退出时机选择的影响因素

风险投资的投资目的在于在合适的时候退出被投资企业,以取得增值资金开启下一项投资。风险投资退出时机选择受以下因素的影响:

1. 风险投资基金的存续期

现代风险投资基金大多为有限合伙制,根据企业发展规律和成长空间理论,一般投资存续期通常为5—7年。当风险投资基金的存续期结束时,任何一个风险投资项目都考虑必须退出。

2. 风险投资协议及其补充协议

风险投资协议是由风险投资机构和被投资企业签订的法律文件。该协议包括退股权条款、购回权条款和上市登记权条款,直接影响风险投资的退出时机选择。

退股权条款允许风险投资机构有权要求被投资企业在业绩达不到他们期望时退股,收回初期的投资并加上一定的利润。实质上,退股权是一种卖出期权(Put Option),设置退股权在一定程度上可以保障风险投资机构的利益。

购回权是指被投资企业管理层有权在某一时间从风险投资机构手中回购股票。实质上,购回权是一种买入期权(Call Option),设置购回权可以激励风险企业管理层为风险企业的发展而努力。退股权和购回权的具体规定,直接影响到风险投资退出时机的选择。

上市登记权条款包括要求登记权、附属登记权和优先登记权。要求登记权是指风险投资机构有权随时要求被投资企业为其所持有的股票申请上市,而不受其他股东决定的影响。附属登记权是指当被投资企业首次公开发行股票或上市后增资扩股时,风险投资机构有权同时出售其持有的原有股票或增资扩股股票。优先登记权是指当被投资企业接受多家投资时,早期投资者会在协议中明确其优先售股权。对于要上市的风险企业,上市登记权条款的具体安排是选择退出时机必须考虑的因素。

3. 被投资企业股权增值状况

风险投资机构通过向被投资企业提供增值服务和实施运营监控来促进被投资企业的成长,以动态掌握被投资企业的股权增值状况。一旦风险投资机构确认继续持有被投资企业股权的边际成本大于预计的边际收益,将考虑风险投资项目的退出。

4. 风险资本家和风险企业家的偏好

风险投资项目退出的实施者是风险资本家,另一方当事人是风险企业家,他们的偏好对选择风险投资项目的退出时机有直接的影响。比如,无论是风险资本家还是风险企业家,都普遍对首次公开发行持欢迎态度,都会将其作为首选的退出方式,那么,该项目退出时机的选择就必然会受到证券市场行情的制约。由此可见,双方对退出方式的偏好会影响到风险投资项目退出时机的决策。

(二)风险投资的退出形式

随着资本市场的日益多样化,多层次的资本市场满足了风险投资的退出形式。

1. 首次公开发行是风险资本退出的最理想方式

首次公开发行(Initial Public Offering,IPO)是指通过所投资的创业企业的股票首次公开上市发行,风险投资公司出售其所持有股份,以实现退出并增值。通过 IPO 退出风险企业的方法是风险投资家采用的主要退出方式,也是收益最高的退出方式。

根据威廉姆·D. 拜哥利夫和 J. A. 蒂蒙斯对 1979 年到 1988 年美国首次公开发行股票市场的统计研究,通过首次公开发行股票方式退出的风险资本投入的总回报为:第一投资期为 22.5 倍,第二投资期为 10 倍,第三投资期为 3.7 倍(详见表 3—3)[①]。

---

① 拜哥利夫,蒂蒙斯. 处在十字路口的创业资本[M]. 哈佛商学院出版社,1992:170.

表 3—3 风险资本投资回报

阶 段	首次公开发行股票收益(倍)	第 1 年	第 2 年	第 3 年	第 4 年
第一期	22.5	42.1	40.8	39.2	61.7
第二期	10	13.9	20.2	21.6	38.1
第三期	3.7	5.4	5	6.3	13.5

采用 IPO 方式退出的风险投资的回报远远高于用其他方式退出的风险投资的回报(见表 3—4)。

表 3—4 风险投资退出方式的比较

退出方式	平均周期(年)	平均收益率(%)
IPO	4.2	610
回购	4.7	110
兼并	3.7	70
清算	4.1	—80

不过,首次公开发行上市(IPO)也有明显的缺点存在,风险投资者在选择是否采用这种方式退出投资企业,可以通过表 3—5 的优缺点比较后进行选择。

表 3—5 首次公开发行(IPO)的优缺点

优 点	缺 点
实现所有者的部分或全部资本	可能失去控制权
获得扩张所需融资	恶意竞投
为收购提供了可流通股份	被要求披露竞争对手感兴趣的敏感信息,如价格
增强社会地位和公众关注	大量的披露要求和后续责任,如成本和时间管理
通过股权激励增加员工积极性	接受来自股东、媒体、公众等更多的监督
品牌得到大力提升	强调短期利润和分红表现
销售渠道更加通畅,会有客户主动找上门来	取得上市资格和路演的高成本

2. 股份回购(Buy-back)是风险资本退出的重要渠道

股份回购是指由创业企业或者创业家本人购回风险投资者持有的创业企业的股份,它既可以是管理层的杠杆收购(MBO),也可以是通过建立一个员工持股基金(ESOT)进行的回购。股份回购常常发生的原因有:风险企业的创办人不愿意企业所有权转移,企业受到他人控制;风险投资公司迫使风险企业赎回其所持有的股份。股份回购对于大多数风险投资家来说,常常作为备选方案。当创业企业的发展没有达到预期之时,可以考虑以此方式退出投资。

3. 兼并收购是风险资本退出的另一重要渠道

所谓兼并收购(Mergers & Acquisition,M&A)是指一个公司通过产权交易出售公司资产所有权、经营管理权等在内的控制权,以实现一定经济目标的经济行为。通过其他公司的兼并收购,不仅风险投资家可以收回投资并达到退出创业企业的目的,而且创业家也可收回其投资并实现其高额的风险投资利润。近年来,以企业并购的方式退出创业企业成为风险投资家的主要方式,甚至在某种政策环境下已经超过了IPO方式。

4. 破产清算是风险资本退出的无奈之举

当风险投资家意识到所投资企业已无发展前途或无法达到预期收益时,破产清算则是明智之举。公司清算退出反映了市场淘汰劣质项目的过程,大量的公司清算为捕捉高回报的市场机会开辟了道路,具有积极的现实意义。

第三节 风险投资的获取策略

创业企业要想获得风险资金,并得到风险投资家的资源支持,除了拥有过硬的技术和产品、具有吸引力的创业团队、完善的商业计划书等,还要预先了解风险投资市场的行情,了解各个风险投资公司偏好,然后根据自身的特点和资金需要筛选可能获得支持的风险投资公司。

一、寻找初步意向目标

创业公司首先要了解风险投资家的投资爱好,特别是要了解他们对投资项目的筛选和评估程序。要善于换位思考,客观地分析本公司或项目的优势、劣势以及与风险投资公司的匹配度。认清风险投资家看重的不仅仅是技术,而是由技术、市场和管理团队等资源整合起来而产生的盈利模式。风险投资者要的是投资回报,而不是技术或企业本身。

在此过程中,企业首先审视自身的盈利模式非常重要。清楚地判断公司能够存在得以发展的基础是什么,融资项目能为客户提供哪些有价值的产品或者服务。其次,根据公司的SWOT进行发展趋势的定位,制定合适的发展战略或者规划,向投资者展示公司潜在的投资价值。

二、准备融资文件

文档资料是达成投融资意向的媒体和介质,在与风险投资家正式面谈之前,创业团队需要准备好所有必要文件。主要文件包括:

(1)商业计划书①。商业计划书是全面介绍公司目前及未来发展状况的规范文本,包括公司及产品介绍、市场与行业分析、战略与营销规划、经营与组织、财务预测与投资分析、风险及管控。通过商业计划书的信息传达,投资者能够比较全面地对公司进行了解。

(2)业务简介。一套关于风险企业主要业务介绍的文件,包括主要经营业务、潜在客户分析以及市场预测等与业务的发展和持续直接相关的介绍性材料。

(3)综合调查分析。创业企业必须了解自身产品或服务的市场占有量和市场增长空间,以调查的数据来说服投资者相信产品的潜力。市场调查通过问卷或访谈了解市场对产品的认同度,形成的分析报告才能客观真实,富有说服力。

除此之外,会谈前还应准备的必要文件如营销资料、重要合同、专利证书等。尽可能考虑到投资者希望或期待看到的资料,一方面展示公司的实力,另一方面也可以说明谈判和合作的诚意。

---

① 关于商业计划书撰写和演示的有关内容,在本书第八章、第九章、第十章进行全面介绍。

三、会谈与签署协议

前期一切工作就绪后，则可以考虑与风险投资家在合适的地方会谈交流。会谈过程中，创业团队应注意遵循的原则可以概括为“六要六不要”原则。

“六要”原则包含：(1)创业者要对公司的产品(或服务)保持主动和热情；(2)创业者要了解自己所出的最低价，并在必要时坚决地离开；(3)创业者要牢记自己和风险投资家之间要建立一种长期的合作伙伴关系；(4)创业者要了解这些风险投资家(谈判对手)的个人情况；(5)创业者要了解风险投资公司以前资助的有哪些项目，了解目前投资项目的结构组合；(6)创业者要对自己可以接受的条件进行谈判。

而“六不要”原则则包含：(1)创业者不要回避问题；(2)创业者不要答案模糊；(3)创业者不要隐藏重要的问题；(4)创业者不要期望对方立即做出决定；(5)创业者不要把交易的价格定死；(6)创业者最好不要带律师参加会议，以免在细节上过多地纠缠。

愉快的会谈结束后，签署投资协议便水到渠成。投资协议包括基本协议和必要补充协议，协议明确规定双方的权利和义务。投资协议的签订标志着风险企业争取投资的结束，同时也标志着双方建立长期合作伙伴关系的开始。在投资合同书中，风险投资家和创业者双方必须明确下面两个基本问题：一是双方的出资额与股份分配，其中包括对风险企业的技术开发设想和最初研究成果的股份评定；二是创建企业的人员组织和安排双方各自担任的职务。

为了保护风险投资家的权利，合同中通常还要规定：(1)风险企业定期向投资家提供财务报告和其他重要的经营情况的报告；(2)风险投资家应在公司董事会中占有一定的席位；(3)风险投资家有拒绝进一步投资的权利和出售股份的权利；(4)风险投资家有参与企业年度业务计划、重大开支和管理人员工资的审批权；(5)风险投资家有要求企业的创始人和首席执行官(CEO)等核心人物进行人身保险的权利；(6)有的风险投资家还会要求创业者以已有的资产为抵押。

本章小结

风险投资是创业企业获取资金的主要渠道之一。风险投资不同于一般的投资行为，因此其运作系统也很特别，体现“四位一体”的运作方式。风险投资的管理也不同于普通投资方式，需要经过尽职调查、项目筛选、投后管理直至风险投资善身而退。创业者了解了风险投资的运作和管理基本机制后，融资谈判前后需要考虑采取必要策略，才能获得期望的融资结果，其中一份完善的商业计划书是至关重要的。

本章中英文关键词

风险投资(Venture Capital)
风险投资家(Venture Capitalists)
创业企业(Venture Enterprise)
首次公开发行(Initial Public Offering，IPO)
股份回购(Buy-back)
兼并收购(Mergers & Acquisition，M&A)
商业计划书(Business Plan)

复习思考题

1. 什么叫风险投资? 与普通投资相比,它有哪些特点?
2. 风险投资择机而退的影响因素有哪些?
3. 什么情况下 IPO 是风险投资最好的退出方式?

拓展与提升:课程思政点、案例及思考

本章课程思政元素索引

序号	教学内容	课程思政
1	风险投资的内涵	1. 创业精神与创新意识 2. 对高风险高回报的理性认知 3. 社会责任与可持续发展观念
2	风险投资的管理	1. 诚信经营与合规意识 2. 团队协作与风险管理能力
3	风险投资的获取策略	1. 团队协作与沟通技巧 2. 共赢思维与契约精神

课程思政案例一:

识时务的聪明人

在经济萧条时期,不少工厂和商店纷纷倒闭,被迫贱价抛售自己堆积如山的存货,价钱低到一美元可以买到 100 双袜子。那时约翰还是一家纺织厂的小技师。他马上把自己的积蓄用于收购低价货物,人们见到他这股傻劲,都嘲笑他是个蠢材。约翰对别人的嘲笑漠然置之,依旧收购各工厂和商店抛售的货物,并租了很大的仓库来存货。他妻子劝他说,不要把这些别人廉价抛售的东西购入,因为他们历年积蓄下来的钱数量有限,而且是准备将这些钱用于子女教育的,如果此举血本无归,那么后果不堪设想。对于妻子忧心忡忡的劝告,约翰笑过后又安慰她道,三个月以后我们就可以靠这些廉价的货物发大财了。

约翰的话似乎兑现不了。过了 10 多天,那些工厂即使贱价抛售也找不到买主了,便把所有存货用车运走烧掉,以此稳定市场上的物价。他太太看到别人已经在焚烧货物,不由得焦急万分,抱怨起约翰。对于妻子的抱怨约翰一言不发。

终于政府采取了紧急行动,稳定了当地的物价,并大力支持那里的厂商复业。这时由于当地焚烧的货物过多,存货欠缺,物价一天天飞涨。约翰马上把自己库存的大量货物抛售出去,一来赚了一大笔钱,二来使市场物价得以稳定。在他决定抛售货物时,他妻子又劝告他暂时不要把货物抛售出去,因为物价还在一天一天飞涨。他平静地说:"是抛售的时候了,再拖延一段时间就追悔莫及。"

果然,约翰的存货刚刚售完,物价变低了下来。他的妻子对他的远见钦佩不已。后来,约翰用这笔赚来的钱开设了五家百货商店,业务范围也十分广泛,终于成为全美举足轻重的商业巨头。

(资料来源:风险带来高效益[EB/OL].(2017—03—15). https://www.163.com/dy/article/CFI6JL3T052191M6.html.)

思考:

1. 在约翰的创业故事中，他面临经济萧条时期工厂和商店纷纷倒闭、贱价抛售存货的情境。请结合“风险投资的特点”以及“识时务，善变通”的道理，分析约翰为何能够成功？他的成功对你有何启示？

2. 在约翰创业过程中，他的妻子多次提出担忧和劝告，但约翰最终坚持自己的决策并取得了成功。请辨析“坚持自我”与“盲目固执”之间的区别，并结合约翰的案例，谈谈如何在创业或生活中做到既坚持自我又灵活变通？

课程思政案例二：

风险投资者的素养

风险投资家董先生凭借在风险投资领域多年的行业经验，总结出了几条宝贵的投资原则，不仅涵盖了投资决策的核心要素，还体现了对创业者和投资者自身素质的深刻洞察。

在风险投资的世界里，交易的成功与否比价格更为重要。如果一个投资项目本身具有可行性，那么合适的价格自然会随之而来。在谈判中，投资者不应过于纠结于最后一元的得失，因为如果投资最终失败，无论付出多少都会显得多余；而如果成功，付出越少收益就越多。

好的交易往往从一开始就具备成功的潜质，而发掘那些尚未被他人发现的机会则是投资者面临的挑战。在众多考量中，管理团队的质量是决定项目成败的关键因素。优秀的管理团队具备卓越的才能、强大的动力和远见的卓识，他们能够在正确的时间发挥核心作用。如果一个创意搭配了糟糕的管理团队，那么无论创意多么出色，项目也注定会失败。除此之外，在选择投资项目时，投资者应该追求那些有着大创意的想法。创意无论大小都会在市场中面临着困难，但是大创意的潜力和回报一般更为可观。

在投资过程中，投资者需要明确自己的角色定位。企业家才是推动项目成功的核心力量，投资者的任务是支持企业家，帮助他们实现目标，而不是试图取代他们的位置。投资者不仅要在董事会会议上发挥作用，更要通过实际行动在会议之外为项目增加价值，成为企业家的顾问和合作伙伴，通过提供资源和建议来帮助他们成长。但是对那些忽视他人建议的企业家，投资者需要保持警惕。从善如流，那些自视甚高、不愿听取他人意见的企业家，往往难以在复杂多变的市场环境中取得成功。

在协商和谈判中，投资者需要保持冷静和理性，追求公平且长期有效的协议，避免做出短视的策略或因恐慌导致决策错误。同时尊重他人、善待他人，不仅是一种良好的职业道德，也是一种智慧的投资策略。如果投资者总是令企业家失望，信任的流失注定会导致双方的失败。如果投资者能够赢得他人的喜欢和信任，那么更多的机会自然会向他们倾斜。

（资料来源：华盛顿风险投资家的 10 条经验：不投不听建议的人[EB/OL].（2010－11－26）. https://pe. pedaily. cn/201011/20101126201264. shtml. ）

思考：

1. 在董先生的风险投资原则中，他指出管理团队的质量是项目成败的关键，这体现了团队对于成功的重要性。在创业过程中，一支高质量的管理团队应该具备哪些素质与能力？假如你是团队领袖，你该如何培养这些素质和能力？

2. 董先生认为投资者自身需具备尊重他人和冷静理性的素质。请结合这些原则，谈谈在风险投资和创业中如何培养良好的职业道德和社会责任感？

综合分析案例

字节跳动:从餐巾纸上的梦想到全球科技巨头的风险投资之旅

在21世纪初的互联网浪潮中,北京字节跳动科技有限公司(简称字节跳动)如同一颗璀璨的新星,照亮了移动互联网的天空。这家由张一鸣于2012年3月创立的公司,凭借对人工智能的深刻理解和创新应用,迅速成长为全球科技领域的领军企业。字节跳动在多轮融资中获得了风险投资,包括天使轮、A轮、B轮、C轮、D轮和Pre-IPO轮。2018年10月24日,公司完成了Pre-IPO轮融资,估值达到750亿美元。字节跳动的发展历程,不仅是一部科技创新的史诗,也是一段风险投资助力初创企业腾飞的传奇。

张一鸣,这位在互联网技术领域有着深厚积淀的创业者,在创立字节跳动前曾经历了两次失败的创业尝试。然而,正是这些经历,让他更加坚定了创业的梦想,也更加清晰地看到了移动互联网的无限潜力。2012年,张一鸣在结束春节假期后的第一天,就向海纳亚洲投资基金(SIG)的董事总经理王琼描绘了他的创业蓝图——一个基于人工智能技术,为用户提供个性化信息推荐的全网全内容大平台。王琼被张一鸣的热情和远见所打动,当即决定对他进行200万元人民币的天使投资。这张在咖啡馆餐巾纸上绘制的梦想,就这样开启了字节跳动的辉煌篇章。

王琼对字节跳动的投资基于对张一鸣技术、管理和团队建设能力的认可,以及对移动互联网信息市场需求的洞察。SIG在2月份向字节跳动投资了100万元人民币,并在年底追加了100万美元的A+轮投资和100万美元的过桥贷款。如今,字节跳动占据了中国互联网用户总时长的超过10%,SIG仍是其最大的机构股东。2012年3月,字节跳动正式注册,同年8月,其旗舰产品今日头条1.0版本上线,标志着公司的正式启动。

字节跳动的融资历程显示,王琼、刘峻、周子敬和曹毅不仅是张一鸣的天使投资人,还为他提供了全球风投融资资源,他们对张一鸣和字节跳动的市场前景有着深刻的理解。SIG在2012年2月向字节跳动投资了100万元人民币的天使轮资金。同年7月,SIG领投了500万美元的A轮融资,刘峻和周子敬也参与了投资。在天使轮投资的助力下,字节跳动迅速完成了公司的注册和旗舰产品今日头条1.0版本的上线运营。这些投资不仅为字节跳动提供了充足的资金支持,还带来了丰富的行业经验和资源,助力其在技术研发、市场推广、业务拓展等方面取得了显著成果。

其中,B轮融资是字节跳动发展历程中的一个重要转折点。尽管当时公司面临着国际风投不认可、国内风险投资者质疑的双重压力,但张一鸣和他的团队凭借坚定的信念和出色的执行力,最终赢得了DST Global的青睐。DST Global看好字节跳动的三大原因——创始人非常强、对大方向看得极其清楚、数据非常好看——成为字节跳动成功融资的关键。红杉资本的沈南鹏曾表示,他最初对张一鸣的计划持怀疑态度,因为这种模式在美国尚未有人尝试。但在字节跳动B轮融资后的九个月里,公司的发展证明了红杉资本的判断错误,因此在C轮融资时,红杉资本成了第一个投资者。

此后,2014年6月,字节跳动在C轮融资中筹集了1亿美元,由红杉资本和中国建银国际领投,新浪微博基金和顺为资本跟投。2016年12月,D轮融资筹集了10亿美元,由红杉资本和中国建银国际投资。2017年8月,E轮融资筹集了20亿美元,由General Atlantic投资。2017年12月,进行了未披露金额的战略融资。2018年10月,Pre-IPO轮融资筹集了40亿美元，由软银愿景基金、KKR、春华资本、云锋基金和General Atlantic投资。由此字节跳动的融资之路变得更加顺畅，也为公司的快速发展提供了坚实的资金保障。

在风险投资的助力下，字节跳动迅速成长为一家全球化的集团企业。其旗下主要拥有今日头条、抖音视频、火山视频、西瓜视频、懂车帝、互动百科等多个流行的App，覆盖了新闻、短视频、娱乐、教育等多个领域。这些产品的成功推出和运营，不仅为字节跳动带来了丰厚的收入回报，也进一步巩固了其在全球科技领域的领先地位。

据统计，到2019年，字节跳动的营收已经超过1 400亿元，比2018年增长近280%。同时，公司的估值也从2012年的3 000万美元增长到2018年的750亿美元，成为全世界估值最高的创业公司之一。这一估值也让字节跳动成为国内仅次于阿里巴巴和腾讯的互联网公司。6年时间估值增加2 500倍，这一惊人的增长速度不仅彰显了字节跳动在科技创新和市场拓展方面的卓越能力，也充分证明了风险投资在推动初创企业发展中的重要作用。

（资料来源：梁红波，王兆君．创业家与风险投资者的互动对双方合作的影响——以北京字节跳动科技有限公司为例[J]．濮阳职业技术学院学报，2020，33(03)：9—13.）

案例思考题：

1. 风险投资在字节跳动的成功路上起了什么作用？
2. 每个发展阶段字节跳动获得资金支持的具体原因是什么？

挑战性思维和深度思考指引

在探索风险投资的旅途中，我们不仅要精通基础理论与成功案例，还需磨砺前瞻性思维并深化分析能力。本环节将通过推荐阅读一系列卓越的研究文献，引导大家从多元视角审视和领悟风险投资的复杂性与广泛性，旨在激发各位的批判性洞察力与投资决策能力。所选文献均来源于中国知网官方网站(https://www.cnki.net/)。

思考题：

1. 生活中有什么高风险高收益的例子？你在遇到这些事情的时候会如何抉择呢？
2. 现如今为什么细节越来越受大家的重视，甚至有些人说“细节决定一切”呢？谈谈你的看法。
3. 在很多人的思想中，总是习惯性地把关注点放在别人身上，喜欢把问题的形成和解决都归结于其他人，绝不会把心思放在自己的想法和言行上，你认为这种做法是否正确呢？

推荐阅读：

[1]陈伟，张筱典．风险投资机构二元关系的演变及其退出效应研究[J]．南京审计大学学报，2024，21(2)：79—87.

[2]吴友．风险投资管理参与、数字化转型与企业创新[J]．上海经济研究，2023(05)：78—92.

[3]金鑫，张敏，孙广华，等．众创空间、初创企业与风险投资的合作策略及投资决策研究[J]．管理工程学报，2023，37(02)：183—196.

[4]沈睿，卢青云，杨俊．风险投资与创业企业互动关系的理论框架与未来研究展望[J]．研究与发展管理，2023，35(01)：89—104.

[5]张曦如，沈睿，路江涌．风险投资研究：综述与展望[J]．外国经济与管理，2019，41(04)：58—70+138.

第四章　互联网金融

【本章思维导图】

- 互联网金融
  - 互联网金融概念及特点
    - 互联网金融概念
      - 互联网金融是依托于以互联网为代表的现代信息科技，来实现资金融通、支付和信息中介等业务的一种新兴金融模式
    - 互联网金融特点
      - 超级集中支付系统和个体移动支付的统一
      - 直接交易，去中介化
      - 高度网络化，容易；成本低
      - 数据丰富、完整，信息对称
      - 金融市场运行互联化，交易成本低
      - 简单化，风险对冲需求减少
  - 互联网金融的主要模式
    - 第三方支付
    - 供应链金融
    - 众筹融资
    - 电商小贷
    - 信息化金融机构
    - 互联网金融门户
  - 互联网金融风险及其防范
    - 互联网金融存在的风险
      - 法律风险
      - 信用风险
      - 技术风险
      - 流动性风险
    - 互联网金融风险的防范
      - 立法机关
      - 监管机关
      - 金融机构
      - 投资者
      - 融资者

【引导案例】

在2015年，从小怀揣着成为湘菜大师梦想的卿永的湘菜烹饪事业已初露锋芒。同年3月，正和岛在湖南举办首次岛邻机构大会，卿永作为筹办人之一，亲历了这场盛会。这次大会为实业家卿永打开了一扇窗，让他意识到自己如同井底之蛙，外界的变化和新资讯让他感到自己已落后于时代。他被频繁提及的互联网深深吸引，并产生了强烈的愿望，前往北京深入探索这一领域。

尽管申请中欧商学院未能如愿，但卿永并未因此放弃北京之行。他决定在北京逗留数月，寻找新的机遇。在缺乏信息渠道的情况下，他经人引荐加入了"碳9"学习平台。该平台以其创新的学习方法论和培养创业者自主探究学习能力的宗旨吸引了卿永。在"碳9"的一次活动中，卿永分享了自己的创业构想——打造一个互联网众筹平台，并成功获得了一笔融资。

起初，卿永计划打造一个全品类的众筹平台，认为市场前景广阔。然而，进入市场后，他发现众筹平台众多，竞争激烈。于是，他迅速调整策略，专注于湖南餐饮类项目的众筹，并命名为"靠谱投"。该平台采用双向收费模式，对项目方的收费较低，主要依赖收益佣金，若餐厅盈利，则收取7.5%的佣金。

此前，卿永曾投资了一家为餐饮店拍摄视频的公司，通过这家公司，他结识了众多餐饮界人士，这些人为"靠谱投"提供了首批项目源。在运营过程中，卿永逐渐发现并非所有餐饮品牌都适合众筹，并形成了对项目筛选的独到见解。他倾向于选择那些已经拥有一定影响力、回报率有保障的热门餐厅。

作为一位已经有所成就的小老板，卿永深知仅仅提供资金对后期的帮助有限。他认为，同城投资才是有价值、有帮助的。同城投资人不仅能筹集资金，还能参与产品改进、宣传推广等。因此，他并未像其他众筹平台那样寻找全国范围内的股东，而是采取了更为精细化的筛选方式：首先，通过注册信息筛选同城投资人；其次，通过电话沟通进一步考察投资意向。

"靠谱投"更像是一个餐饮业的FA(财务顾问)平台，它帮助项目方寻找合适的投资人，并在找到投资人后提供选址、管理流程等全方位服务。由于其精细化的运营和高质量的服务，该平台的成功率远高于其他众筹平台。

在运营"靠谱投"的过程中，卿永也深入湖南餐饮圈，结识了更多业内人士。2015年，他成立了餐饮创始人垂直社群窄门学社。窄门学社通过集训、聚餐、互访、游学等方式，将餐饮创始人聚集在一起学习和交流。目前，该学社已在全国范围内成立了多个分舵，包括北京、天津、辽宁、华东、华南、河南、四川等地。

卿永以"靠谱投"为起点，逐步拓展了一系列与VC投后帮助相似的业务。他先做连接，再提供具体的帮扶措施。在边做业务边学习的过程中，卿永自己成为这个系统中最大的IP(个人品牌)。而延展至投资领域，对他来说也是水到渠成的事情。

案例启示与思考：

互联网的出现使得普通人的个人感召力可以通过社交媒体传递到亲人朋友之外的陌生人，大大拓展了创业者的融资渠道，融资者可以突破地域的限制获得更多资源，极大地缓解了创业融资难的问题。在互联网金融时代，现金为王，但创意至上。融资者可以通过互联网将自己的想法与创意传递给广大的潜在投资者，只要想法够好，创意够新，能得到投资者的认可和青睐，互联网金融不失为解决中国企业创业融资难问题的一种新途径。那么互联网金融的具体内涵是什么？包括哪些发展模式？是否存在一定风险呢？

【本章学习目标】

1. 增进学习者对互联网金融基本概念及其核心特性的理解,培养其紧跟时代步伐,助推创业融资。

2. 深化学习者对互联网金融与传统金融差异性的认知,引导其审视金融变革,增强对社会经济发展动态的关注与思考。

3. 拓宽学习者对互联网金融多元化发展模式的学习视野,鼓励其探索创业融资创新路径,激发其为国家金融安全与发展贡献力量的使命感。

4. 强化学习者对互联网金融风险识别的敏感性和防范意识,培养其面对金融风险时的冷静判断与自我保护能力,树立正确的金融伦理与法治观念。

第一节　互联网金融概念及特点

一、互联网金融概念

互联网金融是依托于以互联网为代表的现代信息科技,特别是移动支付、搜索引擎、云计算、社交网络以及电子商务等来实现资金融通、支付和信息中介等业务的一种新兴金融模式。社交网络、电子商务、第三方支付等形成了庞大的数据量,云计算和行为分析理论使大数据挖掘成为可能,数据安全技术使隐私保护和交易支付顺利进行,而搜索引擎使个体更加容易获取信息,互联网金融由此而生,带来了一种既区别于商业银行间接融资,又区别于资本市场直接融资的第三种金融融资模式。

二、互联网金融特点

在互联网金融背景下,支付便捷,超级集中支付系统和个体移动支付相统一;信息处理和风险评估以大数据分析和高速算法为基础,并通过网络化方式进行,使得信息不对称程度非常低;资金供需双方在资金期限匹配、风险分担等方面的成本达到低水平,可以不经过银行、证券公司和交易所等传统金融中介和市场,直接在网上发行和交易贷款、股票、债券等;市场充分有效,接近瓦尔拉斯一般均衡对应的无金融中介或市场情形,可以超越传统金融中介和市场的资源配置效率,在促进经济增长的同时,还能大幅减少交易成本。更为重要的是,在互联网金融下,现在金融业的分工和专业化被大大淡化了,被互联网及其相关软件技术所替代(可以设想所有金融业务都嵌入在 App 中);企业家、普通老百姓都可以通过互联网进行各种金融交易,风险定价、期限匹配等复杂交易都会大大简化、易于操作;市场参与者大众化,互联网金融交易所引致出的巨大效益更加惠及普通老百姓。这也是一种民主化,而不是为少数专业精英控制的金融模式。

互联网金融包括支付、投资、融资等方面,互联网融资作为互联网金融的一部分,同样具有去中介化、支付简单化、网络化和大众化的特点。

互联网金融将传统金融与互联网相结合,是对传统金融的沿袭与发展,互联网金融与传统金融的区别如表 4—1 所示。

表 4—1　　互联网金融与传统金融比较表

项　目	传统金融	互联网金融
支付	通过银行支付	超级集中支付系统和个体移动支付的统一
资金供求	通过银行与券商中介间接交易;资金期限与数量相匹配	直接交易,去中介化,资金期限与数量可协商解决
信息处理	网络化程度较低,困难;成本高	高度网络化,容易;成本低
风险评估	信息不对称	数据丰富、完整,信息对称
交易成本	交易成本高	金融市场运行互联化,交易成本低
产品	需要设计复杂风险和对冲风险	简单化,风险对冲需求减少

第二节　互联网金融的主要模式

互联网金融经过近几年发展,可以归纳为第三方支付、供应链金融、众筹融资、电商小贷、信息化金融机构以及互联网金融门户六种模式。

一、第三方支付

央行 2010 年在《非金融机构支付服务管理办法》中将第三方支付定义为非金融机构作为收、付款人的支付中介所提供的网络支付、预付卡、银行卡收单以及中国人民银行确定的其他支付服务。第三方支付通过互联网在客户、第三方支付公司和银行之间建立连接,帮助客户快速达成货币支付、资金结算等目的,同时起到信用担保和技术保障等作用,是信用缺位条件下的补位产品。

从发展路径与用户积累途径来看,目前市场上第三方支付公司的运营模式可以归为两大类:一类是独立第三方支付模式,是指第三方支付平台完全独立于电子商务网站,不负有担保功能,仅仅为用户提供支付产品和支付系统解决方案,以快钱、易宝支付、汇付天下、拉卡拉等为典型代表。另一类是以支付宝、财付通为首的依托于自有 B2C、C2C 电子商务网站提供担保功能的第三方支付模式。在此类支付模式中,买方在电商网站选购商品后,使用第三方平台提供的账户进行货款支付,货款暂由平台托管并由平台通知卖家货款到达、进行发货;待买方检验物品并进行确认后,就可以通知平台付款给卖家,这时第三方支付平台再将款项转至卖方账户。传统支付模式与第三方支付模式对比如图 4—1 所示。

通过图 4—1 可以看出,传统支付模式下,支付清算体系是客户与商业银行建立联系,商业银行与中央银行建立联系,中央银行是所有商业银行支付清算的对手方,能够通过轧差进行清算。在传统支付清算模式下,由于客户不能与中央银行之间直接建立联系,客户必须分别与每一家商业银行建立联系,支付清算的效率较低。

第三方支付诞生以后,客户与第三方支付公司建立联系,第三方支付公司代替客户与商业银行建立联系。这时第三方支付公司成为客户与商业银行支付清算的对手方,第三方支付公司通过在不同银行开立的中间账户对大量交易资金实现轧差,少量的跨行支付则通过中央银行的支付清算系统来完成。

第三方支付
代表支付宝

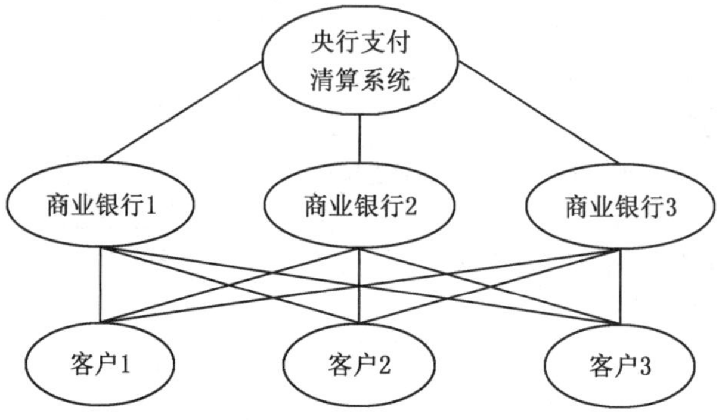

(a)传统支付模式

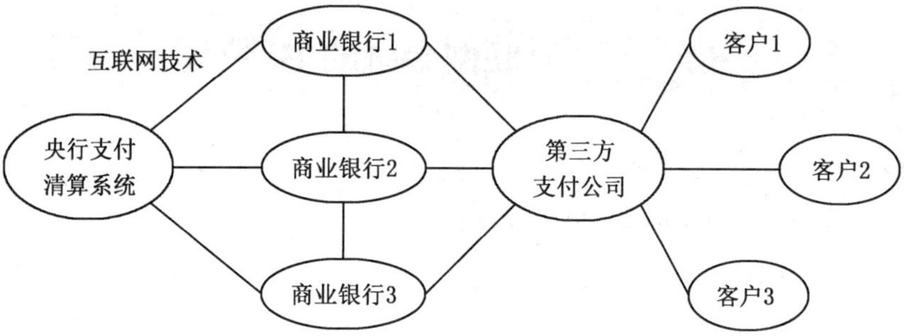

(b)第三方支付模式

图 4—1　传统支付模式与第三方支付模式对比图

二、供应链金融

在国内，供应链金融的概念由深圳发展银行首次提出。2009 年，深圳发展银行和中欧国际工商学院联合编著的《供应链金融：新经济下的新金融》一书中，详细阐述了供应链金融是指在对供应链内部的交易结构进行分析的基础上，运用自偿性贸易融资的信贷模型，并引入核心企业、物流监管公司、资金流导引工具等新的风险控制变量，对供应链的不同节点提供封闭的授信支持及其他结算、理财等综合金融服务。这一概念的提出，为供应链金融在国内的发展奠定了理论基础。

通俗地说，供应链金融(Supply Chain Finance，SCF)是一种创新的金融服务模式，它让银行能够为核心企业及其上下游合作伙伴提供全面的金融支持。在这种模式下，银行不仅为核心企业提供常规的融资、结算和理财服务，还积极协助其供应商快速回收货款，同时为分销商提供灵活的预付款和存货融资解决方案。目前供应链金融已发展到"M+1+N"生态平台模式(如图 4—2，"1"代表核心企业，"M"代表供应商，"N"代表分销商或客户)，通过核心企业为供应商与经销商向金融机构提供信用信息，整合资金流、物流、信息流，并在供应链金融平台监管下，大幅提升链上各环节的经营效率。

**供应链金融
代表中企云链**

供供应链金融具有多样化的业务模式，主要包括以下几种：

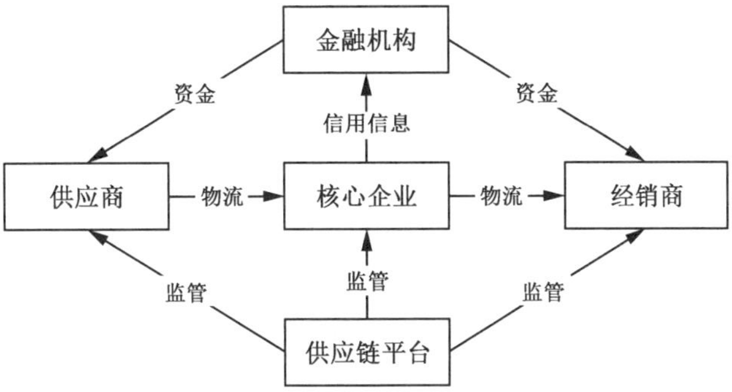

图 4—2　供应链金融运作模式

(一)预付账款融资模式

预付账款融资模式通常适用于核心企业的下游经销商或采购商,他们为了获取货物或原材料,需要提前支付预付款给核心企业,采用此模式可以使“支付现金”的时点尽量向后延迟,从而减少现金流缺口。金融机构可以根据采购合同和预付款凭证,为下游企业提供融资支持,帮助其解决资金短缺问题。

(二)动产质押融资模式

动产质押融资模式是基于供应链中存货或货物的流动性进行融资。银行以借款人的自有货物作为质押物,向借款人发放信贷款,以弥补“支付现金”至“卖出存货”期间的现金流缺口。由于动产具有强流动性,金融机构需要对质押物进行严格的物流跟踪、仓储监管、价格监控等,以确保贷款的安全。

(三)应收账款融资模式

应收账款融资模式是基于供应链中上游企业的应收账款进行融资,通常涉及中小企业(上游债权企业)、核心企业(下游债务企业)和金融机构三方。中小企业将赊销项下的未到期应收账款转让给金融机构,由金融机构为中小企业提供融资支持,可以弥补“卖出存货”与“收到现金”期间的现金流缺口。核心企业在整个运作中起着反担保作用,一旦融资企业(中小企业)出现问题,核心企业将承担弥补金融机构损失的责任。

(四)订单融资模式

订单融资模式是基于供应链中的订单进行融资。这种模式适用于已经签订销售合同或订单,但尚未开始生产或发货的企业。金融机构可以根据订单合同和企业的信用状况,为企业提供融资支持,帮助企业解决生产或发货前的资金短缺问题。

(五)供应链平台融资模式

供应链平台融资模式是通过搭建供应链金融平台,整合供应链资源,提供一站式金融服务。平台通过实时监控供应链中的物流、信息流和资金流,确保数据的真实性和准确性,并提供定制化的金融服务。同时,平台还可以利用大数据、人工智能等技术手段,提高风险识别和预警能力,降低融资风险。

三、众筹融资

众筹融资代表
Kickstarter

众筹融资是指利用网络良好的传播性,以实物、服务、股权等作为回报形式,通过互联网平台向公众或特定受众募集项目资金的融资模式。众筹融资模式下，需要资金的个人或团队将项目策划交给众筹平台，经过相关审核后，便可以在网络平台上建立属于自己的页面，用来向公众介绍项目情况。在募集资金的同时，也可以达到宣传推广的效果。众筹融资的基本流程图如图 4—3 所示。

图 4—3　众筹融资的基本流程图

按照回报方式不同，众筹融资可分为以下几种类型：

商品众筹：投资者对项目或公司进行投资，获得产品或服务（我给你钱，你给我产品或服务）。它是最早出现的众筹模式，在此模式下，项目发起人不承诺金钱回报，投资人也不以经济收益为目的。如果项目最终运作成功，投资者获得的是产品、服务等非金钱回报。

股权众筹：投资者对项目或公司进行投资，获得其一定比例的股权（我给你钱，你给我公司股份）。在股权众筹模式下，项目发起人在平台上发布的，不再是具体的研发、生产项目，而是公司信息，希望通过转让公司部分股权的形式，获得一定的资金，支持公司业务的全面发展。投资人投入资金后，获得公司的股权和股权收益。

债权众筹：投资者对项目或公司进行投资，获得其一定比例的债权，未来获取利息收益并收回本金（我给你钱，你之后还我本金和利息）。

捐赠众筹：投资者对项目或公司进行无偿捐赠（我给你钱，你什么都不用给我）。

四、电商小贷

电商小贷代表美团小贷

电商小贷是指电商企业利用互联网、云计算等信息化手段，对其长期积累的平台客户交易数据进行专业化的挖掘和分析，通过自建小贷公司或与银行合作方式，向其平台上的小微企业提供信贷服务的融资方式。我国比较典型的电商小贷有蚂蚁集团（借呗）、京东金融（金条）、微粒贷、度小满金融（有钱花）等，一方面电商小贷满足了其平台上小微企业短、频、快的资金周转以及固定资产投资需求，另一方面电商向银行提供平台客户交易数据，帮助银行解决风险控制问题和平台客户获得授信，推动小微企业突破资金瓶颈。电商小贷的基本流程图如图 4—4 所示。

电商小贷目前主要有三种模式：(1)电商银行合作模式。电商将平台上审核后企业的融资需求提交给银行审核，由银行完成信贷。(2)自建小贷公司。电商自建小贷公司或担保公司，结合集团自有资金，满足平台企业融资需求。(3)资产证券化。电商将优质贷款以金融产品的形式予以出售，向大众融资。

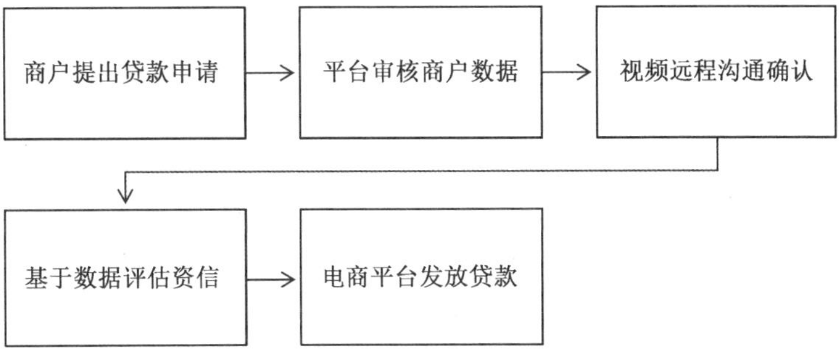

图 4—4　电商小贷基本流程图

五、信息化金融机构

信息化金融机构是指通过采用信息技术，对传统运营流程进行改造或重构，实现经营、管理全面电子化的银行、证券和保险等金融机构。金融信息化是金融业发展趋势之一，而信息化金融机构则是金融创新的产物。目前，一些银行都在通过信息化手段拓展金融服务领域，从银行的角度来说，电商的核心价值在于增加用户黏性，积累真实可信的用户数据，从而银行可以依靠自身数据去发掘用户的需求。中国建设银行推出“善融商务”、中国工商银行推出“工银融 e 联”等金融服务平台都是银行信息化的有力体现。

信息化金融机构代表善融商务

目前信息化金融机构主要运营模式分为以下三类：传统金融业务电子化模式、基于互联网的创新金融服务模式、金融电商模式。

(一)传统业务的电子化模式

传统业务的电子化实质也是金融电子化的过程，是指金融企业采用现代通信技术、网络技术和计算机技术，提高传统金融服务行业的工作效率，降低经营成本，实现金融业务处理的自动化、业务管理的信息化以及决策的科学化，为客户提供快捷、方便的服务，达到提升市场竞争力的目的。它基于传统的、封闭的金融专用计算机网络系统，本质是行业内部管理的自动化与信息化。

(二)基于互联网的创新金融服务模式

金融机构信息化建设构建了数字化服务基础框架。近年来信息化金融机构依托云计算、大数据、人工智能等新一代信息技术推动金融服务模式创新转型，不断扩大金融服务电子化的范围及影响。信息化金融机构通过搭建开放式 API 平台和移动支付、智能投顾等创新应用，形成了服务网络全覆盖、跨界融合的金融生态，这些基于互联网的创新金融服务模式，标志着金融服务行业进入数字服务新阶段。

(三)金融电商模式

对于传统金融机构而言，在互联网时代充分抓住互联网带来的机会，主动拥抱互联网金融是每个机构的必然选择。这种选择体现在运营模式上的一个最大特色和共同点就是金融机构电商化的选择。他们或者自己建立电商平台，或者与其他拥有海量客户信息和渠道的互联网企业合作建设电商平台，无论采用何种模式，其目的都是获得多元化的盈利模式。

六、互联网金融门户

近年来，伴随着金融市场化进程、金融创新步伐的加快，信托投资和私募基金行业快速发展，各类信托产品、阳光私募基金和私募股权基金(PE)层出不穷，给投资人带来丰富的投资理财产品。与此同时，这类投资理财产品合约条款复杂，投资收益起伏不定，加上投资人受到专业知识和投资技术的限制，投资人往往面对大量多元化的这类投资理财产品，很难做出明智选择、形成最佳投资组合，甚至因不明其中隐藏的风险而受到损失。正是在这样的背景下，互联网金融门户应运而生。

互联网金融门户是指利用互联网进行金融产品的销售以及为金融产品销售提供第三方服务的平台。它的核心就是“搜索＋比价”的模式，采用金融产品垂直比价的方式，将各家金融机构的产品放在平台上，用户通过将各种金融产品的价格、特点等进行对比，自行挑选合适的金融服务产品。互联网金融门户多元化创新发展，形成了提供高端理财投资服务和理财产品的第三方理财机构，以及提供保险产品咨询、比价、购买服务的保险门户网站等。目前在互联网金融门户领域针对信贷、理财、保险等细分行业分布，有平安普惠、蚂蚁财富、惠择网等。互联网金融门户模式的快速发展，不仅满足了广大互联网客户对贷款、信托、保险、理财、财富管理等多元化的需要，而且正在对传统的金融行业酝酿越来越大的冲击风暴。

第三节　互联网金融风险及其防范

一、互联网金融存在的风险

互联网金融为广大中小企业提供了新的融资渠道，缓解了贷款难的情况，填补了正规金融服务的空缺。通过提供更大量、更可靠的数据，互联网使得融资业务能在更低的成本下进行，并突破地域的限制，大大提高了融资效率与效果，但其存在的潜在风险也不容忽视。

(一)法律风险

法律风险来源于违反法律、规章的可能性，或者有关交易各方的法律权利和业务的不明确性。当前，我国互联网金融还只处于起步阶段，政府有关法规中对于网上交易权利与义务的规定大多不清晰，缺乏相应的管理及试行条例，缺乏法律规范调整。投资有收益，同时也有风险，互联网金融大部分以高收益吸引客户，但却没有风险提示，一旦发生纠纷，由于缺少相关的法律，双方当事人的权益得不到有效的保护。目前，部分互联网金融销售打擦边球，以互联网机构变相补贴、抽奖的方式来吸引客户。

(二)信用风险

信用风险是指网络金融交易者在合约到期日不完全履行其义务的风险。互联网金融的信用风险来自两个方面。首先，对网络信贷而言，互联网金融服务方式的虚拟性使交易、支付的双方互不见面，只是通过网络发生联系，这使对交易者身份、交易真实性的验证难度加大，增大了交易者之间在身份确认、信用评价方面的信息不对称，而且中国目前的征信体系建设非常不完善，从而增大了信用风险；其次，网络平台上发售的基金，具有较高的预期收益，监管层的规范化管理虽已大幅度降低系统性风险，但在全球经济增长放缓、国内经济转型升级的背景下，市场波动仍会导致部分信用违约事件发生。

（三）技术风险

互联网金融建立在互联网技术的基础上，其自然存在互联网系统技术风险。互联网金融依托的是发达的计算机通信系统，计算机网络系统的缺陷构成互联网金融的潜在风险，比如开放式的网络通信系统，不完善的密钥管理及加密技术，TCP/IP 协议的安全性较差，加之计算机病毒以及黑客的攻击，都极易引起交易主体的资金损失。同时互联网金融也需要选择成熟的技术解决方案来支撑，但存在着技术选择失误的风险，这种风险既可能来自选择的技术系统与客户终端软件的兼容性，也可能来自被技术变革所淘汰的技术方案。另外，我国的互联网金融软硬件系统大多引自国外，缺乏具有高科技自主知识产权的互联网金融设备，对整体的金融安全也有一定威胁。

（四）流动性风险

互联网金融与传统金融相比具有快速聚集资金的能力，但同时也具有更大的流动性风险。由于互联网平台上的补贴和承诺的高收益，以及信息的有效传递，因此互联网平台上的各个基金往往一开始发售，很快便抢购一空，节约了很大的销售成本。但当前很多所谓的互联网金融机构没有任何的资本金，即使是投资协议存款、短期票据这种在短期内风险较低的领域，未来依然存在很高的流动性风险，例如债市意外大跌，顾客纷纷赎回产品等。同时互联网金融还有传统金融所没有的流动性风险，例如遇到季末考核等特殊时间点，金融机构为满足如存贷比等指标会以高息收紧资金，互联网理财用户很可能大面积的赎回来实现套利，一旦出现流动性不足，极易造成挤兑。

上述的四种风险中的技术风险和流动性风险主要是针对互联网金融机构而言的，但其同时也对投资者和融资者的资金安全构成了严重的威胁。在互联网金融下，除了面临法律风险和信用风险外，投资者和融资者还面临网络融资机构或平台的欺诈风险，如互联网金融机构内部员工可能违规盗用客户资料进行风险投资，资金可能被盗用或转移挪作他用。此外融资者还可能面临投资者的违约风险，当前政府法规对网上交易权利与义务规定的不清晰，使得对投资者的约束不够，一旦投资者的资金流出现问题，投资者很可能违约，终止投资，融资者很可能筹集不到足够的资金。而投资者则可能遭受融资者的执行风险，融资者在项目执行过程中可能违反合同约定做出错误的决定，导致项目失败，造成投资者无法收回资金。

二、互联网金融风险的防范

互联网金融主要涉及投资者、融资者、互联网金融机构、立法机关和监管机关，对互联网金融的风险防范也主要围绕这五者来展开。

（一）立法机关

建立和完善相关法律法规体系。立法机关应加大对互联网金融行业的立法力度，尽快建立统一的互联网金融监管法律体系，让监管执行有法可依、责任明确。一是完善互联网金融的法律法规。基于传统金融制定的法律法规体系有效性逐渐减弱，与现有的监管理念存在不匹配的问题，致使部分互联网金融行业发生事故时法律责任不明确，处罚依据不清晰，违规行为不能被有效遏制。应尽快对互联网金融进行法律规范，加强对网络信贷、第三方支付等新型业务的约束，严厉处罚违法、违规现象。二是明确法律监管主体。互联网金融的创新在于产品的重新组合和形式的改变，其本质就是传统的金融产品，建议对互联网金融企业和产品进行重新梳理和界定，分类明确其监管主体，其他机构配合监管。三是制定全面的市场准入办法和管理制度。部分互联网金融业务出现定价不合理现象，如以“VIP 提额”等作诱饵强制借款人购买会员服务的“捆绑会员费”的灰色操作，增加了金融机构冒险经营的动机。为保障网上交易的安全性和规范性，建议对申请开展互联网金融业务的企业提出更高要求，严格审查其准入资格，从源头防范系统性风险。

（二）监管机关

构建全面监管体系。对互联网金融的全面监管包括市场准入监管、运作过程监管和退出监管。第一，市场准入监管是指互联网金融的事前监管，即严格审批互联网金融机构。审批中必须考虑到金融机构存在的必要性、盈利能力等来事先预防金融风险发生。第二，市场运作监管即事中监管，是对互联网金融机构经营过程的日常化监管。其中包括业务范围的监管、资本充裕性监管、资产质量监管、流动性监管以及市场风险监管等。第三，市场退出监管即事后监管，是对性质恶劣的违规操作或濒临破产的互联网金融机构所实行的市场退出处理。金融监管当局要以审慎监管、保护投资人利益为出发点，可以采用传统金融监管手段：现场和非现场检查、内部和外部审计、信用评级、信息披露以及公众监督等。

创新互联网金融的监管模式。形态虚拟化、运作方式网络化是互联网金融的特征，互联网金融涉及的业务范围广而多，打破了传统金融“分业监管”的模式，出现交叉重复监管或是监管空白，改变和创新监管模式是适应发展的必然趋势。一是建立信息共享机制。有效信息不对称，金融机构获取信息渠道匮乏，不仅制约着借贷业务的发展，也加大了融资贷款的风险。应设立全面的信息共享系统，披露各金融机构的财务指标、经营状况、风险控制等信息，完善个人征信信息，给借贷双方提供有效的平台进行信息查询，以利于防范风险。二是实施针对性监管。互联网金融企业模式存在差异，所涉及风险不完全相同，需要在统一的监管体系下，根据企业风险特征实施针对性监管。三是要推进征信体系建设。我国个人征信服务体系建设还不完善，导致出现了借款人多重负债、拖欠还款和逃废债务等信用风险问题，推进征信体系建设，使参与各方能及时准确地获知对方的信用状况，可有效降低信用风险。

（三）金融机构

健全互联网金融机构的内控机制。防范互联网金融风险的关键在于建立和完善内控机制，对互联网金融风险进行事前预警、事中控制、事后弥补与纠正。具体可以从以下几个方面来考虑：一是加强对互联网安全保障体系的建设。改进互联网金融的运行环境，在硬件方面加强对计算机物理安全措施的投入，从而增强计算机系统的防病毒与防攻击能力，确保在安全的硬件环境下运行互联网金融业务；制定规范统一的技术标准，加强互联网金融体系内的可协调性，提升互联网金融风险的监测水平；采用数字证书为互联网金融体系交易的主体提供安全保障，避免交易过程中的不法行为；开发具有自主知识产权的信息技术，加大对信息技术发展的投资，重点开发互联网加密技术、密钥管理技术以及数字签名技术，提高计算机系统的核心技术水平和安全防御能力，从而降低互联网金融的技术选择风险。二是设立专门的风险控制部门。风险控制对于互联网金融来说是至关重要的，掌握风控技术是互联网金融企业生存的防火墙，也是推动互联网企业成长的助力器。各互联网金融机构应该设立专门的风险控制部门，利用大数据挖掘技术或借助第三方咨询服务等，建立信用评级系统，构建内部风险评估模型，建立互联网金融风险的预警机制，设置专人专岗进行实时监控和识别。三是规范新产品设计。金融产品都是风险和收益的综合体，网络交易的隐蔽性、匿名性增加了互联网金融产品的风险。互联网金融机构在设计新产品时，应当重点考虑资金的安全性和流动性，谨慎选择投资方向、方式，在产品的收益和风险中找到平衡点，在源头上防范出现集中赎回造成的流动性挤兑风险。四是建立和完善风险准备金提取制度。根据互联网金融机构的规模大小、产品性质、风险承受能力等情况，制定合适的风险准备金数额并足额提取，以充足的拨备和较高的资本金抵御流动性风险。

（四）投资者

加强对互联网金融的学习，提升自身风险意识。投资者是风险的最终承担者，个人信息遭泄露、投资资金蒙损失、个人信誉受影响都是由互联网金融风险带来的直接后果。投资者在进行相关互联网投资操作时，往往容易被互联网金融承诺的高收益所蒙蔽，对其潜在的风险不够重视，风险防范意识不强，从而给自身带来损失。投资者应通过学习来提升自身对互联网金融的认知，在做出投资决策时认真权衡考虑，必要时可向咨询机构咨询，切忌盲目跟风，只看表面，不重实质。

其次，投资者在做出投资决策前，应对网络平台或机构及借款者的资信进行仔细调查，以防资金被挪用或无法按时收回。同时应关注融资项目的可行性，确保融资项目能产生足够多的未来收益来偿还借款。此外，投资者在签订投资合同时，还可要求相关机构或借款人提供抵押或担保，以保护自身的权益。

最后，投资者可选择多元化的投资方法，在相同资金的前提下，选择多种投资方式，将资金分散到不同的投资产品中去，避免被单一产品的收益和风险所左右，降低非系统性风险。

（五）融资者

融资者的最终目的就是获得足够的资金以满足生存发展的需要。融资者除依赖法律法规和市场监管来降低融资失败的风险外，也可从自身的角度出发来防范风险。对融资者而言，选好融资机构或平台是关键。由于互联网金融的低门槛，各融资机构或平台的信用水平、对网络安全体系的构建投入存在不同程度的差异，融资者在进行融资时，应尽量选择资信好、安全系数高的融资机构或平台，保障资金安全。此外，不同融资机构或平台的运作模式、贷款条件、还款方式等也不同，融资者应仔细斟酌，结合自身实际和项目情况协商选择还贷款条件。

其次，在签订融资合同时，也可适当加入相关条款加大融资平台或机构及投资者的违约成本，对其日后行为进行约束，保障自身权益。此外，在融资项目的执行过程中，应积极同各融资参与方及时沟通，告知项目进展情况，让投资者对项目进展有全面的了解，建立良好的投资者关系，防止因信息不畅导致投资者中断资金投入，企业资金链断裂。

本章小结

互联网金融是依托于以互联网为代表的现代信息科技，特别是移动支付、搜索引擎、云计算、社交网络以及电子商务等来实现资金融通、支付和信息中介等业务的一种新兴金融模式。互联网金融在支付方式、信息处理、资源配置等方面与传统金融存在显著差别。

目前，互联网金融在我国主要有第三方支付、供应链金融、众筹融资、电商小贷、信息化金融机构、互联网金融门户六种发展模式。这六种模式有各自产生的背景及其运营模式，对传统金融行业造成了不同程度的冲击。

互联网金融在弥补传统金融不足的同时，也存在法律风险、信用风险、技术风险、流动性风险。除了法律风险和信用风险以外，互联网金融下，融资者还面临欺诈风险、信用风险，投资者则还面临执行风险。互联网金融风险应从立法机关、监管机关、金融机构、投资者和融资者的角度出发进行全面防范。

本章中英文关键词

互联网金融(Internet Finance)
供应链金融(Supply Chain Finance)
电商小贷(Small Loans on E-business)
风险防范(Risk Prevention)
第三方支付(Third Party Payment)
众筹融资(Crowd Funding)
风险(Risk)

复习思考题

1. 谈谈你对互联网金融的理解。

2. 互联网金融的发展模式有哪些？

3. 互联网金融存在哪些风险？从立法机关、监管机关、金融机构、投融资者的视角出发谈如何防范互联网金融风险。

拓展与提升：课程思政点、案例及思考

本章课程思政元素索引

序号	教学内容	课程思政
1	互联网金融概念及特点	1. 金融科技与国家竞争力 2. 普惠金融与社会公平
2	互联网金融的主要模式	1. 创新驱动与经济发展 2. 金融安全与国家战略
3	互联网金融风险及其防范	1. 风险管理与个人责任 2. 法律意识与法治建设 3. 监管创新与市场秩序

课程思政案例一：

女青年与时俱进借助互联网创业

“半份红烧茄子，半份羊肉饺子，一份糖醋花生，网上付款成功。”每次收到这样的消息，李佳熙就会异常高兴。这是李佳熙创办的校园O2O服务平台“兔子快跑”，这个平台让消费者从手机上就能快速找到自己需要的物品，下单后9分钟就可送达。

李佳熙在2014年7月注册成立了青岛开元万通公共服务有限公司，并且还成为“互联网+”时代的创客达人。别看李佳熙的互联网生意做得风生水起，但在这之前，李佳熙和互联网没有任何关系。在一次拜访客户后她意识到利用互联网可以产生巨大的商业价值。最终李佳熙在互联网发展潮流的影响下，与时俱进，开启了互联网创业之路。创业后的短短数月，李佳熙的互联网项目销售总收入已经超过300万元。

(资料来源：于顺. 大胆女孩成创客达人 解决物流“最后一米”[N/OL]. 青岛早报. (2015—08—16). http://qingdao.dzwww.com/xinwen/qingdaonews/201508/t20150816_12913727.htm.)

请思考：

1. 李佳熙的成功创业案例，展示了互联网技术在商业领域中的巨大潜力和价值。请结合“互联网金融概念”的教学内容，分析李佳熙是如何利用互联网平台实现创业成功的？

2. 互联网金融的兴起，不仅改变了传统的金融业态，也为青年创业者提供了更多的机遇和挑战。请思考在互联网金融背景下，青年创业者应如何培养与时俱进的精神，准确把握时代特征，站在时代前列和实践前沿？

课程思政案例二：

个别第三方支付平台制度违规成诈骗新宠

2017 年 1 月 18 日，厦门市民苏女士到公安机关报案称，其账户的 377 万元被要求转入“安全账户”后发现被骗。诈骗分子最终将这笔资金通过第三方支付平台转移、取现。警方表示，诈骗分子转账的第三方支付平台总部在深圳、上海等地，要查询涉案账户、交易信息、资金流向等必须通过总部。由于案件频发，需要在第三方支付平台排队查询，常常错过了最佳查案时机，等到查出资金去向时，诈骗分子已经在境外将赃款取现。调查发现，该第三方支付平台管理制度不符合监管部门的规定，严重违规，为拓展市场，不落实账户、交易实名制，滥发 POS 机，这些都给诈骗分子可乘之机。

（资料来源：郑良. 第三方支付平台，咋成诈骗新宠[N]. 人民日报，2017—03—16(10).）

请思考：

1. 结合苏女士被骗的案例，分析第三方支付平台在互联网金融中的角色及其可能带来的风险。作为消费者，在使用第三方支付平台时，应如何增强自我保护意识，避免陷入诈骗陷阱？

2. 第三方支付平台的违规操作不仅损害了消费者的权益，也破坏了互联网金融的健康发展环境。请分析在互联网金融快速发展的背景下，如何强化第三方支付平台的监管，确保其遵守法律法规，维护金融市场的稳定和安全？

综合分析案例

京东金融

在金融领域几乎零基础的京东金融，通过以科技服务传统金融的战略定位，将母体电商生态链的金融价值最大化挖掘，仅用了四年就累积服务了 1.5 亿个人用户和 50 万家企业。

临近春节，海鲜电商——万聚鲜城运营者张羽（化名）的心情从来没有如此轻松过。往年这个时候，张羽都会被备货资金压得喘不过气。2017 年，已经获得“京小贷”授信贷款的张羽只需专心备货、销售，完全不用担心资金的问题。

成立于 2013 年 10 月的京东金融，似乎一直在飞速发展。京小贷、京东白条、京东小金库、京东众筹、动产融资、京农贷、京东行家……这些依托大数据、人工智能等科技手段诞生的金融产品，正在潜移默化地改变我们的消费、理财、贷款等经济行为。目前，京东金融累计为 800 万线上线下商户，3.6 亿个人用户提供支付和金融服务。建立起十大业务板块——企业金融、消费金融、财富管理、支付、众筹众创、保险、证券、农村金融、金融科技、海外事业，在公司金融和消费者金融领域进行双重布局。

一、解决小微企业的资金之痛

张羽经营的万聚鲜城网店是“京小贷”扶持的典型案例。

2014 年，中国的生鲜电商行业进入第一轮爆发期，张羽在管理超市的过程中发现这一商机，用 3 万元的启动资金在京东平台上开了一家海鲜网店——万聚鲜城。仅用了三年，万聚鲜城就实现了从3万元到千万元的飞跃,并借助2017年"6·18"电商大促销活动,一举冲进京东商城的生鲜类目前三甲。

很多小微企业在成长过程中都会遭遇规模升级导致资金链断裂之痛,万聚鲜城也不例外。随着万聚鲜城订货量大幅攀升,迫切需要建设符合业务规模的冷库设施。"冷库的升级不仅决定了对上游的议价能力,还决定了物流成本。我们刚开始物流(冷链、仓储)成本占到30%,几乎不赚钱,现在物流成本降低到20%,才开始赚钱。"生鲜电商的行业发展逼着张羽筹钱。

张羽在筹款的过程中发现,因为缺乏信用记录,也拿不出像样的抵押物,很难在传统银行贷到款。"没有房产等抵押物,银行根本不可能给我们提供贷款。而P2P等贷款方式利息太高,我们承担不了。"张羽说。

这时,京东金融专门为中小企业定制信用贷款的"京小贷"通过后台广告走进了张羽的视野,并帮助他走出了发展的瓶颈。尽管启动资金只有3万元,但凭借其良好的信用和稳定的流水,万聚鲜城已从京东金融的"京小贷"申请到累计900多万元的贷款。张羽建立了自己的冷库,扩大了备货规模,在海鲜电商的红利期率先奠定了竞争优势,成长为拥有千万元级销售额的明星卖家。张羽表示,"店铺销售越来越好,'京小贷'给予的贷款额度也越来越高,足以满足店铺升级的需求。"

"京小贷"是针对入驻京东开放平台的部分商家开放的信用贷款产品,并根据店铺的经营情况核定商家的可贷金额,最高额度为200万元,商家无需提供任何形式的抵押、担保,仅需在京东金融网站进行线上贷款申请操作及合同签署即可申请。

与传统银行贷款相比,"京小贷"具有全程线上操作、1秒放款、按日计息、随借随还等特质。这不仅为资金流动快的小微企业节省了开支,也能更好地帮助他们应对突发性资金需求。以万聚鲜城为例,在2017年"6·18"备货时,申请了30万元贷款,使用了90天,按照0.048%的日息,共需支付利息12 960元。而如果使用传统银行贷款,则必须付出一年的利息,以年化6%计算,利息为18 000元。

目前,"京小贷"实现了对京东体系内自营供应商和第三方商家的全覆盖,极大地改善了中小企业长期面临的融资难、融资成本高的处境。"京小贷2.0"通过与数十家外部平台合作,实现服务外部企业近千家,让更多的外部机构及京东生态圈外的企业客户享受到普惠金融服务。除了"京小贷",京东金融依托京东电商体系及合作公司所积累的大数据基础,相继推出京保贝、动产融资、企业金采、企业金库等针对公司客户的一体化金融服务,通过多重服务叠加的方式为客户盘活了供应链条上的各个环节,极大改善了中小微企业长期面临的融资难、融资成本高的问题。

二、严格把控风险

金融的本质离不开风控,小微企业贷款难是金融市场的顽疾,也是普惠金融重点解决的问题。而中小企业融资难的问题,主要源于国内金融市场的风险定价体系不完善。

不少小微企业经营状况良好,风险可控,完全可以提供融资服务。但在传统金融机构的抵押担保模式中,即便贷款给同一家企业,也必须每笔贷款逐一评估、确认。这对于金融企业来说,想要给小微企业进行风险评估,从而在众多小微企业中发现优质客户的成本太高了,相比之下,放款给大企业则简单得多。

为此,京东金融的消费金融搭建了一套底层风控和信用生态系统,每笔贷款的风险评估成本将会非常低。只要风险评估成本得到控制,用户哪怕是几百元甚至几十元的贷款需求,都可以得到满足。

创新往往和风险共生，在金融领域表现得尤为明显。京东金融的风控从登录环节就开始了，为了确保每一位用户的账户安全，京东金融建立了包括设备识别、人机识别、生物识别三大技术，以及异常登录模型和账户等级模型在内的全方位账户安全体系，用于判断当前登录可能产生的风险，判断当前用户的行为偏好等。以设备识别为例，京东金融会通过前后两个模块同时推进。前端，在客户登录的过程中，通过相应技术手段采集客户的设备环境，帮助生成客户识别的 ID。后端，通过机器学习等计算方法实现设备精准核算和判定，从而更好地进行风险控制和体验的增强。

另外，京东金融异常登录模型结合了前端收集的设备特征编码、生物信息 ID 与历史数据规律，在京东金融在线算法系统的支持下，可以在毫秒级时间内完成数百项数据的特征加工与模型计算，是用于保护用户安全的核心模型。

在提高京东金融风控能力方面，京东金融也运用了两个比较有代表性的算法。第一个是路径学习。该算法是通过判断正常用户和异常行为用户浏览点击的不同轨迹，以及他们对于页面产生的不同反应，来进行好坏用户的相应判断。第二个是关于京东金融基于大规模图计算的涉黑群体的挖掘技术，这也是一项京东金融已经申请专利的技术。京东金融可以通过一个突破点进行延伸，抓住很多隐蔽在背后的欺诈行为，提前预防并将欺诈等行为拦截在体系之外。

除对客户进行严格的风险控制，京东金融对于平台上的所有产品，也都会经过严格的专业把关，决不允许出现“浑水摸鱼”、伤害客户的产品，即使短期再赚钱，也坚决不做。为了保证平台产品质量和维护用户权益，京东金融还专门成立了产品审核委员会和用户权益保护委员会。

（资料来源：冯晓霞．京东金融领跑[J]. 光彩，2018(1)：46—49）

案例思考题：

1. 案例中的“京小贷”属于哪种互联网金融发展模式？具有哪些优点和局限性？
2. 如果你是一个创业者，你会选择“京小贷”来进行融资吗？为什么？

挑战性思维和深度思考指引

步入互联网金融的探索之旅，掌握基础理论及成功案例是基础，而锻炼预见性思考力与深化数据分析能力同样不可或缺。本部分推荐一系列优质研究资料，旨在帮助以多元化的视角洞察互联网金融的复杂面貌与广泛影响，进而激发批判性思考与金融决策智慧。所选文献均来源于中国知网官方网站(https://www.cnki.net/)。

思考题：

1. 谈谈怎样成为一个与时俱进的人？
2. 联系实际，谈谈遵纪守法有何意义？
3. 谈谈在实际生活中如何做到防微杜渐？

推荐阅读：

[1]刘宾. 基于区块链技术的互联网金融风险防范探究[J]. 会计之友，2024(19)：155—161.

[2]陈静. 区块链技术下互联网金融的风险演化及防范[J]. 宏观经济管理，2019(04)：76—84.

[3]周亮，刘黎一帆. 互联网金融背景下小微企业融资问题研究[J]. 会计之友，2020(12)：

43—47.

[4]宋华,韩思齐,刘文诣.数字技术如何构建供应链金融网络信任关系?[J].管理世界,2022,38(03):182—200.

[5]陆岷峰.企业数字化与数字供应链金融融合发展研究[J].会计之友,2022(22):2—9.

第五章　科技金融

【本章思维导图】

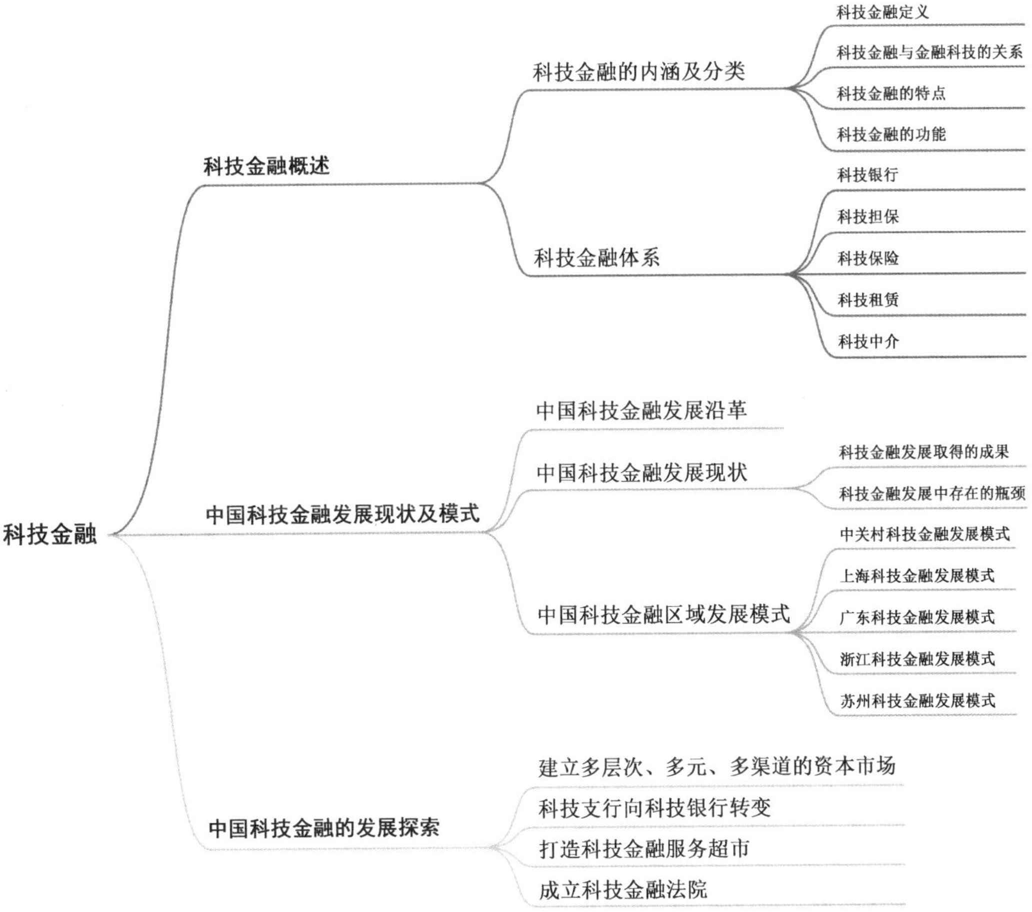

【引导案例】

20世纪80年代，世界新科技革命兴起，中国改革开放也取得了世界瞩目的成果，武汉东湖新技术开发区在这样的形势下诞生了。1991年，国务院批准武汉东湖国家自主创新示范区成为国家级高新技术开发区；2000年，科技部和外交部将东湖开发区批准为APEC科技工业园区；2001年，原国家计委、科技部批准武汉东湖开发区为国家光电子产业基地。

2007年之后，武汉东湖新技术开发区的科技金融进入繁荣期，特别是随着东湖高新区在2011年6月正式启动"资本特区"建设后，科技金融快速发展。科技金融工作整体实现平台化，科技金融工具多样化、丰富化，科技金融制度更加成熟，科技金融服务体系更加完善。

2007年，招商银行信用卡武汉营运中心落户光谷；香港汇丰银行在开发区建立分支机构，实现了境外金融机构在开发区零的突破。

2009年，企业上市融资创历史最高水平，开发区上市公司总数达到25个。全年共实现上市融资和再融资48.4亿元，企业资本市场融资总额累计达到180亿元。同时，中国光大银行、福彩中心、中国银行、农业银行、长江证券等10多个金融机构进行合作洽谈。

2011年，在"资本特区"组建之后，东湖高新区成为全国高新区科技支行最集中的区域，共聚集了21家银行分支机构和13家科技支行。同时也成为我国中部地区风险投资最活跃、最集中的区域，全年共吸收了200多家股权融资机构，资金累计超过200多亿元。

从东湖国家自主创新示范区科技金融的总体发展历程中可以看出，自东湖高新区组建以来，始终坚持"市场主导、政府引导"的基本原则，努力推动科技与金融的高效融合，以深化科技金融资源的聚集、融合和创新为基本目标，为科技型企业提供一站式、全方位、多层次的投融资服务，逐步形成"一主线、两市场、三创新"的科技金融发展格局：以金融支持科技创新发展为主线，充分发挥多层次资本和信贷市场的基础功能，实现政策体系、服务体系和科技金融产品创新。

（资料来源：刘巍．武汉东湖国家自主创新示范区科技金融创新与政策选择[D]．武汉：华中科技大学，2016．并结合公开资料编写）

案例启示与思考：

武汉东湖新技术开发区的发展不仅得益于良好的政策支撑环境以及人才培育环境，更得益于日趋完善的科技金融体系。正是科技与金融的联动最终成就了园区的蓬勃发展，且在科技与金融的持续创新演变过程中最终形成科技与金融间稳定的互动关系。因此，在全国范围内加快促进科技金融体系的建立与完善将对经济结构化调整、提高国家竞争力有重要战略指导意义。那么科技金融在我国的发展状况如何？其未来的发展方向又是怎样的呢？

【本章学习目标】

1. 加强学习者对科技金融概念、特点及功能的了解，培养科技创新意识。

2. 增强学习者对科技金融构成及其运行模式的认识，强化社会责任意识。

3. 培养学习者对我国典型的区域科技金融运行模式的分析能力。

4. 提高学习者对中国科技金融未来发展方向的分析和判断能力，树立前瞻性和战略性思维。

5. 培养学习者建立与国家"创新发展观"一致的融资工具创新意识，鼓励学习者勇于创新，积极实践，为推动金融科技的创新发展贡献力量。

第一节　科技金融概述

一、科技金融的内涵及分类

（一）科技金融定义

关于“科技金融”，如果翻阅国外的相关文献，无法查询到其对应的词汇或者定义，这是因为“科技金融”一词是在中国特定的发展背景下诞生的，其雏形源于改革开放以来财政、金融等支持科技发展的具体工具或政策等表现形式，因此，“科技金融”也仅仅是作为“科技与金融”的简称或“科技＋金融”结合的缩写出现，直至1994年中国科技金融促进会首届理事会对我国科技金融事业进行阐释，“科技金融”作为独立概念第一次较为正式地出现。同时，随着经济的迅速发展，科技金融逐渐形成为一个完整体系。正是由于科技金融的不断发展，其定义及范围也得到不断扩充和发展，这也导致其没有一个相对明确的定义。其中，包括以赵昌文为代表的学者所提出的科技金融定义趋向于从中观视角解释金融支持科技的功能，以及科技金融的工具属性与内涵；学者房汉廷更趋向于从中观和宏观视角强调科技金融也是一种创新活动以及科技金融的“技术—经济”和“经济—金融”范式内涵。表5－1列举了目前学术界具有代表性的观点。

表5－1　科技金融定义

赵昌文①	科技金融是促进科技开发、成果转化和高新技术产业发展的一系列金融工具、金融制度、金融政策与金融服务的系统性、创新性安排，是由科学和技术创新活动提供金融资源的政府、企业、市场、社会中介机构等各种主体及其在科技创新融资过程中的行为活动共同组成的一个体系，是国家科技创新体系和金融体系的重要组成部分。
李心丹、束兰根②	科技金融是金融资源供给者依托政府科技与金融结合的创新平台，通过对创新、保险、证券、担保及其他金融机构主体等金融资源进行全方位的整合创新，为科技型企业在整个生命周期中提供创新性、高效性、系统性的金融资源配置、金融产品设计和金融服务安排，以促进科技型企业对金融资源或资本需求的内生性优化，进而保障企业技术革新有效提升并推动整个高新产业链加速发展的一种金融业态。
房汉廷③	以培育高附加值产业，创造高薪就业岗位，提升经济整体竞争力为目标，促进技术资本、创新资本与企业家资本等创新要素深度融合和聚合的一种新经济范式。
《国家“十二五”科学和技术发展规划》	科技金融是指通过创新财政科技投入方式，引导和促进银行业、证券业、保险业金融机构及创业投资等各类资本，创新金融产品，改进服务模式，搭建服务平台，实现科技创新链条与金融资本链条的有机结合，为初创期到成熟期各发展阶段的科技企业提供融资支持和金融服务的一系列政策和制度的系统安排。

本书从科技金融体系运作以及科技与金融的深层次关系的角度，重新阐述科技金融的内涵，认为科技金融是通过创新金融投入的各种方式，改进金融服务模式，搭建金融服务平台，满足高科技企业的金融需求，提升其创新动力，达到科技创新链条和金融资本链条的有机结合的系列政策和制度安排。科技金融不是“科技＋金融”的简单模式，而是二者深度融合，以促进科

① 赵昌文．科技金融[M]．北京：科学出版社，2009．

② 李心丹，束兰根．科技金融：理论与实践[M]．南京：南京大学出版社，2013．

③ 房汉廷．关于科技金融理论、实践与政策的思考[J]．中国科技论坛，2010(11)：5—10．

技创新活动为目的，为科技型创业企业顺利成长提供资金支持和金融服务，以组织运用金融资本和社会资本投资于科技型企业为核心的一种新型金融类型。其核心在于整合金融资源和科技资源，支持科技企业的全生命周期发展，从初创期到成长期再到成熟期，提供多层次、多元化的金融服务。

（二）科技金融与金融科技的关系

实务中，金融科技和科技金融经常被等同于一个概念，但理论上，从二者发展目标、参与主体、实现方式等方面仔细区分，存在以下区别：

第一，落脚点不同。金融科技的落脚点是科技，具备为金融业务提供科技服务的基础设施属性。科技金融的落脚点是金融，即用以服务于科技创新的金融业态、服务、产品，是金融服务于实体经济的典型代表。

第二，发展目标不同。发展科技金融的目标在于利用金融的手段提高科技创新的整体效率。发展金融科技的目标在于以科技创新来促进金融服务的创新，以使金融服务更加便捷、高效、普惠。

第三，参与主体有差异。金融科技的主体是科技企业、互联网企业、偏技术的互联网金融企业为代表的技术驱动型企业。科技金融的主体是以传统金融机构、互联网金融、金融创新机构为代表的金融业。

第四，实现方式不同。实现金融科技创新的方式是技术的突破。实现科技金融创新的方式是金融产品的研发。

当然，在互联网时代，科技金融与金融科技存在一定程度的联系。本书认为，金融科技作为一种工具和基础设施，能够为提高科技金融体系运行效率提供有益助力；而科技金融体系的有效运行将显著促进金融科技的创新。两者虽然内涵不同，但是相互促进、共同发展，为我国经济发展以及创新体系建设添砖加瓦。

科技金融与金融科技联系之证券行业案例

（三）科技金融的特点

根据科技金融的内涵来看，其特征主要体现在：

1. 风险性

科技创新的具体过程被划分为三个阶段，包括基础性研究阶段、应用性研究阶段及技术开发研究阶段，每个阶段存在的风险特征如表 5－2 所示，相应地，科技金融则具有不同的风险性特点。

表 5－2　阶段性风险梳理

阶段	主要内容	标志成果	存在的障碍	主要风险	风险定义
技术开发	将基础科学转化为技术及工艺开发	实验室原型	研发资金需求大	技术风险	在创新的过程中必然会遇到技术突破上的困难
成果转化	针对实际目标进行开发性研究	商业原型	资金不足、产权归属问题、收益风险问题	技术风险	在创新的过程中必然会遇到技术突破上的困难
				市场风险	市场需求需要重新定位与开拓等原因导致新产品暂时难于被市场所接受
				政策风险	不符合国家或地区环保、能源、科技与外贸政策等

续表

阶段	主要内容	标志成果	存在的障碍	主要风险	风险定义
产业化	满足市场需求的规划性商品	标准化产品	资金需求大、资本退出机制	市场风险	市场需求需要重新定位与开拓等原因导致新产品暂时难以被市场所接受
				财务风险	无法达到股东的盈利预期，甚至盈利负增长

2. 高投入

科技创新需要大量的资金及研发人才的投入。科技研发投入主要是指在科技与金融结合的前期投入在企业及其他主体所从事的科技研发活动中的人力资本、物力成本和财力资源。金融资本的投入是在科技成果产业化过程中，对高新技术企业提供的资本支持。

3. 高回报

科技金融将从科技创新的过程中获得可观的收益。从宏观角度来看，科技金融会促进社会文明的进步及宏观经济的发展；从金融投入主体来看，科技金融也将从所服务与支撑的科技创新活动中获得高额的回报。

4. 一体化

首先是科技和金融的一体化，科技的发展增加了对于金融的需求，而金融的发展促进了科技的进步。其次是对科技型企业支持的一体化，科技金融涵盖了科技型企业在研发、生产与成果转化的全部过程，几乎包括了其生命周期的每个阶段。

（四）科技金融的功能

综上分析，科技金融的目的主要在于通过金融手段的实施和创新促进科技创新，在其产生、发展以及创新中发挥的各种功能可以概括为：

1. 持续创新

科技金融通过引导金融资源流入科技企业满足企业研发投入的需要，促进企业创新。同时，科技金融将各种金融资源进行重新组合，金融业需要不断创新金融产品，满足各阶段发展科技企业的资金需求，从而促进科技与金融的创新。科技金融与创新的关系如图 5－1 所示。

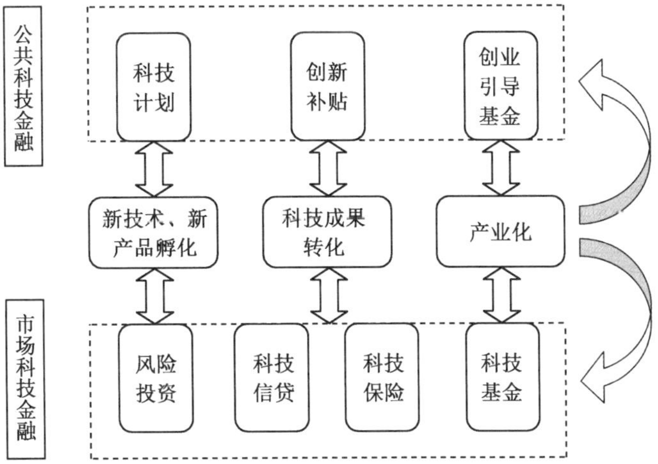

图 5－1　科技金融与创新互动关系

2. 集聚资源

科技金融不仅能带动科技资源与金融资本的集聚，还会促进其他资源及资本的聚集(如科技人才与金融人才等)。从投入产出角度来看，科技金融资源的汇集带来了大量资金、人才和技术，引导区域经济发展与人才引进，为区域带来巨大的经济利益与社会效益。

3. 促进创新型社会建设

科技的突破对社会发展的突出贡献即表现为对社会知识总量的贡献，而这种突破又进一步应用于人们的生产之中，与生产结合进一步促进创新型社会的发展。因此，科技金融的发展将整体推动区域、社会、国家的创新建设步伐，提高国家核心竞争力。

二、科技金融体系

科技金融的本质是一个多方资源服务体系，科技金融的主体包括政府、金融机构、投资者等资源主体，从事知识创新、技术创新及其产业化的企业、高校和科研院所等各创新主体，以及科技中介等相关服务机构组成的服务主体。各主体之间相互依赖相互影响，其中：各创新主体是资金需求方，通过在资本市场上实现融资需求满足企业未来发展需要；金融资源主体是资金供给方，并通过投资行为实现资本增值目的。除此之外，科技金融服务机构在其中作为媒介桥梁，一方面可以缩小由于双方信息不对称而引起的风险，另一方面还能为创新主体提供担保、保险、融资租赁等服务。

(1)科技银行。国内把专为高科技企业提供融资服务的银行机构定义为“科技银行”。科技银行不同于传统的商业银行之处有：一是贷款客户不同。前者主要为科技型企业提供贷款，而后者的范围更大。二是贷款依据不同。科技银行在判断客户是否具有可贷性主要依据是科技企业的发展前景和目前的专利情况、创业团队等，界定标准类似于风险投资。而商业银行主要依据融资企业的流动性、安全性和效益性来发放贷款。

(2)科技担保。担保机构承诺以第三方的身份利用自身的信用或特定的资产为处于初创期或成长期科技型企业融资需求提供担保。科技担保明确当被担保人(科技型企业)无力履行合同或支付相关债务时由担保机构代被担保人先行履行责任。科技担保的服务对象是科技型企业，尤其是处于初创期和成长期的科技型企业；科技担保方为资金需求方提供担保服务，同时资金需求方为担保方提供报酬。

(3)科技保险。科技保险是运用保险作为分散风险的手段，对科技企业或研发机构在研发、生产、销售、售后以及其他经营管理活动中，因各类现实面临的风险而导致科技企业或研发机构的财产损失、利润损失或科研经费损失等，以及其对股东、雇员或第三者的财产或人身造成现实伤害而应承担的各种民事赔偿责任，由保险公司给予保险赔偿或给付保险金的保险保障方式。科技保险机构为资金需求方提供保险服务，同时资金需求方向保险机构支付报酬。

(4)科技租赁。租赁公司专注于为科技型企业提供高效金融服务及设备租赁的科技金融模式。此模式的优点在于创新租赁产品及服务，在传统直接租赁和售后回租的基础上，研发出集群租赁、风险租赁、并购租赁、项目租赁系列特色产品及服务，增强科技型企业内生动力，降低客户直接融资成本。科技租赁机构为资金需求方提供租赁服务，同时资金需求方向租赁机构支付租金。

(5)科技中介。科技金融运作过程中为科技创新主体提供社会化、专业化服务以支撑和促进创新活动的机构。它面向社会开展技术扩散、成果转化、科技评估、创新资源配置、创新决策和管理咨询等专业化服务，对政策、各类创新主体与市场之间的知识流动和技术转移发挥着关键性的促进作用，能够有效降低创新成本、化解创新风险、加快科技成果转化、提高整体创新功效。科技中介机构为资金需求方提供中介服务，同时资金需求方向中介机构支付中介费。

除以上主体外，政府、资本市场、风投机构等在科技金融体系中发挥各自的功能，形成如图5—2所示的科技金融体系。

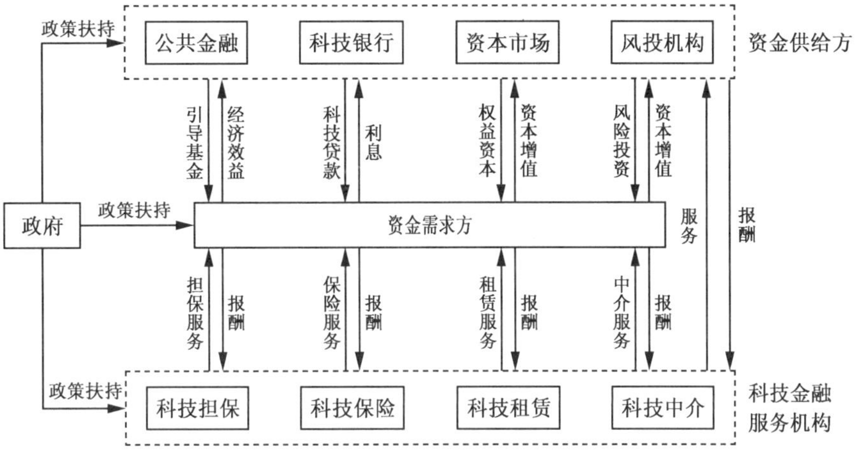

图5—2　科技金融体系

第二节　中国科技金融发展现状及模式

一、中国科技金融发展沿革

我国科技金融的发展主要分为三个阶段。关于科技金融发展的时间轴如图5—3所示。

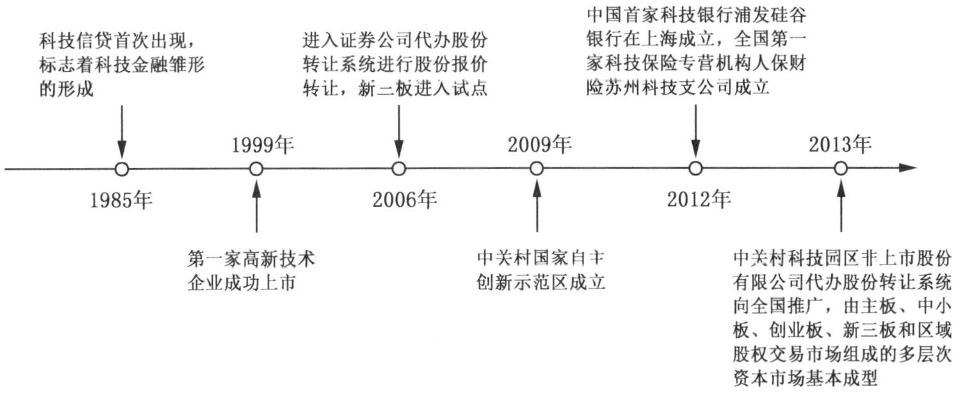

图5—3　科技金融发展大事件梳理

第一阶段(1985—1998年)，以科技信贷为主的科技金融体系发展初步阶段。

1985年，在《中共中央关于科学技术体制改革的决定》中，明确要求要"广开经费来源，鼓励部门、企业和社会集团向科学技术投资”，“银行要积极开展科学技术信贷业务，并对科学技术经费的使用进行监督管理”。这一阶段主要特征表现为以银行信贷为主导的科技金融工具——科技开发贷款。1985—1996 年，工商银行、农业银行、中国银行、建设银行、交通银行五大国有银行累计发放科技开发贷款 700 多亿元，支持了近 7 万个科技开发项目，联想、海尔、华为、远大、同方这些企业都是靠科技贷款完成了技术资本化和产业规模化。

第二阶段（1999—2006 年），科技创新工具开始萌芽的科技金融探索阶段。

1999 年我国第一家高新技术企业成功上市融资，资本市场开始向科技发展敞开了大门。在这一阶段，深圳证券交易所将二板市场定名为创业板市场，并于 2004 年推出中小企业板，2006 年中关村科技园区非上市股份有限公司进入证券公司代办股份转让系统进行股份报价转让试点，“新三板”建立。这不仅是我国单一层次资本市场向多层次资本市场体系迈出的重要一步，也表明了针对高新技术企业发展的资本市场正逐步走向完善①。

第三阶段（2007 年至今），科技金融工具全面泛化、科技金融进入系统化制度建设的快速发展阶段。

该阶段科技金融已经成为创新驱动发展的“牛鼻子”，政府资源配置、市场资源引导、创新创业，无不需要科技金融唱主角，科技金融成为科技部门和金融部门共同的事业。

财税政策、金融政策、科技政策都从不同侧面对科技金融发展给予了关注和支持。在决策层，科技部与中国人民银行、中国银保监会（现国家金融监管总局）、中国证监会建立了部行（会）合作机制；在运作层，科技部与开发银行、进出口银行、农发行、中行、农行、光大银行、招行、中信等金融机构建立了合作关系，科技金融结合工作已纳入国家技术创新工程；在操作层，地方政府、金融机构、企业进行了大量的创新实践，在政策与实践结合方面已经有了很好的尝试和突破。

科技金融工具不断创新，涵盖银行信贷、资本市场、保险、担保、创业投资等多个层面。信贷方面出现了科技贷款风险补偿基金、贷款贴息、知识产权质押贷款、商业银行科技支行、科技小额贷款公司等；资本市场推出了中关村股权代办交易系统、创业板市场、科创板市场等；围绕科技投融资服务，建立了各类创业投资引导基金、科技担保公司、各类科技金融服务平台等②。

二、中国科技金融发展现状

目前我国科技金融发展处于市场的无形之手与政府的有形之手分工越来越清晰的阶段。创新主体不仅重视科技成果的转化，并且开始注重其经济效益与社会效益。

（一）科技金融发展取得的成果

1. 财政支持力度不断加大

统计显示，2018 年至 2023 年，财政科技支出从 8 327 亿元增长到 10 567 亿元。2024 年，中央本级科技支出预算安排 3 708.28 亿元，下达中央引导地方科技发展资金 59.92 亿元，同时央行设立了 5 000 亿元的科技创新和技术改造再贷款项目，旨在支持和引导各地落实国家创新驱动发展战略和科技改革发展政策。

2. 多层次资本市场不断完善

满足不同资金需求的资本市场日益完善，由主板、创业板、新三板、科创板和区域股权交易

---

① 李利明，曾人雄．1979—2006：中国金融大变革[M]．上海：上海人民出版社，2007.

② 房汉廷．中国科技金融发展未来之像[J]．科技与金融，2023(05)：3－7.

市场组成的多层次资本市场基本成型。主板突出“大盘蓝筹”特色，发挥对大型、成熟科技企业的支持作用，科创板坚守“硬科技”定位，创业板致力于服务成长型创新创业企业，新三板成为服务创新型中小企业的主阵地，区域性股权市场服务地方性科技企业，培育规范科技型企业。

3. 银行信贷产品体系逐渐完善

随着科技型企业对资金需求的多样化和个性化要求增加，国有大中型银行在信贷产品设计和创新上不断进步，逐渐完善了覆盖科技型企业全生命周期的信贷产品体系，满足企业在初创、成长、成熟等不同阶段的资金需求。

4. 创新金融工具不断推出

科技保险不断取得新突破。截至 2023 年底，政策性科技保险为科技活动主体提供风险保障逾 7 万亿元，保单数量为 3.8 亿件，已支付赔款 138 亿元，有效地支持了科技企业的正常运转。知识产权质押融资有效缓解融资担保难题。截至 2023 年底，知识产权质押融资规模接近 9 000 亿元，相较前一年的数据几近翻倍，连续四年增速超 40%，呈现高速增长趋势。科创债提供更多融资选择。2021—2023 年及 2024 年 1—8 月，科创债发行额分别为 166.60 亿元、2 605.14 亿元、7 700 亿元和 7 997.08 亿元[①]。

5. 科技金融服务平台更加完善

科技金融服务成为现代服务业发展的新兴业态。杭州、苏州、武汉等开发了科技型中小微企业数据库。北京、上海、江苏、浙江创新开展科技企业信用体系建设、科技金融专员服务和科技金融服务热线等。中关村科技园区实施瞪羚计划，将信用评价、政府资助和企业融资相结合。

6. 各地因地制宜，种类丰富的科技金融模式涌现

各地政府因地制宜探索本土科技金融模式，其中较为瞩目的有以支持金融科技企业联合金融机构开展人工智能、大数据、互联技术、分布式技术、安全技术等底层关键技术创新为目标的“中关村模式”，以全国首创“小企业集合信托债券基金”闻名的“西湖模式”，以良好的资本环境为依托、优异的科技金融服务联盟为特色的“上海张江模式”，以及以高校及科研院所科技人才资源为依托的“光谷模式”。

（二）科技金融发展中存在的瓶颈

在总结已有成果的同时，我国的科技金融发展中存在的瓶颈也不容忽视。主要体现在：

1. 地方实践模式纷纭，理论探索欠缺

自 2006 年伊始，我国各部委相继推出一系列科技发展规划，积极推进科技金融发展。同时，各地区在财政拨付基础上吸引民间资本组建风险投资基金，并综合使用优先股、期权等金融工具改变科技担保企业所面临的高风险而低收益的尴尬境遇[②]。然而，在各地区纷纷展开科技金融创新活动时，对科技金融的理论性研究不足，且大多是停留在对实践经验的总结或只是对科技金融的概括性描述。因此，理论研究的不足使我们在科技金融发展道路上障碍重重。

2. 科技金融环境羸弱，科技中介管理亟须加强

值得注意的是，政府以及相关部门高度重视我国科技金融的发展，制定大量的法律、法规、政策为科技金融的发展保驾护航。然而，由于我国体制以及经济发展的客观原因，资本环境相对而言属于半强式有效。这意味着我国资本市场还不成熟，虽然创业板、新三板、科创板的问

① 数据来源：Wind 数据库。

② 张明喜，魏世杰，朱欣乐．科技金融：从概念到理论体系构建[J]．中国软科学，2018，328(04)：36－47.

世为我国高新技术企业的发展提供契机,但是资本市场固有的问题将导致这一系列举措无法得到满意的结果。同时,中介服务体系乱象丛生,部分中介机构对其定位模糊,信息不对称问题仍然较为严重。

3. 科技资源匮乏,科技成果转化率低

科技研发积极性不够将直接导致科技创新率低。实际数据表明,我国科技研发的成果大多弃置在科研院所或科技开发者手中,成果转化率普遍不足20%,这一方面是由于科技成果本身不具有创新性,另一方面是由于信息不对称,科技成果持有者找不到合适的融资渠道。大量具有未来发展潜力的技术找不到合适的转化通道,导致科技金融发展受阻。

4. 耐心资本不足,科技企业发展受限

在当前的金融环境中,短期收益驱动的资本容易忽视高风险、高不确定性的科技创新领域。不少投资者和金融机构更关注短期收益,而忽视长期价值,导致许多高风险、长周期的科技企业难以获得足够的融资支持。这就需要引导专注于长期投资的耐心资本注入科技金融领域。截至2023年底,我国的耐心资本规模超过54万亿元,同期社会融资规模存量为378.09万亿元,耐心资本占比约为14.28%[①]。过往3年,该比例基本保持不变。耐心资本不足,在一级市场,金融资金向资本转化不足,在二级市场,耐心资本稀缺表现为长线资金不足。

三、中国科技金融区域发展模式

科技金融发展受到多方面因素的影响,包括各地政府的政策和支持力度、金融机构的性质和对待科技企业的态度以及科技成果绩效和转化等,因此,每个地区科技金融发展模式也不尽相同。目前来看,全国范围内比较有特色的科技金融发展模式主要有:

(一)中关村科技金融发展模式

北京中关村积极响应国家号召,已形成"一个基础、一个平台、六项机制"的科技金融模式[②](如图5-4所示)。其中:"一个基础"是指企业信用体系,在获取信息方面中关村选择通过信用评级机构制定信用调查表,对企业信用进行审核和评价。"一个平台"指科技金融综合服务平台,通过提供科技投资服务产品、科技担保服务产品、信贷服务产品,搭建小微企业信贷融资绿色通道、科技企业信用体系,完成科技金融专项委托工作及相关工作。"六项机制"指技术与资本高效对接保障机制,包括风险补偿机制、信用激励机制、以股权投资为核心的投保贷联动机制、银政企多方合作机制、分阶段连续支持机制以及市场选择聚焦重点机制。经过多年对科技金融的摸索,中关村如今已经探索出独特的政府、金融机构、信用中介机构和企业等多方合作的中关村科技金融模式,并取得了很大的成效,成为我国科技金融发展的风向标。为宣传政策和深度搭建科技金融以及科技成果转化的平台,中关村示范区科技金融综合服务平台创建了《中关村科技金融》期刊。

(二)上海科技金融发展模式

作为我国的经济中心和模范城市,上海市的金融业发展成效显著,在施行科技金融上奠定了很好的基础。已经形成了以科技信贷体系为特色的"4+1+1"的科技金融模式[③](如图5-5所示),即"四大功能板块"(科技信贷、资本市场、股权投资和科技保险)、"一个平台"(科技金融

---

① 数据来源:Wind数据库。

② 胡奕馨.北京中关村科技金融生态圈模式建设及启示[J].中小企业管理与科技(中旬刊),2017(11):64-65.

③ 张明喜,赵秀梅.科技金融中心的内涵、功能及上海实践[J].科学管理研究,2016(4):101-105.

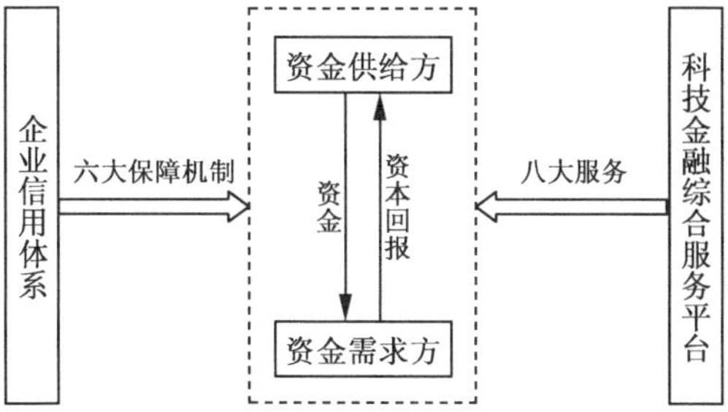

图 5—4　中关村科技金融发展模式

服务平台)和"一个保障体系"(科技金融支撑条件保障体系)。模式中保障体系主要提供"3+X"科技信贷产品,其中:"3"是指微贷通、履约保和信用贷;"X"是指融资租赁、出口信用保险融资、知识产权等产品。上海浦东发展银行学习借鉴美国的经验,并根据实际情况去寻找出一条适合自身发展的科技金融银行发展模式,推出了科技小巨人信用贷产品,实现了科技信贷的创新。

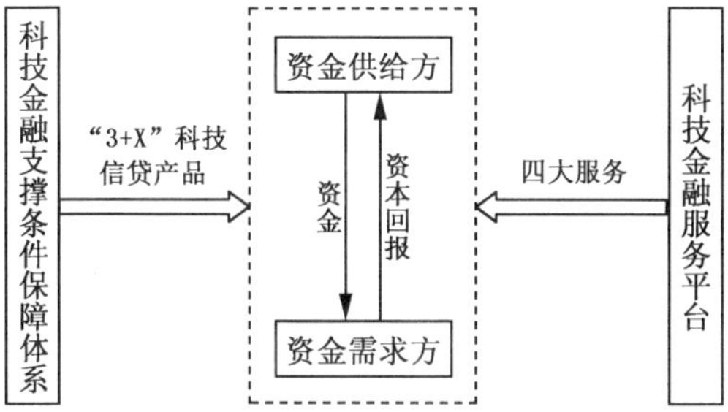

图 5—5　上海科技金融发展模式

(三)广东科技金融发展模式

广东省"广佛莞"地区一直致力于推动科技金融的无缝结合,形成了独特的科技金融模式,该模式的亮点主要在于两大平台、三大引导机制和多方力量的协同合力(如图 5—6 所示)。两个平台是指科技金融综合服务平台和政策性科技金融平台,为科技金融发展提供了强有力的后盾。三个引导机制包括科技信贷、科技风险投资以及多层次资本市场。多方力量主要集中了科技厅、银监局和保监局(现国家金融监管总局广东监管局)等多方部门的政策支持。广州市创新性地建立两大引导基金——中小企业信贷风险补偿基金与创新创业种子基金,打造出比较有地区特色的"广佛莞"模式[①]。

(四)浙江科技金融发展模式

浙江科技金融模式主要特点是满足了处于不同阶段科技型企业的需求,缓解了科技型企业融资难等问题。图 5—7 中,该模式通过三大引导机制(创投引导基金、科技银行、科技担保)的共同作用[②],调整政府投入方式,还引进了多个金融中介,例如咨询公司、会计师事务所等,

① 拓晓瑞,徐久香．广东省科技金融结合的发展历程与创新实践研究[J]．科技管理研究,2017,37(24):98—104.

② 谢乔昕,王斐波．浙江省科技创新与金融协同效应研究[J]．技术与创新管理,2016,37(3):250—255.

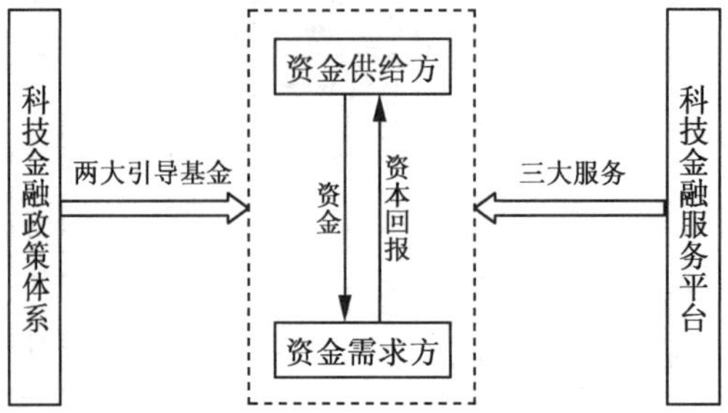

图 5—6　广东科技金融发展模式

为处于各阶段的企业提供独特的金融服务,为发展科技金融提供绿色通道,为处于各阶段的科技型企业提供一站式服务。

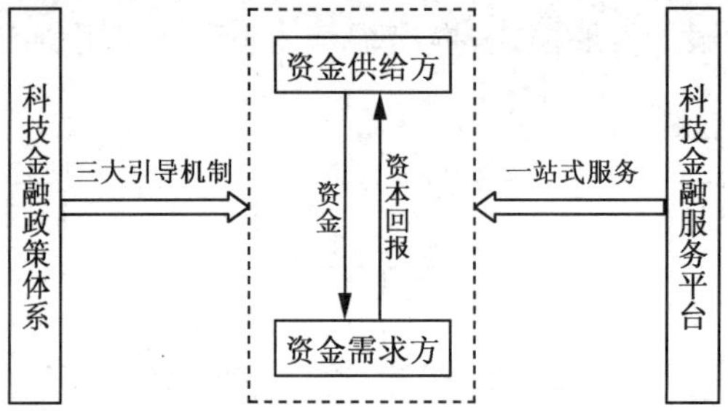

图 5—7　浙江科技金融发展模式

(五)苏州科技金融发展模式

苏州市已构建了一个以“政府+商业银行+担保公司+保险公司+创投机构”多方共担风险的“苏州模式”(如图 5—8 所示)①。该模式主要通过两大保险机制(人保科技支公司、科技保险共保体)以及“互联网+”科技金融服务,为科技金融主体提供保险服务,保障科技金融运行的各个环节能够快速响应与联动,通过实体平台和网上平台相结合的方式,打造科技型企业与金融机构的有效对接和完善的苏州科技金融模式,实现政府、企业、金融机构和中介共赢,推动苏州市科技金融发展。

第三节　中国科技金融的发展探索

基于对我国科技金融发展阶段的梳理以及科技金融发展现状的分析,我国科技金融未来发展应进一步以市场化改革为大方向和主基调,着眼科技金融需求结构的重大变迁,前瞻性地设计好改革的目标、路径和措施。

① 殷贵梅. 多方共担风险的科技金融苏州模式研究[J]. 金融纵横,2016(7):77—82.

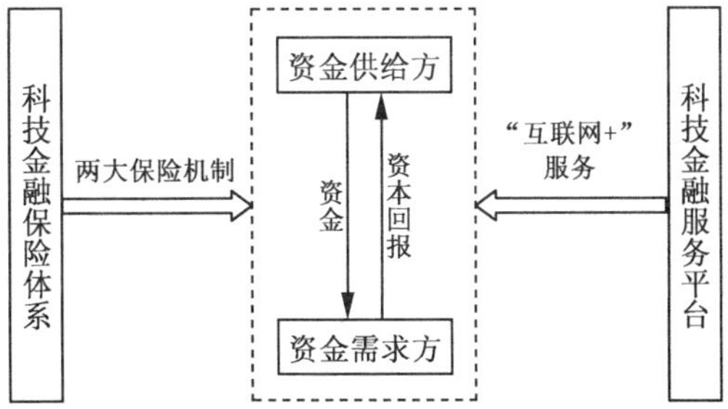

图 5－8　苏州科技金融发展模式

一、建立多层次、多元、多渠道的资本市场

我国科技金融的发展历程在一定程度上也是资本市场的发展轨迹。近年来我国政府为了加快高新技术产业的发展，针对资本市场进行了一系列的改革和发展，不断推出新的措施和政策。但是，目前的科技资本市场结构下，高新技术企业的融资需求仍不能得到满足，其原因之一就是资本市场的结构没有很好满足高新技术企业的发展。因此，需要随着科技和经济发展，动态构建、调整和完善多层次、多元、多渠道资本市场。其中，进一步推动区域性股权交易市场建设和完善在一定程度上更好地与中小型科技型企业的融资需求形成匹配。同时，在现有人民银行征信体系基础上，进一步扩大和强化对科技型企业征信体系建设，尤其是推动跨部门的信息共享，将科技、税务、工商、法院、工信、商务、财政等部门掌握的信息及时联网共享，更全面反映企业发展信息，推动科技企业融资和相关市场建设。

2020 年，科技部火炬高技术产业开发中心（以下简称火炬中心）推出的科技金融新型政策工具——企业创新积分制，是我国基于多部门联动和信息共享推出的精准支持科技型企业的金融产品。依托科技、税务、人社、发改、工信、市场监管等多部门共享信息，火炬中心组织行业专家共同研究制定了 18 项核心指标，运用数字化技术手段对企业精准画像、精准滴灌、精准培育，建立起一座科技与金融融通互信的桥梁，破解科技企业融资难题。截至 2023 年底，实施"创新积分制"的试点高新区已达 133 家，其中包括 101 家国家高新区和 32 家省级高新区，覆盖全国 25 个省份，积分企业超过 7 万家，实现精准授信超 2 000 亿元。

二、科技支行向科技银行转变

我国科技银行目前主要以商业银行的科技支行形式存在。采取典型的"政府推荐＋指定机构担保＋科技支行提供贷款"的运作模式，收益模式单一。在我国科技支行向科技银行转变的过程中，未来理想的模式应当是创建具有独立法人资格的科技银行运营模式，实现经营独立、管理独立。根据我国金融发展基础和趋势，发展模式的转变应当采取"双轨制"的模式，即以现有的科技支行模式为基础，在条件合适的地区大胆创新，推行具有独立法人资格的科技银行模式，逐步实现科技支行向科技银行模式的转变。

随着我国金融体制改革的不断深入进行，我国科技支行向科技银行转变的内外部条件日趋成熟。一是高新技术产业发展迅速。由于高新技术企业具有风险大、盈利不确定等特征，从传统的融资渠道难以获得足够的发展资金。而科技银行要在促进科技金融发展中发挥重要作用，必须突破现有经营模式上的限制，向具有独立法人资格的科技银行模式转变。二是科技与金融的融合进一步加速。当前市场机制并没有充分考虑高新技术产业的发展特征，导致与科技资源相配置的金融并没有实现最大的效率。而当前我国科技资源的市场化需求又对金融资源提出了更大的需求，要实现科技资源与金融资源的有效配置，科技银行发展模式必须转变以满足科技与金融不断融合的要求。三是对风险管理要求在提高。如何在经营过程中有效地控制风险，是保证科技银行能够实现可持续性发展的保证。在经营过程中面临较大风险的情形下，避险的需求迫使科技支行向科技银行转变。

三、打造科技金融服务超市

打造科技金融服务超市，整合多种金融资源和服务，专门为科技型企业提供全方位金融支持，帮助科技企业解决融资难、信息不对称等问题，促进科技成果转化。

科技金融服务超市具有多样性、便携性、实惠性、安全性四大服务特点，与科技企业的组织特点、融资需求以及发展前景形成很好的匹配度。将超市理念融入科技金融服务，为不同发展阶段的科技企业提供多样、便携、实惠、安全的金融服务将是未来科技金融服务机构的发展方向。因为科技金融服务超市不仅能使众多中小科技企业及时准确地了解国家对科技型企业的融资支持政策，也能提供其他融资信息和渠道，同时也使资金供给者选择到合适投资对象，促进科技型企业和投融资产业的快速对接。

四、成立科技金融法院

金融案件标的额高、专业性强、权责关系复杂。为提升司法体系金融争端解决的专业能力和效率，2018 年 8 月，我国首家金融法院——上海金融法院正式成立。成立以来，上海金融法院首创大宗股票司法执行机制，审结大量涉金融借款、融资租赁、证券期货等金融案件，并审理了多起具有示范性的全国首例案件，展现出专业审判的强大法治动力。继上海金融法院之后，我国陆续在北京设立第二家金融法院，在重庆设立第三家金融法院。

目前中国尚未成立专门的“科技金融法院”，但金融法院的设立及其在金融领域的专业化审判实践，为科技金融法院的潜在设立提供了有益的参考和借鉴。未来，随着科技金融的不断发展，科技金融案件的数量和复杂性可能会进一步增加。因此，成立专门的科技金融法院，以应对这一挑战，提升科技金融审判的专业性和独立性，将是一个值得考虑的方向。

本章小结

科技金融是通过创新金融投入的各种方式，改进金融服务模式，搭建金融服务平台，满足高科技企业的金融需求，提升其创新动力，达到科技创新链条和金融资本链条的有机结合的系列政策和制度安排。与其他融资方式相比，科技金融具有明显的特点。在我国不同地区也形成了具有区域特点的发展模式，但是仍然不能满足不同类型、不同发展阶段的科技型企业的融资需求，需要在资本市场、银行职能转变以及服务平台等多方面进行不断探索。

本章中英文关键词

科技金融（Science and Technology Finance） 科技银行（Technology Bank）
科技担保（Technology Guarantee） 科技保险（Technology Insurance）

科技租赁(Technology Lease)　　科技服务(Technology Service)
科创板(STAR Market)
科技成果转化(Transformation of Scientific and Technological Achievements)

复习思考题

1. 什么是科技金融？其作用和意义是什么？
2. 我国目前科技金融发展中存在的主要问题和原因是什么？
3. 比较分析我国区域科技金融发展的特点。列举其他地区的发展模式并提出其优点。

拓展与提升：课程思政点、案例及思考

本章课程思政元素索引

序号	教学内容	课程思政
1	科技金融定义	事物的联系与发展
2	中国科技金融区域发展模式	创新驱动发展，科技铸就强国
3	我国科技金融未来发展方向的探索	迎难而上，勇于探索

课程思政案例一：

中国银行高度重视金融服务科技创新，将“科技金融”作为集团“八大金融”发展重点之一，取得了一系列重要成果。截至目前，中行对各类科技型企业的贷款支持超过1万亿元，有序推进科创母基金筹设工作，为国家重大科技创新平台提供金融服务，有力支持国家战略科技力量。2021年以来，科技部与中国银行签署了《助力创新驱动高质量发展战略合作协议》，积极探索政银合作新机制新模式，促进形成更加完善的科技金融服务体系，为科技强国建设提供有力支撑。

根据科技部与中国银行签署的《助力创新驱动高质量发展战略合作协议》，2022年3月，火炬中心与中国银行共同启动开展科技金融“一体两翼”助力企业创新能力提升行动，积极探索政银合作新机制新模式，促进形成更加完善的科技金融服务体系，支撑高水平科技自立自强和经济高质量发展。为促进缓解科技企业“轻资产、难抵押”的融资难题，双方联合开发了中银—火炬“创新积分贷”。

中银—火炬“创新积分贷”是科技部与中国银行战略合作的标志性成果，建立了一套适应科技企业特点的全新信贷模型，在引领科技金融产品创新方面作出示范和表率。在新时代，中国银行将加快转变思路，加大创新力度，积极探索科技金融服务全新模式，推动国家科技创新发展。

思考：

以金融支持科技创新对国家发展的必要性体现在何处？

课程思政案例二：

1746年，一位英国学者在波士顿利用玻璃管和莱顿瓶表演了电学实验。富兰克林被深深地吸引住了。随后富兰克林开始了电学的研究。在18世纪以前，人们还不能正确地认识雷电

到底是什么。富兰克林经过反复思考，他断定雷电也是一种放电现象，它和在实验室产生的电在本质上是一样的。他写了一篇论文《论天空闪电和我们的电气相同》，并通过在雷雨天做实验证明了天上和人间的电是同一种东西的假说，这使富兰克林在全世界科学界的名声大振。

1753 年，俄国著名电学家利赫曼为了验证富兰克林的实验，不幸被雷电击死，这是做电实验的第一个牺牲者。血的代价，使许多人因此退缩。但在死亡面前，富兰克林从没退缩，正是凭借这种求知和探索精神，富兰克林最终制成了实用的避雷针。避雷针相继传到英国、德国、法国，最后普及世界各地。

思考：

富兰克林通过长久的探索实践最终发明避雷针的故事，带给你怎样的启发？我国在探索科技金融未来发展方向时，有哪些其他值得探索的方向？

综合分析案例

张江高新区——科技金融铸就创新高地

2023 年，上海市印发《推进张江高新区改革创新发展建设世界领先科技园区的若干意见》，为张江高新区未来的发展描绘了清晰的蓝图，以更灵活的体制机制和科学的资源配置，推动其加速迈向全球科技高地。在中国建设全球科技创新中心的伟大进程中，张江高新区如同一艘领航的旗舰，以其独特的科技金融生态系统，引领着全国乃至全球的创新风潮。作为这一体系的核心力量，徐汇区凭借领先的政策布局和深厚的科研积淀，为张江高新区迈向全球领先科技创新高地提供了强劲的科创金融生态支持。在众多创新实践中，张江高科为“895 创业营”量身打造的保险“科创 E 保”和徐汇区为科技型企业打造的科创金融综合服务平台“模速空间”，无疑是张江高新区科技金融具体实践的典型案例。

一、“科创 E 保”：首款真正意义上的“创业保障保险”

据悉，“科创 E 保”是由太平洋保险联合上海龙头科创扶持企业——上海张江高科技园区开发股份有限公司（下称“张江高科”），推出的国内首款真正意义上的“创业保障保险”，它聚焦于初创期的科技企业，为创始人在创业过程中的相关费用提供补偿，运用金融手段为有潜力的科技企业创始人实践“大众创业、万众创新”保驾护航。

《中国经济周刊》记者了解到，“科创 E 保”主要是为了张江高科“895 创业营”量身打造的一个创新的保险险种。其创新点主要在于：

一是聚焦创业者，该产品的被保险人为“拥有控股权的企业创始人或联合创始人”；

二是保障范围广，不管是遭受意外事故还是出现经营不善，只要企业在保险期间内终止经营且被注销，作为创业者的被保险人均可获得费用损失补偿；

三是操作简便，联合张江高科专业力量在前期对企业进行风险评估，一旦保险事故发生，保险人将在第一时间为创业者提供费用补偿，不仅避免了创业失败可能带来的生活无着，而且为被保险人快速走出阴影、二次创业提供了物质基础。

不仅仅创新，而且很贴心。“科创 E 保”真正抓住了创业者们的痛点，最大程度体现了保险灵活机动的特点。可以说，这是国内首个真正意义上的“创业险”。众所周知，创业有风险，但经济活动却又依赖于创业活动的活跃。因此，这款保险的推出，可以说不仅仅填补了国内的空白，更为国内扶植创业发展提供了重要的新思路和新工具。

据介绍，以往市场上的“创业保险”一直局限于因自然灾害、意外事故造成人伤财损等传统保障领域，与创业者在起步阶段的特殊保障需求有一定差异。此次，太平洋保险联合张江高科深入了解科技企业及创始人在企业孵化阶段的实际需求，打破传统保险产品局限，创造性地对企业创始人在创业过程中的费用提供保障，具有“直接聚焦创业者”、操作便捷、保障范围广等特点。该险种的正式推出，既是保险公司促进科技金融服务创新，支持上海科技创新中心建设的真正体现，也是与张江高科强强联合的结果。未来在张江高科专业力量的全力支持下，保险将更好地发挥其服务企业、服务民生的管理保障职能，让张江的创业者们真正感受到“保险，让创业更美好”。

二、模速空间：融合科技与金融的动力源

作为徐汇区为科技型企业打造的科创金融综合服务平台，模速空间通过提供全方位的金融和资源服务，成为众多企业通往资本市场的桥梁，特别是在人工智能（AI）领域的布局上，模速空间更是扮演了关键角色。

近年来，随着AI大模型技术的迅速发展，模速空间凭借其独特的平台优势，吸引了百家大模型企业入驻，成为这一领域的重要集聚地。这些企业覆盖了自然语言处理（NLP）、计算机视觉、生成式人工智能等多个前沿领域。模速空间通过集聚这些创新力量，不仅促进了技术交流，还推动了AI产业链的完善与发展，致力于成为推动AI产业“核爆点”转型的重要引擎。

模速空间并非传统的融资平台，它不仅提供资金支持，还通过与金融机构、风险投资和科技服务平台的联动，形成了一条从种子期到成熟期的全生命周期金融支持链条。一位负责人介绍：“模速空间不仅提供了资金上的支持，更为企业搭建了从技术研发到商业化的资源整合平台，帮助企业少走了很多弯路。”

模速空间还通过定期举办技术交流会和行业峰会，为大模型企业搭建合作与交流的桥梁。许多前沿科技的开发者和企业家在此齐聚一堂，讨论AI技术的发展趋势，探索新的应用场景。这种开放的合作环境，不仅激发了创新思维，也为企业在商业化道路上提供了更多机遇。

在谈及未来时，创办者指出，将继续集中资源，促进更多优秀AI企业的聚集。同时，模速空间还计划通过科技孵化器和投资基金的形式支持初创企业的发展。这一系列举措表明，模速空间不仅仅是一个企业汇聚的平台，更是一个推动产业变革的重要引擎。

（资料来源：宋杰. 上海自贸区发布首批科技金融创新案例 张江高科“科创E保”入选 是国内首个真正意义上的“创业险”[J]. 中国经济周刊，2015(49)：38—39.）

案例思考题：

“科创E保”作为一款创业保险，具有哪些优点和创新之处？其对科技创业企业的发展有哪些影响？“模速空间”的出现对我国科技金融的发展有什么推动意义？

挑战性思维和深度思考指引

在探索科技金融的深邃领域时，我们不仅要夯实基础理论框架，洞悉实际应用典范，还需要进行挑战性思维和深度思考能力的培养。此模块旨在通过推荐阅读一系列精选的文献资料，引导学生认识和理解科技金融的多样性和前沿性，从而激发大家的批判性思维和创新能力，并推动大家在金融科技领域积极进行创新实践。所选文献均来源于中国知网官方网站（https://www.cnki.net/）。

思考题：

1. 你是否有过创新的经历？
2. 科技金融试点项目对当地经济和企业有哪些实际影响？
3. 科技金融是如何改变我们的金融服务和投资方式的？
4. 科技金融政策是如何支持企业创新的？
5. 在科技金融时代，个人和企业应该如何利用金融工具来支持创新？

推荐阅读：

[1]邹克，刘翔，李细枚．科技金融发展的新质生产力生成效应与机制研究[J]．金融经济学研究，2024(06)：3－18.

[2]张明，刘展廷．科技金融：理论脉络、实践现状与研究展望[J]．新金融，2024(08)：14－18＋31.

[3]寇明婷，杨媛棋，王宇飞，等．科技金融：理论、回顾与展望[J]．研究与发展管理，2024，36(06)：151－165.

[4]李燕凌，蔡湘杰．科技金融促进了工业新质生产力发展吗？[J]．财经理论与实践，2024，45(06)：10－18.

[5]曹廷求，彭文浩．科技金融政策的创新溢出效应——来自供应商－客户关系的证据[J]．当代财经，2024(10)：59－72.

第六章　融资租赁

【本章思维导图】

【引导案例】

四川德阳CF公司属中小企业，长期从事车铣加工并与第二重型机械集团、东电等几个大企业有稳定的配套加工业务合作(合同)。由于业务量增加，CF公司需再购置一台130万元车床扩大加工能力，但自己只有30万元现金。在跟银行接触后，由于该企业规模不大，之前在银行没有信用记录，企业本身信用等级低、授信额度小，又无法出具抵押担保，因而不具备贷款的基本条件，被银行拒之门外。企业转而寻求融资租赁方式。由于租赁公司拥有租赁设备的物权，因此租赁公司对企业的资信和抵押担保要求相对较低。租赁公司更为看重的是项目本身的市场前景，看重设备产生的效益。CF公司采用融资租赁方式，由租赁公司购买并租赁给企业130万元的车床。其中承租人首付30万元，其余100万元由租赁公司解决，企业投入很少比例的资金即取得了设备的使用权和收益权。然后企业通过设备所产生的效益偿还租金，按每月支付租金10万元，支付11个月后，取得租赁设备的所有权。对承租人而言，一次付款购买该设备花130万元，而通过融资租赁"分期购买"花140万元，但实现了"小钱起步，终获设备"的经营目标。

(资料来源：罗晓春．租赁：企业融资新渠道[J]．中国外汇，2014(7)：48—49)

案例启示与思考：

在本例中，CF公司通过融资租赁"分期购买"车床设备，在租赁初期仅花了30万元就得到了130万元设备的使用权。与银行贷款等融资方式相比，融资租赁通过"融物"可以达到为中小企业“融资”的目的，也解决了其资金不足的问题，使企业得以顺利发展。由此可见，融资租赁拓宽了企业的融资渠道，降低了企业融资门槛，缓解了企业尤其是中小企业的融资难问题，是中小企业重要的融资渠道。那么融资租赁又有哪些种类呢？企业又应当如何做出正确的融资租赁决策呢？

【本章学习目标】

1. 提升学习者对融资租赁概念、种类及意义的认知，融入诚信与责任意识。
2. 深化学习者对融资租赁基本业务流程的理解，强调规范操作与法治精神。
3. 培养学习者的融资决策能力，融合全局思维与可持续发展观念。

第一节　融资租赁概念及意义

一、融资租赁概念

租赁是指在约定的期间内，出租人将资产使用权让与承租人，以获得租金的协议。租赁分为经营租赁和融资租赁，经营租赁是为了满足承租人经营使用上的临时性或季节性需要而发生的资产租赁，它是一种以获得租赁资产的使用权为目的的短期租赁形式，出租人不仅要向承租人提供设备的使用权，还要向承租人提供设备的保养、保险、维修和其他专门性技术服务。满足下列条件之一的租赁就属于融资租赁：

（1）在租赁期届满时，租赁资产的所有权转移给承租人。

（2）承租人有购买租赁资产的选择权，所订立的购价预计将远低于行使选择权时租赁资产的公允价值，因而在租赁开始日就可以合理确定承租人将会行使这种选择权。

（3）租赁期占租赁资产尚可使用年限的大部分。但是，如果租赁资产在开始租赁前已使用年限超过该资产全新时可使用年限的大部分，则这条判断标准不适用。

（4）就承租人而言，租赁开始日最低租赁付款额的现值几乎相当于（通常在90%以上）租赁开始日租赁资产原账面价值；就出租人而言，租赁开始日最低租赁收款额的现值几乎相当于租赁开始日租赁资产原账面价值。

（5）租赁资产性质特殊，如果不作较大修整，只有承租人才能使用。

可以看出，融资租赁是指实质上转移了与资产所有权有关的全部风险和报酬的租赁，所有权最终可能转移，也可能不转移。它具有以下特点：

（1）以融通资金为目的，是一种贸易与信贷相结合、融资与融物为一体的综合性融资方式。

（2）融资租赁的租赁期限一般较长，且不可解约。

（3）在融资租赁中，租赁标的物的所有权归出租人，而使用权归承租人，出租人不得干预承租人对租赁标的物的使用。

（4）承租人负责设备的选择、保险、保养和维修等；出租人仅负责垫付货款，购进承租人所需的设备，按期出租，以及享有设备的期末残值。

二、融资租赁意义

(一)对承租企业的意义

(1)融资租赁有利于拓宽融资渠道,缓解企业资金短缺问题。资金短缺是每个企业在生产经营过程中都可能遇到的问题。融资租赁以融通资金为目的,主要是为解决企业资金不足的问题而产生发展起来的。融资租赁下,融资和融物为一体,租赁费在整个租赁期内分期支付,与一次购买设备相比,企业只需支付少量的租金,就能在最短的时间内获得资产的使用权,这既缓解了企业所面临的现金压力,又解决了企业对中长期资金的需求,同时还满足了其生产经营的需要。

(2)融资租赁可以提高企业的工作效率。融资租赁过程中,承租人以租赁物为担保,不需其他资产作抵押,也不需担保公司进行担保,省去了大量的担保费用,规避了许多用直接购买方式必须层层报批或立项等烦琐的程序,为企业迅速进行生产经营节约了宝贵的时间,提高了企业的工作效率。

(3)融资租赁有助于提升企业竞争力。融资租赁中的资产大部分为技术含量较高的先进设备,承租人有权选择设备类型和制造商,租赁期满时有权续租和低价购入租赁物,可以促使中小企业加快技术改造和设备更新的步伐,提高产品的科技含量,促进产品的更新换代,进而实现产业结构的调整和经营模式的转变,提高市场竞争力,此外,融资租赁还可以帮助企业规避资产贬值的风险。

(4)融资租赁有助于企业节约成本。国家财政允许企业对租赁物件加速折旧,折旧款可于税前偿还租金。国家为了鼓励投资、鼓励技术进步,专门为融资租赁提供了一系列优惠政策,如直接投资减税、加速折旧形成的所得税减免、财政补贴等。企业可以按照最有利的原则加速折旧,享受税收优惠。

(5)融资租赁可以改善承租方的资产负债结构。出租方直接将出租物计入资产,按照有关规定计提折旧;而承租方则将租金计入成本费用,同时某些融资租赁属于表外融资,可达到优化承租方资产负债结构的作用。

(二)对租赁公司的意义

对租赁公司而言,融资租赁为其提供了一种新的投资渠道。租赁公司对租赁项目具有选择权,可以选择一些风险较小、收益率较高以及国家产业倾斜的项目予以资金支持,通过融资租赁项目使得其拥有的闲散资金得以流通增值,同时融资租赁也有助于租赁公司盘活闲置设备。

(三)对供应商的意义

对供应商来说,融资租赁可以扩大产品销路,加强产品在国内外市场上的竞争能力。融资租赁由于采取"以租代销"的方式,使得一部分缺少资金的企业可以使用小资金获得大设备,增加了对供应商产品的需求。正因为融资租赁比直接销售具有更多的优势,许多大的制造商都纷纷拿出专门资金用于开展融资租赁服务,以促进本企业的产品销售。

第二节　融资租赁种类及程序

一、融资租赁种类

(一)按交易方式分类

按交易方式的不同,融资租赁可分为直接租赁、售后回租、厂商租赁、融资转租赁。

1. 直接租赁

直接租赁指出租人用自有资金或在资金市场上筹措到的资金购进设备,直接出租给承租人的租赁。在这种融资租赁模式下,租赁当事人直接见面,对三方要求和条件都很具体、很清楚。直接租赁方式没有时间间隔,出租人没有设备库存,资金流动加快,有较高的投资效益。直接租赁的流程图如图 6—1 所示。

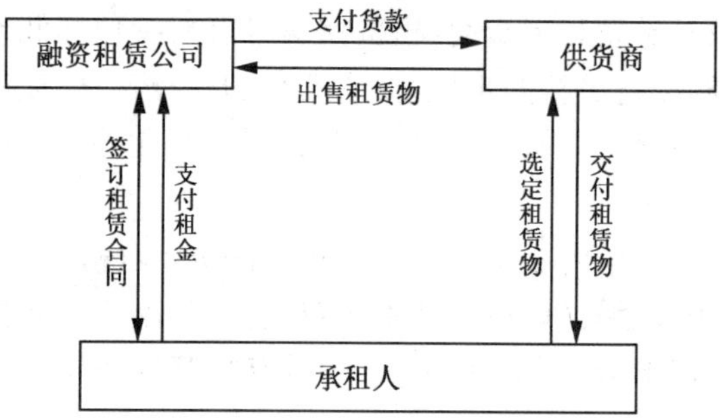

图 6—1　直接租赁流程图

例 6—1　A 航运公司成立于 2023 年,主营国内沿海及长江中下游普通货船运输业务,公司原有 2 条多用途船和 2 条散货船。为扩大业务,该公司需要新建一艘 22 500 载重吨的散货船。A 航运公司资金不足,便与 B 融资租赁公司签订租赁合同。合同规定 B 融资租赁公司按 A 航运公司要求向该公司指定的造船厂订造船舶,船舶建成后出租给 A 航运公司运营,期限为 5 年,租赁期限内,A 航运公司按月向 B 融资租赁公司支付租金。租赁期满后,A 公司根据约定以象征性价格向 B 公司购买该散货船,B 融资租赁公司将船只的所有权转移给 A 航运公司。

2. 售后回租

售后回租又称返还式租赁,是指承租人在将自有租赁标的物出卖给出租人的同时,又与出租人签订融资租赁合同,再将该租赁标的物从出租人处租回的租赁形式。售后回租是一种集销售与融资为一体的特殊融资租赁形式,它使设备制造企业或资产所有人(承租人)在保留资产使用权的前提下获得所需的资金,同时又为出租人提供有利可图的投资机会。售后回租的流程图如图 6—2 所示。

售后回租交易双方具有业务上的双重身份,因而业务处理上具有重叠性。其一,资产销售方同时又是承租人,一方面企业通过销售业务实现资产销售,取得销售收入,另一方面又作为承租方向对方租入资产用于生产过程,从而实现资产价值和交换价值,具有经济业务的双重身份。其二,资产购买者同时又是出租方,企业通过购买对方单位的资产取得资产所有权,同时

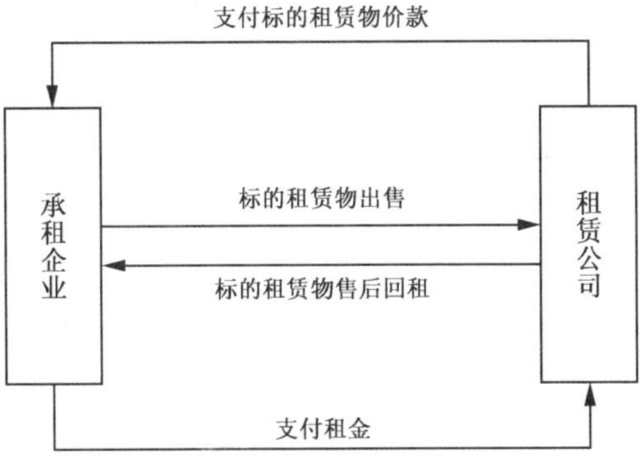

图 6—2　售后回租流程图

又作为出租方转移资产使用权，取得资产使用权转让收入，实现资产的使用价值的再循环，具有业务上的双重性，是融资产销售和资产租赁为一体的特殊交易行为。此外，在售后回租的交易过程中，出售方(承租方)对资产所有权转让并不要求资产实物发生转移，因而出售方在售后回租交易过程中可以不间断地使用资产。作为购买方即出租方，则只是取得资产的所有权，取得商品所有权上的风险与报酬，并没有在实质上掌握资产的实物，因而形成实物转移与价值转移的分离。

例 6—2　L 公司创建于 1980 年，主营生产各类中档纺织面料。该公司经营效益良好，但苦于得不到足够的资金支持，发展较为缓慢。W 融资租赁公司经调查了解到该公司具有良好发展前景，决定通过回租服务给予支持。具体操作为：该公司向 W 融资租赁公司提供其原已购入的粗纺机、细纺机等一批棉纺设备的原始购置发票，将该批设备所有权转让给 W 融资租赁公司，保留设备使用权；W 融资租赁公司在取得设备所有权后，一次性向 L 公司支付转让款 5 000 万元。在 3 年租赁期内，L 公司按月向 W 融资租赁公司支付租金。租赁期满后，L 公司向 W 融资租赁公司支付约定的名义货价，W 融资租赁公司将该批设备的所有权转移回 L 公司。

3. 厂商租赁

厂商租赁是租赁公司与厂商合作、以产品销售为导向的融资租赁形式。租赁公司直接与租赁标的物的生产厂商合作，根据厂商的产品预售合同从厂商处购入租赁标的物，再以融资租赁的方式租给产品经销商或终端用户，并由厂商提供产品回购担保或连带责任担保。厂商租赁流程图如图 6—3 所示。

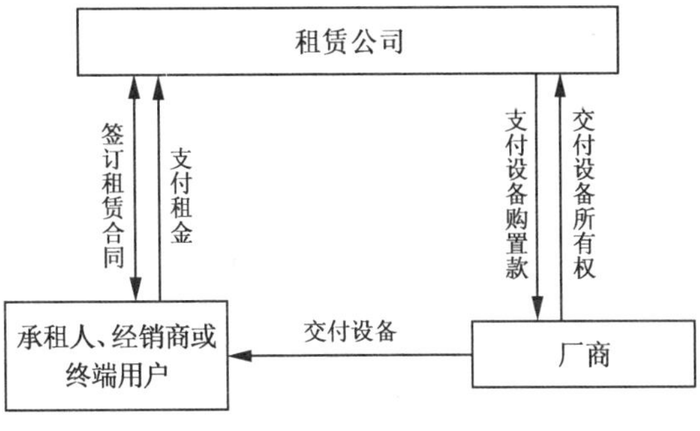

图 6—3　厂商融资租赁流程图

例 6—3 M 酒店于 2000 年成立，公司经营状况良好，年销售收入在 3 000 万元左右。2009 年公司原空调能耗升高，使用寿命将尽，急需对空调进行改造，所需节能改造设备金额约 600 万元。节能设备厂商的销售人员在销售设备时，发现客户有节能改造需求，将其信息告知融资租赁公司项目经理。项目经理与节能设备厂商销售人员积极配合，通过 EMC 合同能源管理融资模式（用减少的能源费用来支付节能项目全部成本的节能投资方式），为客户提供了 3 年期的节能融资租赁方案，及时帮助客户解决了改造问题，同时也帮助节能设备生产厂商快速实现了销售订单。

4. 融资转租赁

融资转租赁是指转租人从其他出租人处租入租赁物件再转租给第三人，转租人以收取租金差为目的的租赁形式。在转租赁业务中，上一租赁合同的承租人同时又是下一租赁合同的出租人，称为转租人，租赁物品的所有权归第一出租方。融资转租赁至少涉及三方——原出租人、原承租人和新承租人，四个当事人——设备供应商、第一出租人、第二出租人（第一承租人）、第二承租人及三份合同——购货合同、租赁合同、转让租赁合同。融资转租赁的流程图如图 6—4 所示。

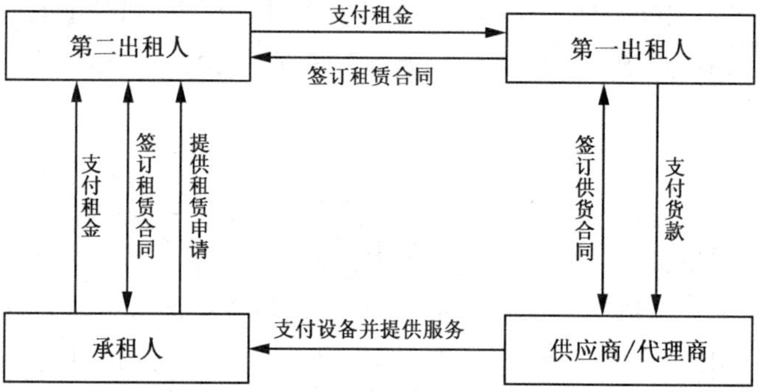

图 6—4 融资转租赁流程图

（二）按出租人对融资风险的承受能力分类

按出租人对融资风险的承受能力不同可将融资租赁分为委托租赁和杠杆租赁。

1. 委托租赁

委托租赁是拥有资金或设备的人委托非银行金融机构从事融资租赁，委托人同时是第一出租人，受托人同时是第二出租人。出租人接受委托人的资金或租赁标的物，根据委托人的书面委托，向委托人指定的承租人办理融资租赁业务。在租赁期内租赁标的物的所有权归委托人，出租人只收取手续费，不承担风险。这种委托租赁的一大特点就是让没有租赁经营权的企业，可以“借权”经营。委托租赁的基本流程图如图 6—5 所示。

例 6—4 H 公司为 F 厂商的母公司，委托 K 融资租赁公司为 F 厂商办理融资租赁业务，该厂要购买账面价值为 5 亿元的产品生产线，欲以融资租赁方式替代银行贷款进行融资，故由 H 公司牵头联络 K 融资租赁公司，并为 K 融资租赁公司提供资金为 F 厂商融资购入该生产线，之后按照《资金协议》的规定，K 融资租赁公司扣除相应的手续费用后，将 F 厂向其支付的租金交付给 H 公司。

2. 杠杆租赁

杠杆租赁是由出租人自筹租赁标的物购置成本的 20%—40% 加上由银行或财团等以贷

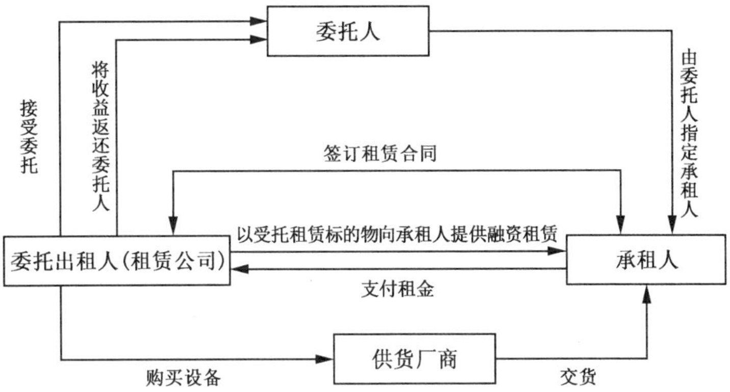

图6—5 委托租赁流程图

款形式提供的其余60%—80%来购买承租人所需的资产,并交由承租人使用的租赁方式。在杠杆租赁下,出租人拥有设备的法定所有权,但须将设备的所有权、租赁合同和收取租金的权利抵押给银行或财团,以此作为其获得贷款的担保。承租人在使用租赁资产后,应定期支付租赁费用给提供贷款的银行或财团,由其按商定比例扣除偿付贷款及利息的部分,其余部分交出租人处理。杠杆租赁是一种专门做大型租赁项目的有税收好处的融资租赁,主要是由一家租赁公司牵头作为主干公司,为一个超大型的租赁项目融资。首先成立一个脱离租赁公司主体的操作机构,专为本项目成立资金管理公司提供项目总金额20%以上的资金,其余部分资金来源则主要是吸收银行和社会闲散游资,利用100%享受低税的好处"以二博八"的杠杆方式,为租赁项目取得巨额资金。由于可享受税收好处、操作规范、综合效益好、租金回收安全、费用低,一般用于飞机、轮船、通信设备和大型成套设备的融资租赁。杠杆租赁的流程图如图6—6所示。

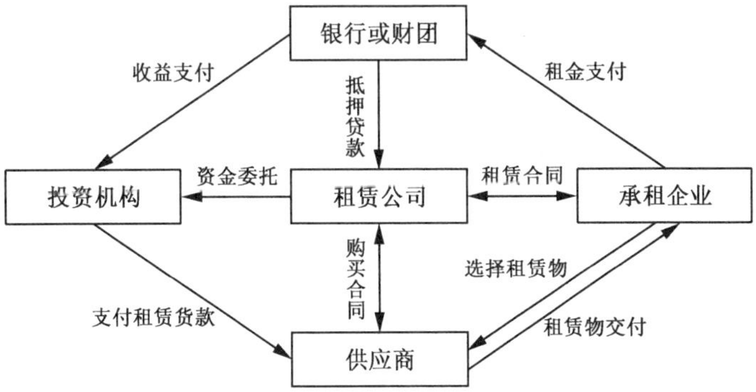

图6—6 杠杆租赁流程图

例6—5 H公司因业务扩张需要购买价值1 000万元的设备,但现阶段H公司因规模原因融资不足,故转而与Z融资租赁公司合作。Z融资租赁公司以200万元的价格购买H公司所需设备,并将该设备抵押给X银行,X银行再对H公司授信流动资金贷款800万元,H公司共获得1 000万元的贷款额度,循环使用,授信期限一年,贷款期限两年,H公司向Z融资租赁公司提供适当比例保证金或定期存单作为质押,Z融资租赁公司为H公司提供连带责任保证担保。H公司按计划分期还本付息,资金分别回笼到X银行和Z融资租赁公司。

(三)其他类型

1. 简单融资租赁

简单融资租赁是指承租人有意向通过出租人租赁由承租人选择需要购买的租赁物件,出租人通过对租赁项目风险评估后愿意出租租赁物件给承租人使用的租赁方式。为取得租赁物件,出租人首先全额融资购买承租人选定的租赁物件,按照固定的利率和租期,根据承租人占用出租人融资本金时间的长短计算租金,承租人按照租约支付每期租金,期满结束后出租人以名义价格将租赁物件所有权卖给承租人。在整个租赁期间承租人没有所有权但享有使用权,并负责维修和保养租赁物件。出租人对租赁物件的好坏不负任何责任,设备折旧在承租人一方。

2. 项目融资租赁

承租人以项目自身的财产和效益为保证,与出租人签订项目融资租赁合同,出租人对承租人项目以外的财产和收益无追索权,租金的收取也只能以项目的现金流量和效益来确定。出卖人(即租赁物品生产商)通过自己控股的租赁公司采取这种方式推销产品,扩大市场份额。通信设备、大型医疗设备、运输设备甚至高速公路经营权都可以采用这种方法。

二、融资租赁程序

不同的融资租赁种类对应的租赁程序可能存在一定的差异,但还是有一定的共性,本小节主要就融资租赁的基本程序加以介绍。一般来说,企业进行融资租赁会经过以下几个步骤:

(1)承租企业与租赁公司接触,选择租赁公司,提出委托申请。当企业决定采用融资租赁方式以获取某项设备时,需要了解各个租赁公司的资信情况、融资条件和租赁费率等,分析比较选定一家作为出租单位。然后,向租赁公司提出书面申请,并填写"设备租赁申请书"。租赁公司收到申请后,应向企业介绍有关手续的办理程序、租金的计算方式、租金的支付期间与支付方式等。

(2)出租人对承租人的信用状况审查。在开展融资租赁以前,有两个基本条件必须得到满足:一是出租人对承租人的信用状况(包括承租人企业的产业特点、经营状况、财务报表、现金流量、项目情况、偿还能力、担保等)经审查后认可,并同意与其开展该项目的融资租赁交易;二是承租人必须对融资租赁的特点和实际运作有基本认识和一定的了解,出租人和承租人双方能配合在一起开展工作。

(3)租赁公司租赁项目的审查。租赁双方达成初步意向后,能否向企业提供租赁服务,需由租赁公司对租赁项目进行审查,以确保出租方的利益。审查的内容包括:租赁项目的可行性、企业的资信与能力、租赁设备的先进性等。

(4)签订购货合同。购货合同应由承租人、出租人和供货商三者参加签订。在委托租赁的情况下,由租赁公司向供货商订购,并签订订货合同,同时由承租人副签。

(5)签订租赁合同。经过租赁公司审查,认为切实可行后,承租企业与租赁公司进入实质性谈判阶段。若双方达成共识,则签订租赁合同。租赁公司与供货方的供货合同,与贷款银行的贷款合同也应立即或同时进行。承租人与出租人签订的租赁合同是重要的法律文件,双方应对租赁合同的具体内容平等协商达成统一,租赁合同应重点协商租金、租金支付的方式、手续费率、租期、利息率等双方的权利、义务。

(6)设备的交接及货款支付。供货商应根据合同规定的日期将设备直接交给承租企业,企业负责验货、办理交接手续，租赁公司根据此情况向供货商支付设备货款。

（7）支付租金。承租企业按合同规定的租金数额、支付方式等，向租赁公司支付租金。

（8）租赁期满租赁资产的处置。融资租赁合同期满时，承租企业应按租赁合同的规定，实行退租、续租或留购。租赁期满的设备通常都以低价卖给承租企业或无偿赠送给承租企业。

三、融资租赁决策

融资租赁决策的主要程序如下：

（1）分析是否应该取得一项资产。这是融资租赁分析的前置程序。承租人在决定是否租赁一项资产之前，先要判断该项资产是否值得投资。这一决策通过常规的资本预算程序完成。通常，只有该资产有正的净现值时，企业才会考虑取得该项资产。

（2）分析公司是否有足够的现金用于该项资产投资。一般来说，运行良好的公司往往没有多余现金用于固定资产投资，需要为新的项目筹资。

（3）分析可供选择的筹资方式。一般来说，筹资方式包括借款、发行新股、发行债券、融资租赁等，但对大多数企业来说，银行借款是最普遍的筹资方式。

（4）分析确定融资租赁是否为最优筹资方式。根据财务的基本原理，为获得同一资产，付出成本最小的为最优方案，因此只需比较融资租赁与通过银行借款等其他筹资方式直接购买资产这两种方式下的成本，就可确定融资租赁是否为最优筹资方式。如果融资租赁的成本低于直接购买的成本，则融资租赁为最优筹资方式。通常使用以下三种方法来确定最优筹资方式：

①净现值法。净现值法是指一项投资所产生的未来现金流的折现值与项目投资成本之间的差值。它是根据净现值的大小来评价方案好坏的一种方法。净现值法主要是将融资租赁机器设备现金流出量的净现值与购买机器设备现金流出量的净现值进行对比分析。使用这种方法，首先要按照一定的资金成本率分别计算融资租赁机器设备和直接购买机器设备现金流出量的净现值，然后再对比两种方案的净现值的大小，现金流出净现值小的方案是最优方案。如果融资租赁得出的现金流出净现值小于直接购买得出的现金流出净现值，则融资租赁为最优筹资方式。

②年金法。年金法是把通过融资租赁获得设备和直接购买设备两种方式下的所有支出分别折算为每年需要支出的数额（年金），再比较年金的大小。如果融资租赁方式得出的年金小于采取其他所有直接购买方式求出的年金，则企业应选择融资租赁方式来取得资产。

③内含报酬率法。内含报酬率也称内部收益率，是指能够使未来现金流入现值等于未来现金流出现值的贴现率，或者使投资方案净现值为零的贴现率。在这种方式下，首先应分别计算融资租赁的内含报酬率和通过银行借款等方式取得资金直接购买设备的资金成本率，再将计算得出的内含报酬率和资金成本率进行比较，如果内含报酬率低于资金成本率，则选择融资租赁方式。

例 6—7　甲公司因经营扩大，需购置一套设备，设备价格为 500 万元，该设备折旧年限为 8 年，预计残值为总价的 5%，企业所得税税率为 25%，现该公司可选择两种融资方式购置设备：

A. 通过商业银行贷款方式：按照银行固定资产贷款条件，即首付 30%，贷款期限 3 年，采用每月等额本息还贷，贷款利率为 7%；

B. 通过乙融资租赁有限公司融资租赁方式：首付 30%，租期为 3 年，每月等额本息付租，融资租赁利率为7%，手续费1.5%。

设备使用期内的资金价值按贷款利率7%折现，各年的折现系数分别为：0.934 6、0.873 5、0.816 3。根据会计准则规定，银行贷款购置时，折旧可以税前提取或列支，融资租赁可以按租赁期限（最短不少于3年）提取折旧，折旧额税前列支。

本例将使用净现值法来确定融资租赁是否为最优筹资方式，计算结果如表6－1所示。

表6－1　　融资租赁和银行贷款净现值比较表

项　目	第一年	第二年	第三年
银行贷款方案：			
首付款	1 500 000	0	0
还贷金额	1 296 840	1 296 840	1 296 840
折旧额	593 750	593 750	593 750
折旧税收节约	148 438	148 438	148 438
贷款净成本	1 148 402	1 148 402	1 148 402
折现系数	0.934 6	0.873 5	0.816 3
各年净成本现值	2 573 297	1 003 014	937 440
净成本总现值			4 513 751
融资租赁方案：			
首付款	1 500 000	0	0
租金偿还额	1 296 840	1 296 840	1 296 840
手续费	75 000	0	0
折旧额	1 583 333	1 583 333	1 583 333
折旧税收节约	395 833	395 833	395 833
租赁净成本	901 007	901 007	901 007
折现系数	0.934 6	0.873 5	0.816 3
各年净成本现值	2 417 081	786 939	735 492
净成本总现值		3 939 512	

通过表6－1可看出，甲公司如果采取融资租赁形式，现金流出净现值（净成本现值）为3 939 512元，而如果通过银行贷款取得融资直接购得设备的现金流出净现值为4 513 751元，融资租赁融资方式为甲公司节省574 239元。融资租赁取得资产的成本低于银行贷款，甲公司应选择融资租赁这一较优方式。

本章小结

融资租赁是实质上转移与资产所有权有关的全部或绝大部分风险和报酬、以融通资金为主要目的长期租赁形式。融资租赁一般涉及一个标的物（通常为固定资产或无形资产）、至少两类合同（买卖合同和融资租赁合同）和至少三个当事人（出租人、承租人和供货商）。

融资租赁可按不同标准对其进行分类。按交易方式的不同，融资租赁可分为直接租赁、售后回租、厂商租赁和融资转租赁，按出租人对融资风险的承受能力可分为委托租赁和杠杆租赁，此外，融资租赁还包括简单融资租赁、项目融资租赁等。融资租赁的种类不同，对应的融资租赁程序也不一样。

企业在进行融资租赁决策时，首先应结合企业自身发展的实际需要和内外部环境，确定是否需要添置资产，融资租赁仅为取得资产的一种筹资方式，企业还可采用银行借款、发行股票和债券等方式获得购买资产的资金，因而企业应对可供选择的筹资方式进行分析，借助净现值法、年金法和内含报酬率法来确定融资租赁是否为最优的筹资方式。

本章中英文关键词

融资租赁(Financial Lease)
直接租赁(Direct Lease)
售后回租(Sale-leaseback)
厂商租赁(Vendor Lease)
融资转租赁(Sublease)
委托租赁(Entrusted Lease)
杠杆租赁(Leveraged Lease)
融资租赁决策(Decision on Financial Lease)

复习思考题

1. 什么是融资租赁？中小企业应用融资租赁进行融资有哪些好处？
2. 融资租赁的种类有哪些？
3. 如何做出正确的融资租赁决策？

拓展与提升：课程思政点、案例及思考

本章课程思政元素索引

序号	教学内容	课程思政
1	融资租赁概念与意义	善于变通，另辟蹊径
2	融资租赁种类及程序	严谨细致，审慎决策

课程思政案例一：

GATX是一家拥有百年历史的企业，专注于为全球客户提供包括铁路车辆在内的多种资产类型的长期租赁解决方案。进入新世纪后，GATX发现其传统业务模式遇到了瓶颈。由于经济周期的影响，铁路运输行业的需求变得不稳定，客户对租赁期限和成本的要求变得更加多样化。与此同时，新进入者带来了更加灵活的竞争产品和服务，迫使GATX必须重新考虑其市场定位。此外，新型、高效的铁路车厢不断推出，但高昂的价格让许多客户望而却步，需要新的融资方式来帮助他们更新设备。

面对这些挑战，GATX决定进行一系列的战略调整。首先，为了满足不同客户的多样化需求，GATX推出了短期租赁、运营租赁等多种形式的产品。这种灵活性不仅吸引了更多客户，也为公司开辟了新的收入来源。其次，认识到技术的重要性，GATX投资开发了一套智能监控系统，用于实时追踪和管理租赁资产的状态。这大大提高了资产管理效率，并降低了维护

成本。最后,GATX与铁路运营商和其他行业领导者建立了紧密的合作关系,共同探索如何通过定制化的解决方案优化车队配置并降低成本。例如,他们合作设计出一套能够根据客户需求动态调整车厢数量的方案,极大地提高了资源利用效率。

(资料来源:根据公开资料整理与改编)

思考:

结合GATX的故事,谈谈在实现人生理想的过程中,面对困难和挫折时,我们应该如何学会变通,寻找新的出路?

课程思政案例二:

中国惠普公司,作为计算机行业的先行者,自其踏入中国市场之初,便以严谨的决策态度著称。面对当时国内物流运输能力及服务水平有限的挑战,惠普公司没有急于求成,而是经过半年多的深入考察与细致分析,全面权衡自营物流与外包物流的利弊,最终决定外包物流运输与仓储业务。在选定物流合作伙伴时,惠普公司更是对候选企业的管理效能、技术能力、服务范围、价格竞争力、服务水平、绩效考核体系、企业信誉以及信息系统等多个维度进行了全面而细致的评估,确保所选合作伙伴能够满足公司的需求。

此后,惠普公司继续深化物流管理与供应链优化策略,每一步决策都经过深思熟虑,确保既符合公司的长远利益,又能有效应对市场的变化。这种严谨的决策态度,不仅提升了惠普的物流效率和服务质量,更为其在竞争激烈的市场环境中赢得了显著优势,成为中国惠普公司成功的重要基石。

(资料来源:根据中国惠普公司物流管理的案例故事改编)

思考:

严谨决策如何帮助企业在竞争中保持领先地位,并持续推动创新发展?

综合分析案例

融资替代的有效途径:莱芜融资租赁案例

莱芜A起重运业公司(以下简称A公司)是一家集大型物件运输、吊装服务、现代化物流为一体的交通运输企业。虽然公司2005年注册资本只有4 000万元,但随着近几年我国电力、冶金、石油、化工等重工业发展,对大型运输和吊装服务需求增加,企业规模迅速扩大,2008年末资产总额达2亿元,并跻身中国起重、吊装施工企业"双十强"。为进一步扩大企业规模,2009年,该公司拟从德国利勃海尔公司购置履带式LR1750起重机一台,价值6 000万元。但由于企业有效抵押资产不能满足银行信贷条件,辖区内金融机构在审批该贷款项目时均未通过,企业发展遭遇融资瓶颈。

为解决问题,在德国利勃海尔公司推荐下,A公司尝试向德益齐租赁(中国)有限公司申请融资租赁业务。后者对A公司进行考察时,认为A公司虽然缺乏有效抵押物,但公司在国内具有较高的市场占有率和较强的竞争优势,且资产、盈利、经营及信用状况良好,融资租赁业务风险不大。基于此,决定于2009年6月5日与A公司签订了《融资租赁合同》,同时向德国利勃海尔公司购置价值6 000万元的履带式LR1750起重机一台,租赁给A公司使用,租赁期4年。租赁期内起重机设备所有权归德益齐租赁(中国)有限公司,但使用权和收益权归A公司。A 公司依据《融资租赁合同》按月向德益齐租赁（中国）有限公司支付租金（共支付租金 6 450 万元）。租赁到期后，德益齐租赁（中国）有限公司将起重设备所有权转移给 A 公司，租赁业务终结。在德益齐租赁（中国）有限公司租赁业务扶持下，A 公司经营规模得以顺利扩张。

2010 年 1 季度，A 公司因规模扩张，流动资金需求明显增加，加上每月 150 多万元的租赁费固定支出，企业流动资金出现周转困难。为筹集流动性资金，在申请银行贷款无果的情况下，A 公司向华融金融租赁股份有限公司申请回租式融资租赁，即申请华融金融租赁股份有限公司按设备评估价 2 400 万元，购买 A 公司 2006 年 11 月购置（购置价 3 955 万元）的德国利勃海尔 500 吨汽车起重机设备一台，华融金融租赁股份有限公司再将设备按约定期限（4 年）租赁给 A 公司使用，后者按月向前者支付租赁费用（共计 2 955 万元），2014 年 9 月租赁期满后，华融金融租赁股份有限公司将设备所有权归还 A 公司。上述回租式融资租赁在不影响设备正常运营的同时，A 公司通过暂时将物化资本转为货币资本，为企业带来了 2 400 万元的流动资金，企业流动资金周转困难得以解决。

上述直租式和回租式租赁业务中，租赁方德益齐租赁（中国）有限公司和华融金融租赁股份有限公司为确保租赁业务安全，除要求 A 公司每月提供财务报表及设备使用情况，并合同约定，A 公司必须为租赁设备以出租人为受益人购买保险外，租赁方将两笔融资租赁业务在人民银行征信中心登记公示，并逐笔记录承租方租金归还等具体情况，使承租方信用状况处于社会监督之下，促使承租方履约守信，确保融资租赁业务运作安全。

（资料来源：房友军．融资替代的有效途径：莱芜融资租赁案例[J]．金融发展研究，2011(4)：43—46.）

案例思考题：

莱芜融资租赁案例中出现了哪些融资租赁类型？融物替代融资使融资租赁业务具有哪些比较优势？融资租赁成功运作的基本条件有哪些？

挑战性思维和深度思考指引

涉足融资租赁的广阔天地，我们不仅要精通融资租赁的基础知识，洞悉行业内成功的融资租赁实践案例，更需培育一种探索未知、敢于质疑的挑战性思维，并深化我们的分析能力。本环节旨在借助一系列经过精心筛选的文献资料，带领大家多维度地透视融资租赁的复杂面貌与丰富内涵，以此点燃大家内心的批判性思维火花，并激发其在融资租赁领域的创新思维与实践能力。所选文献均来源于中国知网官方网站(https://www.cnki.net/)。

思考题：

1. 联系实际，谈谈做人做事懂得变通有何意义。

2. 如何养成认真的工作态度、严谨的工作作风？

3. 在做人做事的过程中，我们如何在保持原则的同时，还能灵活变通，以适应不同的环境和情况？

推荐阅读：

[1]赵娜，王博，张珂瑜．融资租赁、银行信贷与企业投资[J]．金融研究，2021(01)：150—168.

[2]张峻，肖浪．国美电器有限公司营运资金管理分析[J]．投资与创业，2023，34(06)：116—118.

[3]史燕平,杨文涛．资本结构偏离与融资租赁决策——基于资本结构动态权衡理论[J]. 经济与管理评论,2022,38(01):78－91.

[4]严炳卫．论融资租赁行业发展现状及未来发展趋势[J]. 中国市场,2021(36):25－26.

[5]史燕平,杨汀,庞家任．去产能政策与融资租赁[J]. 金融研究,2021(04):73－91.

[6]宁金辉．绿色信贷政策与企业融资租赁[J]. 当代财经,2022(06):139－148.

第七章　信用借款

【本章思维导图】

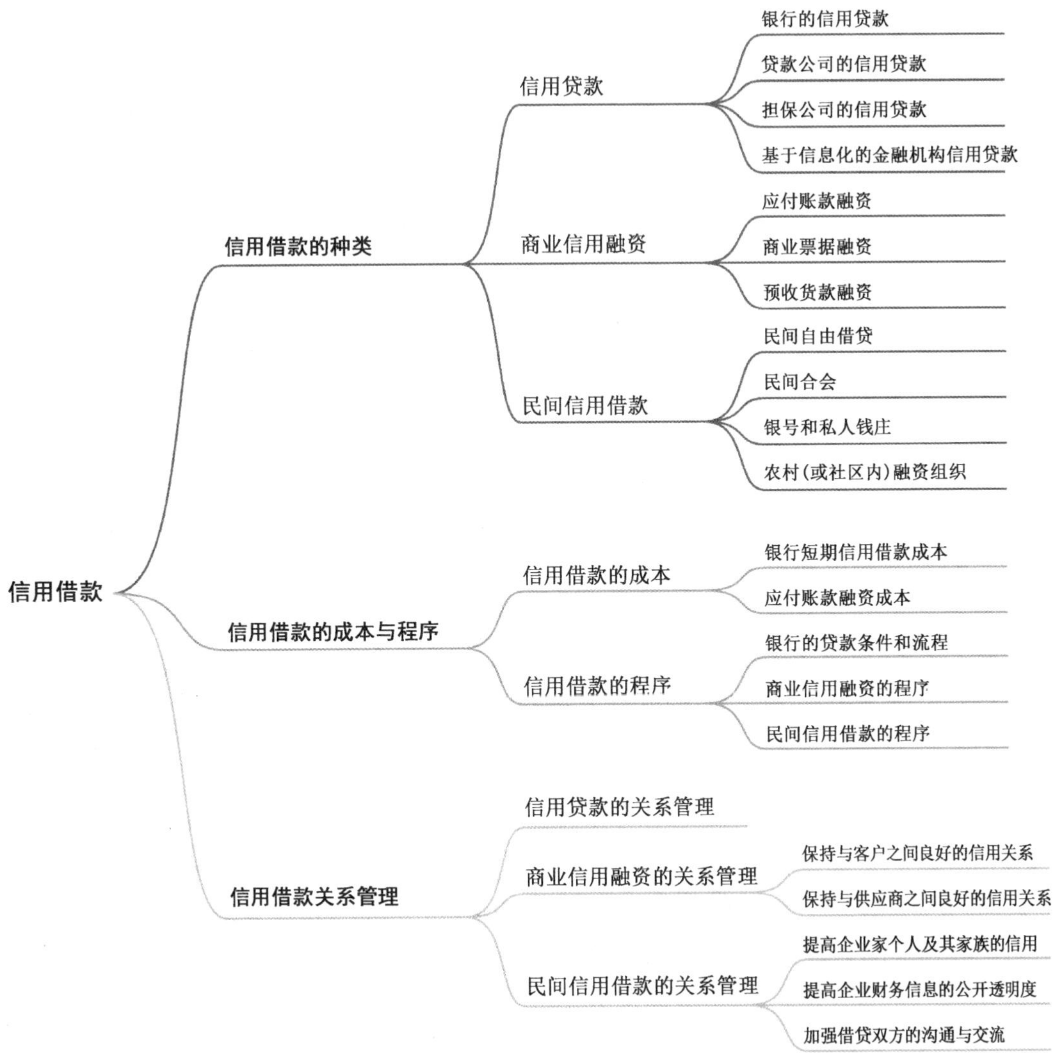

【引导案例】

中国航运史上,香港船王包玉刚是典型的靠"借钱买船"发家的案例。他开始创业之时,就是利用信用向朋友借钱。他借钱先买了一条破船,然后,用这条船去银行抵押贷款,贷款再买第二条船。然后,再用第二条船作抵押,去买第三条船。采取这种"抵押贷款"的办法,包玉刚的航运事业逐渐发展起来了。

包玉刚曾经两手空空地让著名的汇丰银行为他买来了一艘崭新的轮船。他到银行找到信贷部的主任说:"主任,我在日本订购了一艘新船,价格是100万元,同时,我又在日本的一家货运公司签订了一份租船协议,每年租金是75万元,我想请贵行支持一下,能不能给我贷款?"信贷部的主任说:"你这个点子不错,但你要有担保。"他说:"可以,我用信用状担保。"什么是信用状?就是租船的"货运公司"从他银行开出的信用证明。很快,包玉刚凭借其在日本的客户关系,说服货运公司的银行经理,同日本神户银行三方商议,从日本拿来了信用状。汇丰银行终于同意了他的贷款申请。你会问:"为什么银行会给他贷款?"我们来分析一下:

如果银行给他100万元造这条船,每年就有75万元的租金,不需2年他就可以还清100万元的贷款。银行肯定担心,怕他有钱不还,或有情况还不了钱。这没关系,因为银行这里有货运公司的"信用状"担保,这家公司很守信用,如他不给钱,银行可以找这家货运公司,资金安全不成问题 。所以,银行就敢贷给他。这就是他的说法,这里就有他的信用。

包玉刚赚到一笔钱,没有想把钱存起来,这样发展太慢,而是用来继续扩大规模。他就是用这种"滚动式"的"抵押贷款"经营法,在大洋里越滚越大,成为世界航运之首。

(资料来源:赵淑敏,陈哲,胡金星 . 创业融资[M]. 北京:清华大学出版社,2009.)

案例启示与思考:

通过包玉刚负债融资的案例,我们可以知道包玉刚是采取借钱聚财的方式来发家的,在该案例中,包玉刚采取的用信用状借款的方式显得尤其引人注目,以用信用来获取银行信贷资金的方式就是信用借款。信用借款作为目前我国商业银行发放贷款的传统形式之一,给创业者提供了便捷的融资方式。那么信用借款具体包括哪些种类和形式?创业者应如何计算借款成本,选择并获得合适的信用借款呢?

【本章学习目标】

1. 加深学习者对企业信用借款方式的认知,培养诚信经营意识。
2. 增强学习者对企业信用借款成本以及信用借款程序的了解,树立风险防控意识。
3. 提升学习者对信用关系管理的能力,意识到良好人际关系的现实和长远意义,培养团队协作精神。

第一节　信用借款的种类

信用借款是借贷双方以信用为基础,通过签订书面借款协议或达成口头协议形成特定的债权债务关系,从而产生相应的权利与义务。信用借款按照参与的主体不同可以分为信用贷款、商业信用融资以及民间信用借款三大类。

一、信用贷款

信用贷款是指以借款人的信誉发放的贷款，借款人不需要提供担保。其特征就是债务人无需提供抵押品或第三方担保仅凭自己的信誉就能取得贷款，并以借款人信用程度作为还款保证。这种信用贷款是中国的银行长期以来的主要放款方式。根据出借主体，目前我国信用贷款可分为以下几种形式：

（一）银行的信用贷款

国内有信用贷款产品的银行有花旗银行、渣打银行、平安银行、宁波银行等。国内正式推广的信用贷款如渣打银行推出的现贷派，可以贷款的金额为8 000元到20 000元，银行推出的此类产品的共同特点是额度低、门槛高、手续较慢。

（二）贷款公司的信用贷款

国内正规信用贷款公司包括度小满、微粒贷等。贷款公司的信用贷款，额度大约2万～30万元，利率1.5%～3%。贷款公司中的一部分就是俗称的高利贷，这类产品的特点是速度快，额度很灵活，但是成本被隐藏在手续费等收费项目上，实际贷款成本远高于对外宣传的利率。

（三）担保公司的信用贷款

担保公司的信用贷款是通过担保公司担保银行放款的模式为客户提供的信用贷款。额度一般最高可到达30万元，费用模式为银行放款的利息加担保公司的担保费。正规的担保公司只收取一定比例的担保费而不会收取利息，这也是辨别担保公司是否正规的一个标准。

（四）电子金融机构信用贷款

此类贷款额度不会太高，速度介于贷款公司和银行之间，特点是可以通过网络完成贷款手续，可以通过网银或支付宝等还款，但是费率会随着市场而波动。

二、商业信用融资

商业信用融资是指企业之间在买卖商品时，供货方以商品形式为客户提供资金的借贷活动，是经济活动中的一种最普遍的债权债务关系。目前，我国的商业信用存在以下几种形式：

（一）应付账款融资

应付账款融资对于融资企业而言，意味着放弃了现金交易的折扣，同时还需要负担一定的成本，因为往往付款越早，折扣越多。

例7—1 A企业（购货企业）是一家小规模企业，资金实力较弱，B企业是一家财务实力雄厚的大企业。A企业以1/10，N/30的信用条件从B企业（销货企业）购入货物18万元。中国银行人民币短期贷款年利率为6.03%。如果企业享受应付账款融资，那么就要放弃现金折扣。

（二）商业票据融资

商业票据是企业在延期付款交易时开具的债权债务票据。对于一些财力和声誉良好的企业，发行商业票据可以直接从货币市场上筹集到短期货币资金。

例7—2 A公司于2023年1月4日向B公司购买一台机器设备，为支付货款，A公司签发了一张以自己为出票人、以B公司为收款人、以M银行为承兑人、票面金额为30万元、到期日为2023年8月3日的银行承兑汇票，并交付给B公司。A公司和M银行均在汇票上进行了签章。

（三）预收货款融资

预收货款融资是买方向卖方提供的商业信用，是卖方的一种短期资金来源，该信用形式应用非常有限，仅限于市场紧缺商品、买方急需或必需商品、生产周期较长且投入较大的建筑业、重型制造等。

例 7—3 M公司从L公司购买一项专利技术，对于专利技术资金的支付方面，两公司达成的协议是在交付货物或者服务前预先收取买方50%的资金。L公司在交付专利技术之前获得的50%的资金属于预收账款融资。

三、民间信用借款

民间信用借款是指除商业银行以外的借贷双方以信用为基础，通过签订书面借贷协议或达成口头协议形成特定的债权债务关系，从而产生相应的权利与义务关系。狭义的民间信用借款是指公民之间按照约定进行货币借贷的一种民事法律行为。广义的民间信用借贷除上述内容外，包括公司与法人之间以及公民与其他组织之间的货币借贷行为。当前主要的民间信用借款的形式主要有：

（一）民间自由借贷

民间自由借贷是一种不经第三方中转，而由借贷双方直接进行的借贷活动。现代民间自由借贷是指在城乡居民之间或居民与企事业单位之间直接发生的借贷活动。该形式的民间金融在我国广大的农村地区尤为盛行。按照有无借贷利息或借贷利息高低可分为无息借贷、低息借贷和高息借贷三种形式，其中以第二种形式居多。按借贷标的又可分为借出货币归还货币、借出货币归还实物、借出实物归还货币和借出实物归还实物四种形式，其中以第一种形式居多。民间自由借贷主要活跃于经济欠发达的中西部地区，在众多的民间金融形式中，它处于最低级的一端。

（二）民间合会

民间合会是很早就在我国民间流行的一种小规模的群众融资形式，也称成会、聚会等。最初意义上的合会通常由一位需要资金的人主动邀请若干亲友组成一会，主动邀会者称为会首，其他邀请者称为会脚。合会组成以后，约定每隔一定时间聚会一次，每次聚集一定的金额（称为会金，通常为整数），轮流交给会员中的一人使用，借以互助。第一期会金归会首，其余各期会金按一定顺序归会脚获得，直到全体会员都获得会金，一会的生命就算结束。

实际上，先得会金者相当于整借零还，付出的会金比得到的会金多，差额相当于付出的利息，他们是资金借入者；后得会金者相当于零存整取，得到的会金比付出的会金多。目前我国现存的各类合会的运作方式与传统的合会基本上相同，但合会的规模更大，种类更为丰富。与传统的合会比较，现时的合会更多地出于投资的目的。传统的合会一般限于亲友与邻里街坊之间，聚会的目的多为解决生活中的临时困难，其中包含更多的人情味与互助色彩，通过合会进行融资的利率很低甚至没有利息。而现在的合会更多地出于投资的目的，聚会的范围更广，融资的规模更大，融资的利率更高。正因如此，现在的合会主要活跃于经济较为发达的沿海地区。

例 7—4 泉州地区的金融互助会金额较小，每份从300元至2 000元不等，最为常见的为500元与1 000元的类型。而在人数方面，通常不超过50人。互助会的参与者皆为亲戚朋友和同村熟人，并且大多为工薪阶层。会首通常为其中较为有能力者，由众会脚推选出来，也就是说，会脚们对会首的情况都比较了解。互助会发起或者存在的目的，是为各参与者提供一个资金帮助与储蓄为一体的金融机制，并且主要是提供大笔资金急用，而并非为了投机盈利。

（三）银号和私人钱庄

钱庄又称银号，它是我国古老的民间金融形式之一。它起源于铸币兑换，北宋时就已出现从事银钱钞引交易的“钱铺”。钱庄在解放初期已全部消失，但在 20 世纪 80 年代中期，随着社会经济的变迁，现代钱庄再度出现。正规金融部门和金融管理部门认为私人钱庄的存在对国有银行与信用社造成冲击，分流了正规金融部门的资金，不利于国家信贷政策的贯彻执行。事实上，非正规金融对于中小企业融资难、融资慢的问题起到很好的缓冲作用，但是也存在可能会形成高利贷的问题，必须加以引导和加强管理。

（四）农村（或社区内）融资组织

在我国农村地区广为存在的农村合作基金会、互助储金会、金融服务公司等以互助或融资为目的互助合作组织，是适应改革开放后农村经济发展状况的民间金融组织的创新。农村各种内部融资组织中，尤其以农村合作基金会最为普及。农村合作基金会为我国农村经济的快速发展和乡镇企业的崛起做出了很大的贡献，它在农业银行和农村信用社缺位的情况下，发挥了补充与完善我国农村金融体系的积极作用。当然，这些组织在发展的过程中，也存在利率、监管等方面的问题，需要与正规金融协调发展。

第二节　信用借款的成本与程序

一、信用借款的成本

信用借款成本是指企业为筹集和使用信用借款而付出的代价。广义地讲，企业筹集和使用任何资金，不论是短期的还是长期的，都要付出代价。信用借款成本包括资金筹集费和资金使用费。其中资金筹集费是指公司在筹集信用借款过程中为获得资金而付出的费用。如向银行支付的借款手续费，以及筹资过程发生的公证费、担保费、律师费等。资金使用费是指为使用信用借款而付出的费用，如向债权人支付的利息等。

下面以银行短期信用借款和应付账款融资为例来说明信用借款成本的计算。

（一）银行短期信用借款成本

银行短期信用借款是指企业生产经营所需流动资金而向银行取得的以签订借款合同方式确定的一年或一年期以下的借款。企业使用短期信贷资金支付的利息，构成了短期信用借款的成本。其成本率的计算与银行设定利率、有效利率、所得税税率以及计息方式等内容有关。

短期借贷合同上规定的利率是银行的“设定利率”，又称“名义利率”。企业虽然按设定利率支付利息，但设定利率不一定就是计算短期信用贷款成本率所使用的有效利率。有效利率是根据偿还债务计息情况而换算的真实利率，它分以下两种情况计算：

1. 一年期借款（到期付息）有效利率的计算

计算公式如下：

$$\text{一年期借款有效利率}=\frac{\text{一年付息额}}{\text{借款额}}\times 100\% \qquad (7-1)$$

例 7—5　企业取得一年期借款 50 000 元，到期还本付息，假定设定利率为 12%，到期时付息额为 6 000 元。运用公式(7—1)，有效利率计算如下：

一年期借款有效利率$=\frac{6\ 000}{50\ 000}\times 100\%=12\%$

计算结果表明:到期还本付息的一年期借款,由于计息期限等于设定的年利率期限,有效利率等于设定利率。

2. 短于一年期的借款(等期付息)有效利率的计算

企业取得的短期借款大多是按季付息的。这种方式的有效利率计算有一定的规则可循,换算分单利和复利两种情况进行,有效利率计算公式如下:

$$\text{短于一年期的借款(等期支付单利)有效利率}=\text{名义利率} \quad (7-2)$$

$$\text{短于一年期的借款(等期支付复利)有效利率}=\left(1+\frac{\text{名义利率}}{\text{复利次数}}\right)^{\text{复利次数}}-1 \quad (7-3)$$

例 7—6 企业取得为期三个月的短期借款 50 000 元,设定利率 12%,到期时付息 1 500 元。有效利率的计算分单利和复利两种情况进行,运用公式(7—2)与(7—3),计算过程如下:

短于一年期的借款(等期支付单利)有效利率=12%

短于一年期的借款(等期支付复利)有效利率$=\left(1+\frac{12\%}{4}\right)^4-1=12.551\%$

(二)应付账款融资成本

应付账款是企业购买货物暂未付款而欠对方的账项,即卖方允许买方在购货后一定时期内支付货款的一种形式。卖方可利用这种方式促销,而对买方来说,延期付款则等于向卖方借用资金购进商品,可以满足短期资金的需要。应付账款信用可以分为免费信用、有代价信用和展期信用。免费信用,即买方企业在规定的折扣期内享受折扣而获得的信用;有代价信用,即买方企业放弃折扣付出代价而获得的信用;展期信用,即买方企业超过规定的信用期推迟付款而强制获得的信用。一般而言,放弃现金折扣的成本可由下列公式求得:

$$\text{放弃现金折扣的成本}=\frac{\text{折扣百分比}}{1-\text{折扣百分比}}\times\frac{360}{\text{信用期}-\text{折扣期}} \quad (7-4)$$

公式(7—4)表明,放弃现金折扣的成本与折扣百分比的大小、折扣期的长短同方向变化,与信用期的长短反方向变化。可见,如果买方企业放弃折扣而获得信用,其代价是较高的。然而,企业在放弃折扣的情况下,推迟付款的时间越长,其成本便会越小。

例 7—7 某企业按 2/10、n/30 的条件购入货物 10 万元。如果该企业在 10 天内付款,便享受了 10 天的免费信用期,并获得折扣 0.2(10×2%)万元,免费信用额为 9.8(10—0.2)万元。

如果买方企业放弃折扣,在 10 天后(不超过 30 天)付款,该企业便要承受因放弃折扣而造成的隐含利息成本。运用公式(7—4),该企业放弃折扣所负担的成本为:

$\frac{2\%}{1-2\%}\times\frac{360}{30-10}=36.7\%$

二、信用借款的程序

(一)银行的贷款条件和流程

1. 借款单位必须具备的基本条件

须经国家工商行政管理部门批准设立,登记注册,持有营业执照;实行独立经济核算,自主经营,自负盈亏,即企业有独立从事生产、商品流通和其他经营活动的权利,有独立的经营资金、独立的财务计划与会计报表,依靠本身的收入来补偿支出,独立地计算盈亏,独立地对外签订购销合同;有一定的自有资金;遵守政策法令与银行信贷、结算管理制度,并按规定在银行开立基本账户和一般存款账户;产品有市场;生产经营要有效益;不挤占挪用信贷资金;恪守信用;有按期还本付息的能力,即原应付的贷款本金及利息已偿还,没有偿还的已经做了银行认可的偿还计划;经工商行政管理部门办理了年检手续;资产负债率符合银行的要求等。

2. 申请贷款情况说明书

要求填写两份,加盖公司公章,提供法人的人名章以及法人委托他人全权办理贷款手续的委托书、企业法人的概况等。

3. 借款申请表

填写并按照所需提交书面文件的细目准备材料,如下所示:

(1)法定发证机关办理的年审合格的本企业贷款证。

(2)贷款申请报告。报告载明了下列内容:企业的基本情况,包括注册资金、企业性质、隶属关系、办公地点、联系电话、联系人、主营业务及企业介绍;企业法定代表人概况,包括姓名、性别、文化程度、专业职称、曾经所从事的职业与职务、有何业绩等;详细写清借款金额、用途、期限、还款途径及担保方式,以及附上项目可行性报告、购销合同等;企业财务情况,包括货币资金、存货量、负债总额、所有者权益合计、总资产、本期净利润以及最近一年累计利润总额。

(3)财务报表。包括两方面的内容:上年度的资产负债表、利润表和所有者权益变动表;本期的资产负债表和利润表。

(4)有关证件、证明。这些证明包括:营业执照的副本及其复印件;法定代表人身份证及其复印件;如有其他人代替法定代表人签字,还需提交本人身份证复印件及法定代表人授权委托书(授权书需有法定代表人亲笔签字并加盖公章)。

(5)保证贷款所需提交的资料。即保证单位的营业执照副本及复印件;保证单位的财务报表,包括上年度的资产负债表、利润表和所有者权益变动表,本期的资产负债表和利润表;保证单位同意保证的证明书,需加盖公章。

4. 等待银行受理和审批

一般情况下,银行自受理之日起,会按照法定的答复期限(短期贷款 20 个工作日,中、长期贷款 130 个工作日)回复批贷情况。

5. 银行贷款具体流程

(1)建立信贷关系

申请建立信贷关系时企业须提交《建立信贷关系申请书》一式两份。银行在接到企业提交的申请书后,要指派信贷员进行调查。调查的内容主要包括:企业经营的合法性;企业经营的独立性;企业及其生产的主要产品是否属于国家产业政策发展序列;企业经营的效益性;企业资金使用的合理性;新建扩建企业。

信贷员对上述情况调查了解后,要写出书面报告,并签署是否建立信贷关系的意见,提交科(股)长、行长(主任)逐级审查批准。经行长(主任)同意与企业建立信贷关系后,银企双方应签订《建立信贷关系契约》。

(2)提出贷款申请

已建立信贷关系的企业,可根据其生产经营过程中合理的流动资金需要,向银行申请流动资金贷款。以工业生产企业为例,申请贷款时必须提交《工业生产企业流动资金借款申请书》。银行依据国家产业政策、信贷政策及有关制度,并结合上级行批准的信贷规模计划和信贷资金来源对企业借款申请进行认真审查。

(3)贷款审查

贷款审查的主要内容有：贷款的直接用途；企业近期经营状况；企业挖掘计划、流动资金周转加速计划、流动资金补充计划的执行情况；企业发展前景；企业负债能力；签订借款合同。

借款合同是贷款方将一定数量的货币交付给借款人按约定的用途使用，借款人到期还本付息的协议，它是一种经济合同。借款合同有自己的特征，合同标的是货币，贷款方一般是银行或其他金融组织，贷款利率标准由国家规定，当事人不得随意商定。当事人双方依法就借款合同的主要条款进行协商，达成协议。由借款方提出申请，经贷款方审查认可后，即可签订借款合同。

借款合同应具备下列条款：借款种类；借款用途；借款金额；借款利率；借款期限；还款资金来源及还款方式；保证条款；违约责任；当事人双方商定的其他条款。借款合同必须由当事人双方的代表或凭法定代表授权证明的经办人签章，并加盖公章。

(4)发放贷款

企业申请贷款经审查批准后，应由银企双方根据贷款种类签订相关种类的借款合同。签订合同时应注意项目填写准确，文字清楚工整，不能涂改；借、贷、保三方公章及法人代表签章齐全无误。

借款方立借据。借款借据是书面借款凭证，可与借款合同同时签订，也可在合同规定的额度和有效时间内，一次或分次订立。

银行经办人员应认真审查核对借款申请书的各项内容是否无误，是否与借款合同相符。借款申请书审查无误后，填制放款放出通知单，由信贷员，科(股)长“两签”或行长(主任)“三签”，送银行会计部门办理贷款拨入借款方账户的手续。借款申请书及放款放出通知单经会计部门入账后，最后一联返回信贷部门作为登记贷款台账凭证。

银行贷款的具体流程如图7—1所示。

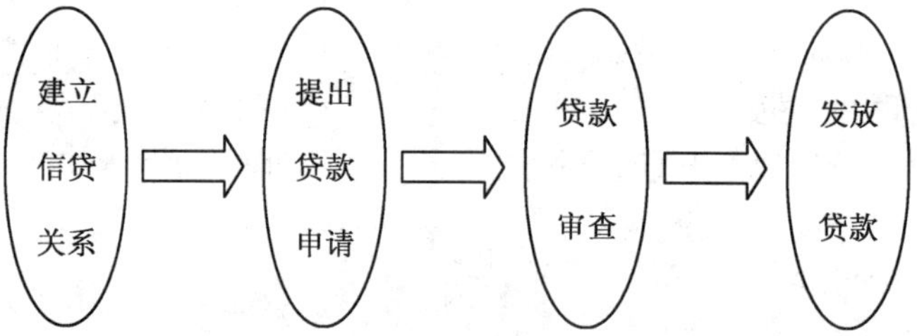

图7—1 银行贷款流程图

(二)商业信用融资的程序

1. 应付账款融资的程序

在规范的商业信用行为中，债权人(供货商)为了控制应付账款期限和额度，往往向债务人(购货商)提出信用政策。信用政策包括信用期限和给买方的购货折扣与折扣期，如“2/10，n/30”，表示客户若在10天内付款，可享受2%的货款折扣，若10天后付款，则不享受购货折扣优惠，应付账款的商业信用期限最长不超过6个月。应付账款融资的程序可用图7—2所示。

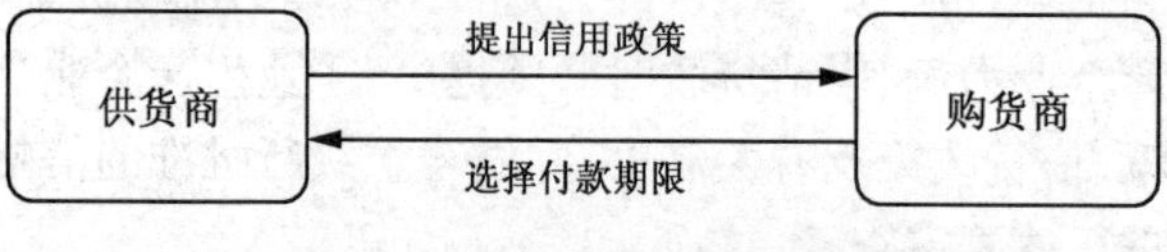

图7—2 应付账款融资流程图

2. 商业票据融资的程序

商业票据是指由金融公司或某些企业签发，无条件约定自己或要求他人支付一定金额，可流通转让的有价证券，使持有人具有一定权利的凭证。商业票据的期限在 9 个月以下，由于其风险较大，利率高于同期银行存款利率。商业票据可以由企业直接发售，也可以由经销商代为发售。如图 7—3 所示，以商业承兑汇票为例来说明商业票据融资的程序。

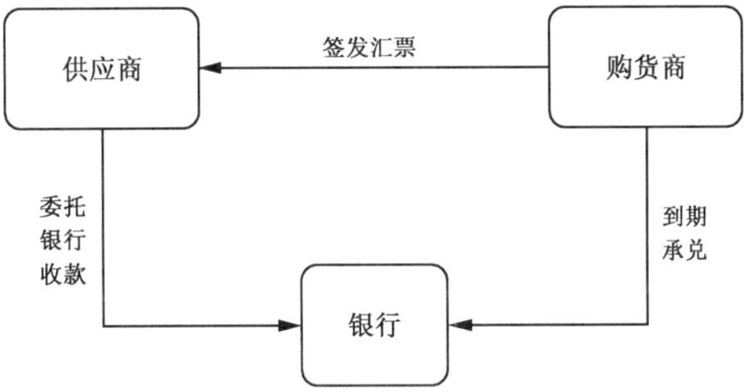

图 7—3　商业承兑汇票融资程序

根据图 7—3 我们可以知道，购货商为支付货款，向供货商签发汇票完成货物支付行为，供货商因持有购货商开具的商业承兑汇票，从而委托供货商的开户银行向购货商收取款项，银行向购货商提示承兑，购货商在到期日前承兑商业承兑汇票，从而让购货商在汇票到期日前完成货款支付行为。

3. 预收货款融资的程序

预收货款融资的功能仅仅局限于销货方。在预收货款中，取得融资的是销货方，而在应付账款和商业票据中，直接取得融资的是购货方。预收货款融资的程序如图 7—4 所示。

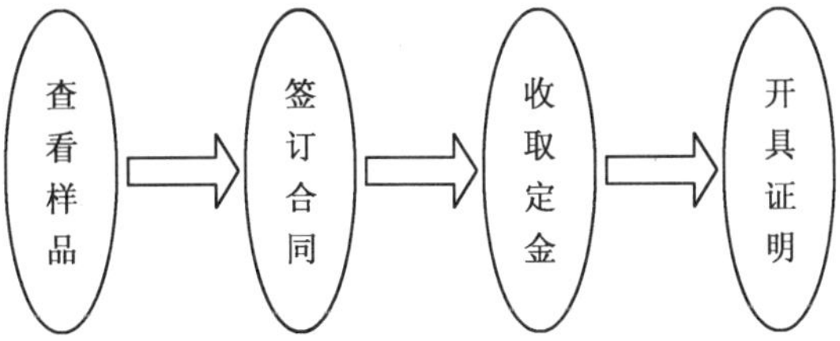

图 7—4　预收款项融资流程图

购货方看样品或样品说明书，如果愿意买卖，双方签订购销合同，购销合同一式两份，购货方与销货方各存一份。销货方收取定金并开具预收货款证明。

（三）民间信用借款的程序

民间借贷作为一种资源丰富、操作简捷灵便的融资手段，在市场经济不断发展的今天，一定程度上缓解了银行信贷资金不足的矛盾，促进了经济的发展。

民间信用借款具有灵活、方便、融资快等优点，运用市场机制手段，融通各方面资金为发展商品经济服务，满足了生产和流通对资金的需求。一般情况下，民间信用借款的程序如图 7—5 所示。

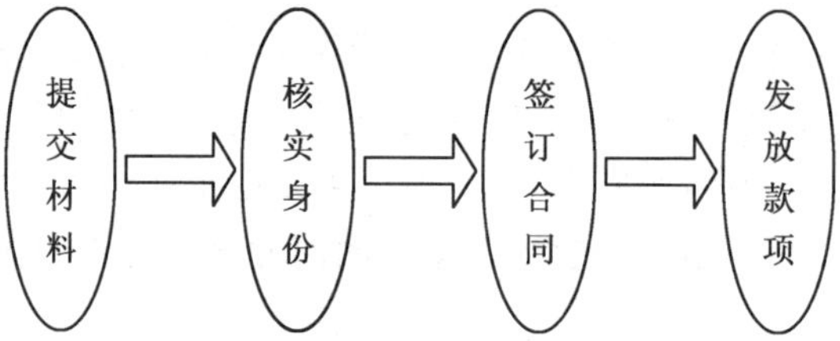

图 7—5　民间信用借款流程图

民间信用借款作为以信用为基础的民间借贷行为,借款人需要提交相应的材料来获得贷款人的信任,提交的材料包括个人身份证、户口本、结婚证、工作证等原件和复印件;稳定的住址证明、房屋租赁合同、水电缴纳单、物业管理等相关证明;提供稳定的收入来源证明、银行流水单、劳动合同;需找到一位有固定职业或有稳定收入的贷款担保人(企业法人或在职公务员)。出借人根据所提供的材料核实借款人的真实身份。出借人核实借款人的身份无误后,与借款人签订借款合同。最后,出借人向借款人发放款项。

第三节　信用借款关系管理

一、信用贷款的关系管理

目前我国信用贷款可以分为银行的信用贷款、贷款公司的信用贷款、担保公司的信用贷款以及电子金融机构的信用贷款。借款人与银行、贷款公司、担保人以及电子金融机构的信用关系的管理情况对获得信用借款具有十分重要的作用。相比来说,银行信用贷款是常见贷款,以下主要针对银行的信用贷款来说明其关系管理。

创业企业需要筹集启动资金与运营资金,与合作银行建立良好的关系,是确保企业能以最具竞争力的价格获得优质信贷服务的基础。银行关系管理是资金管理者的一项越来越重要的职责。那么应该如何与银行建立良好的信用关系呢?

下面以"三一集团"为例说明如何与银行保持良好的信用关系。

例 7—8　2019 年 5 月 9 日,广发银行与三一集团在长沙签署银企战略合作协议,双方将建立优势互补、互惠互利、共同发展的长期银企战略合作伙伴关系。广发银行负责人参与活动,与三一集团相关团队进行了深入交流沟通,对接业务。

三一集团是广发银行总行级战略合作伙伴,三一集团近年来业务发展迅速,经营质量持续向好,通过本次战略合作签约与深入交流,双方将在综合授信业务、现金管理业务、个人金融业务、投融资业务等方面加强交流与合作。广发银行将根据三一集团的发展需求提供综合金融服务方案,助推三一集团智能制造迅速发展。

三一集团首席财务官表示,希望双方合作为三一集团国际业务、风电、石油装备、产业地产、环保等业务板块提供更多的金融支持,助推三一集团在去年实现历史最佳经营业绩的基础上再创新高。广发银行副行长对三一集团的智能制造、工业大数据、人工智能、数智化转型等领先技术给予高度赞扬,并表示广发银行将提供一揽子金融服务,助力三一集团打造世界级品牌。

从三一集团的案例中可以得到以下结论：

创业企业要正确对待银企关系，“向银行借款”是企业与银行间一种互惠互利的合作，既不是企业求银行，也不是银行求企业，而是企业与银行“双赢”的一种商业合作。企业获得了急需的周转资金，而银行由此获得贷款利息收入，成为银行利润的重要来源。所以，要想从银行贷款，最主要的是要让对方相信你有还款的实力，而且一定会到期偿还，与银行保持良好的关系与沟通，使之了解公司的经营，才能保持良好的信贷关系①。

企业与银行的关系很微妙，需要把握一定技巧来进行管理和维系：

1. 保持良好的个人信用记录

随着我国个人征信系统的完善，良好的个人信用记录是获得信用借款的基本条件。需要个人注意平时信用积累，不论是信用卡、房贷等所有和银行的业务接触，都要按时还款，才不会破坏自己的信用记录。

2. 集中与一家银行来往

小规模的企业或初创企业，最好集中和一家银行往来，这样所选银行就会很了解企业的收支情况。如果企业和个人信用状况良好，当需要融资的时候，银行就会比较有意愿提供贷款。

3. 多与往来银行产生业务联系

银行选择客户的标准之一往往是信赖度和依存度。企业想办法要与所选银行产生各种业务关系。即使只是代缴水电、煤气、电话等杂费，都有助于创造往来实绩。

4. 讲究信誉

创业者要讲究信誉，企业的经济效益和信誉的好坏直接关系到银行借贷资金的安全与否，在与银行的交往中，要使银行对贷款的安全性绝对放心，就要注意抓好资金的日常管理，经常主动地向银行汇报公司的经营情况，同时真正提高企业的经营管理水平，用实际行动建立良好的信誉。

5. 有平和的心态

创业企业要有耐心，贷款的成功与否并不完全取决于银行，还取决于政策和其他机构部门的制约。因此，创业企业千万不能因一时办事受挫而埋怨银行，更要避免一时冲动破坏了与银行已有的关系基础。

二、商业信用融资的关系管理

我国的商业信用包括应付账款融资、商业票据融资以及预收货款融资。为了更好地利用商业信用取得借款，借款人需要处理好与客户以及供应商之间的信用关系。

(一)保持与客户之间良好的信用关系

“信用”就是本钱，商业信用融资是无需支付利息的，如果运用得好，可以筹集到一大笔资金。在市场经济发达的商业社会，利用商业信用融资已逐渐成为小企业筹集短期资金的一个重要方式。

下面某移动公司的案例正说明了保持与客户之间的良好信用关系的重要性。

例 7—9　2020 年，中国移动通信公司某分公司实行了一项话费优惠活动，具体活动内容是：若该公司的手机用户在 2020 年 12 月底前向该公司预存 2021 年全年话费 4 800 元，可以

---

①　资料来源：三一集团与广发银行携手，推动中国制造高质量发展[EB/OL].(2019－05－13). https://www.sohu.com/a/313611175_175442.

获赠价值 2 000 元的缴费卡；若预存 3 600 元，可以获赠 1 200 元的缴费卡；若预存 1 200 元，可以获赠 300 元的缴费卡。

该通信公司通过诱人的话费优惠活动，可以令手机用户得到实实在在的利益，当然更重要的是，还可以为该公司筹集到巨额资金，据保守估计，假设有 1 万个用户参与这项优惠活动，该公司至少可以筹集到 2 000 万元；假设有 10 万个客户参与此项活动，则可以筹集 2 亿元，公司可以利用这笔资金去开拓新的业务，扩大经营规模。另外，该通信公司通过话费让利，吸引了一批新的手机用户，稳定了老客户，在与竞争对手的竞争中赢得了先机。

在和客户打交道时，要注意把握以下几点：

1. 注意维护企业的信誉

企业在做出对客户的承诺时，应当尽全力实现对客户的承诺，不断提高企业的信誉，让客户对企业产生信赖感，这对保持与客户良好的信用关系具有十分重要的作用。

2. 融资最终的结果是双赢

企业通过商业信用获得客户的资金，除了要让自己的获利，更要让利于客户，达到“双赢”甚至多赢的效果后，才能让企业的商业信用水平得到提高。

（二）保持与供应商之间良好的信用关系

商业信用融资中的应付账款融资与商业票据融资是购货商向供应商取得信用借款的一种方式。因此，为了获取商业信用融资，借款人需要与供应商通过以下方式保持良好的信用关系。

1. 在双方的协议和意图方面建立基本的信任

对供应商提出的要求要合理，对规定和条例等方面的变化给予足够的重视，对于不同的观点要进行公开讨论。在不削弱服务质量及对双方没有危害的前提下，适当地放弃或是改变协议中的不重要的细节等各个方面，双方要表现出相互理解，从而建立长期的合作关系，企业才能获得供应商的信任。

2. 加强沟通与交流

真正理解双方在采购与供应中的利益关系，而不应强调合同条例条款。当有机会出现时，不断改进订货的方法及程序。加强同采购和供应组织中的员工接触，加强联系并提出新的思路。

三、民间信用借款的关系管理

民间信用借款是中小企业筹集资金的重要来源之一，借款企业有必要处理好民间信用借款所形成的债权债务关系。民间信用借款涉及的主体是借款人与出借人。因此，借款企业保持与出借人良好的信用关系显得尤为重要。保持与出借人良好的信用关系应注意的主要方面有：

（一）提高企业家个人及其家族的信用

中小企业是民间信用借款的借款主体，而企业家占主导作用且具有家族性是中小企业的组织结构特征。当资金提供者冒着风险向中小企业提供资金时，最重要的还款保障是企业家个人及其家族的人品、威望。因此，提高企业家个人及其家族的信用成为保持与出借人良好的信用关系的重要方式。

（二）提高企业财务信息的公开透明度

民间信用借款的融资双方存在着信息不对称问题，而出借人借出资金是要保证其资金能够收回。了解企业的财务信息是决定出借人是否出借于中小企业的依据之一，而企业财务信息的公开是借贷双方互相信任的基础。因此，提高企业财务信息的公开透明度对企业保持与出借人良好的信用关系具有十分重要的作用。

（三）加强沟通与交流

企业在取得民间信用借款后，应该及时与出借人沟通所筹集到资金的使用情况。让出借人了解到资金运用到具有投资价值的项目上，这种方式会让出借人更愿意借款给企业，同时会提高出借人对企业的信任程度。

本章小结

信用借款是创业企业获取资金的重要方式。信用借款分为信用贷款、商业信用融资以及民间信用借款。信用借款的获得会产生资金成本，不同种类信用借款的成本影响企业采取的融资方式。了解信用借款的程序有利于企业更加有效地获取资金。

信用借款的关系管理的有效性关系到债权人与债务人的关系管理。不同类型信用借款的关系管理重点有所区别：在信用贷款中，借款人需要与银行保持良好的信用关系；在商业信用融资上，借款人应与客户或供应商保持良好的信用关系；在民间信用借款上，借款人应与出借人保持良好的信用关系。

本章中英文关键词

资金成本率（The Cost of Capital Rate）　有效利率（Effective Interest Rate）
信用借款（Credit Loan）　信用借款成本（Cost of Credit Loan）
民间信用借贷（The Folk Credit Lending）
商业信用融资（The Commercial Credit Financing）
应付账款融资（Accounts Payable Financing）
商业票据融资（Commercial Paper Funding）
预收账款融资（Deferred Revenue Financing）
信用关系管理（The Credit Relationship Management）

复习思考题

1. 信用借款的方式有哪些？怎样区分不同种类的信用借款方式？
2. 如何计算商业票据融资成本？
3. 如何有效地进行信用借款关系管理？

拓展与提升：课程思政点、案例及思考

本章课程思政元素索引

序号	教学内容	课程思政
1	信用借款的分类	爱岗敬业，忠于职守

续表

序号	教学内容	课程思政
2	信用借款的成本	勤俭节约，艰苦朴素
3	信用贷款的关系管理	建立良好的人际关系

课程思政案例一：

“蚂蚁微贷”是阿里巴巴旗下的小微金融服务品牌，专注于为小微企业和个人创业者提供快速便捷的信用借款服务。

李先生是一家小型电商企业的创始人，由于资金短缺，他的企业一度面临困境。在了解到“蚂蚁微贷”提供的信用借款服务后，他凭借自己良好的信用记录和企业的经营情况，成功获得了贷款。这笔资金不仅帮助他解了燃眉之急，还让他能够扩大经营规模，提升产品质量和服务水平。他的网店生意也因此逐渐兴旺起来，不仅解决了自己的就业问题，还带动了家乡的农产品销售。

在借款过程中，李先生始终坚守诚信原则，按时还款，从未逾期。他的诚信行为不仅赢得了“蚂蚁微贷”的信任和支持，也让他在商业圈中树立了良好的口碑。

思考：

李先生的故事给我们带来了哪些启示？在申请和使用信用借款时，创业者应如何坚守诚信原则？

课程思政案例二：

为探索解决农村小农户小额贷款难、担保难问题，安徽省金寨县油坊店乡元冲村惠民农业合作社通过创新融资模式，与金寨徽银村镇银行合作，成功为当地农户提供了信用借款服务，助力乡村振兴。

该合作社与当地银行合作，推出了“农户＋合作社＋银行”的信用借款模式。农户可以根据自己的信用记录和生产经营情况，向合作社申请贷款。合作社则对农户的贷款申请进行审核和担保，然后推荐给银行进行放款。这种融资模式不仅降低了农户的贷款门槛和成本，还提高了他们的贷款成功率。同时，合作社的担保作用也增强了银行的信心，促进了银行对乡村振兴的支持。

在项目实施过程中，合作社始终坚持服务农户的宗旨，积极宣传和推广信用借款知识，提高农户的金融素养和信用意识。

思考：

如何在乡村振兴中有效运用信用借款，创新融资模式？

综合分析案例

运用供应商融资及其风险控制策略

——基于格力、美的电器的案例

格力与美的电器是空调行业的两大龙头企业，历经多次的行业洗牌，二者凭借其各自的整体实力和差异化优势脱颖而出。格力、美的电器2004—2007年的财务业绩如表7—1所示。

表7—1 格力、美的电器2004—2007年财务业绩表 单位:亿元

年 份	格 力				美 的			
	2004	2005	2006	2007	2004	2005	2006	2007
总资产	128	127	160	255	110	96	126	173
所有者权益	25	28	31	59	35	39	45	57
主营业务收入	140	185	240	358	193	214	212	313
净利润	4	5	6	13	5	6	8	17
净资产收益率	17.24	18.72	20.18	22.56	12.24	12.48	14.51	26.64
有息负债率	2.7	3.0	1.3	0	2.8	6.8	4.3	4.6
营运资本	1.6	−0.19	1.17	13.24	−0.9	6.96	1.39	7.99
净现金需求	17	14	22.27	47	0	4	0	13

注:有息负债率=(长期、短期借款+长期、短期债券)÷资产总额;净现金需求=应收账款+应收票据+存货−应付账款−应付票据。

在空调行业面临原材料价格持续上涨、竞争白热化等不利因素下,两家企业的销售量和净利润始终保持着稳步、健康的增长。其中,格力2007年较2004年同期相比,主营业务收入增长了将近1.6倍,净利润增长将近2.3倍,美的主营业务收入增长了62.18%,净利润增长了2.4倍。再来看两家企业的融资情况:格力4年来的平均有息负债率不到2%,美的平均不到5%,可见,两家企业的融资几乎回避了融资成本高、财务约束较强的有息负债融资,以应付账款和应付票据的供应商融资为主导,这使得两家企业的财务费用一直很少并常有负数出现。现金周期短、营运资金少、净现金需求低、财务费用为负是运用供应商融资方式的企业财务报表的四大特征。

从表7—2的数据可以看到,格力与美的电器的现金周期均远远低于同行业平均水平,(据有关资料显示,2004—2006年制造业上市公司的现金周期分别为:106、101、95天),营运资金和净现金需求也处于较低水平,是典型的供应商融资战略的实践者。但成功的融资方式在给两家企业带来了较好的业绩表现,净资产收益率保持稳步、快速增长的同时也带来了风险。不过风险并不可怕,只要及时采用控制风险的策略,就能进行有效防范。以下对格力、美的电器运用供应商融资进行分析,并提出控制风险的三大策略。

表7—2 格力与美的电器的现金周期指标表 单位:天

年 份	格 力				美 的			
	2004	2005	2006	2007	2004	2005	2006	2007
应收账款周转期	110	98	77	69	32	23	24	25
存货周转期	74	81	77	76	55	59	65	64
应付账款周转期	178	165	140	118	103	97	103	101
现金周期	6	14	14	27	−16	−15	−14	−12

一、加快流动资产周转是风险控制的有效防线

现金周期短是供应商融资的特点之一。现金周期的计算公式为:现金周期=存货周转期+应收账款周转期－应付账款周转期。现金周期越短,表明企业运用供应商融资时间越长。从以上公式中得知,追求较短的现金周期有两个方面:在降低存货、应收账款周转天数的同时,尽量延长应付账款的支付时间。这两个方面的努力其实也说明了运用供应商融资时同时伴生的财务风险:延时支付应付账款会增加企业的流动负债,使得短期偿债风险加大。如果能加快存货、应收账款的周转,就会释放企业占用在这部分流动资产上的资金,使得现金供应增加,能够应对延时支付潜在的偿债风险。

显然,从现金周期指标来看,美的运用供应商融资比格力更加充分,2007 年的现金周期为—12 天,说明美的占用在存货和应收款项上的资金不仅完全由供应商解决,而且还无偿占用了供应商的流动资金 12 天,2004 年无偿占用了供应商的流动资金长达 16 天。相比之下,格力的现金周期却是越来越长,从 2004 年的 6 天增长到 2007 年的 27 天。从数据方面来看,格力的营运资金规划趋于保守,但如果通过对流动资产周转的具体分析,就可以发现格力不仅是保守方面的问题,而且潜伏着更大的财务风险,原因在于格力的流动资产运营速度令人堪忧。

表 7—2 的计算数据显示,格力的应付账款周转期远远长于美的,说明格力与供应商的议价能力高于美的。比较存货和应收账款的周转期,格力也远远长于美的。

格力的应付账款周转期长意味着其财务风险比美的大,而流动资产的周转率(见表 7—3)却又远远低于美的,风险压力不言而喻。对格力而言,要想更加成功地运用供应商融资,更好地控制风险,改善其内部短期资产的管理效率可谓当务之急。有一点需要说明的是,加快存货、应收账款的周转,延迟应付账款的支付,最终出现的是流动比率下降、现金比率提高。若按照传统理论,提到短期偿债风险,流动比率是衡量的首选,流动比率下降意味着偿债风险加大。但事实上,流动比率只是一种静态反映企业偿债能力的指标,企业不会真正去用应收账款、存货、短期投资等流动资产偿还债务,所以现金比率才是真正意义上衡量偿债风险的指标。

表 7—3　　格力、美的电器 2004—2007 年流动资产周转率

年　份	格　力				美　的			
	2004	2005	2006	2007	2004	2005	2006	2007
流动资产周转率	1.6	1.8	2.1	2.25	2.92	3.11	2.77	3.22
流动比率	1.02	1.00	0.99	1.07	0.99	1.12	1.03	1.07
现金比率	0	0.06	0.1	0.2	0.1	0	0	0.11

注:流动资产周转率=主营业务收入÷平均流动资产;现金比率=现金及现金等价物的期末余额÷流动负债,流动资产周转率的单位为次/年。

二、现金储备是资产安全运营的保障

运用供应商融资战略的第二道安全防线就是安排比较保守的现金储备量。现金储备量最能够直接反映企业应付账款的偿还能力。如果拥有充足的现金储备量,企业就可以防范供应商的挤兑风险。

表 7—4 为格力、美的电器 2004 年—2007 年有关货币资金、应收账款、存货占流动资产的比重。从表 7—4 中可以看出,尽管 2007 年格力的货币资金占流动资产的比重有所增加,但在此之前其货币资金持有比例大都低于美的,高流动负债却持有较低水平的现金,这无疑增加了

格力的营运资金风险。格力也意识到了风险，2007 年货币资金持有量明显加大。一般认为，企业在流动资产中至少应有 10%～15%的货币资金作底线，才能有效防范营运资金的风险。

表 7—4　　格力、美的电器 2004—2007 年的流动资产内部项目的比重

年份	格力				美的			
	2004	2005	2006	2007	2004	2005	2006	2007
货币资金占流动资产的比重(%)	6	6	10	20	11	20	14	15
应收账款占流动资产的比重(%)	59	60	48	45	37	28	31	12
存货占流动资产的比重(%)	34	32	40	34	51	51	53	55

三、正的经营净现金流是信用风险的"防火墙"

正的经营净现金流是持续经营的根本保证，尤其是致力于运用供应商融资的企业。

从表 7—5 可以得出以下结论：格力的经营净现金流始终保持稳定增长势态，且增长幅度较大，这是因为格力出色的销售业绩为其作了良好的铺垫。经营净现金流的充足在很大程度上可以弥补前面提到的格力电器流动资金周转缓慢隐含的财务风险。而美的的经营净现金流在金额上尽管"很漂亮"，但其增长率却是上下波动、很不稳定的。从经营性现金流量对流动负债的比率来看，格力的财务弹性远远小于美的，说明从经营性现金净流量的绝对规模上格力的"造血机能"不足，在运用供应商融资时存在较大的支付风险。一旦发生供应商挤兑，格力的经营净现金流规模很难应付。

表 7—5　　格力、美的电器 2004—2007 年的经营净现金流量情况

年份	格力				美的			
	2004	2005	2006	2007	2004	2005	2006	2007
经营净现金流(亿元)	1.36	7.74	17.53	27.93	12.69	18.53	11.18	16.33
经营净现金流增长率(%)	−2	470	126	59	−24	46	−40	46
经营性现金流对流动负债的比率	0	0.08	0	0	0	0	0	0.17

综上所述，在运用供应商融资策略时，优先考虑的应该是风险控制，而确保流动资产的周转效率、持有保守的现金储备、正的经营净现金流量是控制融资风险的三大基本策略。

（资料来源：程诺，汤谷良．应用供应商融资及其风险控制策略[J]. 财务与会计，2008(11)：22—24.）

案例思考题：

通读案例，供应商融资属于信用借款中的哪种具体类型和方式？运用供应商融资方式时容易产生哪些风险？应对的策略有哪些？

挑战性思维和深度思考指引

在深入信用借款的学习旅程中，我们不仅要掌握基本的借款原理，了解信用借款的丰富实例，更需要培养一种挑战性思维和进行深度思考的能力。此模块旨在通过推荐阅读一系列精选的文献资料，引导大家从多个维度审视和理解信用借款在实践中的应用，从而激发大家的批判性思维和创新能力。所选文献均来源于中国知网官方网站(https://www.cnki.net/)。

思考题：

1. 企业的供应链关系如何影响银行贷款决策？行业环境又有何调节作用？
2. 互助担保机制下，借款违约如何引发信用风险传递？
3. 供应链稳固性如何提升企业的信贷融资能力？
4. 为什么说勤俭节约具有重要意义？谈谈你的理解。
5. 谈谈大学生如何建立良好的人际关系？

推荐阅读：

[1]张勇．供应链客户稳定度与企业信贷融资——基于我国上市公司银行信用借款的证据[J]．南方金融，2024(02):22—39.

[2]李海波．董事责任保险与企业过度负债——基于信贷配置视角[J]．财会通讯，2023(22):54—58.

[3]李占雷，李瑞，徐勇强．互助担保融资关联信用风险传染研究——基于借款方违约视角[J]．会计之友，2023(11):25—31.

[4]陈为民，杨泽俊，陈依．借款描述对互联网金融信用风险的影响研究[J]．财经理论与实践，2022，43(6):24—30.

[5]胡雯莉，唐华军．供应链关系对银行借款的影响机制研究——商业信用的中介作用和行业环境的调节效应[J]．企业经济，2021，40(3):33—44.

下 篇

创业融资实践

第八章　商业计划书概述及撰写策略

【本章思维导图】

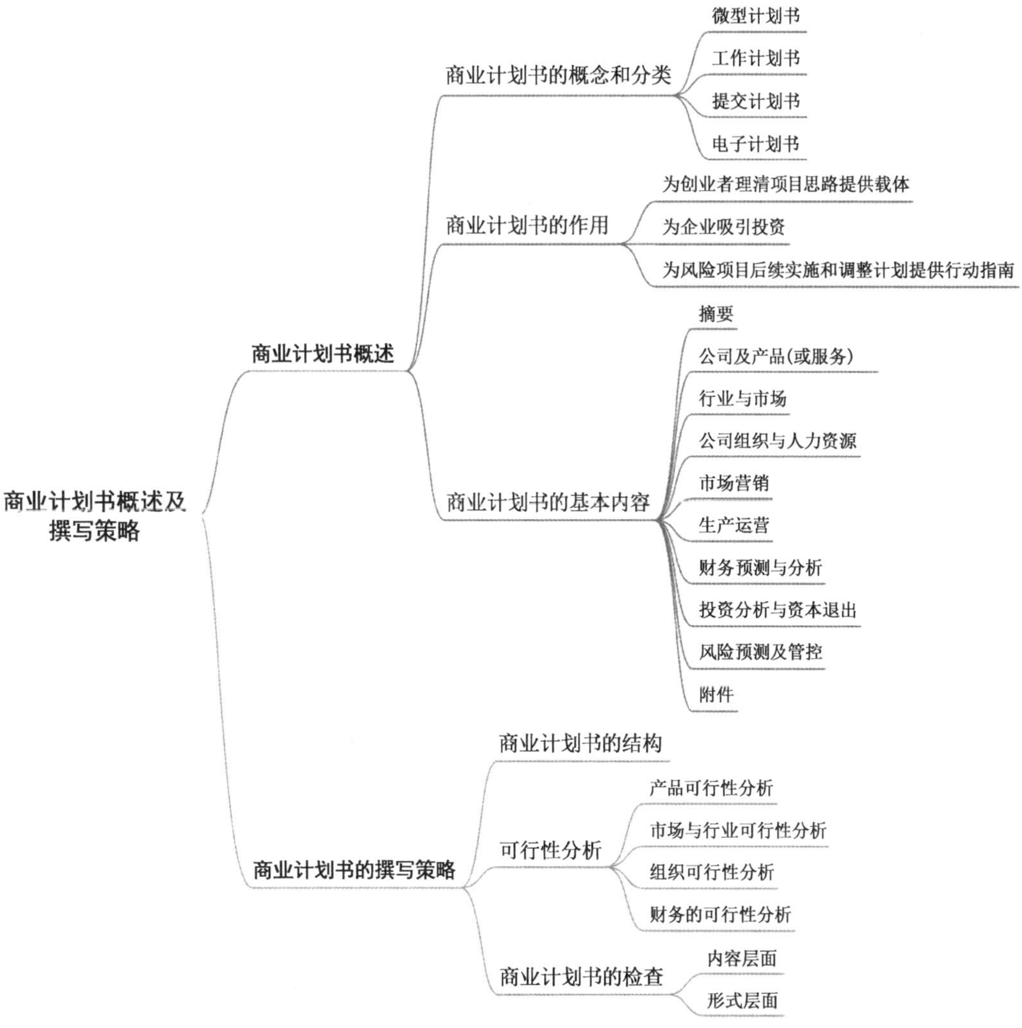

【引导案例】

宁德时代：独角兽公司的融资战略

2021年，宁德时代——中国新能源汽车动力电池领域的"独角兽"公司，正积极为扩展市场份额和技术创新筹集资金，计划引入新一轮融资。这家成立仅五年便崛起的企业，虽业务扩展迅速，却也面临资金需求的挑战。8月12日，宁德时代发出了上市以来的第二个定向增发预案，拟募资582亿元用于产能扩张和研发项目，但公司的巨额定向增发在市场上引起了高度关注和质疑。

董事长曾毓群先生向多家投资机构展示了公司的商业计划书，详细阐述了宁德时代未来的战略布局和资金需求。新能源汽车市场的广阔前景及其技术领先性获得了不少投资人的认可，但部分投资者也对公司如此大规模增发融资的动机提出了质疑，认为宁德时代在高位融资可能是"囤币"，并非急需补充运营资金。面对这些质疑，曾毓群先生在公司总部陷入深思：如何使商业计划书更清晰地展现公司的长期战略和资本布局，以打消投资者的疑虑？如何向投资人证明，融资计划将为公司带来实际价值和竞争优势？他还需权衡增发的规模和节奏，以确保公司在扩张过程中保持健康的资本结构，并有效平衡风险。

此外，宁德时代还面临一系列关键问题：资本市场的狂热在渐渐褪去。自2021年12月初股价站上690元左右的历史高位之后，宁德时代股价开始下滑，2022年4月末的股价甚至跌到387.5元的低点，跌幅高达43.8%（同期深创业板指数跌幅33.7%）。一面是如火如荼的销量高歌猛进，一面却是快速下滑的市场估值。股价的下跌是否意味着资本市场在重新审视这个快速扩张的行业？巨额的融资在支撑战略实施的同时，又将带来怎样的风险？

这次融资为宁德时代带来的不仅是资金的补充，更是战略上的深层思考。2022年4月29日，宁德时代的第2次定向增发方案已获得证监会批复。这一次，宁德时代还能否像2020年那样得到投资人的热烈追捧？为了更有力地展示宁德时代的核心竞争力、明确融资对公司未来的支撑作用，曾毓群和他的团队决定对商业计划书进一步打磨，力求使之成为清晰、精准的融资沟通桥梁。

（资料来源：何琳，赵健梅，刑颖，等. 宁德时代：独角兽公司的融资战略[EB/OL]. http://www.cmcc-dlut.cn/Cases/Detail/6967.）

案例启示与思考：

商业计划书是创业过程中不可或缺的工具，它不仅是创业者与投资者沟通的桥梁，也是创业者整理思路、制定战略的核心文件。在成功吸引投资者的同时，它还能帮助创业者发现潜在问题并完善商业模式。本案例围绕商业计划书的撰写与融资展开，为创业者在如何利用商业计划书实现有效沟通提供启发。请思考以下问题：

1. 在公司的融资中，商业计划书所起到的作用有哪些？
2. 怎样才能撰写出一份完美的商业计划书来吸引更多的投资？
3. 如果你是投资者，你会更关注商业计划书的哪些部分？

【本章学习目标】

1. 使学习者对商业计划书及其作用产生概念性基本认知，理解商业计划书在创业融资中的作用及其对吸引投资者的重要性。
2. 提高学习者撰写商业计划书的整体把控能力。

3. 掌握商业计划书的撰写注意事项，确保商业计划书内容清晰、条理分明且符合投资者需求。

4. 引导学习者关注企业社会责任，理解可持续发展和社会价值在商业中的地位，培养以责任为核心的商业伦理观念。

5. 通过学习商业计划书，深刻理解创新在创业中的重要性，激发学习者在新时代经济转型背景下的创造力和实践力。

6. 增强学习者对国家政策支持、行业发展趋势的认知，引导学习者在创业中助力国家经济发展，肩负时代使命。

第一节　商业计划书概述

一、商业计划书的概念和分类

商业计划书是国际惯例通用的标准文本格式形成的项目建议书，是全面介绍公司、项目或者产品、服务基本情况，分析所处行业、市场及竞争情况，构想营销规划、财务计划及融资安排，并对可能发生的风险进行识别及控制等，对未来发展前景和融资要求进行系统性规划的书面材料。

根据用途和内容深度的不同，商业计划书可分为四类，即微型计划书、工作计划书、提交计划书及电子计划书。

（一）微型计划书

几乎每个商业理念都起始于某种微型计划书。微型计划书篇幅不限，应当包括的关键内容有商业理念、需求、市场营销计划以及财务报表等，特别是现金流动、收入预测以及资产负债表。微型计划书是迅速检验商业理念或权衡潜在的合作伙伴价值的最佳途径。它也可以为以后拟定长篇计划书提供有价值参考。微型计划书可以看作是商业计划书的浓缩和提炼，对于吸引投资人眼球、提高融资效率有很大影响。

（二）工作计划书

工作计划书是运作企业的工具，将利用较长篇幅处理细节，叙述应简洁。作为给内部人员使用的指导性文件，工作计划书不必纠结于排版、装订等方面，但在事实和数据方面的内在统一对于工作计划书和其他面向外部投资者或者合作方的正式商业计划书同样重要。

（三）提交计划书

尽管提交计划书与工作计划书有几乎相同的信息量，但在风格和内容上有所区别。提交计划书主要针对外部投资者，因此用语更具专业性，还应包括一些投资人所需要的关于所有竞争压力与风险的附加内容。该计划书不仅要内容翔实，还需在排版、设计上注重视觉效果，以增强投资人对计划的信任和理解。

（四）电子计划书

在计算机应用普及的今天，电子版商业计划书以其速度快、传送便捷、形式直观、成本低廉等优势得到了广泛应用。但电子计划书更易复制和传播，不利于有关信息的保密，因此也不能完全替代纸张式计划书。

二、商业计划书的作用

一份好的商业计划书对企业来说非常重要，但是不同阶段的商业计划书发挥的作用会有所不同。对于创业初期的企业来说，商业计划书也是创业计划书。因为企业处于初创阶段，风险较大，很难获得投资商的投资。所以，企业在编写商业计划书时，应该对于市场和创业领域有一个清晰明确的认识，采取一定的措施来降低可能面对的各种风险。这时，商业计划书发挥的主要作用是创业融资，为企业吸引更多的风险投资商。对于成长期的企业来说，发展自己的核心能力，突出优势才是重点。这时的企业已经度过了艰难的创业期，想要在激烈的市场上争取更多的市场份额，不被其他企业超越或模仿，就要制定有效的战略和策略。所以，商业计划书能够为企业后续的发展提供蓝本。总的来说，商业计划书能够起到以下三点重要作用。

（一）为创业者理清项目思路提供载体

创业者往往会面临无数的问题需要处理，可能没有时间去思考和探索公司未来的发展规划。对于一个发展期的大企业来说，一个项目的失败可能不算什么，但是对于一个小公司来说，一个项目的失败很有可能带来整个创业计划的失败。为什么现实中那么多的创业者，成功的只有少数几个？其中一个很重要的原因就是，他们没有理清楚公司未来的发展计划。大多数人都是抱着“走一步看一步”的心态，或者是一有想法就铆足劲开始行动。公司项目可能面临的风险有哪些？下一步的行动计划是什么？未来向着什么方向发展？有了商业计划书作为载体，创业者可以将自己的所有想法和计划整理清楚，从各个角度来分析公司的业务和发展。

（二）为企业吸引投资

风险投资者手中有资金，创业者手里有项目，那么创业者如何用自己手里的项目将投资者手中的资金吸引过来呢？商业计划书就可以作为两者连接的纽带。如果一个人告诉你他很有钱，有几套房子，有几辆车，你仍然无法准确判断他的财务状况。因为你不知道房子装修如何，处于什么地段，也不知道汽车是什么牌子，使用了多久。然而，往往最能打动对方的就是这些细节。为什么宁德时代增发在市场上引起了高度关注和质疑？因为投资者认为，尽管公司展示了其扩张和技术创新的规划，但如此大规模的融资可能并非急需补充运营资金，而可能是高位“囤币”。投资者对宁德时代的内部运作情况缺乏清晰了解，特别是在公司资金使用的具体安排和战略布局方面，他们担心公司在市场高位大规模增发会带来估值压力和风险。

如果创业者能提供一份详细完备的商业计划书，投资者可以在短时间内对于公司的项目有一个相对比较全面的了解，增加对投资的信心，从而快速地在融资需求方和投资方之间建立联系的桥梁。商业计划书的编制不仅能提升企业的形象，提高了与投资者的沟通效率，从而更好地吸引投资者，说服投资者做出投资决定，同时也能对公司的各项重要信息有一次全面的梳理，让原有大股东更加明确企业未来的愿景，做好未来的发展规划。

（三）为风险项目后续实施和调整计划提供行动指南

聪明的创业者往往会对项目进行一个完整的规划，考虑长远。无论是团队计划、市场计划、品牌计划、产品计划还是资金计划，都不是一下子能够完成的，需要分阶段实现。公司在不断发展的过程中，可能会与商业计划书中的预期有所偏差，但是有了商业计划书作为参考，创业者可以据此评估和判断公司的实际情况，并做出一定的调整。比如说商业计划书中的财务计划可以作为后续计划的基础，用于监控预算执行和未来实施调整。

三、商业计划书的基本内容

创业者想要获得投资，引起风险投资者的关注，首先应该考虑投资者关注什么问题，并在商业计划书中详细介绍。总的来说，风险投资者关注八大问题。第一，“干什么”。公司提供什么样的产品和服务，能够解决什么实际问题。第二，“怎么干”。公司提供的产品是如何生产出来的，产品生产的工艺以及过程，或者提供的服务具体流程是什么。第三，“消费人群”。主要包括市场细分、目标市场以及市场容量。第四，“竞争对手”。产品的市场分析，竞争对手有哪些，竞争优势是什么，有没有可持续性。第五，“营销计划”。包括营销发展思路和具体的策略。第六，“经营团队”。创业者的背景以及个人经历，团队中的主要岗位人员能否胜任。第七，“财务计划”。包括财务假设、报表预测和财务分析。第八，“融资需求和投资决策”。涉及股本构成、融资情况、融资用途、股东背景，以及投资分析。

商业计划书的内容应该建立在阐释主要问题的基础上，以书面形式全面描述公司的各个方面。一般来说，商业计划书的基本内容包括以下几个方面：

（一）摘要

摘要也称执行摘要或执行总结，是对商业计划书最精简的概括，也是对企业、项目或服务的整体画像。不需要写分析过程，只需要写结果。因为摘要部分是投资者最先了解的部分，第一印象很重要，所以一定要突出核心问题，抓住重点，能够引起投资者的关注和兴趣。鉴于摘要的重要性，一般在商业计划书的正文部分完成以后，才开始撰写摘要。

（二）公司及产品（或服务）

公司介绍主要是为了让投资者了解公司的基本情况，包括公司现状、公司的历史和公司的未来发展战略规划。公司产品（或服务）是投资者最关心的问题之一，也是投资者决定是否投资的一个关键点。好的产品往往能够快速占领市场，获得巨大收益，让投资者心动。产品部分除了介绍产品的基本内容以外，还需要详细介绍研发团队与技术水平，在同类产品中的比较，产品能够带来的影响力以及未来的发展战略。

（三）行业与市场

行业与市场是创业公司生存的外部环境，主要包括行业历史与前景、市场环境、市场需求量及增长趋势、市场细分及定位、竞争情况及本公司竞争优势和未来 3—5 年市场销售计划。公司只有充分了解行业与市场情况，才能应对风险，把握商业机遇，有长远的发展。

（四）公司组织与人力资源

组织机构是公司管理系统的框架，能够反映出公司内部的分工、合作与管理情况。投资者在了解公司组织机构以后，最关心的是人员的配置问题。从人员的安排情况，能够看出这是不是一个高效率的、可靠的团队。可以从部门人数分布、部门职责、核心人员构成以及核心人员职责与权利四个部分介绍人力资源情况。

（五）市场营销

市场营销包括两部分内容：制定营销方案和给出未来的销售预测。营销方案是公司产品与客户连接的桥梁，目的是说明公司未来如何控制和应对市场环境以获取客户并提升销售额。营销方案应包括品牌推广、定价策略、渠道选择和客户服务等内容，以便展示公司如何控制和适应市场。而对未来销售的合理预测能帮助投资者直观地了解公司的市场潜力，增强他们对项目的信心。

（六）生产运营

生产运营对于公司来说，也是很重要的一部分。由于生产运营是一个比较复杂的过程，会占用大量的资源，创业者需要在评估项目的价值时加以考虑，从而确定融资资金。每个公司生产运营的模式都不一样，风险投资者也可以根据这部分加深对公司项目的了解。不过，对于服务型企业来说，可能没有生产环节，运营模式简单，就只要着重介绍地理位置选择、人员雇佣情况和信息管理等即可。

（七）财务预测与分析

财务预测与分析反映的是公司的财务业绩，主要包括融资说明和未来财务数据预期两个部分。对于新公司或者新项目来说，许多财务数据都不是现时存在的，需要分析与预测。风险投资者可以从财务计划部分看出公司预期的经营状况，判断自己的投资是否能够得到可观的回报。

（八）投资分析与资本退出

投资分析包括不确定分析和投资决策指标评价。在生产经营过程中可能会出现各种不确定性因素对投资收益产生影响，因此要进行不确定分析。投资决策指标评价是用来对项目经济效益进行评价和分析，判断该项目投资是否可行。此外，风险投资者主要是通过资本退出的方式获取高额回报。所以，创业者应该让投资者知道，自己将以何种方式退出，投资者能够获得的预期回报有多少。

（九）风险预测及管控

风险是客观存在的，不可能完全消除它，但是可以通过风险管理将风险降低。风险投资者关心的不仅仅是收益，还有项目的风险。一般来说，风险越大收益越大。但是如果能在保证收益的情况下，通过风险管理，最大程度地降低风险，可以吸引更多投资者的投资。

（十）附件

附件是对商业计划书正文部分的补充说明。为了避免商业计划书的正文部分过于烦琐冗长，一些补充材料可以作为附件放在最后。附录部分最主要的内容是主要合同资料，除此以外，也可能出现信誉证明、创业者履历、政策文件、财务报表等资料。

第二节　商业计划书的撰写策略

一、商业计划书的结构

商业计划书最好能够遵循传统的结构，做到结构清晰，逻辑严谨。有些创业者会认为千篇一律的格式过于枯燥，想要有一些创新，但是偏离了基本结构的商业计划书非但不能够给投资者带来惊喜，还有可能会使投资者觉得浪费时间。投资者已经习惯了商业计划书的传统模式，知道从哪里找寻关键信息，能够高效率地利用商业计划书。相比较而言，投资者更喜欢固定清晰的整体结构。

撰写者在撰写商业计划书的时候，常常会考虑一个问题“需要用多长的篇幅去写，细节该如何把握”。对此，不同的人有不同的想法，一般建议总页数在25—35页的范围。网络上有很多撰写商业计划书的模板和软件包，不得不承认软件包中的一些程序很有用，创业者可以去学习和使用。但是对于那些样板文件万万不可以照搬，创业者需要根据自己的公司特点对其进行修改，使之富有公司的特色。商业计划书由创业者或者创业者团队来写会更好，因为创业者往往能够表现出新创企业的可预测性和激动人心的感觉，创业团队一起来写会增加团队的凝聚力，都能够起到积极作用。

另外，创业者需要认真考虑商业计划书的外表如何设计。投资者拿到商业计划书，第一眼看到的就是商业计划书的外表，会留下一个初步的印象。众所周知，第一印象特别重要，在不同的场合人们通常用不同的衣服和饰品来装扮自己，为的就是给对方一个好的第一印象，争取进一步交流的机会。那商业计划书的外表该如何设计呢？首先，不能让投资者觉得这是外行人制作的，要让商业计划书看起来比较专业。可以采用塑料螺旋镶边线装订，用透明的封面和封底作为支撑，这样看起来会有一种简洁大方的感觉，也给投资者传递一种信息：创业者资源有限，需要行动上的支持。其次，可以从一些小细节展示你的细心与用心。比如说将公司的徽标放在商业计划书的封面上，选取一种或者两种颜色作为主色调，把每一页的风格协调一致。这些小细节会使商业计划书看上去加分不少。

一份优秀的商业计划书，必须要做到一点，那就是文本规范且通俗易懂。创业者不仅仅要把关键问题阐释清楚，还要让投资者能够看懂。对于出现的一些晦涩难懂的专业术语，要用简单通俗的语言解释清楚。因为投资者可能只是某一个或者某几个领域的专家，并不是所有方面都擅长。如果阅读商业计划书的时候还需要自己去查资料，既浪费了时间，又增加了工作量。

二、可行性分析

可行性分析是对商业计划是否可行进行分析和判断的过程，包括产品的可行性、市场与行业的可行性、组织可行性以及财务可行性四个部分。要完成全面可行性分析，可以参照如表8—1所示的模板。

表8—1　全面可行性分析

企业简介			
第一部分　产品可行性分析			
1. 产品优势			
2. 产品需求			
第二部分　行业与市场可行性分析			
1. 行业吸引力			
2. 市场吸引力			
第三部分　组织可行性分析			
1. 管理能力			
2. 人力资源			
第四部分　财务可行性分析			
1. 项目资金需求			
2. 整体财务吸引力可行性判断表			
产品可行性	不可行	不确定	可行
市场与行业可行性	不可行	不确定	可行
组织可行性	不可行	不确定	可行
财务可行性	不可行	不确定	可行
总体评价	不可行	不确定	可行

从表8—1中我们可以看出，全面可行性分析的工作量比较大，耗费的时间比较长。想要做好这部分工作，分析者不仅要收集一手资料，还要对大量文献进行整理分析。接下来，我们

来探讨可行性分析的四大部分。

（一）产品可行性分析

分析产品的可行性，首先我们要明确产品的特点，以此判断产品是否合理，是否有意义。如果产品属于创新型产品，就要重点考察产品在设计上和概念上是否有致命的缺陷，能否被消费者接受，对消费者有没有吸引力。如果是功能型产品，要重点考察产品是否能够解决实际生活中的问题，具备一定的市场优势。其次，要分析产品的需求。产品适合什么样的消费群体，能给消费者带来什么，大概会有多少消费者对于该产品有需求。产品的需求关系到商业计划实施以后的销售量和销售收入，至关重要，这是公司盈利的一个关键点。

在进行产品可行性分析时，一手资料和二手资料均发挥重要作用，帮助全面评估产品的市场潜力和用户需求。

一手资料包括通过直接调研获取的原始数据，这些数据通常包含产品的设计文档、技术规格以及消费者调研数据。具体而言，一手资料除了产品的设计资料，还包含了对目标消费者的深入调查问卷，例如消费者的购买意愿、支付能力、使用需求和产品偏好等。通过问卷调查，创业者可以了解消费者对产品的初步态度和需求意向，洞察消费者对功能、价格、质量等方面的关注点，进而判断产品在目标市场的接受度。二手资料则是从现有的外部资源中获取的信息，提供了产品市场环境和竞争格局的背景数据。二手资料通常包含相关行业和市场的研究报告、同类产品的市场分析、消费者行为数据、行业期刊、文献资料等。通过这些数据，创业者可以更全面地了解市场趋势、消费习惯、技术发展等宏观因素。例如，行业研究报告帮助了解市场容量、增长趋势、消费者人群和竞争者分布情况，从而识别市场机会和风险。竞争对手分析报告可以为产品定价、市场定位提供参考，使公司能够更好地识别自身产品的优势和差异化特性。

通过一手和二手资料的结合分析，创业者可以更全面、准确地判断产品的市场可行性，为后续商业计划书的撰写奠定基础。

（二）市场与行业可行性

分析市场与行业的可行性，主要是看市场与行业的吸引力。如果一个市场的吸引力特别大，势必会存在很多强大的竞争者，创业者很难寻找立足之地。创业者需要事先评估目标市场所具有的吸引力，最好能够选择服务于一个吸引力相对较小的目标市场。另外，不同行业竞争的激烈程度和门槛都不一样。比如资本和人才密集型的行业，通常是一两家企业主导，创业者很难进入，但是餐饮行业市场分散，门槛也比较低，相对容易得多。当然，进入市场的时机也很重要。创业者可以根据产品市场的阶段和行业的经济状况来判断时机是否合适。

（三）组织可行性分析

组织可行性分析主要包括管理能力和发展资源两个方面。无论是个人创业还是团队创业，创业者都应该对自己的管理能力作出正确的评估，团队创业还要评估整个团队的管理能力。评价管理能力的要素有很多，比如关键管理者的文化程度、创新能力、创业经验、管理经验等等，其中最重要的两个要素是创业者的创业热情和对市场的了解程度。除了对组织现有的管理能力进行评价，还要考虑到组织的未来发展。资源是否充裕，是一个企业能否走得更远的决定因素之一。严重的资源缺乏会使组织步履维艰，很难向前发展进步，充足的资源能够为企业的发展提供良好的保障。

（四）财务可行性分析

财务可行性分析是从财务角度分析商业计划的可行性，这部分只要进行初步分析就可以了，详细的内容会在商业计划书的财务计划部分展开。首先，创业者需要分析的是资金需求，包括所有的运营费用和资本购买费用。创业者仅仅靠自己，可能难以拿出那么多的现金，所以还要考虑资金的来源以及资本成本。在评估资金需求时，需要注意一点，创业的过程中难免会有意外发生，“宁可高估，不能低估”。其次，要评价企业整体财务的吸引力。创业者可以根据同类企业的财务数据对本企业的财务业绩进行评估。在选取同类企业时，尽量选择企业规模相同、经营模式相似的企业，评估的数据会准确很多。企业整体财务的吸引力，判断依据并非实际数据，都是预测的数据，比如企业前几年的销售预测。

三、商业计划书的检查

商业计划书的撰写是一个缓慢的过程，需要多次修改，不断完善。在初稿完成以后，就需要对商业计划书进行第一次全面的检查。商业计划书的检查可以概括为两个层面，即内容层面与形式层面。商业计划书完成后的检查事项如图 8—1 所示。

内容层面	形式层面
• 1. 摘要	• 1. 封面
• 2. 目录	• 2. 章节的结构和逻辑性
• 3. 产品或服务的优势	• 3. 语言和文字正确性
• 4. 行业和市场分析	• 4. 图表排序及表达
• 5. 战略和运营的一致性	• 5. 文本页码
• 6. 团队实力和优势	• 6. 数据出处和注释
• 7. 财务的预测和投资价值	

图 8—1　商业计划书完成后的检查事项

（一）内容层面

从内容层面来说，首先要满足一个条件，那就是内容全面。其次，重点检查以下六个方面。第一，摘要是否做到了“突出核心问题，抓住重点”，吸引投资者的兴趣。摘要是放在商业计划书最前面的内容，风险投资者对于整个商业计划的第一印象就来自摘要。所以，摘要一定要引起投资者的关注。第二，目录部分是否清晰明了。目录是各部分内容的大标题，看了目录以后，投资者就能知道商业计划书将会介绍哪些方面的内容，从哪里可以找到自己需要的信息，所以目录一定不可以出错。第三，产品部分是否介绍全面。产品是商业计划书的核心内容之一，也是企业主要的收入来源。投资者看重的是产品的盈利能力，因此一定要突出产品的功能特点以及优越性。第四，市场分析是否完整。一份完美的市场分析报告，应该包括市场调研和市场营销方案两个部分，能让投资者对市场情况和企业的营销计划有一个详细清晰的认识。有了市场作为支撑，投资者才会相信消费者的需求是真实的，产品计划是可行的。第五，公司的战略规划是否与运营计划保持一致。商业计划书都会提到公司的发展规划，后续的营销、运营、人力、财务等计划都应该与之相适应。如果商业计划书出现前后矛盾的部分，投资者会对创业者的能力产生怀疑。第六，团队是否具有创业的实力。投资者对于创业团队的实力还是很关注的，如果一个创业团队的能力不够，那么再好的商业计划也难以成功。所以，商业计划书中一定要突出团队的实力与优势。

（二）形式层面

形式层面涉及更多的是商业计划书撰写的一些细节。首先，封面设计需简洁明了、符合品牌形象，包含项目信息及联系方式，以营造良好的第一印象。章节结构和逻辑性上，需按清晰的顺序展开，从概述、业务到财务分析和风险评估，结构合理，逻辑流畅，便于投资者快速理解项目全貌，给他们一种专业的感觉。只有让投资者相信创业者的能力，才有机会争取到进一步交流的机会。语言和文字的准确性也极为关键，需简洁明晰，避免错误，确保信息传达精准。在图表排序及表达方面，应以清晰、直观的方式展现数据，每个图表均需标题和注释，以便投资者迅速获取关键信息。文本页码要整齐规范，目录需与内容对应，便于快速查找特定部分。最后，数据出处和注释的标注同样不可忽视，明确的数据来源增加了计划书的可信度，同时为关键信息加注释，让投资者能更深入理解项目背景。总之，形式细节能大大提升计划书的专业性和可信度，从而为赢得投资者的进一步交流机会奠定基础。

本章小结

商业计划书是国际惯例通用的标准文本格式形成的项目建议书，是全面介绍公司和项目运作情况，阐述产品市场及竞争、财务计划及融资安排、风险识别及控制等未来发展前景和融资要求的书面材料。商业计划书主要具有三个方面的作用，即为创业者理清项目思路提供载体，为企业吸引投资以及为风险项目后续实施和调整计划提供行动指南。

商业计划书的基本内容包括九个方面，有一些是非必要的，创业者可以选择性描述。但是要清楚地知道每一部分包括哪些内容，对于创业计划书撰写的整体结构要掌握。在撰写商业计划书之前，需要进行可行性分析，全面可行性分析包括产品可行性、市场与行业可行性、组织可行性以及财务可行性四个部分。初稿完成以后，要对商业计划书进行检查，主要从内容方面和形式方面进行检查，确保商业计划书的质量。

本章中英文关键词

商业计划书(Business Plan)
商业计划书的作用(Role of Business Plan)
商业计划书的结构(Structure of Business Plan)
可行性分析(Feasibility Analysis)
商业计划书的检查(Review of Business Plan)

复习思考题

1. 商业计划书对于创业者、投资者分别具有哪些作用？请举例说明。

2. 如何在商业计划书的摘要部分有效抓住投资者的注意力？摘要内容通常在计划书的哪个环节进行撰写，为什么？

3. 商业计划书的核心结构包含哪些部分？如何通过清晰的逻辑与规范的格式，体现出创业者的专业性和责任感？

4. 撰写商业计划书时需要注意哪些事项？商业计划书完成后该如何检查？

拓展与提升：课程思政点、案例及思考

本章课程思政元素索引

序号	教学内容	课程思政
1	商业计划书的定义、分类（微型计划书、工作计划书、提交计划书、电子计划书）、作用（理清思路、吸引投资、指导行动）以及基本内容	强调逻辑思维和全局观念，培养学习者对社会责任的清晰认识与担当，将个人抱负与社会需求相结合
2	商业计划书的结构、可行性分析（包括产品、市场与行业、组织、财务的可行性分析）及内容和形式检查要点	鼓励学习者将理论与实践结合，倡导精益求精的工作态度和团队合作精神，推动集体智慧在创业实践中的运用

课程思政案例一：

在武汉市举办的一次大学生创新创业大赛中，武汉盛通立科技有限公司从 1 202 个报名项目中脱颖而出。“我们能够得到冠军，有运气的加持，但也是源于热爱。”大赛冠军、武汉盛通立科技有限公司联合创始人张葛介绍说，当前，超微精密电子焊接技术广泛应用于先进装备制造、工业电子、柔性电路、穿戴电子、国防军工、航空航天等领域，拥有潜力巨大的市场前景，但由于缺乏关键核心技术，国内所使用的设备大多采用国外进口，盛通立的这项技术填补了国内在这一领域的空白。他谈到，“在中国的科技领域，尤其是在关键核心技术领域里，我们这一代人应该有这个担当。”

从光电子信息和智能制造专项赛初赛到决赛冠军，张葛对“英雄杯”大创赛情有独钟。据了解，武汉盛通立科技有限公司是由华中科技大学、武汉邮电科学研究院等院校的博士、硕士组成的创业团队。“省市政府对我们这类科技型的创业企业、创业项目给予了很大的支持，加上武汉产业聚集、上下游产业链比较完备，基于这些因素，我们决定在武汉落户发展。”

据悉，市人社局自 2013 年起开展武汉大学生创业项目资助工作。每年投入 1 000 万元专项资金，通过专家集中评审的方式遴选 200 个左右的优秀大学生创业项目给予资金支持。截至 2020 年，共资助大学生创业项目近 2 000 个，源源不断为武汉市培养、壮大了一大批有理想、有本领、有担当的青春创业力量。2021 年底开始，武汉大学生创业项目资助工作实施“以赛代评”新机制，为广大聚汉学子插上创新创业的“翅膀”。最直观的成绩单是：武汉连续 6 年成为人才净流入城市，共计 205.9 万大学生选择与武汉“双向奔赴”。

（资料来源：章鸽.武汉大学生创新创业大赛，这个项目夺冠[EB/OL].（2023－04－17）. https://view.inews.qq.com/k/20230417A03DPG00.）

思考：

结合本案例，分析政府支持对创业融资的促进作用。假如你是一家科技创业公司的负责人，如何在商业计划书中阐述技术的市场前景与应用潜力，来吸引更多投资？

课程思政案例二：

拼多多旗下的跨境电商平台 Temu 宣布了三项重大组织调整，据悉，这些调整旨在提升招商效率和专业性，进一步巩固和扩大 Temu 在全球电商市场的地位。业内专家预测，随着这些

调整的实施,Temu 有望在年内超越亚马逊,成为全球领先的电商平台。

首先,Temu 改变了以往的全品类管理模式,转而让每个招商组单独负责一个品类。这一调整使得管理更加精细化,每个招商组能够更深入地了解所负责的品类,从而提高招商的转化率和商家的运营效率。例如,有的招商组专注于服饰品类,有的则负责美妆或家具品类,这种分工合作的方式有助于 Temu 更好地满足消费者的多样化需求。

其次,Temu 将招商组与买手组合并为类目运营。这一举措旨在整合内部资源,提升整体运营效率。通过对招商组及买手团队的一体化整合,Temu 能够更加有效地利用内部资源,快速响应市场变化,推出符合消费者需求的商品组合。这种创新思路不仅有助于提升商家的运营效率,还能为消费者带来更加优质的购物体验。

此外,Temu 还在积极调查和培训员工的英语能力,为未来海外市场的拓展做准备。这一战略调整体现了 Temu 以全球视野布局的决心。随着公司不断扩展国际市场,能够适应不同语言和文化的团队将成为其成功的关键所在。尤其是在北美市场的开拓上,良好的沟通能力几乎决定了一切。因此,提升员工的英语能力对于 Temu 来说至关重要。

(资料来源:拼多多 Temu 三大变革,欲年内赶超亚马逊[EB/OL].(2024—11—01). https://news.qq.com/rain/a/20241101A03J5600.)

思考:

如果你是创业者,如何在商业计划书中展示公司对国际市场的长远规划、全球化布局的具体措施以及团队在多文化环境中的适应能力,以吸引关注全球市场的投资者?

综合分析案例

星辰天合的成长之路

星辰天合(北京)数据科技有限公司(以下简称"星辰天合")六周年司庆的前一个周末,创始人、CEO 胥昕在家翻看公司还没拿到营业执照前,写给投资人的商业计划书,上面列举了 5 个维度下软件定义存储(SDS)产品的标准。他拿笔一一划勾。谨慎起见,他把截图发给了 CTO 王豪迈,问:"这些真的实现了吗?"王豪迈也全打了勾。

在 2021 年司庆的个人演讲环节,胥昕兴奋地说,自己应该效仿美剧《越狱》的男主角迈克。为救身陷囹圄的哥哥,迈克把监狱设计图浓缩为一条龙的样子文在了后背。"我很后悔没有把 2015 年的商业计划书文下来,我觉得我们不亚于迈克。"

星辰天合成立于 2015 年,专注于数据基础设施技术。在其发展过程中,信创、新基建全面启动,行业中有两股趋势显著:一是存储国产化;二是 IT 产业链条细分化。过去,国内存储市场由 IBM、EMC 等外企占据优势地位。近年来,华为、曙光、浪潮等存储业务相关综合性厂商陆续抢占市场,而星辰天合等专业性厂商则试图在海量数据存取和处理分析上挖掘市场空间。

2021 年 9 月 3 日,星辰天合宣布完成 7.1 亿元 E 轮融资,由博裕资本领投,君联资本、中金甲子、博华资本、昆仑资本、恒生电子、苏州毅商等跟投,原股东北极光创投、启明创投等亦参与跟投。迄今,星辰天合共计完成 6 轮、合计 14.62 亿元的融资。

在产品和研发层面,过去 6 年,星辰天合持续造了"存",未来胥昕希望公司能在管、用上进一步创新,这涉及数据的分析、保护、备份和流动。"最终我们的目标是为客户提供一个数据资产平台。"为实现这一目标,在提升内部研发体系人员及投入之余,星辰天合还与西南交大、华中科技大学、南京大学一起，通过投入公司研发人员和资金的方式共建实验室，进行产学研互动。去年，星辰天合整理了10余道学术题目，给到合作的院系。从5个人团队到如今400余人的团队，胥昕预计公司明年人数将达到六七百人。快速的扩张过程中，一面是市场需求极其旺盛，一面是产品发展创新频繁，胥昕认为公司最大的挑战在于怎么保证组织能力跟得上、企业文化不要被稀释。至少在今天，星辰天合的三位创始人选择坐在人群之中，给员工提供可交流的途径。眼下星辰天合还并未盈利，胥昕称，公司还在“持续扩大投入”的阶段。

在新基建和信息技术应用创新的浪潮下，胥昕认为，产业界应该考虑如何把国际化的产业链映射到中国国产的产业链中。“我希望最后大家说，我们国家的IT强大了，而不是说一家巨无霸公司什么都干。”

（资料来源：陈睿雅，黄正宇．星辰天合：活在巨头的丛林里[J]．中国企业家，2021(11)：42—45.）

案例思考题：

1. 如果要为星辰天合设计一份新的商业计划书，该如何设计呢？如何展示其核心竞争优势，使投资者信任项目的独特价值？

2. 结合案例，分析商业计划书在初创企业中的作用及其对长期发展的指导价值。

3. 星辰天合已经完成6轮融资，总金额达14.62亿元，但目前仍处于“持续扩大投入”阶段。分析企业在融资与盈利之间应如何平衡，以实现可持续发展。

挑战性思维和深度思考指引

商业计划书是创新创业过程中的重要工具，不仅是企业与投资者之间的桥梁，更是创业者梳理思路、规划未来的重要载体。然而，仅仅停留在掌握商业计划书的结构和写作技巧是远远不够的。理解其背后的逻辑，反思如何通过计划书展示企业的独特价值和社会责任，以及在动态变化的市场环境中调整策略，都是需要深入思考的关键问题。此模块旨在通过推荐阅读一系列精选的文献资料，引导大家从多个维度审视和理解创业融资的复杂性与多样性，从而激发大家的批判性思维和创新能力。所选文献均来源于中国知网官方网站（https://www.cnki.net/）。

思考题：

1. 如何在商业计划书中展示企业对国家政策支持的响应，以体现企业的价值创造能力和社会责任感？

2. 根据文献，分析创业公司如何通过商业计划书中的融资规划，吸引具有战略资源的投资者，并形成长期合作关系？

3. 商业计划书如何体现中国企业在全球化竞争中的独特定位，并通过文化自信、技术创新和价值观输出来吸引国际投资者？

推荐阅读：

[1]何宇城．聚焦战略落地和价值创造，持续推进中国宝武特色商业计划书管理[J]．冶金财会，2023,42(11):4—7+14.

[2]郭振翔，陈荣朗，沈雅雯，等．建筑企业开展新能源渣土车充电站建设的商业计划研究[J]．建筑经济，2022,43(S2):526—528. DOI:10.14181/j.cnki.1002—851x.2022S2526.

[3]陈纪旸，刘鲲鹏，马晓红，等．基于商业计划书的投资决策方法研究[J]．价值工程，

2022，41(35)：140－142.

［4］周小红．从企业及投资方角度谈投融资活动［J］．法制博览，2022(13)：86－88.

［5］陆毛忠．基于股权融资的商业计划书编制初探——以Z公司为例［J］．全国流通经济，2021(10)：85－87. DOI：10.16834/j. cnki. issn1009－5292. 2021. 10. 027.

第九章 商业计划书内容

【本章思维导图】

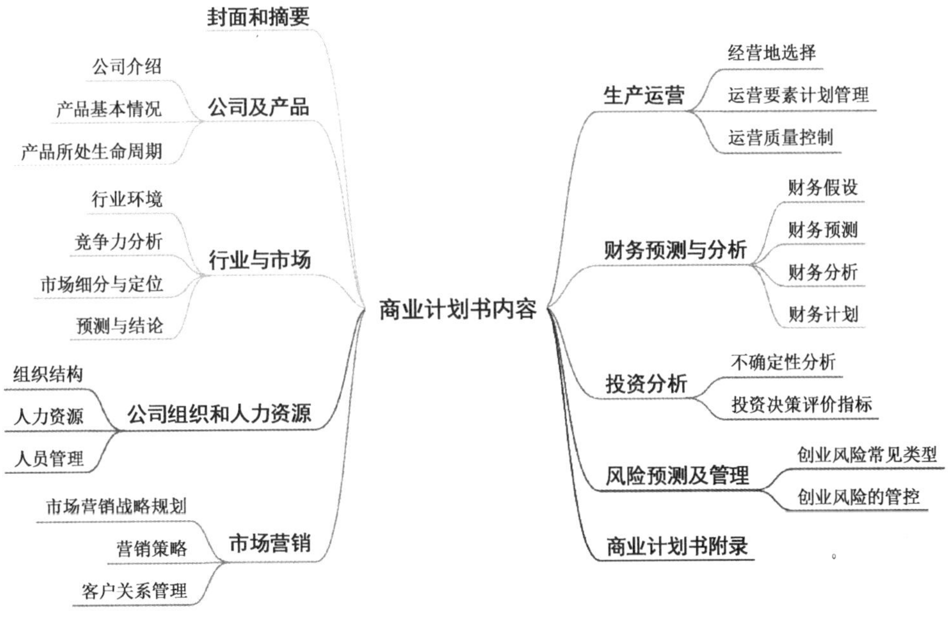

【引导案例】

心血管疾病是在我国以及世界范围致死率最大的病症，而心力衰竭则是心血管疾病恶性的终末发展阶段，目前仅有的临床应用处理手段就是对病人进行心脏移植。而由于目前95%以上的心脏移植手术完全依靠捐献者，因此每年至少有20%的病人在等待心脏供体时去世。各类人工心脏装置为心脏供体稀缺提供了解决方案，但人工心脏普遍存在一系列问题限制其临床应用。科研人员利用3D打印技术研发满足患者个性化需求、可永久性植入的智能化3D打印人工心脏产品。该项目现已进行了3D打印机个性化定制全人工心脏和相关效验系统的有效性检验，目前正在进行医学科研前有效性与安全评估，为该产品的进入临床实践做好了充分准备。

以3D打印人工心脏研发项目作为主要研究对象,该商业计划针对项目第二阶段进行融资,本计划从3D打印器官产业的全球与国内环境入手,系统分析了宏观环境、产业及竞争格局和内部微观环境。在此基础上,详细介绍了3D打印人工心脏项目的目标、产品特点、技术路线、研发团队、核心平台和市场前景,全面展示了项目的基本情况与发展潜力。再通过细分市场、目标市场和市场定位三方面深入分析市场问题并且制定企业的营销策略。再通过SWOT分析全面梳理了企业所具备的优势与面临的劣势,挖掘了潜在机会与外部威胁,做出本项目未来的战略选择并制定详细可行的战略规划。基于公司实际情况及市场情况分析了财务状况并制定了融资计划。最后本商业计划书针对本项目在研发及经营的过程中的风险给出了具体的防范措施。计划书目录参考如下:

第一章 引言

第二章 环境及市场分析

2.1 宏观环境分析

2.2 产业及竞争环境分析

2.3 内部微观环境分析

2.4 本章小结

第三章 3D打印人工心脏项目介绍

3.1 项目目标

3.2 本项目产品特点及优势

3.3 前期成果

3.4 第二阶段3D打印人工心脏产品

3.4.1 第二阶段核心技术

3.4.2 第二阶段重点技术

3.4.3 第二阶段特色技术

3.4.4 第二阶段关键技术

3.4.5 第二阶段衍生产品

3.5 团队成员与组织结构

3.5.1 团队主要成员介绍

3.5.2 TAH研发中心介绍

3.6 核心平台

3.7 市场前景

3.8 本章小结

第四章 企业战略定位和未来规划

4.1 SWOT分析

4.1.1 优势

4.1.2 劣势

4.1.3 机会

4.1.4 威胁

4.2 战略选择

4.3 企业未来战略规划

4.3.1 TAH产品的研发理念

4.3.2 产品线扩展
4.3.3 产品特色规划
4.3.4 产品迭代和管理
4.4 本章小结
第五章 目标市场与营销策略
5.1　STP 分析
5.1.1 细分市场
5.1.2 目标市场
5.1.3 市场定位
5.2　TAH 产品及衍生产品营销策略
5.2.1 产品
5.2.2 价格定位
5.2.3 宣传与推广
5.2.4 渠道建设
5.3　本章小结
第六章 财务与融资
6.1 财务数据
6.2 主要财务指标
6.3 融资规划
6.3.1 研发费用预测
6.3.2 收入预测
6.3.3 净现值法(NPV)
6.3.4 投资回收期(PP)
6.3.5 股权退出方式
6.4　本章小结
第七章 风险分析与应对策略
7.1 技术开发风险
7.2 安全性风险
7.3 经营风险
7.4　本章小结
第八章 商业计划书总结

(资料来源：苏丹 .3D 打印人工心脏研发商业计划书[D]. 成都：电子科技大学，2023. DOI：10.27005/d.cnki.gdzku.2023.005680.)

案例启示与思考：

在商品经济的社会，资金是项目得以运行、企业得以发展的关键，所以融资成为很多创新项目或创业企业在初期需要考虑的重要问题。为了向投资者展现出项目或企业的光明前景从而吸引投资者的关注，撰写一份商业计划书是必不可少的。请思考以下问题：

1. 从上述案例中能总结出商业计划书应当包括哪些内容？
2. 一份好的商业计划书在撰写过程中需要注意哪些事项？

【本章学习目标】

1. 提高学习者对商业计划书及其撰写常识的认知。

2. 培养学习者撰写商业计划书的技巧和方法。

3. 学习者（个人和团队）有能力撰写一份完整的商业计划书。

4. 树立积极的社会责任意识与科学的风险管理观念，理解撰写商业计划书的社会价值，增强责任感和使命感。

第一节　封面和摘要

一、封面

商业计划书的封面依照具体的内容可以设计成不同的形式，但封面中必须包含的要素有：企业名称或项目名称、公司LOGO、口号、联系人及联系方式、提交或申报日期。

在设计商业计划书的封面时，仅仅在封面中标明“商业计划书”字样，会显得过于大众化，因此有必要加上特定的企业名称或项目名称，如“×××有限公司”“×××建设项目”。名称应处于封面的突出位置，以便抓住投资者的眼球，使投资者清晰明白被投资者的立场。同时，在封面中添加公司LOGO，不仅能够强化品牌识别度，还能提升封面的视觉效果和整体专业性。LOGO一般放置在封面上部或左上角，与企业名称搭配使用，形成统一的设计风格。

口号代表了企业或项目的运营方向或创新想法，能快速吸引投资者的目光，展现企业或项目的独特之处。如谷歌的口号“完美的搜索引擎”，表明谷歌的运营内容是“搜索引擎”，并且相比于其他搜索引擎来说，谷歌的独特之处在于“完美”。口号在商业计划书封面中一般在公司或项目名称的上方或下方。

商业计划书封面中必须包含联系人和联系方式，使读者在想进一步了解该企业或项目时，能及时联系企业或项目的负责人，以便进行深入交流。

商业计划书并不都是一次中标，大多需要经过不断的修改和调整，因此每一份商业计划书都是团队的智慧结晶与劳动成果，具有独特的创新性。为了方便记录和区分不同版本，通常会在封面上标明提交或申报日期。如图9－1所示为小厨房餐饮项目商业计划书封面。基本信息尽在其中，但是团队可以根据自己的实际情况来调整和设计符合自身特色的封面。

二、摘要

商业计划书的摘要应列在商业计划书内容的最前面，是对整篇计划书最高度的概括。一个好的摘要能使投资者或评审人快速了解商业计划书的整体情况，在最短的时间内做出投资或评审决定。摘要涵盖了商业计划的公司与产品、行业与市场、公司组织和人力资源、市场营销、生产运营、财务预测和分析、投资分析和资本退出、风险管理、附录等内容。摘要的撰写一般为两三页纸张，语言表达力求简洁，核心观点高度凝练，以最明快的语言表达项目创意的来源和吸引力、主要解决的问题和项目的执行过程，需要突出特别项目的优势和差别化竞争力。摘要还需简洁说明团队基本情况，企业如何进行生产和营销，财务计划是怎样的以及如何进行风险控制等问题。

"小厨房"餐饮项目

——为胃找个家

商业计划书

申报部门：*　　　*
地　　址：*　　　*
联 系 人：*　　　*
电　　话：*　　　*
邮　　箱：*　　　*

申报日期：××年×月×日

图 9—1　小厨房餐饮项目商业计划书封面

在撰写商业计划摘要时，应注意以下四项事项：

（一）放在前面，写在后面

摘要部分是对计划书的整体概括，一定要在计划书正文完成之后再撰写，提炼出计划书的精华。摘要部分多使用结论式语言，不用写分析的过程，分析过程应当在正文中详细介绍。

（二）言简意赅，凸显优势

撰写摘要时要求文笔生动，开门见山，能快速吸引投资者或评审人目光。行文上要求做到简明易懂，突出核心问题，如市场情况、产品、竞争者、融资、团队、发展规划等。

（三）文笔流畅，短小精炼

摘要通常是投资者最认真看的部分，所以撰写时一定要严谨，不能出现错别字、语病。摘要一般不宜过长，2—3 页即可。

（四）因人而异，突出重点

摘要应具有针对性。不同的投资者需求不同，不同的评审者关注的重点也不同，所以一份好的计划书在摘要部分一定要针对不同的读者，突出读者最感兴趣的方向。

第二节　公司及产品

一、公司介绍

公司介绍主要是为了让投资者对公司情况有一个基本的了解。介绍公司时，应尽可能地突出公司的优势、潜力和光明前景，给投资者留下良好的印象。公司介绍需要阐述的内容包括公司的基本情况、公司历史和未来发展规划。

相比于摘要部分，在介绍公司的基本情况时内容上要更为详细。首先是公司名称和类型，对于已成立企业，直接标明公司的法律名称即可，如“太阳科技股份有限公司”，对于创业团队而言，可以草拟一个弹性较大的名称，避免限制了企业日后的经营方向和范围。其次，在公司基本情况中需要介绍公司的注册地址、联系方式、商标、专利技术、团队成员及其背景经历、已有的投资者或合伙人等。

在介绍公司历史时，对于初创企业可以介绍前期的研发、市场调查、实验过程和结果等。对于已成立的公司而言，公司历史这一部分则需要更为详细，如公司的股份构成、核心员工、以往的目标市场和主要业务、市场战略、竞争对手、公司的盈利情况、公司文化等投资者较为关注的部分。

公司的未来发展规划一般为3—10年，可以按照时间顺序阐述不同时间段内的发展目标、实施战略和保障措施，让投资者了解其投资资金的使用方面和投资收益情况。首先是短期规划(1—3年)，公司应该聚焦核心业务，优化产品与服务质量，加速新产品研发，提升品牌知名度与市场占有率。同时，公司将完成初期融资，用于技术研发、市场拓展和团队建设，并通过优化管理流程提升运营效率。接着是中期规划(3—5年)，公司应巩固市场地位并开拓新市场，重点加强技术创新，打造核心知识产权，建立技术壁垒，增强行业竞争力。寻找战略合作与并购机会，实现业务规模化扩展，并优化盈利模式，探索多元化收入来源，以完成第二轮融资，为企业进一步发展提供资金支持。最后是长期规划(5—10年)，公司目标可围绕行业领军企业与国际化发展，进军海外市场，建立全球品牌形象。未来，公司应拓展多元化业务领域，打造行业生态系统，同时通过资本运作提升企业长期价值，并积极履行社会责任，推动绿色发展与公益事业，最终实现可持续增长和社会价值最大化。

公司介绍示例

二、产品基本情况

产品是否满足市场的需求，是否解决现实问题，是否实现投资者的投资收益，这些都是投资者在阅读商业计划书时关注的重点。因此阐述产品基本情况时，要进行归纳整理，使用通俗简洁的语言，使非专业的投资者认识投资的产品。下面是介绍产品基本情况中应当包含的一些内容：

(一)行业背景

在介绍公司产品基本情况前，需要简单叙述与本产品有关的行业或技术发展现状、发展趋势和前景，为后面介绍产品做铺垫。

(二)产品功能

在讲述产品的功能时，一方面要指出产品的目标客户群体，产品能发挥什么样的作用，起到怎样的效果。另一方面也要突出产品所具有的价值，如吸尘器适用于家庭，能除灰除尘起到清洁作用，减轻家庭成员打扫卫生的负担，营造干净舒适的室内环境。

(三)产品特性

市场中存在多种多样的产品，创业者只有推出具有独特性或者创新性的产品才能使商业计划书脱颖而出，为投资者赚取利润。所以商业计划书中要突出产品的创新之处，突出本产品在众多市场产品中拥有的独特优势。

（四）产品原理

原理的阐述往往涉及许多专业术语，内容较为晦涩难懂，所以商业计划书中在介绍产品原理时不要过于专业化，尽量减少技术细节的解释。为了方便读者理解，可以采用举例、对比或类比的方式进行说明，也可以展示一些图片或者模型，从直观上进行反映。

（五）产品研发

在研发方面，首先应向投资者介绍研发团队或项目组、依托的实验室或某项目、研发技术水平等，以表明产品的真实可靠性。其次可以通过提供认证报告、鉴定报告或专利证书，证明产品的价值。如果产品涉及环保、健康或社会责任，可具体说明其环保材料、低能耗设计或对社会的积极影响，展现其附加价值和长远发展潜力。最后简单说明产品的研发费用，给投资者提供一些投资参考。

（六）产品影响力

产品能否进入市场满足顾客的需求，能否达到预期效果，需要通过产品的影响力进行说明，如产品所获奖项、产品报道，产品在测试阶段获得的客户反馈情况，包括体验、评价、订单数等。

（七）竞争优势

投资者要投资的产品一定是具有竞争性的产品，因此在介绍产品时一定要说明与竞争对手相比，本产品所具有的优势，如性能优势、成本优势、目标客户优势、品牌优势等。如表9－1产品竞争力对比分析表所示，将本产品与各竞争产品在不同因素下进行对比，能清楚地看到产品的竞争优势。

产品介绍示例

表9－1　　产品竞争对比分析表

对比因素	本公司(产品)	竞争者1	竞争者2	竞争者3	……
价格					
功能					
质量					
个性化					
成本					
品牌					
营销					
目标客户					
客户管理					
供应商					
售后服务					
……					

三、产品所处生命周期

产品从进入市场到退出市场会遵循一定的生命周期规律，了解企业产品所处的生命周期阶段，有利于企业制定相应战略或计划。一般认为产品生命周期分为引入期、成长期、成熟期和衰退期四个阶段，如图 9－2 产品生命周期图所示。

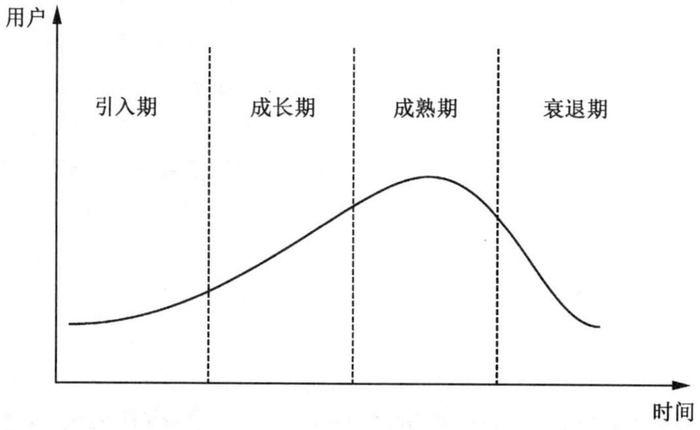

图 9－2　产品生命周期图

引入期由于产品刚进入市场，用户对产品还不太熟悉，不敢轻易尝试，因此引入期的用户数量较小。在这一阶段，企业需要花费较多人力财力去宣传产品，构建分销渠道。

成长期阶段，在企业的宣传影响下，用户逐渐接受产品，用户数量也快速增长。此时企业已经具有一定市场份额，生产和销售将稳定增长，投资成本也逐渐收回。

当产品进入成熟期，企业市场占有份额达到最大，市场也出现越来越多的竞争者。企业应开始降低产品成本和价格，刺激消费者购买兴趣，扩大销售量，以维持市场竞争力。

衰退期市场已经出现许多新产品或替代品，产品的使用用户逐渐减少，此时企业应该考虑开发并推出新产品以延续企业的盈利点。

第三节　行业与市场

行业与市场是企业生存的外部环境，企业只有了解并熟悉行业与市场情况，才能应对风险，把握商业机遇，保证企业长久发展。所以在撰写商业计划书的过程中，一定要对行业和市场这一部分进行详细分析，以事实说明公司产品具有的外部环境优势，坚定投资者投资的决心。行业与市场分析的内容主要包括行业环境、竞争力分析、市场细分与定位及预测和结论。

一、行业环境

在分析行业环境时，可以利用统计学、计量经济学等分析工具，对行业具体情况进行研究，让投资者迅速了解行业的现状。在撰写时，可以选择以下方面进行介绍：

（一）市场容量

市场容量很大程度反映了需求状况，一般来说市场容量较大，该行业更值得投资者投资。

（二）市场结构

市场结构包括完全竞争、完全垄断、垄断竞争和寡头垄断。不同的市场结构中企业数量、产品价格、进出难易程度和竞争程度都不同，市场结构对于本产品能否跻身市场具有重大影响。

（三）所处行业生命周期及发展趋势

行业生命周期包括引入期、成长期、成熟期和衰退期，在不同时期行业特点也不同，公司应采取的战略也不同。

（四）当前产业政策

政府相关政策对行业的经营环境具有重大影响，符合国家政策的行业未来前景也会更好。

（五）行业竞争程度

可以从竞争企业数量、规模、市场份额等方面介绍行业竞争情况。

（六）技术水平

通过介绍技术水平证明产品研发、运营的可行性。

（七）行业的毛利率

不同行业一般来说毛利率也不同，商业计划书中分析行业毛利率也是为了说明进入行业后利润能否得到保障。

（八）销售增长率现状及趋势预测

销售增长率是投资者关注的主要指标之一，销售增长率越大，表明投资者未来的投资收益越多。

除上述方面外，在撰写行业和市场部分时还可以选择介绍细分市场的情况，如各地区的市场规模、各产品的容量及结构变化和消费群的结构及数量等，也可以从学习能力、创新能力等角度进行详细说明。

行业与市场分析有特定的分析方法，最常见的是分析外部宏观环境所用的 PEST 分析工具。PEST 分析是从政治、经济、社会和技术四个方面对企业主要外部环境影响因素进行的分析，通过关键因素判断行业现状和未来变化以及对行业影响程度。PEST 四个不同角度分析的内容和在商业计划书中的撰写要求具体见表 9－2。

表 9－2　　PEST 分析内容与撰写要求

	分析内容	撰　写
政治	分析与公司及产品相关的法律法规、政策、国家发展规划、产业政策、国际贸易协定等	列出相关文件、法律法规名称和具体的规定；当涉及政策法规较多时，列出主要规定
经济	分析经济周期的影响和冲击、通货膨胀水平、汇率、就业率、产业结构调整方向、消费者偏好及可支配收入水平等	多采用数据和图表反映变动情况、分布情况和变化趋势，减少烦琐的文字叙述，使投资者一目了然
社会	分析与公司及产品相关的人口数量、年龄结构及地理分布、人群教育文化水平、价值观、生活方式、风俗习惯等	尽量用数据和图表描述；注意对所用数据标明出处，保证商业计划书的真实性
技术	分析现在信息和网络技术对公司及产品的影响；分析相关的产品研发技术、生产和工艺技术、创新能力、新技术应用前景、新技术使用效率等	具体描述新技术、新工艺可以在公司及产品的运用之处和应用的方式

二、竞争力分析

竞争力分析可以从两个角度进行，一个是对行业内部竞争的分析，一个是对公司及产品自身竞争能力的分析。行业内部竞争分析通常选用波特五力模型工具，而自身竞争能力分析通常选用 SWOT 分析工具。

（一）波特五力竞争模型

波特五力竞争模型从同行业竞争者威胁、潜在竞争者进入威胁、替代产品威胁、购买者和供应商讨价还价能力威胁五个方面，分析一个行业的基本竞争态势。在撰写商业计划书时，可以通过构建波特五力模型，直观反映行业竞争情况，如图 9－3 所示。然后采用分点的方式详细介绍五个方面，具体内容包括：

1. 同行业竞争者

对于部分商业计划来说可能因独特的商业模式或产品性能而出现没有同行业竞争者的情况，但是大部分商业计划是存在的，并且同行业的竞争者是五种竞争力量中最大的。在介绍同行业竞争者时，要着重分析竞争的核心，如产品特色、售后服务、成本管理等。如果行业在国际上也有竞争者，则还需要分析国外市场特征。在撰写过程中可以适当运用图表进行对比说明。

2. 潜在竞争者

潜在竞争者主要是因为市场需求大、利润可观的情况极有可能进入行业的新来者。在介绍潜在竞争者时，要具体列举出潜在竞争者的名称，指出其成为潜在竞争的因素有哪些，分析与潜在竞争对手的竞争性对比情况，最后还应提出相应的应对措施。

3. 替代产品

替代产品的性价比越高，转换成本越低，则其带来的竞争压力也越大。所以商业计划书可以从替代产品的价格、质量、销售增长率、转换成本、生产能力和厂商扩张情况等方面详细介绍替代产品。

4. 供应商

判断供应商的竞争力时，可以从原材料的成本、原材料替代品转换成本、原材料所占产品成本比例和原材料对产品质量影响程度等方面着手，分析与供应商谈判权力的大小，从而判断供应商是否成为强大的竞争力量。

5. 购买者

影响购买者讨价还价能力的因素包括购买者的需求情况、市场供给情况、收入水平、转换成本、消费观念等。

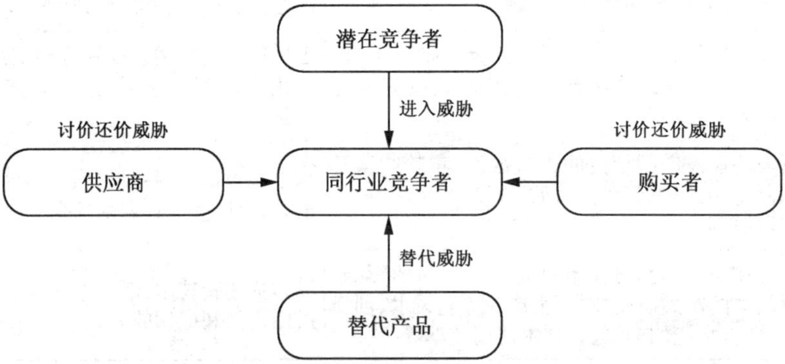

图 9－3　波特五力竞争模型图

（二）SWOT 分析法

SWOT 分析法是基于内外部环境分析公司及产品的竞争优势、劣势、机会和威胁的一种方法，如表 9－3 所示。优势分析主要是企业人财物和管理经营上所具有的优势；劣势分析可以从优势的反方向分析，包括缺乏人力、财力，缺乏管理经验和核心技术等；机会分析主要是分析经济和政策上的良好形势，市场需求

SWOT分析法示例

增加等对于企业来说是能进入市场，获得效益的各种机遇；威胁是与机会相对的，如市场竞争激烈，经济不景气，政策不支持等。利用 SWOT 分析可以清晰看到企业或产品的优势和劣势，能充分发挥优势和利用机会，制定出满足未来发展的战略决策。

表 9—3　　SWOT 分析法

内部分析	优势 经营模式独特；资金足；产品竞争力强；人力资源充沛；有专利技术；品牌效应强；顾客关系管理良好	劣势 缺乏资金；产品成本高；管理经验不足；缺乏核心技术；市场定位有问题
外部分析	机会 国家政策支持；经济形势好；消费者收入水平提高；市场供不应求；新技术支持	威胁 技术更新过快；产品生命周期短、潜在竞争者强大；经济周期影响；同行业竞争者打压；供应商提供材料的质量问题

三、市场细分与定位

市场细分是指按照一定的标准将市场上的消费者划分成不同的群体，划分的标准可以是每一个消费者，可以是地理、年龄、学历等不同因素，也可以是两个以上因素的综合。市场细分是选择目标市场的基础，所以在撰写商业计划书时可以根据公司或产品本身，选择一个合适的标准进行说明。分析不同的细分市场所具备的特征，结合本公司及产品选择目标市场。

市场定位主要是要求公司或产品在市场上能塑造出与众不同的、能植入消费者内心的形象，并根据此形象占有市场份额。以手机市场为例，苹果手机定位是高端，致力于给用户提供最优质的使用体验；华为手机定位中高端，侧重商务优化技术；小米手机定位于高配置、中低端价格。在介绍产品市场定位时，不需要过多的文字描述，简洁表达产品的特性、营造的形象和理念象征等。不同的市场定位采用的营销方式也会不同，所以在撰写商业计划书时要注意将市场定位与营销部分结合起来，相互呼应。

分析市场可以利用一些数学工具来进行，如统计学、计量经济学等，所得出的分析结果更加直观，也能使投资者迅速了解行业及市场的现状，特别是了解创业项目在市场中的状况。市场定位和细分可以重点考虑以下方面：

（一）市场容量

市场容量很大程度反映了需求状况，一般来说市场容量较大者，该行业更值得投资者关注。

（二）市场结构

市场结构包括完全竞争、完全垄断、垄断竞争和寡头垄断。不同的市场结构中企业数量、产品价格、进出难易程度和竞争程度都不同，市场结构对于本产品能否跻身市场具有重大影响。

（三）行业毛利率

不同行业一般来说毛利率也不同，商业计划书中分析行业毛利率也是为了说明进入行业后利润能否得到保障。

（四）销售增长率现状及趋势预测

销售增长率是投资者关注的主要指标之一，销售增长率越大，表明投资者未来的投资收益越多。

市场细分和定位介绍示例

除上述方面外，在撰写行业和市场部分时还可以选择介绍细分市场的情况，如各地区的市场规模、各产品的容量及结构变化和消费群的结构及数量等,也可以从学习能力、创新能力等角度进行详细说明。

四、预测与结论

在行业与市场分析的最后,可以增加一段总结性的陈述。根据前面所有的分析工作,预测行业的发展方向、市场的变动情况或产品前景,然后得出结论,如何利用资源充分发挥自身优势,选择怎样的客户群体,如何应对风险等等。在撰写的过程中可以将相应措施分条列举出来,使表达更加清晰明了。

第四节　公司组织和人力资源

一、组织结构

组织结构是管理系统的框架,明确组织各部门的分组、分工和协调合作,反映了组织在职、责、权的结构体系。企业的组织结构多种多样,常见的组织结构包括:

(一)直线型

直线型组织结构是一种最简单的组织结构形式,如图 9－4 所示,组织下级由组织上级垂直领导,不用另设专门的职能机构。此结构的优点是简单、责任分明、沟通效率高,缺点是最高主管承担管理职能较重,部门间缺乏协调合作。因此直线型组织结构只适用于规模小、经济业务简单的企业或初创企业。

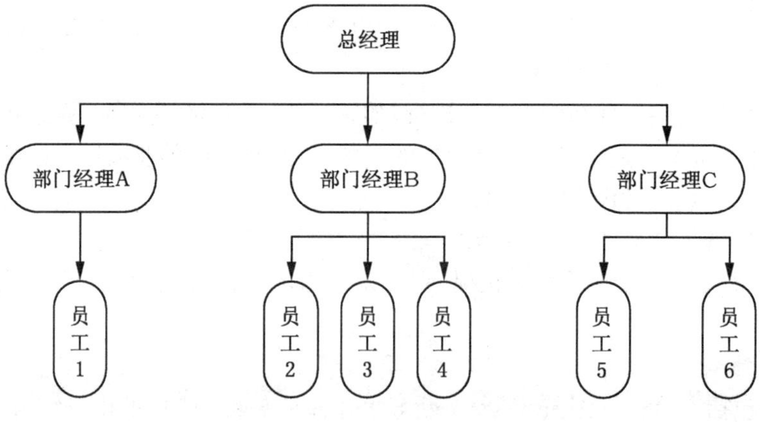

图 9—4　直线型组织结构图

(二)职能型

职能型组织结构相比于直线型来说,有另设置的职能机构,分担一些管理职能,下级除了听令于直线领导外,还服从上级各职能机构的领导,如图 9－5 所示。此结构的优点是能减轻管理者负担,适应生产技术复杂、管理分工精细的现代组织,缺点是不利于统一领导,职能机构间的职责不明确,管理容易混乱。由于这种组织结构形式存在明显的缺陷,现代企业一般都不采用职能型组织结构。

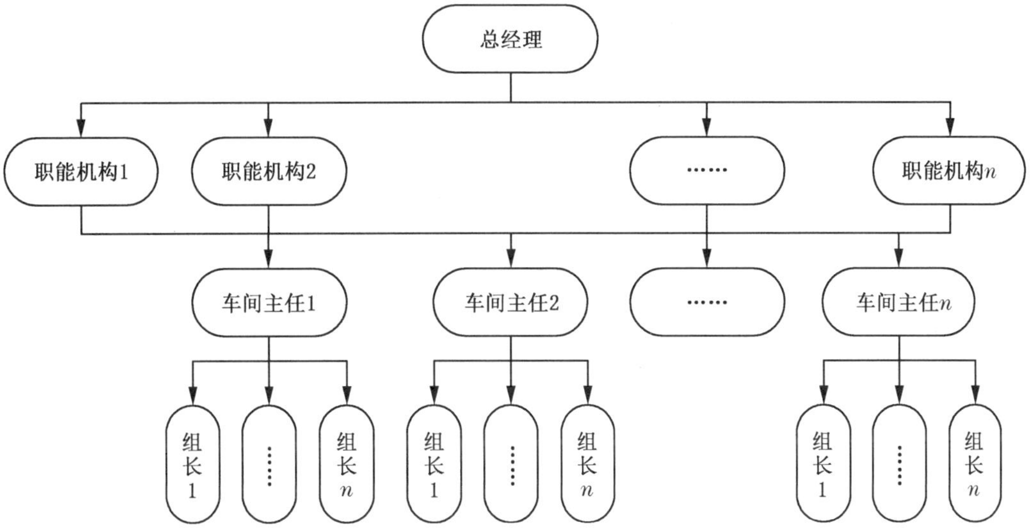

图 9—5　职能型组织结构图

(三)直线职能型

直线职能型是在直线制和职能制的基础上建立起来的,吸收了两种形式的优点,为多数企业所采用,如图 9—6 所示。直线职能型延续了直线型统一领导的特点,同时借鉴职能型的优点,设立职能机构分担主管者管理负担,但是相比于职能型,在设置职能机构时按专业化划分,使部门在职责范围内对下属进行指挥和命令,避免了管理混乱的情况。直线职能型的缺点是工作易重复,信息沟通效率低,部门间协调工作量大,所以不利于规模大、决策较多的企业。

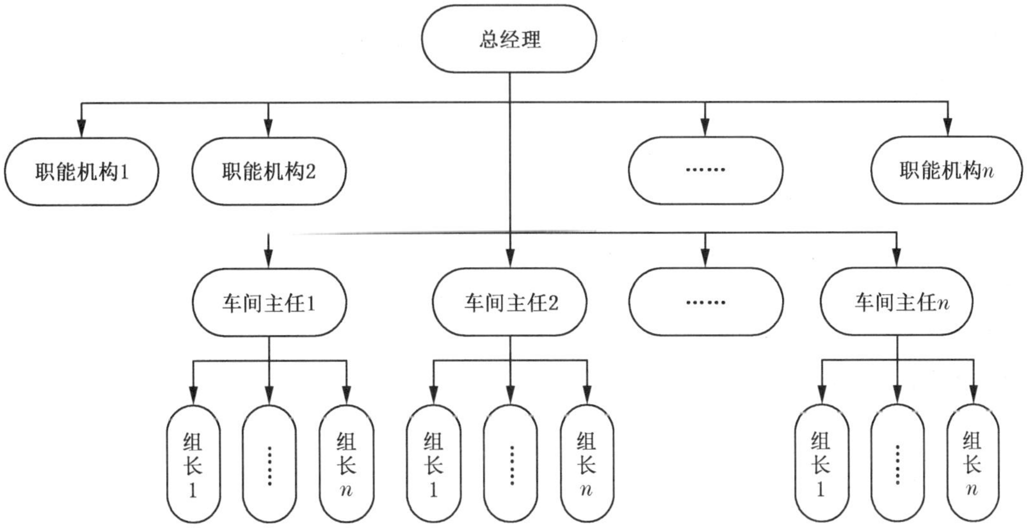

图 9—6　直线职能型组织机构图

(四)事业部制

事业部制的组织结构最突出特点是"集中决策,分散经营",即事业部负责产品的设计、生产和销售,实行独立经营核算,而总部只负责重大问题决策,通过利润等指标对事业部进行监督和控制,如图 9—7 所示。这种形式的优点在于高层管理者摆脱了日常事务管理,专注于公司长远发展决策,因此经营管理者则能更充分发挥管理才能。缺点在于分权管理削弱了高层管理员对事业部的控制,容易引发各部门间的利益竞争,不利于组织整体利益。一般来说适用于规模较大,技术复杂的大型企业和发展到一定规模后的创业企业。

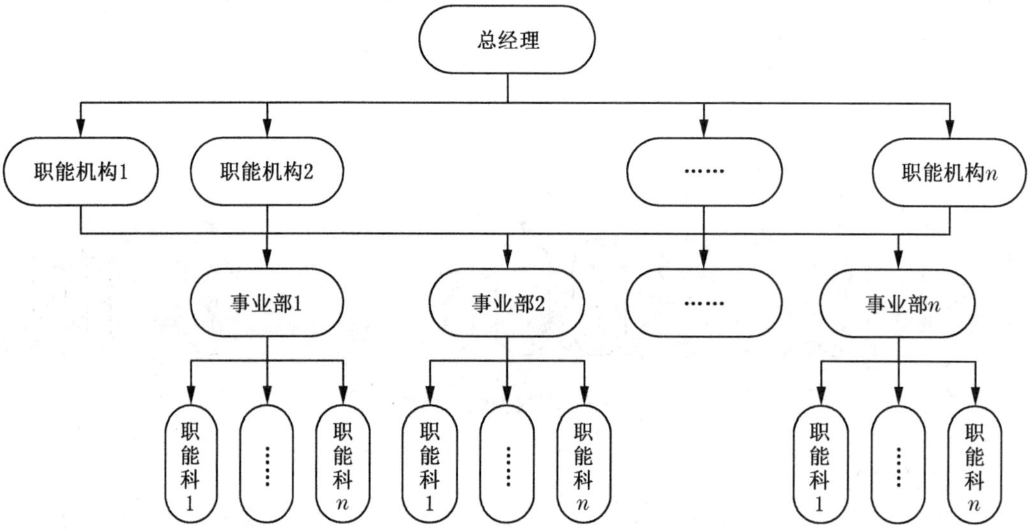

图 9—7 事业部制组织结构图

(五)矩阵制

矩阵制组织是一些企业因临时性的重大项目,如开发实验和科学研究等组建的小组,由各职能部门调配人员组成具有各专业人员的项目组,如图 9—8 所示。矩阵制组织结构的优点在于实现了人力资源共享,加强了部门间的相互合作,具有较大机动性,将集权与分权的优势结合起来。缺点在于组织关系较为复杂,对项目组经理管理能力要求高。矩阵制适用于临时性、重大的工程项目或创新项目。

商业计划书中公司组织部分,除了给出设计的组织结构图外,还应简单描述相应部门的职责与权利。同时,管理者在设计组织结构时一定要符合企业或项目实际情况,使资源达到最优配置,所以在介绍组织结构时,有必要简要说明选择此组织结构的原因,优点是什么,能达到什么样的目的,如果存在较大缺点,有没有相应控制措施等。

由于组织结构不是一成不变的,尤其是对于初创企业而言,随着企业不断成长,员工数量增加,职能部门不断完善,组织结构也会有所不同。所以在撰写商业计划书时应对未来进行预测,给出不同发展阶段的组织结构,使计划书内容更为科学。

二、人力资源

投资者在了解公司组织结构后,接下来关心的则是人员的配置问题,即组织中部门人员包括哪些,人员是否胜任岗位,是否需要聘请专家等等,所以在介绍组织结构后还需重点介绍公司的人力资源。在撰写商业计划书时可以从部门人数分布、部门职责、核心人员构成和核心人员职责与权力四个方面介绍公司的人力资源情况。

在介绍部门人数分布和部门职责时,要列举出人数或人数范围,明确说明各部门岗位的职

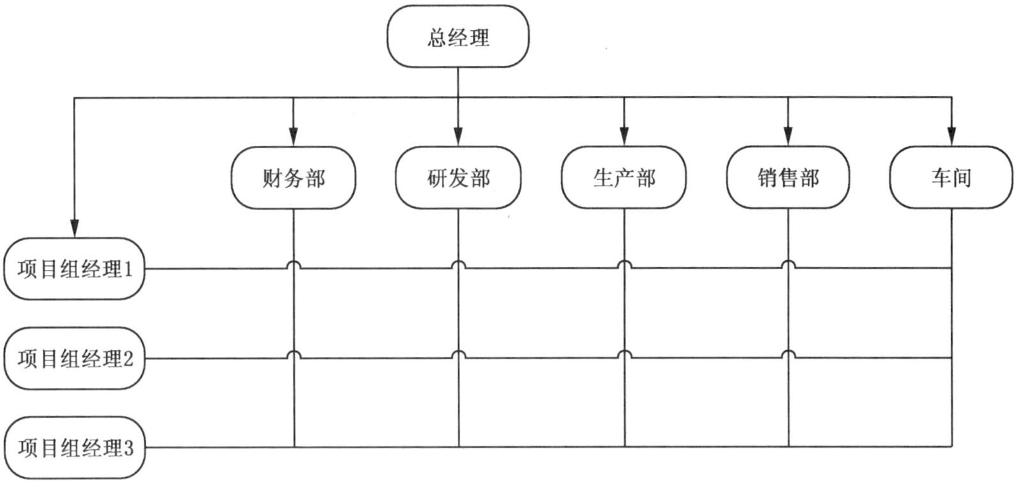

图 9—8　矩阵制组织结构图

能。如总经理 1 人，负责公司运作，人员职责分配，监督和绩效考核；财务部 3 人，其中会计 2 人，负责会计核算，编制账簿，纳税申报等，出纳 1 人，负责现金和银行收付款，保管现金、支票等票据，登记现金和银行存款日记账等。撰写时可以采用图表的形式进行说明，使投资者一目了然。

对不同的企业而言核心成员的组成不同，所以在介绍过程中也要遵循公司或项目实际情况。介绍核心人员可以从核心成员姓名、性别、籍贯、联系方式、教育背景、现任职务和工作职责、曾经工作经历、获奖情况或工作成就、擅长领域、持有股份数等方面选择介绍。核心人员是企业的一项重要人力资源，所以在介绍核心成员时要突出核心成员对公司或项目的重要贡献和重大影响，突出核心成员能带给企业的竞争优势，使投资者满意。

创业团队介绍示例

此外，为了增加说服力，可以补充团队的整体特点和优势。例如，团队是否多元化、各成员的专业背景是否互补、是否具备国际化视野或行业领先的技术经验等。投资者对团队的信心很大程度上源于对核心人员能力的认可，因此这一部分的描述要尽可能真实而具体，突出团队的独特性和发展潜力。

三、人员管理

(一)招聘计划

该部分主要是介绍招聘的条件，可以从岗位要求和工作素质两个方面描述。岗位要求要指明职务的具体工作内容、需要的知识和技能以及其他特殊要求。工作素质根据不同的岗位有不同要求，包括身体健康、有责任感、思维敏捷、有创新精神、沟通交流能力强、多才多艺、学习能力强等。

(二)培训计划

由于培训的人数、时间和地点等都具有不确定性，所以该部分主要突出的是培训的内容或培训的方向，如对公司文化、理念和产品的培训，或者对员工沟通能力、业务能力、专业技术等方面的培训。注意要表达清楚培训的目的和达到的效果。

(三)绩效考核

绩效考核是人员管理最重要的部分之一,有助于发现员工问题,激励员工成长。绩效考核按不同分类标准可以有多种类别,如按时间分为定期考核和不定期考核,按主体分为自我考核、下级考核、主管考核、顾客考核等,如何选择可以根据企业或项目实际自行设计。对于考核的方法,可供公司选择的也有很多,以平衡计分卡(Balanced Score Card,BSC)这一常见的绩效考核方式为例,公司可以从财务、顾客、内部流程、学习这四个层面对企业进行全面的测评,在每一层面设置指标,包括财务指标和非财务指标,并且需要设定指标值。指标应明确具体,具有现实性,尽可能量化,并且要有时限性。在介绍这部分时可设计一些绩效评价表格帮助投资者阅读。

(四)奖惩措施

合理的奖惩措施能提高员工工作积极性,是人员管理重要组成部分。奖惩措施一方面可以设置总规定,如迟到早退者扣除一定工资,超额完成工作者给予一定奖金;另一方面也可以针对不同部门进行设置,如销售部门将员工销售业绩与薪资挂钩,将销售人员业绩进行排名,实行5%末位淘汰制等,研发部门对研发人员提供技术培训机会,设定员工持股计划等。在撰写商业计划书时可根据实际合理设定,以分项分条的形式列举出来。

人员管理介绍示例

第五节 市场营销

一、市场营销战略规划

市场营销战略规划是对一段时间内市场营销发展的总体设想,是由企业高层管理者制定企业使命、目标、业务发展的战略。企业的使命是企业长期发展的总方向或总指导思想,需要结合企业历史使命、企业资源与优势、环境因素和企业社会责任几个方面综合考虑。在介绍企业使命时不宜过长,通常概括性地描述企业做什么、为谁做、怎样做几个问题。

在明确企业使命后,需要制定企业的具体目标,将大目标分解到企业各部分,通过各部门协力合作,共同实现。企业目标主要包括利润目标、市场目标、竞争目标、贡献目标和发展目标几个方面。创业者在制定企业目标时,可以结合企业实际情况,对上述几个目标进行设定和描述。如果企业在不同阶段有不同目标,也可分时间段分别介绍。注意目标一定具有可行性、可操作性和可衡量性,不能泛泛而谈。

企业业务发展战略是指企业新业务计划或增长战略,包括密集增长战略、一体化增长战略和多元化增长战略。密集增长战略是通过市场渗透、市场开发或新产品开发的方式增大市场占有率,适用于产品存在尚未完善和具有潜在市场的企业。一体化增长战略是指企业在供、产、销方面实行一体化,加强控制、提高效率的战略,适用于行业有发展前途的企业。一体化战略又可分为前向一体化营销战略、后向一体化营销战略以及水平一体化营销战略。前向一体化营销战略的营销和市场可进入分销系统,谋取更多利润;后向一体化营销战略的营销对象是收购或兼并供应商,控制供应系统;水平一体化营销战略主要通过收购或兼并同类型企业或竞争对手,扩大市场以增强企业竞争力。当创业企业发展到成长期后,单一品种的产品不能满足企业的整体战略目标时,便可考虑使用多元化营销战略。多元化战略主要是尽量增加产品种类,跨行业生产,扩大企业业务范围,适用于人、财、物充足,有经营项目实力的企业。

二、营销策略

营销策略组合中有4P营销理论、6P营销理论、7P营销理论等,在撰写商业计划书过程中可以选择合适的营销理论来介绍产品营销策略,这里仅以4P营销理论为例。4P营销理论从产品策略、价格策略、销售渠道策略和促销策略四个方面为实现市场目标提供了最优手段。

(一)产品策略

产品策略是4P营销理论中非常重要的部分,它可以分为产品组合策略、产品生命周期策略、品牌策略、包装策略等。产品组合是指拥有不同种产品的企业,为了扩大销售、增加利润和分散风险,将不同产品组合然后一起销售的方法。

产品生命周期策略是指对产品的不同阶段采取针对性销售方式,如图9—9所示,产品的生命周期可以分为引入期、成长期、成熟期和衰退期四个阶段。在引入期,产品刚刚进入市场,消费者对产品还不太熟悉,所以销售增长较慢。并且因为产品的生产成本和销售费用较高,所以引入期产品的利润可能为负数。此时可以选择低价策略迅速打开市场,或者高价策略快速收回成本。在成长期,消费者逐渐接受产品,产品销售量开始迅速增长,随着产品规模效应,产品的成本也随之降低,利润开始增加。在产品成长阶段,企业可以提高产品质量,完善产品功能,增加产品宣传力度。在成熟期,产品的市场占有率基本稳定,利润达到最大化,但是随着竞争者的加入,销售量会逐渐下降。为了保持在竞争市场上的主导地位,企业可以主动出击开发新的系列产品。在衰退期,消费者兴趣逐渐转移向新产品,产品销售量迅速下降,最终退出市场。此时企业可以适当降低价格,刺激消费者需求,最大限度地赚取更多利润,或者转向新产品的开发。

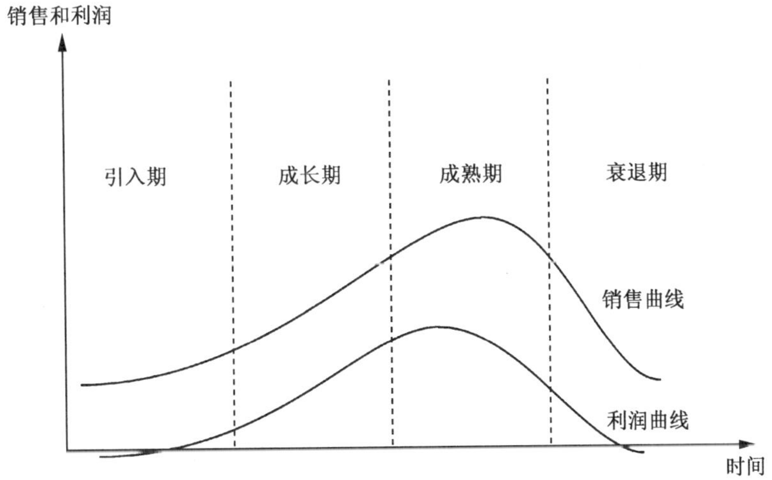

图9—9 产品生命周期图

品牌策略是指通过产品品牌化,加深消费者印象,稳定产品市场,最终实现增加企业价值的目的。品牌设计时要遵循适应易读易记、暗示产品属性、启发品牌联想和受法律保护的原则。

产品包装是指对产品进行外部包扎、装饰,对产品起到保护、美化、便于携带运输的作用,从而提高产品价值，增加企业盈利的策略。常用的包装策略有类似包装、差异包装、组合包装、等级包装、创新包装等。创业者应当根据产品情况选择合适的包装策略，发挥包装的最大效应。

（二）价格策略

价格策略是营销组合中决定收入的因素，它关系到企业的盈利和在市场上的竞争力，如何定价既使得消费者可以接受又使得企业获得更多利润，是营销策略中非常关键的部分。在制定价格过程中需要考虑的因素有很多，包括市场需求、定价目标和定价方法等。市场需求通常与价格成反方向变化，当价格变化而引起的需求变化较小时，则表明该产品的需求弹性较小，企业可以采取提高价格的策略，反之企业应当降价以刺激市场需求。定价目标是选择定价的依据，如以利润为目标，通过目标利润和产品成本来确定价格；以市场占有率为目标，通过低价格吸引更多消费者，快速打开市场；以竞争力为目标，通过研究竞争对手的产品和价格来选择更有竞争力的定价等。

对于初创企业或刚进入市场的新产品，其定价策略与一般产品会有所不同，主要包括撇脂定价策略、渗透定价策略和满意定价策略。撇脂定价是一种高价格策略，适用于需求弹性较小、具有独特性的新产品。在产品新上市时，通过高价格开拓市场，在短时期内迅速收回投资成本，待产品成熟期再逐渐降低价格。渗透定价是一种低价格策略，适用于需求弹性小、市场竞争激烈和没有突出特性的产品。通过低价格增加销售量，发挥市场优势，缓解市场竞争压力。满意定价策略是一种适中价格，能使供求双方都满意的策略，适用于需求弹性适中，销售量稳定增长的产品。

（三）渠道策略

企业生产的产品只有通过分销渠道才能以合适的方式、在合适的地点和合适的时间提供给消费者，分销渠道也是企业间竞争的重要环节。分销渠道的类型有很多，其中最基本的两种类型为直接渠道和间接渠道。直接渠道是指企业直接将产品销售给消费者，没有任何中间商存在。直接渠道有利于供求双方加强沟通，降低产品在流转过程中的损耗，满足消费者需求。但是直接渠道可能无法满足消费者多样化需求，企业在生产任务之下又有营销任务，也极大增加了工作负担。间接渠道是企业利用各中间商将产品提供给消费者的销售渠道。间接渠道的优点在于能将产品广泛分销，快速打开市场，缓解企业人力财力不足的压力。然而中间商的存在会增加消费者购买价格，不利于产品销售。并且中间商过多容易出现产品造假的情况，影响企业形象。

（四）促销策略

促销策略是企业通过人员推销、广告、公共关系和营销推广等促销手段，向消费者宣传产品信息以引起他们兴趣，激发消费者购买欲望，最终达到扩大销售目的的活动。人员推销是一种销售人员直接向消费者推销产品的策略，具有较大灵活性和针对性。人员推销通过与消费者直接接触，增加沟通效率，有利于促进销售。广告策略是通过相关媒体向大众宣传企业产品信息，特点是传播面较广，影响力大，但是缺乏针对性。公共关系是通过双向沟通，协调组织内部和加强与公众联系，促进组织与公众相互理解、支持和协作，树立组织形象，促进产品销售的方法。公共关系策略注重产品的长期发展，能为产品营造一个稳定的竞争环境。营销推广是最常用的促销策略，通过运用降价、打折、抽奖、赠品、代金券、积分兑换等形式，刺激消费，增加销售量。营销推广效果明显，但是时效较短。

市场营销介绍示例

创业者在制定营销策略时，首先要确定营销对象，然后一定要结合产品特点和营销目标，这样的营销策略才具有针对性和可操作性。当营销方式有资金限制时，还需要对营销费用进行简单预算。对于同一产品的不同阶段，其营销策略可能会有所不同，这时也需要在商业计划书中体现出来。

三、客户关系管理

客户是市场营销中最宝贵的资源，只有迎合客户的喜好，不断满足客户的需求，企业才能在竞争市场中生存和发展。客户关系管理是指对企业和客户交互活动进行管理的过程，它强调以客户为中心，提高对客户的服务水平。客户关系管理贯穿于企业内部和客户联系的经营和管理的方方面面，包括客户获取、接触、分析、服务和维持等全过程。客户关系管理的关键流程有客户组合分析、客户信息积累、客户价值设计和传递、客户周期管理和绩效评估。

（一）客户组合分析

客户组合分析是客户关系管理的前提，企业首先要寻找目标客户，这一点可以结合前面市场细分和市场定位的内容。除了识别出既定的目标客户外，挖掘潜在客户也是非常重要的。其次要寻找有价值的客户，因为并不是所有的客户都能给企业带来效益，所以要尽量寻找有价值的客户。最后要选择适当的关系战略，争取为有价值的客户保持亲密的联系，为其提供更多的、长期的服务。

（二）客户信息积累

积累客户的信息有利于深入了解客户的喜好和需求，为客户提供更多个性化的服务。建立完整的信息库是客户信息管理的基础，企业可以运用计算机、通信或网络技术来传递和储存客户信息，然后将客户信息分类整合，以便进行数据挖掘。客户信息的收集是一个动态的过程，所以需要实时更新信息库。最后需要注意的是，要设计一系列明确的政策和措施，以保证客户隐私受到保护。

（三）客户价值设计和传递

客户价值设计和传递是通过对客户信息的分析和研究，主动为客户创造价值，开发令客户满意的产品和服务，然后将其传递给客户，最后为企业带来价值的过程。这里的客户价值具有“企业为客户创造价值”和“客户为企业带来更多价值”两方面含义。为客户创造价值可以采取市场竞争导向战略和客户需求导向战略。市场竞争导向战略是指企业在设计客户价值时参考竞争对手的价值方案，在借鉴、改善的基础上发展创造客户价值的方案。客户需求导向战略是以客户为中心，通过观察客户需求的变化，在考虑企业条件的前提下发挥主观能动性，适时、合理地满足客户需求。

（四）客户周期管理

从客户分析、客户信息积累到客户价值设计和传递的过程并不是一次性的，而是一个不断循环的过程。客户周期管理就是要关注不同阶段客户的需求变化，从而不断重新进行客户分析、信息积累、价值设计和传递，最终实现留住客户的目的。在客户周期管理中通常避免不了客户流失的情况，对于此类情况企业首先要设定客户流失的警戒点，如客户订单数降低到一定标准后，企业应该开始警戒。其次是要分析客户流失的原因和估算客户流失的损失，这也是客户流失管理中最为重要的环节。最后采取应对措施时需要计算挽留客户的费用与客户流失损失的利润，当挽留客户的费用小于客户流失损失的利润时，则应选择挽留客户，反之选择放弃客户。

（五）客户满意度评估

重视对客户满意度的评估有利于企业加深对客户的了解，不断调整自身工作。在客户关系管理中,常用的客户满意度评价指标体系可以分为核心产品、服务支持与流程和人员互动三个维度,其中每一个维度的具体评价指标如表 9—4 所示。

表 9—4 **客户满意度评价指标体系**

维度	考察内容	评价指标
核心产品	产品的基本价值	产品性能
		产品性价比
		产品外形和风格
		产品使用寿命
		产品维修保证
		产品配送
		产品售后服务
服务支持与流程	企业的可靠性、对客户的反应速度和质量	完成服务时长
		响应客户时长
		与客户沟通次数
		信息记录准确性
		客户评分
人员互动	企业对客户的关注度、尊重与理解程度	员工礼仪
		互动频率
		沟通有效性
		个性化关心次数

第六节　生产运营

生产运营是商业计划书中必不可少的部分,因为它直接关系到企业的资源分配和运作效率。生产运营涉及许多复杂的环节,需要占用大量资源,创业者通过分析生产运营的各个环节,不仅可以评估项目的可行性,还能为确定融资金额和资金用途提供依据。因此,在商业计划书中,对生产运营的描述至关重要。

一、经营地选择

经营地的选择往往与成本控制和项目盈利息息相关。选址要考虑所处地段的房产价格、租金价格、人力资源是否充足、原材料采购和运输的便利性、市场环境是否有利于销售、所处地区有无产品优惠政策等方面。介绍选址时不仅要说明详细地点,还要说明选址所考虑的因素和期望达到的效果。撰写过程中可以通过比较多个选址,编制选址评价表的方式来突出该选址地点的优势,如表 9—5 所示。也可以采用加权计分的方式,给每一个因素赋予权重,然后对不同选址进行评分,最后计算出总分。

表 9－5　　选址因素比较决策表

因素	地点 1	地点 2	地点 3
房产价格	*		
与供应商相隔距离	*		
客户密集度	*		
人群消费水平		*	
工资水平			*

二、运营要素计划管理

根据生产要素投入理论，开展生产必须具备的要素有资产、土地、资金、技术等，在商业计划书中应该全面考虑这些要素的可得性。各种要素具体表现在：

（一）设备引进

设备的成本关系到生产的成本，设备的优良关系到产品质量的好坏，设备的布局关系到生产运作的效率，所以设备引进是在生产运营中非常重要的一个环节。在介绍设备引进部分，可以从设备供应商、价格、组装情况、使用年限、维修安排、培训计划和设备布置详情几个方面选择。

（二）工艺流程

工艺流程是指通过各个工序安排的程序将原材料逐渐生产成产成品的过程。在商业计划书中这部分主要是介绍工艺流程的设计和整个的流转过程，让投资者明白产品是如何一步步生产出来的。在撰写工艺流程部分时，可以附上相应设计图纸，说明此工艺流程是如何运转的，该设计的优势是什么，能达到什么样的效果。如空调零部件装配流水线的设计，通过在不同的工作站点安排专门装配人员，负责其中一个零件的装配，通过单一重复的工作，保证员工工作熟练度，减少不必要动作，保持流水线装配的匀速运作，使各工序处于更加平衡的状态。

（三）生产作业计划

生产计划与库存和销售息息相关，合理的生产计划能充分利用经营资金，节约生产成本。生产计划考虑的因素有很多，如厂房规模、原材料供应情况、预计订货量、季节性因素等等。在介绍生产作业计划时，要指出制定该计划考虑的因素，突出生产计划是在综合分析之下得出的最合理、最经济的计划。其次要介绍生产作业计划的具体内容，如标准消耗量，每季、每车间、每班组的预计生产量，员工和设备补充安排等。

（四）库存管理

库存管理是通过相关模型和管理方法，确定企业的原材料、周转材料、在产品和产成品等存货的经济存货量、经济订货点和日常管理办法，保证生产经营的需要，降低库存的成本，加速存货周转，减少资金占用量。库存管理中常用的模型是经济订货量模型，如图 9－10 经济订货批量模型所示，在不考虑缺货的情况下，将存货成本中的变动性成本分为储存成本和订货成本，年订货量为 A，一次订货成本为 P，单位储存成本为 C，经济订货批量 EOQ 为：

$$EOQ=\sqrt{2AP/C}$$

库存管理中常用的管理方法是 ABC 分类管理法和 JIT 准时生产制。ABC 分类管理法是将存货按照一定标准，如数量或金额，分为 ABC 三类，对 A 类存货严格控制，对 B 类存货一般

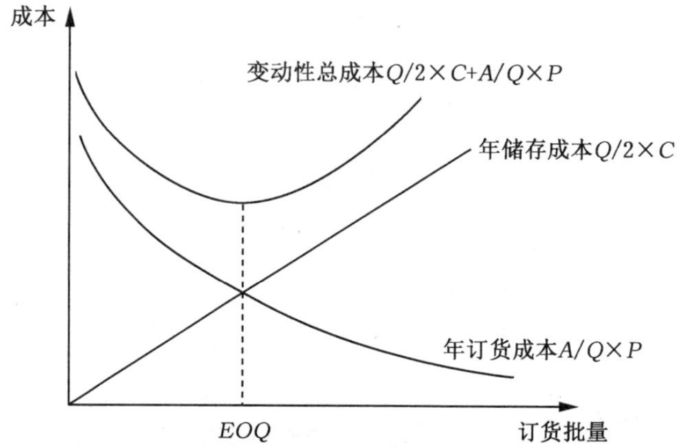

图9—10 经济订货批量模型

控制，对C类存货简单控制。而JIT准时生产制是一种零库存的管理思想，通过与供应商和客户高度协调，在需要原材料时能及时获取，在生产成功时立马售出，最终实现零库存的目的。一般来说JIT在管理上要求极高。库存管理部分除了介绍企业选择的存货模型和存货日常管理方法之外，还应介绍管理过程中突发事件的应对措施，如缺少原材料情况下的紧急情况方案，管理不善的相关责任赔偿等。

（五）劳动力

任何生产运作都离不开劳动力。前面人力资源部分已经详细介绍过人员配置和招聘等内容，为了满足条件，创业者需要对当地劳动力市场结构、就业情况、薪酬水平、员工住宿和福利待遇等多方面进行调查，并在商业计划书中详细说明。

三、运营质量控制

运营质量控制是通过监视产品或服务的形成过程，采取一定管理措施消除引起其质量不合格的因素，最终实现达到质量要求，获得经济效益的目标。质量控制首先要确定控制的关键点，尤其是生产或服务过程中容易出现质量偏差的环节，如餐饮行业在原材料采购环节，采购到不新鲜的果蔬或者过期饮品会严重影响提供的餐饮质量。其次要确定控制的内容，如温度、时间等。在控制过程中可以设定指标值和误差范围，如KFC炸鸡的调料比例为面粉：生粉：香辣炸鸡粉＝2：1：1，油炸温度控制在165℃以内，炸5～6分钟，在此范围内才能使炸鸡达到最佳口感。质量控制中有一个非常重要的部分就是应对措施，如对人员进行专业培训，严格执行工艺流程，抽样检测等等。

一般来说对于生产型企业，生产运营计划需要进行详细介绍，但是对于服务型企业来说，可能没有生产环节，并且运营部分也比较简单，所以在这一部分就需要着重介绍地理位置选择、人员雇佣和信息管理等。特殊的初创企业可能由于资产受限、管理经验不足而出现生产外包的情况，对于这一类企业来说生产运营部分则需要注重外包厂商选择、外包方式和销售环节的介绍。

第七节　财务预测与分析

一、财务假设

商业计划书所进行的财务预测能很好地展示自身项目的投资价值，是吸引投资的数据支撑。但是对于一个新项目或者初创企业来说，许多财务数据都不是现时存在的，而是通过预测而来，而财务预测的基础则是科学的、有依据的财务假设。企业的财务假设是基于一个经济实体正常运行所必备的财务条件进行的，包括会计基本假设、会计基础、各种会计要素的假设等。

（一）会计基本假设

会计基本假设包括会计主体、会计分期、持续经营和货币计量，也包括会计核算和财务管理所依据的制度、准则、法律法规以及记账基础等。如假设会持续经营，年度会计期间为每年1月1日至12月31日，以人民币为记账本位币，会计基础为权责发生制等。

（二）各种会计要素计量和核算的假设

如发出存货选择不同的计价方法需要遵循不同的假设条件。先进先出法假设先购进的存货先发出；个别计价法假设实物流转与价值流转一致，需要逐一辨认发出存货和期末存货所属批别和价格；加权平均法根据期初和本期购进存货的数量和金额，在期末一次计算存货单价；移动加权平均法在每次取得存货时，都要重新计算存货单位成本。存货计价方法对损益计算、资产负债表存货数额和所得税数额都会有一定影响，企业应综合考虑存货特点，选择合适的存货计价方法，并在商业计划书中说明。再如，固定资产计量中主要是需要考虑其初始成本、使用年限、折旧方法和预计残值，从而对固定资产进行价值确认。企业固定资产折旧方法包括年限平均法、工作量法、年数总和法和双倍余额递减法。所选用的折旧方法和残值需要创业者结合固定资产和企业实际情况进行合理假设。如果企业预计未来固定资产会发生减值，也需要在商业计划书中说明。在确定了合适的计量元素后，固定资产估值的撰写可采用表格的形式（如表9—6所示），以清晰表明固定资产预计的折旧情况。

表9—6　固定资产折旧额估算一览表

序号	名称	数量	原值	残值率	使用年限	年折旧额	累计折旧	余值
001								
002								
003								
…								

成本假设较为复杂，因为产品成本可以分为固定成本和变动成本两部分，而变动成本又包含原材料、周转材料、燃料、员工工资和设备折旧等多方面内容。变动成本的假设要参考生产运营部分和人力资源部分。根据原材料采购计划和标准消耗量，计算出直接材料和燃料动力数据，根据生产人员人数和工资计算出人工费用，根据引进设备的价格、使用年限和折旧方法计算出折旧费。然后预估生产过程消耗的水电费等制造费用，最后结合计划生产量，编制成本费用的估算表，从而计算出总成本和单位成本。如果预估在未来产品成本会因技术更新或项

目扩展等因素而发生变化，也要在商业计划书中进行说明。

毛利润的假设需要结合市场营销部分中的产品定价策略，通过制定的售价和估算的产品成本计算出来。

销售量假设可以采用市场调研和分析的方法，由于要考虑的因素非常多，如市场需求量、产品竞争力、销售增长速度等，需要花费大量时间去分析和研究。如果销售量假设是基于目标利润或者盈亏平衡时的销售量，那么在给出数据时也要详细说明企业能达到此销售量的条件和可能性，如果不能达到，是否有相应的应对措施。

在给出成本、毛利润和销售量的假设条件的基础上，还需要制定未来每年销售收入、销售成本和销售利润的表格，清晰表明产品的销售情况和盈利情况。对于投资者而言，财务报表是用来评价公司价值和业绩的重要数据来源，在商业计划书中，有必要给出预测的企业在未来3—5年内的财务报表，以便对财务数据做进一步分析。需要注意的是，由于财务报表的篇幅较大，放在商业计划书的正文部分可能无法突出其他重要部分，所以可以将预测的财务报表作为附件在附录中体现。

二、财务预测

为了使投资者对企业财务状况、经营成果和现金流量有更清晰的认识，基于各种财务假设，企业需要对财务各方面进行预测。主要是基于假设的资产负债表、损益表和现金流量表的预测[①]，如表9—7、表9—8和表9—9所示，为XY公司的财务报表预测。财务预测中需要注意的是，由于财务报表正表所占篇幅较大，也可将预测的财务报表在附录中体现。

表9—7　　XY公司预计资产负债表

编制单位：XY公司　　××年12月31日　　单位：元

资　产	期初余额	期末余额	负债及所有者权益	期初余额	期末余额
流动资产：			流动负债：		
货币资金			短期借款		
交易性金融资产			应付票据		
应收票据			应付账款		
应收账款			应交税费		
预付账款			应付职工薪酬		
应收利息			其他应付款		
应收股利			流动负债合计		
其他应收款			非流动负债：		
存货			长期借款		
流动资产合计			应付债券		
非流动资产：			非流动负债合计		

① 企业可以根据融资需要和适当的预测依据如GDP增长率、人均收入水平、物价水平等，编制连续3～5年的财务报表。

续表

资　产	期初余额	期末余额	负债及所有者权益	期初余额	期末余额
长期应收款			负债合计		
长期股权投资			所有者权益：		
固定资产			实收资本		
在建工程			资本公积		
无形资产			盈余公积		
其他非流动资产			未分配利润		
非流动资产合计			所有者权益合计		
资产总计			负债和所有者权益总计		

表 9—8　　XY 公司预计损益表

编制单位:XY 公司　　××年度　　单位:元

项　目	本年金额	上年金额
一、营业收入		
减:营业成本		
税金及附加		
销售费用		
管理费用		
财务费用		
资产减值损失		
加:公允价值变动收益		
投资收益		
资产处置收益		
其他收益		
二、营业利润		
加:营业外收入		
减:营业外支出		
资产处置损失		
三、利润总额		
减:所得税费用		
四、净利润		
五、每股收益		
基本每股收益		
稀释每股收益		

表 9—9　　**XY 公司预计现金流量表**

编制单位:XY 公司　　××年度　　单位:元

项　目	本年金额	上年金额
一、经营活动产生的现金流量:		
销售商品、提供劳务收到的现金		
收到的税收返还		
收到的其他与经营活动有关的现金		
经营活动现金流入小计		
购买商品、接受劳务支付的现金		
支付给职工的现金		
支付的各项税费		
支付的其他与经营活动有关的现金		
经营活动现金流出小计		
经营活动产生的现金流量净额		
二、投资活动产生的现金流量:		
收回投资所收到的现金		
取得投资收益所收到的现金		
处置固定资产、无形资产、其他长期投资回收的现金净额		
收到其他与投资活动有关的现金		
投资活动现金流入小计		
购建固定资产、无形资产、其他长期投资所支付的现金		
投资所支付的现金		
支付其他与投资活动有关的现金		
投资活动现金流出小计		
投资活动产生的现金流量净额		
三、融资活动产生的现金流量:		
吸收投资所收到的现金		
取得借款所收到的现金		
收到其他与融资活动有关的现金		
融资活动现金流入小计		
偿还债务所支付的现金		
分配股利、利润和偿付利息所支付的现金		
支付其他与融资活动有关的现金		
融资活动现金流出小计		

续表

项　目	本年金额	上年金额
融资活动产生的现金流量净额		
四、汇率变动对现金及现金等价物的影响		
五、现金及现金等价物净增加额		

财务预测除了必需的三大财务报表外，还可以根据需要提供一些简洁的辅助报表，如表9—10所示的现金流量预测表以及如表9—11所示的产销量预测表。

表9—10　　现金流量预测表

指标	第0年	第1年	第2年	第3年	第4年	第5年
现金流入						
现金流出						
净现金流入量						

表9—11　　产销量预测表

年度	产量	销量	退货率	库存
第一年				
第二年				
第三年				
第四年				
第五年				

三、财务分析

在预测的财务报表基础上，为了使投资者能通过各种能力指标对企业或项目的财务状况以及经营状况产生更加深入的了解，需要根据预测报表的数据对其流动性、盈利性以及发展性等进行判断分析。本小节内容以XY公司为例进行阐释，现将其2023年度资产负债表（表9—12）和利润表（表9—13）列举如下。

表9—12　　资产负债表

编制单位：XY公司　　2023年12月31日　　单位：万元

资　产	期末余额	期初余额	负债和所有者权益	期末余额	期初余额
流动资产：			流动负债：		
货币资金	1 800	1 600	短期借款	4 600	4 000
交易性金融资产	1 000	2 000	交易性金融负债		
应收票据			应付票据		
应收账款	2 600	2 400	应付账款	2 200	2 000

续表

资　产	期末余额	期初余额	负债和所有者权益	期末余额	期初余额
预付账款	140	80	预收账款	740	600
应收股利			应付股利		
其他应收款			其他应付款	200	360
存货	10 200	8 200	一年内到期的非流动负债		
一年内到期的非流动资产			其他流动负债		
其他流动资产	100	80	流动负债合计	7 740	6 960
流动资产合计	15 840	14 360	非流动负债:		
非流动资产:			长期借款	5 000	4 000
债权投资	800	800	应付债券		
长期应收款			长期应付款		
长期股权投资			预计负债		
投资性房地产			其他非流动负债		
固定资产	30 000	26 000	非流动负债合计	5 000	4 000
在建工程			负债合计	12 740	10 960
工程物资			所有者权益:		
无形资产	1 100	1 000	实收资本(股本)	26 000	26 000
商誉			盈余公积	3 200	3 200
其他非流动资产			未分配利润	5 800	2 000
非流动资产合计	31 900	27 800	所有者权益合计	35 000	31 200
资产总计	47 740	42 160	负债所有者权益总计	47 740	42 160

表 9—13　　　　**利润表**

编制单位:XY 公司　　　　2023 年 12 月 31 日　　　　单位:万元

项　目	本年金额	上年金额
一、营业收入	44 000	38 000
减:营业成本	24 400	21 700
税金及附加	2 600	2 160
销售费用	3 800	3 040
管理费用	2 000	1 700
财务费用	800	600
资产减值损失		
加:公允价值变动收益		
投资收益	800	400

续表

项　目	本年金额	上年金额
资产处置收益		
其他收益		
二、营业利润	11 200	9 200
加：营业外收入	700	400
减：营业外支出	1 500	1 200
资产处置损失		
三、利润总额	10 400	8 400
减：所得税费用	2 760	2 500
四、净利润	7 640	5 900

(一)偿债能力分析

该能力反映企业偿还短期和长期债务的情况，常用指标有流动比率、速动比率和资产负债率等。

流动比率是流动资产与流动负债的比值，速动比率是速动资产(流动资产扣除存货、预付账款和1年内到期的非流动资产部分)与流动负债的比值。这两个指标反映的是企业短期偿债能力。一般来说比率越高，表明企业短期变现能力较强，偿还短期债务的能力也越强。当然并不是比率越高越好，因为比率太高可能意味着企业资金的使用效率较低。资产负债率是总负债与总资产的比值，反映的是企业长期偿债能力。资产负债率越低，对于投资者来说债权的保障程度就越高。

例 9—1　根据表 9—12 的资料，XY 公司 2023 年的流动比率与资产负债率计算如下(保留两位小数)：

年初流动比率为：

$$流动比率=\frac{14\ 360}{6\ 960}=206.32\%$$

年末流动比率为：

$$流动比率=\frac{15\ 840}{7\ 740}=204.65\%$$

XY 公司年初和年末的流动比率较高，说明其短期变现能力较强，有较强的短期偿债能力。

年初资产负债率为：

$$资产负债率=\frac{10\ 960}{42\ 160}=26.00\%$$

年末资产负债率为：

$$资产负债率=\frac{12\ 740}{47\ 740}=26.69\%$$

XY 公司年初和年末的资产负债率均不高，因此该公司具有较强的长期偿债能力，投资者的债权保障程度较高。

(二)营运能力分析

该能力反映企业各类资产的运转效率,常用指标有应收账款周转率、流动资产周转率以及固定资产周转率等。

应收账款周转率是销售收入与平均应收账款的比值,该比值越高,表明企业应收账款回收越快,出现坏账的可能性越低。流动资产周转率是销售收入与流动资产平均余额的比值,该指标不仅能反映流动资产的使用效率,也会影响盈利水平。固定资产周转率①,也称固定资产利用率,是企业销售收入与固定资产净值的比率,反映一个会计年度固定资产周转的次数,次数越多则周转效率越高。

例 9—2 根据表 9—12 和表 9—13 的资料,同时假设 XY 公司 2021 年末的应收账款余额为 2 000 万元,则该公司 2022 年度和 2023 年度的应收账款周转率和应收账款周转天数计算如下(保留两位小数):

2022 年度的应收账款周转率和周转天数分别为:

$$应收账款周转率=\frac{38\ 000}{(2\ 000+2\ 400)\div 2}=17.27(次)$$

$$应收账款周转天数=\frac{360}{17.27}=20.85(天)$$

2023 年度的应收账款周转率和周转天数分别为:

$$应收账款周转率=\frac{44\ 000}{(2\ 400+2\ 600)\div 2}=17.6(次)$$

$$应收账款周转天数=\frac{360}{17.6}=20.45(天)$$

以上计算结果表明,该公司 2023 年度的应收账款周转率比 2022 年度的应收账款周转率有所提高,而周转天数有所减少,表明该公司应收账款回收速度加快,出现坏账的可能性逐渐降低,XY 公司对应收账款的管理比较稳健。

(三)盈利能力分析

分析盈利能力一般采用资产收益率和销售净利率等指标。资产收益率是净利润与总资产的比值,比值越高表明单位资产取得的净利润越大,对投资者来说投资获得收益的可能性也越大。销售净利率是净利润与销售收入的比值,是一项综合性较强的盈利指标,销售净利率越大表明产品的盈利能力越强。

例 9—3 根据表 9—12 和表 9—13 的资料,XY 公司 2022 年和 2023 年的资产收益率计算如下(保留两位小数):

2022 年资产收益率为:

$$资产收益率=\frac{5\ 900}{42\ 160}=13.99\%$$

2023 年资产收益率为:

$$资产收益率=\frac{7\ 640}{47\ 740}=16.00\%$$

计算结果表明,XY 公司的资产收益率在两年间有所提高,表明其资产的获利能力不断增强,投资者获得收益的可能性也在增强。

---

① 对于轻资产的创业期来说,固定资产周转率类的指标就不那么重要,而反映无形资产利用效率的指标则更重要。

（四）发展能力分析

对于创业企业来说，是否具有发展能力以及其发展的可持续性是投资者很关心的一个问题。一般评价企业发展能力的常用指标有营业收入增长率、营业利润增长率、净利润增长率以及净资产增长率等指标。营业收入增长率是企业本年营业收入增长额与上年营业收入总额的比率，反映企业营业收入的增减变动情况。营业利润增长率是企业本年营业利润增长额与上年营业利润总额的比率，反映企业营业利润的增减变动情况。净利润增长率代表企业当期净利润比上期净利润的增长幅度。净资产增长率是指企业本期净资产增加额与上期净资产总额的比率。

例 9—4　根据表 9—12 和表 9—13 的资料，XY 公司 2023 年的营业收入增长率和营业利润增长率计算如下（保留两位小数）：

$$营业收入增长率=\frac{44\ 000-38\ 000}{38\ 000}=15.79\%$$

$$营业利润增长率=\frac{11\ 220-9\ 200}{9\ 200}=21.74\%$$

计算结果表明，XY 公司营业收入和营业利润均体现出较快的增长水平。

根据创业企业性质和发展情况，以及商业计划书阅读者的兴趣和需求偏向，以上指标可以进行调整。

四、财务计划

商业计划书中财务计划主要是介绍资金的来源、结构和使用情况，具体包括：

（一）自有资金和融资需求

介绍自有资金时主要是说明自有资金的来源和金额，来源包括企业内部积累、财政拨款、贷款等。融资需求介绍为了保证项目的正常开展和运营，除了自有资金还需要的资金数。

（二）融资方式

融资的方式有很多，如发行债券、发行股份、银行贷款和融资租赁等。创业者需要清楚指出选择的融资方式和每种融资方式的融资金额。如果公司或项目在未来需要继续融资，在撰写商业计划书时也要指明第二次融资的时间、资金需求量和融资方式。

（三）资金安排

投资者往往对于自己的投资资金将用于什么环节、用多少、什么时间用会比较在意，因为担心出现资金被资金使用方挪用于其他高风险的项目而导致投资失败的情况。通过详细说明资金的使用情况，能使投资者对项目更加放心。在介绍资金使用情况时，可以指出使用的环节和各环节需要的资金数额，如开办费、设备购买、研发费用等。如果涉及多个时间段，也可以按时间顺序依次说明，如第一季度研发费、第二季度研发费和第三季度研发费等。

（四）投资收益

投资收益的获取是投资者最为关注的部分，包括什么时间获取，以什么形式获取，可以获取多少等。所以财务计划中不仅要介绍融资需求，还需要合理安排投资者的投资收益。

（五）投资者权益和资本退出

投资者权益和资本退出是商业计划书中至关重要的部分，直接关系到投资者的利益与决策信心。在投资者权益方面，创业者需清晰阐述股权分配情况，包括融资后股权比例的变化，以及可能涉及的保护条款，如反稀释条款和优先清算权。同时，应明确收益分配机制，说明利润分红或资本增值的实现路径。控制权安排也是投资者关注的重点，需表明是否赋予投资者董事会席位、投票权或其他决策参与权，以保证投资者能在企业发展中拥有合理的参与度。此外，企业还需突出核心管理层的能力与贡献，增强投资者对公司治理的信心。

资本退出策略直接决定了投资者是否能获得预期回报，因此需详细规划。商业计划书应说明企业预期的退出方式，如通过 IPO 上市、并购、股权回购或二级市场转让等方式实现投资回报，同时提供清晰的退出时间表。结合企业的发展阶段和市场环境，明确可能的退出节点。创业者还需通过财务预测展示预期收益，如内部收益率（IRR）或估值增长，以增强投资吸引力。此外，必须评估退出过程中的潜在风险，并提供保障措施，如优先清算权或特定退出条件，以降低投资者损失的可能性。这些内容不仅展现企业对投资者权益的重视，也能凸显创业项目的商业潜力和稳健性，为成功融资奠定基础。

随着我国资本市场建设的多层次化，投资者特别是风险投资者资本退出的方式也多样化，包括公开上市、股权转让、管理层收购、股份回购等。投资者可以根据被投资对象选择合适的风险资本退出方式以及时间安排。

资本退出介绍示例

第八节　投资分析

为了进一步说明创业项目的投资可行性和投资价值，商业计划书中可以通过各种方法和指标来论证项目的收益能力。

一、不确定性分析

生产经营的过程中可能会出现各种不确定因素对投资效益产生影响，所以在制定财务计划后还需利用不确定性分析方法对影响投资效益的程度进行研究和估计。不确定性分析方法包括盈亏平衡分析、敏感性分析、概率分析和准则分析等，商业计划书中常用的方法主要有盈亏平衡分析和敏感性分析。

（一）盈亏平衡分析

盈亏平衡分析也称保本点分析、本量利分析，是通过销售量、成本和利润的关系计算出保本的销售量(额)的一种方法。如图 9—11 所示，使得销售收入与总成本相等的销售量即为盈亏平衡点（Break Even Point，BEP）。在 BEP 的左侧，即销售量小于盈亏平衡销售量时，产品处于亏损状态；在 BEP 的右侧，即销售量大于盈亏平衡销售量时，产品处于盈利状态。其计算公式为：

$$BEP=\frac{\text{固定成本}}{\text{单位售价}-\text{单位变动成本}}$$

根据前面财务计划中对销售量的预估，投资者通过比较可以清晰地看出产品能不能达到盈利点，或者什么时候达到盈利点。

如果预估销售量 Q 大于盈亏平衡时销售量 BEP，此时还可以计算出产品的安全边际率来判断生产经营的风险，其计算公式为：

$$\text{安全边际率}=\frac{BEP-Q}{BEP}\times 100\%$$

安全边际率越大，表明产品经营风险越低。

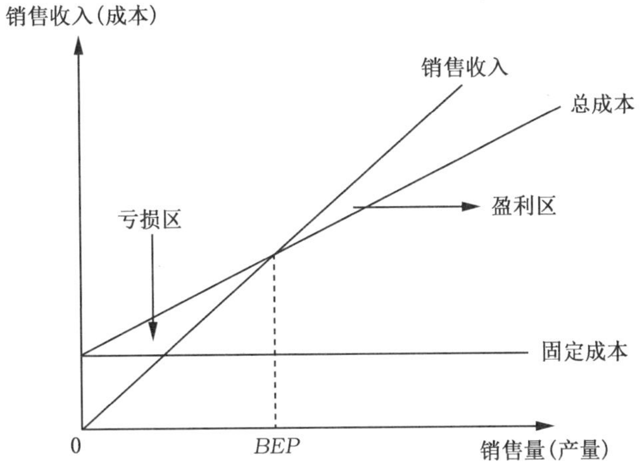

图 9—11　盈亏平衡分析示意图

例 9—5　已知某企业年固定成本额为 40 万元，单位产品变动成本为 20 元，产量销售价格为 40 元，若要实现盈亏平衡，企业产品的销售量应达到多少？

$$\text{BEP}=\frac{400\ 000}{40-20}=20\ 000(\text{件})$$

由计算可得，若要实现盈亏平衡，企业产品的销售量应达到 20 000 件。

(二)敏感性分析

该种分析方法是从多种不确定性因素中找到对投资效益指标有重大影响的因素，然后计算其对投资效益指标的敏感性程度。敏感性分析的一般步骤有：

(1)确定敏感性指标。如净现值、净利润、投资收益率、投资回收期等。

(2)确定敏感性指标的目标值。一般将在正常状态下的有关指标作为目标值。

(3)甄别敏感性因素。找出影响敏感性指标的主要因素，如产品售价、单位变动成本、销售量和固定成本等，其中任何一个因素的变动都会引起企业利润的变动，甚至会使企业发生由盈变亏或扭亏为盈的转变。

(4)计算各敏感性因素变动对有关指标的影响程度。

(5)分析敏感性影响结果和原因，寻找提高或降低某指标的对策。

在撰写商业计划书时除了判断敏感性因素外，还可以简要说明该敏感性因素在什么范围内波动是项目可以承受的，如销售量处于什么数值范围时净现值能满足投资期望，进而判断项目承受风险的能力。判断出项目的抗风险能力大小之后，在这一部分如果能给出预防风险措施，在投资者看来是最好的，但也可以集中在风险管理部分介绍，在撰写过程中可以灵活处理。

不确定性分析最后需进行一个简单的总结，表明商业计划设定的目标具有可行性，突出项目可预期的远大市场前景，强调对于投资者来说该项目是一个可靠的、值得投资的项目。

二、投资决策评价指标

投资决策评价指标是用来对项目的经济效益进行评价和分析，从而判断该项目投资是否可行的量化标准和尺度。在商业计划书中列出投资决策评价指标，能更有力地说明项目的可行性，增加投资者的投资信心。常用的投资决策评价指标有投资回收期、平均报酬率、净现值和内含报酬率等。

(一)投资回收期

$$投资回收期=\frac{原始投资额}{每年净现金流量}$$

该比值反映了收回初始投资额所需要的时长，适用于评价风险较大的投资项目。对于投资者而言，投资回收期越小意味着投资者收回初始投资越快。如果商业计划书介绍的项目是一个需要逐步发展的长期项目，则可能因为前期的净现金流量较少而使得计算的投资回收期较长，因此对于此类项目还需要结合其他的评价指标进行分析。

例9-6 已知A公司准备投资一个新生产设备，该项目编号为1001。该设备需要一次性投入成本400万元，设备可立即用于生产，使用寿命为10年，采用直线法计提折旧，净残值为0。已知该项目每年的现金净流量均为112万元，则其投资回收期的计算如下：

$$投资回收期=\frac{400}{112}=3.6(年)$$

该项目的投资回收期为3.6年。

(二)平均报酬率

$$平均报酬率=\frac{年平均利润}{原始投资额}\times 100\%$$

该比值体现了项目的收益水平。平均报酬率的计算非常简单，但是并没有考虑到货币的时间价值，也没有体现出现金流量信息，在使用过程中还需要事先确定一个基准报酬率以作对比，所以平均报酬率一般不单独使用，需要结合其他的评价指标。

(三)净现值

$$净现值=每年净现金流量现值之和-初始投资额$$

净现值是决策时常用的贴现评价指标，它反映了项目在整个经济年限中可获得的总收益。当净现值大于0时，表明该投资项目是可行的。净现值考虑了货币时间价值和现金流量，在不限资本的情况下，使用净现值评价指标往往容易做出正确的决策。所以在决策评价指标分析这一部分，选择净现值指标会更具有说服力。

例9-7 沿用例9-6的资料，假设资本成本为10%，则1001项目的净现值计算如下：

$$\begin{aligned}净现值&=112\times(P/A,10\%,10)-400\\&=112\times 6.1446-400\\&=288.1952(万元)\end{aligned}$$

项目的净现值大于0，说明其投资报酬率大于10%的资本成本，该投资项目是可行的。

(四)内含报酬率

内含报酬率是使投资项目净现值为零的折现率，反映了项目的实际报酬率。当内含报酬率高于资本成本率时，投资者应考虑投资该项目。值得注意的是，如果创业者预计在未来会出现多次融资的情况，则不宜采用内含报酬率这个指标进行评价。

例9-8 沿用例9-6的资料，计算1001项目的内含报酬率。

$$年金现值系数=\frac{400}{112}=3.571$$

查年金现值系数表可得，当期限为10时，与3.571最接近的年金现值系数为3.570 5，其所对应的折现率是25%，由于3.571与3.5705非常接近，可以认为项目的内含报酬率约等于25%。

但是大多数情况下，在系数表上不能直接找到一个相等或是非常接近的数值，而只能取得与之相邻的较大和较小的两个折现率，然后采用插值法计算内含报酬率。

第九节　风险预测及管理

由于创业在产品、管理、技术等诸多方面存在不确定性，创业风险可以说时时存在。所以，商业计划书的阅读者不仅仅关心市场占有率以及投资收益等，同时还关心创业过程中存在的风险，以及创业者对风险采取的应对措施。

一、创业风险常见类型

风险的种类和划分方式多种多样，这里主要针对创业中存在的一些创业风险进行介绍，在撰写商业计划书过程中可根据项目实际情况进行分析。

（一）市场风险

市场风险主要是考虑预估市场需求量是否有偏差，市场接受新产品、新技术所需时间是否确定，产品和技术在市场上的扩散速度是否迅速，产品和技术的竞争力大小以及战略是否可行等因素。

（二）技术风险

技术风险是由于技术的不确定性原因给项目带来的重大影响，其中不确定性因素包括技术可行性、技术前景和技术寿命等。投资者在阅读商业计划书时需要清楚地了解技术能否开发成功，效果是否显著，能不能成功投入市场收获好评，在短时间内会不会被替换，技术的生命周期有多长等。

（三）环境风险

环境风险主要指因所处环境的政府政策、法律、自然条件等发生变化而导致项目失败的可能性，如税收法律增加了环保税会加重项目的税收负担，减少可使用的流动资金，或者因为流感病毒而减少产品的销售等，具体的环境因素需要根据实际情况考虑。

（四）管理风险

管理风险是可控风险，影响管理风险的主要因素包括三个方面：一是创业者不具备良好的素质，如技术知识不扎实，不具有吃苦耐劳的精神，创业愿望不够强烈等。二是管理决策失误。三是组织结构设计不合理，组织结构未及时调整。

（五）财务风险

财务风险考虑的主要是资金问题。在项目或产品开发的前期，可能由于创业规模较大，融资渠道和融资金额有限而造成资金供应不足，产品生产销售受阻，最终导致创业失败。在项目中期也会存在持续投资能力不足的情况，如前期资金使用过度或收回较慢而导致后来资金预算不足，项目无法继续跟进。最后通货膨胀也是财务风险的影响因素，如果创业者能预测到政府可能会采取紧缩的金融政策，在商业计划书中也需要说明其政策带来的财务风险。

（六）人力资源风险

人力资源部分已经详细介绍过人员管理，所以一般来说前期因为人员能力不足、人员安排不合理而导致人力资源风险是不存在的，否则企业在创立初期就进行不下去。人力资源风险主要是在中期和后期因为管理人员离职、技术人员流失、创业团队解散等原因而导致企业危机。

(七)成长风险

成长风险是指在企业创业初期,可能因为创业者创业热情高昂,资金充足,市场反应较好,使得创业企业成长较快,但是随着时间推移,创业者会产生对资金谨慎保护的心理,市场对产品和技术反应也不再热烈,从而导致创业企业发展缓慢。如果创业企业不能快速成长,极有可能不再满足投资者的投资需求,这也是创业阶段要考虑的风险之一。

值得注意的是,在阐述风险的时候不一定需要按照上述分类情况对公司或项目的风险进行归类说明,也可以根据实际,具体地、逐条地指出存在的困难点,面临的挑战。企业如果能估计出风险发生的概率,也可以在商业计划书中进行说明。另外提出风险之后紧接着就要介绍其应对措施,应对措施不能过于宽泛或含糊而没有具体操作的思路,而应该具有针对性、可操作性和实用性。

风险分析介绍示例

二、创业风险的管控

与其他风险一样,创业风险同样具有可管理性。表 9—26 所列对应性的风险管控措施可以根据具体创业企业面临的风险进行针对性管控。

表 9—26　风险管控措施

风险种类	管控措施
市场风险	建立完善的市场信息反馈体系,尽量准确预测市场需求
	制定合理的营销策略,加快对新产品的推广
	加快新产品的开发,以适应市场变化
	降低产品成本,提高产品质量,增强市场竞争力
技术风险	完善、充实团队研发质量
	从市场、科研动向、专利申请等方面全面跟踪了解科研及市场动态
	加快新技术的研发
环境风险	加强对环境信息的关注和对环境的分析与预测
管理风险	建立学习型组织,提高创业管理团队的综合素质
	及时进行组织结构调整以适应企业发展
财务风险	合理安排融资计划,保证项目不断有资金跟进
	制定财务预算,减少资金浪费或防止前期资金过度使用
	签订外汇、物价指数保值条款合同防范通货膨胀
人力资源风险	做好人力资源预算工作,及时补充员工人数
	营造良好的工作环境,建立合理薪酬体系,吸引并留住更多优秀人才
成长风险	激发团队创业热情,拓宽管理者思路

第十节　商业计划书附录

限于商业计划书的篇幅和简明扼要地突出重点内容的基本要求，一些支撑性信息无须在商业计划书正文中体现出来，但对于整个计划书以及为阅读者提供更具说服力的信息还是必要的，所以这类信息还需要在附录中出现。如证明材料或需要详细阐述的内容，为投资者了解项目提供更为充足的决策信息。商业计划书的附录包含的内容可以有：

(一)履历

丰富且优秀的人员履历对于投资者来说是投资成功的重要保障之一，所以如果创业者或技术人员拥有优秀的履历，能够为创业产品或项目增加亮点，吸引投资者关注，则可以在附录中添加相关履历。注意履历不宜过长，不要太个性化。如果人员履历不具备亮点和吸引力，就不用添加到附录。

(二)主要合同资料

附录中的合同资料一般是比较重大的合同，如客户订购的大宗合同，表明产品是市场所需要的，投入生产后可以为项目带来效益。房屋租赁合同和设备购买合同可以用来证明融资资金的需求量是真实、可靠、有依据的。劳动合同可以表明企业已经具有管理人员或技术人员等优秀人力资源。

(三)图片资料

除了需要特殊说明的图片，一般的图片资料不用在商业计划书的正文部分体现，只需放在附录部分。图片资料包括新产品样式图、技术模型或设计图、生产设备图片和生产线规划图纸等。

(四)技术信息

企业拥有的技术是投资者关注的重点之一，因此可以在附录中添加一些不涉及商业机密的技术信息，增加新产品的可靠度，提高对投资者的吸引力，如拥有的专利，专利授权证书，技术获奖证明，技术专业检测的报告，与技术相关的优惠、鼓励政策等。

(五)市场调查

在撰写行业、市场及市场营销部分时，很多市场信息、客户群体等资料都是以市场调查的方式获取的。由于将市场调查过程及详细说明放在商业计划书正文部分会显得过于冗长，因此可以将市场调查的内容放在附录部分，包括调查的时间、地点、方式和样本，问卷内容及结果，整理的相关数据和调查的详细分析过程等。

(六)人力资源管理

人力资源部分已经介绍过人员管理的内容，如果需要的话，可以在附录部分添加更为详细的资料，如企业管理制度、员工工作时间表、员工培训的具体内容、绩效评价表和奖惩制度等。

(七)政策文件

如果政府颁布的一些政策文件对企业的创立或项目的发展具有积极的影响，可以将其放在附录中，以表明未来发展的光明前景。政策文件要注明文件名、颁布时间和文件号。

(八)相关数据测算和解释

商业计划书中有一些数据可能是需要大量演算才能得到的，而演算的这部分不方便在正文部分详细介绍，因此可以将演算的全部过程放在附录部分，如若投资者在阅读正文时对数据存在疑惑时,可以通过附录得到解释。

(九)其他方面信息

不同的商业计划书可能在附录部分补充不同的信息,这需要依据具体的实际情况。除上述信息外,还可以添加企业信誉证明、分支机构资料、生产制造信息和企业宣传资料等。

值得注意的是,附录应与商业计划书正文部分分开装订,附录内容不宜过长,以免喧宾夺主。另外,不是所有的不在正文体现的信息都要添加到附录中。附录只是起到对正文内容进行补充说明,增加正文真实性和可靠性的作用。如果附录内容不能给正文内容提供有力支持,则可以删除。当附录部分的附件较多时,应将各附件进行分类整理,做到装订美观,阅读方便。

本章小结

商业计划书是对创业企业未来发展全方位计划和描述的规范文本,是对企业或拟建企业进行宣传包装,为新产品、新技术、新服务寻求资金和发展资源的工具。其目的是使投资者或资源提供者了解企业或项目的行业和市场前景、生产运营、市场营销、财务及投资价值等各方面情况,吸引其对项目进行投资或提供资源。

商业计划书应包括封面、摘要、公司与产品、行业与市场、公司组织和人力资源、市场营销、生产运营、财务预测和分析、投资分析、风险预测和管控及附录等内容。

在撰写商业计划书的过程中应按照商业规范进行行文安排,要求章节合理,富有逻辑,体现特色,不能存在文字和语句错误。商业计划书的内容要符合企业或项目的实际情况,提出的目标、策略和措施等要具有可行性和可操作性。在表述过程中尽量简洁通俗,使商业计划书的阅读者产生阅读兴趣。

本章中英文关键词

商业计划书(Business Plan)　产品生命周期(Product Lifecycle)

组织结构(Organization Structure)　营销理论(Marketing Theory)

客户关系管理(Customer Relationship Management)

投资价值(Investment Value)　创业风险(Start-up Risk)

复习思考题

1. 商业计划书的基本内容包括哪些?

2. 如何运用 PEST 分析法、SWOT 分析法和波特五力竞争模型进行环境分析?

3. 一般创业企业面临的风险及风险管控措施有哪些?

4. 产品生命周期的各阶段如何体现科技创新对社会发展的促进作用?创业者如何利用创新能力为社会创造更大的价值?

5. 4P 营销理论如何帮助企业设计符合消费者真实需求的产品?如何在营销过程中避免过度消费引发的社会资源浪费?

6. 企业如何确保企业盈利的同时实现社会效益最大化?

拓展与提升:课程思政点、案例及思考

本章课程思政元素索引

序号	教学内容	课程思政
1	封面的设计要素及摘要的撰写技巧,讲解如何通过精准表达企业定位和项目亮点吸引投资者关注,突出重点信息并简化复杂概念	培养严谨细致的工作作风和创新能力,鼓励学习者在表达中融入创意与专业精神,将个人能力与团队成果有机结合
2	公司基本情况、产品特性、研发计划及生命周期,探讨如何通过核心竞争力和独特价值占领市场	引导学习者关注科技创新和产品对社会的积极影响,培养绿色环保意识
3	分析行业环境、市场规模和竞争态势,运用PEST和SWOT模型进行综合评估和预测	鼓励学习者关注国家政策及行业发展,增强社会责任感
4	企业组织架构设计、核心团队的构成与分工,以及人力资源的管理	倡导公平用人和团队协作,培养学习者的责任意识和以人为本的理念
5	系统阐述市场营销战略、具体实施策略(4P理论)和客户关系管理,结合产品生命周期分析如何制定促销计划、价格策略和渠道布局,实现企业的销售目标和品牌塑造	帮助学习者从真实案例中认识到诚信经营的重要性,并通过有效的营销策略服务消费者,提升企业在社会中的责任形象
6	分析生产运营中的选址决策、设备采购、生产流程设计与质量控制的关键环节,并探索现代企业如何通过资源优化提升运营效率	培养学习者的资源优化和节约意识,引导他们在优化生产流程的同时关注环保和社会效益的双赢,弘扬可持续发展的理念
7	深入讲解财务报表的编制方法与财务数据的预测技巧,分析偿债能力、营运效率、盈利能力和发展能力等指标的实际意义,并介绍如何撰写财务计划	引导学习者树立科学管理和理性决策的观念,关注经济公平与社会效益
8	对投资进行不确定性分析,论证项目的收益能力,利用各个指标对项目的经济效益进行评价和分析	启发学习者关注绿色投资,引导他们在面对高风险高回报时保持冷静,避免盲目逐利,树立稳健的投资观
9	系统梳理企业在不同发展阶段可能面临的资源、市场、政策、财务及管理风险,提出切实可行的应对策略与风险管控机制	引导学习者在复杂环境中沉着应对问题,培养其勇于担当的职业精神和构建安全可持续社会的使命感
10	详细讲解商业计划书附录包含的内容以及需要的资料	培养学习者的诚信意识和职业道德,帮助他们树立保护创新成果的意识

课程思政案例一:

1977年邓小平重新出来工作,自告奋勇管科学和教育方面的工作。他说:"我知道科学、教育是难搞的,但是我自告奋勇来抓。不抓科学、教育,四个现代化就没有希望,就成为一句空话。"他提出教育要面向现代化、面向世界、面向未来,教育搞上去,培养出各种人才,才能提高科学技术水平。他指出:"我们国家,国力的强弱,经济发展后劲的大小,越来越取决于劳动者的素质,取决于知识分子的数量和质量。"他认为科学技术对提高劳动生产率、社会生产力的决定性作用,在于生产资料是同一定的科学技术相结合的生产资料,劳动者是掌握了一定的科学技术知识的劳动者。

邓小平高度重视科学技术，植根于他对经济建设实践活动的观察、思考和总结。1983 年初，邓小平视察江苏，看到一派欣欣向荣的景象。江苏省从 1977 年到 1982 年 6 年时间工农业总产值翻了一番。特别是苏州市 1982 年工农业总产值人均接近 800 美元。江苏的路子是怎样走的？邓小平了解到“是依靠了上海的技术力量”“吸收了不少上海的退休老工人”。改革开放以来中国农村获得巨大发展，第一是政策的作用，第二是科学技术的作用。邓小平总结道：“农民把科技人员看成是帮助自己摆脱贫困的亲兄弟，称他们是‘财神爷’。”“他们从亲身的实践中，懂得了科学技术能够使生产发展起来，使生活富裕起来。”1992 年初，邓小平在南方视察中深有感触地说：“我说科学技术是第一生产力。近一二十年，世界科学技术发展得多快啊！高科技领域的一个突破，带动一批产业的发展。我们自己这几年，离开科学技术能增长得这么快吗？要提倡科学，靠科学才有希望。”这既从科学技术的角度总结了 1978 年以来我国经济发展的原因，也对未来的经济发展、现代化战略目标的实现更多地寄希望于科学技术的突破及推动作用。

邓小平尤其重视高科技领域的突破。他指出：“中国必须发展自己的高科技，在世界高科技领域占有一席之地。”他认为高科技“反映一个民族的能力，也是一个民族、一个国家兴旺发达的标志”。回顾历史，他说：“如果 60 年代以来中国没有原子弹、氢弹，没有发射卫星，中国就不能叫有重要影响的大国，就没有现在这样的国际地位。”展望未来，他说：“下一个世纪是高科技发展的世纪”，现在必须抓紧努力，“要不然我们很难赶上世界的发展。”“现在世界的发展，特别是高科技领域的发展一日千里，中国不能安于落后，必须一开始就参与这个领域的发展。”

（资料来源：曹应旺.“承认落后就有希望”，就能“想出好方针、政策和办法来干”——“一靠政策，二靠科学”[EB/OL].（2024－03－06）. http://cpc.people.com.cn/n1/2024/0326/c69113－40203889.html.）

思考：

结合邓小平提出的“高科技领域突破是国家兴旺发达的标志”，创业企业如何通过技术优势赢得市场竞争力，并在商业计划书中展现其核心技术的独特价值？

课程思政案例二：

华为作为全球知名的科技企业，其成功离不开一套行之有效的人才培养体系。华为始终将人才视为企业发展的核心驱动力，通过全方位、多层次的培养模式，打造了一支高素质、富有创新精神和坚韧执行力的团队。

华为的人才培养围绕“选、育、激、管”展开。“选”即精准选才，采用 STAR 行为面试法，依据情景（S）、任务（T）、行动（A）与结果（R）分析，精准筛选出合适人才，人才识别率超 60%，还通过“狼狈计划”实现团队成员核心价值观趋同与能力互补 。“育”体现为倍速育才，借助“五级三通道”职业生涯规划体系，为员工规划专业、管理和项目领域的成长路径；推行“训战结合”，让前线优秀负责人参与培训，提升学员实战操作能力。“激”在于高效激励，运用虚拟股权和 TUP 分配平衡员工短期与长期利益，针对年轻员工差异化激励；设定挑战性目标，严格执行考核比例（A 占 10%，B 占 40%，C 占 45%，D 占 5%），激发员工内驱力 。“管”表现为常态化流动，试用期严格底部淘汰，入司 1—3 年员工筛选出最优 30%给予发展机会，各岗位任职不超三年，轮岗与退出机制常态化，保持组织活力。

（资料来源：红海云. 华为是如何培养人才的？[EB/OL].（2025－01－17）. https://m.hr-soft.cn/info/2025011732876.html.）

思考：

借鉴华为人才培养中"训战结合"提升员工实战能力的思路，企业在商业计划书中应如何规划员工能力提升体系，通过设定类似的持续性实践培训计划、阶段性实战目标，来强化员工在复杂多变市场环境中的应对能力，提升职业素养，推动企业持续发展？

综合分析案例

如意小面商业计划书

一、公司简介

如意小面餐饮管理公司成立于2021年7月，注册资金为100万元。目前公司持有如意小面商标一个，公司类型为股份有限公司，公司是集餐饮直营、加盟连锁为主的餐饮公司，主要经营面类、米线类主食和几款汤品，辅以小吃作为引流。其创新产品包括以火锅底料搭配新鲜食材制作的热辣卤系列，通过结合创新消费单品和川味地方特色，提升客单价，让客户快速产生记忆和黏性。

二、项目规划

第一阶段：从2021年8月至2023年初，公司处于创业的初期阶段。在这个阶段有两家直营门店，分别是天府三街店和环球广场路店。尽管经历了疫情的冲击，但依然实现了门店的年盈利在30万元以上。在保持门店正常运营和盈利的同时，我们的目标是探索最佳的盈利模式，并建立一套完整的管理体系。我们打算将如意小面的品牌和产品引入市场，为初期的客户群体提供服务并为未来的积累打下基础。积累客户口碑，塑造品牌形象。目前，已经建立了2个私域流量群，拥有稳定的客户基础。

第二阶段：从2024年至2025年，共两年时间，在2家门店的基础上，继续在成都核心商圈投资建设5家店面，争取达到2025年成功拥有7家直营门店的目标。此阶段店面拓展依然以直营为主，旨在扩大如意小面的品牌知名度，占领市场份额，规划招商加盟，为下一阶段的全国市场推广做基础。同时中央厨房的底料供应年产值达500万元，销售门店达200家。

第三阶段：2026年起开启加盟模式，通过品牌的影响力进行市场的快速扩张，计划用3年时间在四川省内开出20家门店，全国范围内开出30家门店，将完善的供应链系统输入全国，提升"如意小面"品牌全国知名度。届时，中央厨房年承载量达到3 000万份，对应销售订单预计超过100万笔，支持全国范围内50家门店的高频运营和持续供给。

三、融资计划与退出方式

（一）融资方案设计

成都如意小面餐饮连锁有限公司成立年限4年，企业规模较小，但是公司组织架构完善，盈利模式良好，处于快速发展阶段，基于对公司战略规划和未来市场的分析及预测，得出企业需快速扩张，包括扩张原材料加工厂、原材料炒制设施设备、物流系统搭建、信息化供应链系统搭建等。

就如意小面餐饮连锁有限公司现在的经营现状及对未来的发展规划来看，企业发展动力较强，但想快速占领市场，搭建完善的供应链体系还需要解决企业资金周转问题，虽然现阶段现金流较多，但是扩大规模和完善供应链及工厂还需要投入大量的资金，这也限制了公司的快速发展脚步，所以现在需要进行融资规划。公司在稳定经营三年后，拥有较为完善的经营模式和盈利模式,并在成都市场占据一席之地,拥有良好的业绩和口碑,现由于急需扩大企业规模,迅速占领市场,搭建中央厨房建设体系,而进行融资行为。

基于公司深思熟虑的研究结果,决定在2024年初计划融资500万元,并预计占公司股份比例为20%。在资金合理使用的安排上,将60%的融资资金用于搭建中央厨房,20%的资金用于公司规模扩增,另外20%的资金用于公司运营的储备金,以确保公司的资金链畅通并保持销售运营的正常进行。

(二)投资人选择

由于如意小面餐饮连锁公司已稳健运营3年以上并拥有较为稳定的盈利业绩,目前正处于高速发展的阶段,所以对于投资人的筛选并不是一味追求资金的多少,而是希望得到投资人的助力能够帮助企业快速发展,所以对投资人有着以下要求:

投资人首先要有餐饮市场运营的相关经验,并在餐饮业取得过较为突出的成绩,对餐饮市场尤其是粉面类市场有基本认知和理解,能够了解行业发展规则。

投资人不仅需要拥有资金实力,更需要具有一定的餐饮业社会资源,能够在市场选址、门店经营、供应链搭建等方面为企业带来助力,提升公司规模,推动高速发展。

投资人应具备较为成熟的商业思维,尊重及信任创业者,在对企业帮扶的同时提出合理建议和规划,可共同建立战略发展计划,但不过多干涉企业的管理,给予最大的信任和尊重。

投资人具有长期投资思维和对企业壮大发展的信念,并不是短期的投机主义者,能够在较长的时间内(3年以上)伴随公司成长和发展,并在不同阶段共同制定发展方向。

(三)退出机制

如意小面餐饮连锁公司为了最大限度地保持公司的正常运转,防止股东突然退出或者恶意退出导致公司不能正常运转的现象,同时秉持着自由、平等、公正的投资方式,当投资者主观意愿或者有其原因选择撤资时,做如下退出机制:

退出条件:股东持有公司股份满1年,且无任何欠款、借款,可选择退出投资,同时必须退出公司经营管理,不得干涉公司业务。

退出事由以及相关规定:

1. 企业盈利且正常运转时,连续两年无正当理由不向股东分配利润且符合分配条件,投资人可随时申请退出。

2. 对公司合并、转让等重大事件持反对意见,协商无果,投资者可申请退出。

3. 公司经营或管理出现严重困难致无法正常运转,投资人可申请退出。

4. 投资人主观意愿退出,经股东大会同意即可。

退出方式:

1. 股权转让:满足退出条件的股东,提前3个月提交书面申请,经半数以上股东同意,可转让个人股份,同等条件下现有股东优先受让。自提交申请起,退出股东不再享受利润分红。

2. 股权回收:若无人受让股权,退出股东可要求公司按市场价值估算回收其股份。

因为融资就必须考虑未来可能的退出机制。退出机制是商业计划书中不可或缺的部分,也是投资者该有的权益,合理而完善的退出机制可以让投资者在决策前更加放心。

(资料来源:步少芳. 如意小面商业计划书[D]. 成都:电子科技大学,2024. DOI:10.27005/d.cnki.gdzku.2024.003299.)

案例思考题:

1. 假设如意小面需要进行新一轮融资,根据上述资料,为如意小面撰写一份新的商业计划书。

2. 如意小面将企业发展分为三个阶段，明确了每阶段的重点任务。结合案例，分析如何在商业计划书中合理分解企业的发展阶段，并与市场需求和资源配置相匹配。

3. 如何在商业计划书中设计合理的退出机制以平衡企业与投资者的利益？退出机制对企业的长期发展和投资者信心有哪些影响？

挑战性思维和深度思考指引

撰写商业计划书的过程也是创业者自我审视的过程，帮助其厘清业务模型、识别潜在风险，并为关键决策提供数据支持。此外，商业计划书的编制需兼具前瞻性和灵活性，能够回应瞬息万变的市场需求和政策变化。在本章内容中，以多维度视角帮助学习者了解商业计划书的理论框架与实操方法，同时引导思考企业社会价值与创新能力的呈现方式，培养多角度分析问题的能力，从而为未来的创业实践积累理论与实操经验。此模块旨在通过推荐阅读一系列精选的文献资料，引导大家从多个维度审视和理解创业融资的复杂性与多样性，从而激发大家的批判性思维和创新能力。所选文献均来源于中国知网官方网站（https://www.cnki.net/）。

思考题：

1. 在商业环境充满不确定性的情况下，如何通过商业计划书展现企业在市场需求、技术迭代和政策变化下的应变能力？

2. 财务计划中如何通过盈亏平衡点分析、现金流规划和敏感性分析，向投资者展示项目在不同市场场景下的可行性？如何在计划书中运用图表和数据支撑预测内容？

3. 对于创业企业，投资退出机制为何是吸引投资者的关键因素？如何设计合理的退出方式（如 IPO、并购、股份回购）以满足各方利益？

推荐阅读：

[1]张永龙．科技型企业融资中私募股权投资的作用探析[J]．国际商务财会，2024(21)：88－91.

[2]张晓妍，念伟雄，黄熠贤．乡村振兴战略背景下大学生返乡创业融资问题及路径探究[J]．特区经济，2024(06)：153－156.

[3]刘喜龙．中小企业创业融资研究[J]．环渤海经济瞭望，2024(03)：151－154. DOI：10.16457/j.cnki.hbhjjlw.2024.03.047.

[4]张真．农机商业计划书该怎么写[J]．农机市场，2022(03)：13.

[5]孟繁玲．商业计划书里必备的“2H6W”[J]．成才与就业，2020(10)：36－37.

第十章　商业计划的演示与实践

【本章思维导图】

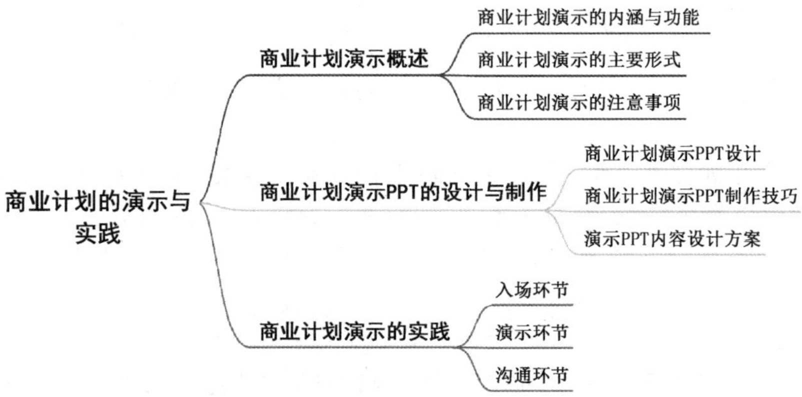

【引导案例】

粤港澳大湾区创业大赛

粤港澳大湾区创业大赛由人力资源社会保障部、中央港澳工作办公室、国务院港澳事务办公室与广东省人民政府联合主办，旨在推动粤港澳三地青年创新创业交流，助力大湾区科技产业发展。以“智汇湾区，创领未来”为主题，围绕新一代信息技术、高端装备制造、新能源与节能环保、生物医药健康四大战略性新兴产业设置赛道，并特别增设乡村振兴专项赛。

参赛对象面向粤港澳三地高校在校生、毕业8年内的青年创业者，以及港澳地区初创企业团队。大赛要求参赛项目提交完整版商业计划书(含详细数据及附件)，并同步制作15—20页商业计划书PPT，内容需涵盖项目背景、技术壁垒、市场痛点解决方案、商业模式、财务规划、团队核心成员履历及资源优势等。此外，还需额外录制3分钟项目路演视频，用于线上初审。

大赛分为线上初审、复赛和决赛三个阶段。线上初审阶段，专家通过商业计划书、PPT及路演视频进行综合评分，筛选出晋级复赛项目；复赛采用“8分钟路演+5分钟答辩”模式，参赛团队需结合PPT现场展示项目，并接受评委质询；决赛环节则增加了“投资人面对面”环节，优秀项目可直接获得大湾区创业孵化基地入驻资格及产业基金对接机会。赛事设置金、银、铜奖及优秀奖，获奖者可获得奖金支持、创业培训、政策扶持等多项奖励。

（资料来源：根据粤港澳大湾区创业大赛相关公开资料整理）

案例启示与思考：

从粤港澳大湾区创业大赛的实践中，能够看到这类跨区域赛事不仅是检验创新成果的平台，更是推动区域协同发展的重要纽带。大赛以战略性新兴产业为导向，结合乡村振兴等国家战略设置赛道，既引导参赛者聚焦前沿技术与社会需求，也促进了粤港澳三地青年在产业资源、创新理念上的深度融合。从商业计划书的深度撰写、PPT的可视化呈现，到路演视频的提前录制，再到现场答辩与投资人对接的层层递进，完整的赛制设计全面考察了项目的创新性、市场可行性及团队综合能力，推动参赛者从“创意构思”向“商业落地”迈进。请思考以下问题：

1. 大赛要求参赛者同时提交商业计划书、PPT及路演视频，这三种材料在内容侧重点和表达形式上应如何差异化设计，才能实现优势互补，最大化展现项目价值？

2. 决赛增设的“投资人面对面”环节，对项目的商业逻辑和团队沟通能力提出了更高要求。参赛者应如何调整展示策略，增强项目对投资人的吸引力，并提升后续资源对接的成功率？

【本章学习目标】

1. 提高学习者对商业计划演示、PPT制作重要性的认知。
2. 提升学习者对商业计划演示PPT设计与制作的技巧能力。
3. 使学习者掌握商业计划演示实践的重要环节。
4. 引导学习者注重企业的公益目标、绿色经济理念和社会效益，培养服务社会的使命感。
5. 帮助学习者在商业实践中坚守职业道德，理解诚信是商业成功的重要基石。

第一节　商业计划演示概述

一、商业计划演示的内涵与功能

演示也被称为路演，原意是指所有在马路上进行的演示活动。因为商业计划演示能够在短时间内给受众传递大量的信息，并且在演示过程中提供双方交流的机会，所以商业计划演示目前是创业者和投资者之间交流的主要工具。

商业计划演示的目的就是把商业计划书的内容简化，提炼出关键点与核心内容，通过PPT、图片和视频等方式传递给受众。演示者将晦涩难懂的专业用语转化为通俗易懂的语言，用富有感染力的形式展示出来，用手势、表情和语气加以辅佐，引起受众的共鸣，从而达到自己的目的。创业者可以通过商业计划演示，让投资者充分了解自己的项目，引起投资者的兴趣，争取进一步的沟通与合作，从而争取到投资机会。

在了解了商业计划演示的内涵以后，我们可以知道商业计划演示的一个很重要的功能是为创业者吸引投资。实际上，除了吸引投资，商业计划演示还有很多其他功能，比如产品发布、渠道招商、成交客户、凝聚人心、吸引人才和影响股东等。除了创业者需要掌握演示技巧，大学生也应该掌握演示技巧。对于大学生来说，无论以后创业还是工作，都可以借助演示这个工具来传递和推销自己想法、创意以及项目。

二、商业计划演示的主要形式

一般情况下,我们所说的商业计划演示指的是现场演示,但是在网络发达的今天,出现了线上演示。所以,从形式上分,可以把演示分为两大类,其一是线上项目演示,另一类是线下项目演示。线下项目演示主要是通过在特定的活动场地面对面与投资人进行演讲与交流,线上项目演示主要是通过在线视频等互联网方式对项目进行演讲与展示。

本书中详细介绍的商业计划演示是线下演示,因为线下演示的使用更广泛。对于创业者来说,线下演示的氛围和效果会更好,可以对现场进行布置,设计一些亮点来吸引投资者的关注,甚至可以让投资者现场体验自己的产品或者服务。对于风险投资者来说,投资者可以和创业者面对面进行交流讨论,有什么问题可以及时提出来。而且可以根据创业者现场演示的综合表现和效果,进一步加深对创业团队的认识。这种线下演示对于大学生来说,也颇为有用,无论是学习还是以后的工作中,展示自己的想法、创意以及项目的时候都能用到。

目前,全国范围内、各区域、各省市都会有各类创新创业大赛,有的是针对大学生创业者,有的针对社会创业者,无论什么样的比赛,一个好的商业计划演示能够使比赛者在比赛中脱颖而出,不仅能够获得荣誉和奖金,而且还能吸引投资者。

三、商业计划演示的注意事项

商业计划的演示并不是一件简单轻松的事情,它与普通演讲是有区别的。在进行演示之前就要考虑诸多事项,以下三点则是必须考虑的。

(一)从投资者的角度出发

在普通演讲中,演讲者通常会从自己的角度出发,重点讲述自己做了什么事情,有什么样的贡献等。但是,在商业计划演示时要有明确的目的性和针对性,演示者面对的是风险投资者,因此,要多从投资者的角度来考虑演示的内容,如投资者关注什么,目标投资者更想要了解哪方面的内容等。

如果在商业计划演示中,演示者主要负责的是技术研发部分,他可能会把技术原理和研发过程作为演讲的主要内容。但是对于风险投资者来说,这些专业性的术语可能晦涩难懂,就算可以理解,投资者更关心项目的市场营销、生产运营、财务计划等方面的内容。所以,从自身的角度来设计演示内容,显然不是明智之举。只有认真分析投资者真正想要了解什么,从他的角度出发,才能够引起投资者的兴趣,争取到进一步交流合作的机会。

(二)从利益的角度出发

创业者想要通过商业计划演示来吸引投资,投资者想要通过投资来获取收益。一般来说,风险越高的项目收益也会越高。不同的风险投资者对于风险的接受能力会有所差异,有些人喜欢高风险高收益,有些人可能更偏向于中低等的风险和收益。如果能够将风险控制在投资者能够接受的范围之内,并且给出相对较高的收益,往往能够打动投资者的心,争取到投资。所以,演示者的每个观点和主题最好都与风险投资者的利益相关,抓住投资者的心,让对方跟着演示者的思路走,才能使商业计划演示达到更加好的效果。

(三)从时间的角度出发

每个人的时间都是十分宝贵的,投资者也不例外,没有人愿意花大量的时间在无用的事情上。演示者要充分考虑时间这个因素,要能够在很短的时间内,将创业团队、创业项目、未来发展潜力等信息直接传递给投资者。虽然商业计划书的内容十分详实，各个方面都进行了详细说明，但是商业计划演示与商业计划书有很大的区别，两者不能混为一谈。商业计划演示要在商业计划书的基础上进行简化，提炼出精髓，要惜字如金，同时也要通俗易懂。

第二节　商业计划演示 PPT 的设计与制作

一、商业计划演示 PPT 设计

PPT 是商业计划演示最常使用的辅助工具，所以学会 PPT 的制作十分重要。商业计划演示 PPT 与普通 PPT 的设计有着共同的原则，那就是简洁大方和美观。演讲者在演示现场主要是靠口头表达向听众传递信息，PPT 只是辅助工具，用来将一些数据和图表展示出来。所以，PPT 一定要一目了然，不要放过多的文字在里面。此外，对于 PPT 设计来说，美观的模板设计也是很重要的。如果页面看起来既美观又大方，会让人觉得赏心悦目，如同欣赏艺术品，更有听下去的兴趣。所以，PPT 一定要用心去做。

商业计划演示 PPT 的制作一般分四步进行，即理顺逻辑、构思版面、制作初稿以及修改完善。PPT 的制作不要急于求成，要一步一步来。

(一)理顺逻辑

商业计划书的内容很多，不可能全部在 PPT 中展示出来，制作者要充分理解熟悉商业计划书的各个章节，将思路理顺。正常情况下，建议商业计划书演示 PPT 由一个人负责完成，制作者同时也是演示者。也可以由演示者负责整体逻辑框架和模板设计，各部分商业计划书文本的撰写者负责相应的模块，最后由演讲者统一完成编辑。最糟糕的是，商业计划书文本撰写者完成相应 PPT 内容，然后各部分拼凑完成一个演示 PPT。

(二)构思版面

整个逻辑理顺以后，就可以对 PPT 的版面进行构思与设计了。在版面的构思环节，制作者要考虑每页的主题放在什么位置，是居中还是靠左，图表与文字的比例等等。网络上会有很多 PPT 的模板，可以选择一些商务型的拿来使用。不过，最好在原有 PPT 的基础上做适当修改，不要完全照搬。要注意模板风格和演示内容的统一性，商业计划书的模板建议简洁大方，体现商务感和正规性。

(三)制作初稿

PPT 的制作，要从“大”到“小”。要考虑到演讲的时间限制，PPT 的总页数在什么范围内比较合适。定下 PPT 的页数以后，对 PPT 的结构进行划分，一般按照封面、目录、主体内容和结尾四个部分。封面、目录以及结尾一般一页就够了，剩下的都用来介绍商业计划。商业计划也可以进一步划分，什么部分需要详细介绍，什么部分需要简单介绍，每一部分需要用多少页 PPT。要详略得当，具有整体观。

(四)修改完善

PPT 初稿完成，不代表你所有的工作结束了，演示者需要仔细检查每一页 PPT。首先是整体演示 PPT 结构上是否存在逻辑问题，然后认真检查每一页是否存在错别字、语句不通的错误。如果涉及图表数据，则必须认真核对每一个数据。最后，检查演示 PPT 的表达风格是否统一，细节是否完善。PPT 完善后，需要在团队内部进行多次演练，演练结束后再对 PPT

进行调整,直到最后团队内形成统一意见。

二、商业计划演示 PPT 制作技巧

PPT 已经应用于很多人学习和工作的方方面面,但是能真正拥有制作精良的 PPT,需要在以下方面多下功夫。

(一)模板和背景要简洁大方

PPT 的模板和背景能够在第一时间给听众形成视觉冲击力,因此,模板和背景的选择和设计就非常重要。商业计划演示 PPT 可以通过网络和系统自带得到很多模板,建议演示者挑选简洁大方又美观的模板进行使用,也可以自己设计。根据美学原理,最后呈现在听众面前的 PPT 颜色最后不要超过 3 种。虽然使用现成的模板很方便省时,但是一定要把网址和 LOGO 全部删掉,或者将自己公司的网址和 LOGO 替换上。自己在设计的时候也要选定风格,确定基本色调,建议可以增加一些行业特色。

(二)文字忌多

商业计划演示 PPT 建议少用文字,因为图表和数据比较能直观反映信息,容易抓住听众的心。重要的文字信息必不可少,但必须经过精心总结提炼而成,切忌大段文字上去。文字的颜色、字号、字体和行间距等都要细心把握,使整个页面看上去更具可读性。

(三)图表详略得当

在商业计划演示 PPT 中,图表和数据是最富有说服力的部分,也是最能打动投资者的部分。通常情况下,常见图表类型包括条形图、柱状图、折线图以及饼图,选择用什么样的图表来展示数据,主要根据演示者表达的需要和听众所需。所以,在选择图表之前,一定要充分了解不同图表的用途。图表做好以后,可以对图表进行美化。为了防止演示途中,PPT 播放出现意外,可能使图表格式发生变化,一般来说,都会使用图片式图表,即将图表转化成图片格式,再放到 PPT 中。

(四)动画适度,增强效果

商业计划演示 PPT 中的动画不建议太多,因为太多动画会分散投资者的注意力,还会浪费时间。如果有必要,可以在 PPT 中加上视频或者音频的链接,增强现场效果。比如路演的项目为无人机项目,可以在现场演示的时候播放一段无人机试飞的视频,推动现场的气氛达到高潮。

三、演示 PPT 内容设计方案

商业计划 PPT 的整体结构必须包括四个内容,即:封面、目录、主体内容和结尾。其中主体内容部分是重点,需要介绍更详细的内容,包括内容导入、解决方案、市场分析、管理团队和财务分析等。

(一)封面

封面主要是用来介绍公司信息以及演示主题的。演示者应该将演示主题、公司名称、地址、联系人以及联系电话等信息放在封面上,设计建议如图 10—1 所示。演示主题可以采用问句形式,吸引投资者兴趣,引发思考,也可以采用陈述句形式,直接告诉投资者演示主题是什么。如果公司有设计精美的 LOGO,也可以放在封面合适的位置,会给公司形象加分不少。这部分建议用 1 页 PPT 阐述。

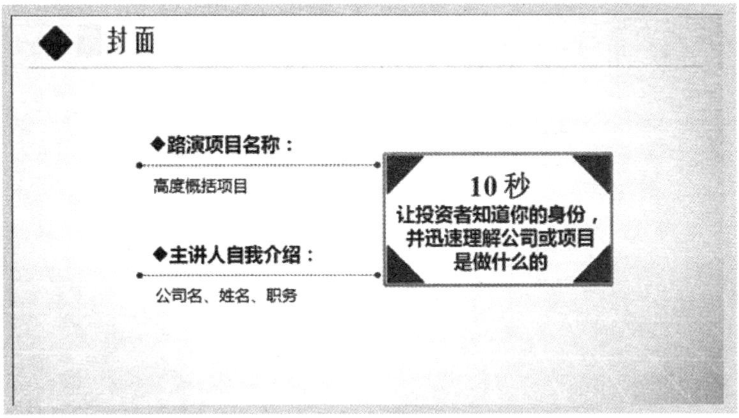

图 10－1　商业计划书演示 PPT 封面

（二）公司介绍

此页主要介绍公司成立（或拟成立）时间、公司价值观、创业愿景、主营业务情况、竞争实力等情况，让投资者在最短的时间了解公司的背景及优势，设计建议如图 10－2 所示。这部分建议用 1 页 PPT 阐述。

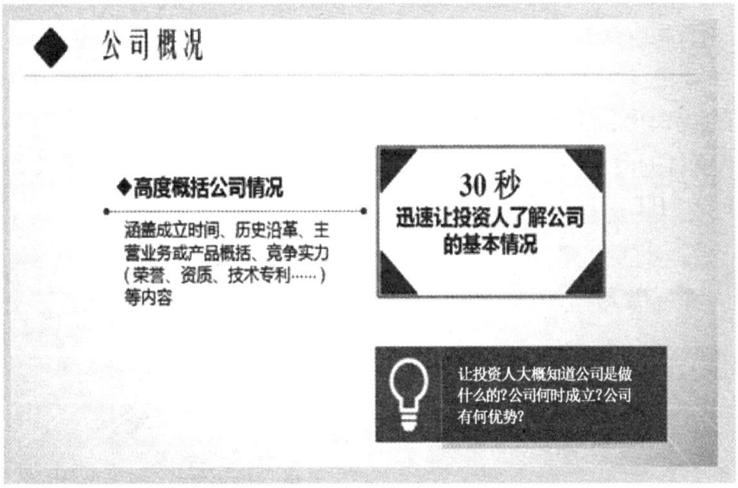

图 10－2　商业计划书演示公司介绍页

（三）项目介绍

该页包括项目基本介绍如特点、原埋和优势等，也包括对项目所处阶段进行的介绍，使投资者对项目的现状产生比较清晰的定位。为了产生更直观的演示效果，PPT 制作时可加入项目和产品的图片、模型或者效果图等。设计建议如图 10－3 所示。

除以上内容外，演示者还需对市场、团队、财务等情况对听众进行介绍。其中：市场分析是商业计划的重要内容之一，演示者可以重点介绍市场上同类产品的情况、现存竞争者情况、市场空间、本公司的产品在市场上的竞争优势等等。要重点介绍差异化战略，突出优势。这部分内容建议用 2—3 页 PPT 阐述。

同时，由于团队是公司运营的核心主体，所有的创意、创新以及方案都出自团队，有的投资

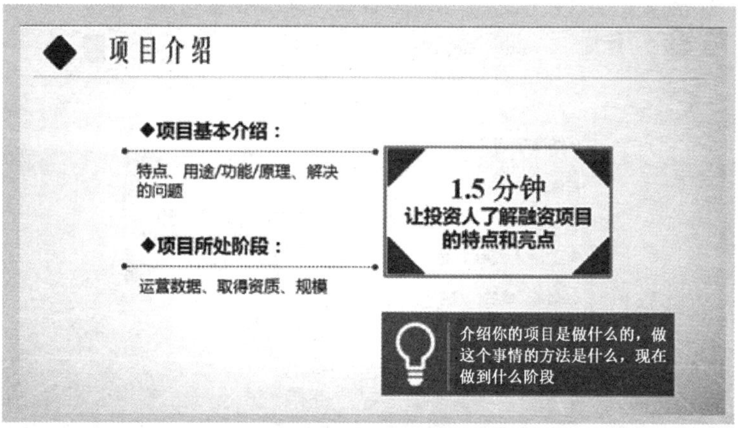

图 10—3　商业计划书演示项目介绍页面

者甚至更加看重创业团队在志趣、价值观以及创业理念上的一致性。因此,关于团队(特别是核心成员或创始人)介绍的 PPT 中,要重点突出团队的凝聚力、创造力以及管理能力。团队介绍建议用 1—2 页 PPT 阐述。

另外,演示者需要对公司目前的财务状况以及未来 3—5 年内的财务预测及投资价值进行客观评价。财务部分的演示 PPT 主要采用图表和数据可以直观地表达有用信息。财务部分建议用 2—3 页 PPT 进行阐述。

(四)结尾

结尾部分是演示 PPT 的尾声。该页主要对整体内容进行总结,必须再次突出强调项目重点和优势。重申项目的商业价值和社会价值,增强投资者的信心,设计建议如图 10—4 所示。这部分建议用 1 页 PPT 阐述。

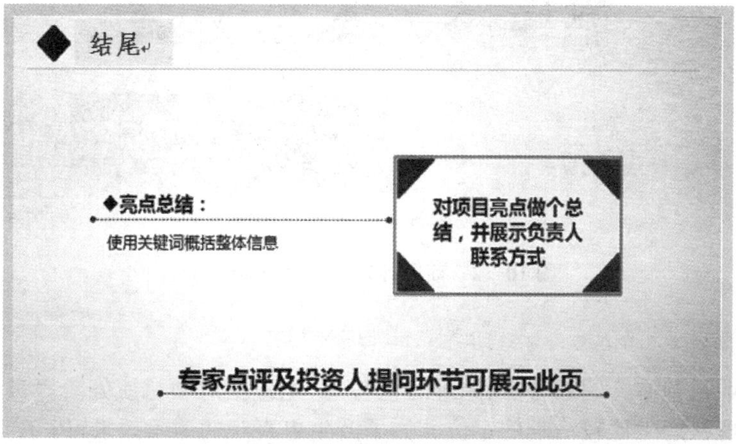

图 10—4　商业计划书演示结尾页面

第三节　商业计划演示的实践

PPT 和视频等资料只是辅助性质的材料，主要还是看演示者的现场发挥。商业计划的演示主要环节有：入场、演示与沟通。每个环节都很关键，必须注重细节，面面俱到。

一、入场环节

在正式展示项目开始之前，入场环节不可忽略。创业团队首先要注意的是着装以体现团队的精神面貌，一般来说都是穿正装。男生可以搭配领带，女生可以搭配丝巾，作为点缀。一般不建议佩戴首饰，除非因为项目的需要，比如 DIY 珠宝企业可以让演示者佩戴自己设计的首饰。

其次，团队各个成员要迅速进入状态。入场后演示者要保持站姿，面带微笑，仪态大方；其他成员要对场上状况保持关注，出现任何问题都要机智应对，快速解决。

最后，在演示正式开始之前，演示者最好观察一下评委的状态。如果评委全部准备就绪，演示者就可以直接开始。若评委还在下面窃窃私语，演示者可以静候引起评委的关注，或者直接问一句"我可以开始了吗？"，以此引导大家进入演示环节。

二、演示环节

演示内容环节是整个演示过程的核心，需要在各个方面全身心投入地去完成，才能获得更加好的现场演示效果。为了使演示现场效果更佳，演示者需要从以下几个方面把握细节。

（一）把握节奏

演示者要注意基本的仪态，要大方得体，一定要充满自信地展示自己的项目。在演示过程中，介绍自己的项目能够像讲故事一样，感情充沛而又形象逼真。通过动作手势带动评委和观众跟着演讲者的思维走。

（二）时间控制

在正规的路演现场，一般都会有对路演时间的限制，演示者必须在规定的时间内演示完自己最想展示的内容。所以，要提前做好演练，演练的时间最好与给出的时间上限一致。对于大多数人来说，在正式的场合往往会因为紧张等原因而语速加快，甚至是忘记一部分内容。因此，正式演示所用的时间往往会比演练时间短 1—2 分钟。如果演示者发挥比较稳定，就可以将演练时间直接控制在时间上限内。

（三）脱稿讲解

有些演示者担心自己讲错或者遗漏，就提前写好一份稿子，带着稿子演讲或者是直接念 PPT，这些行为会使精心准备的项目演示大打折扣。演示者站在台上，就是要把团队的商业计划推销出去。如果自己对团队项目都不熟悉，怎么能说服他人相信团队项目是优秀的、有价值的？不过，脱稿演讲建立在演示者对于演示内容十分熟悉的基础上，演示者要对每一个数据都理解到位，明白数据是怎么来的以及能够说明什么，最重要的是要把计划书数据和信息传达给听众。

（四）重点把握

演示者一定要在有限的时间内，根据路演的目的详略得当地将内容陈述完整。对于评委要提前了解,因为不同的评委,评价标准和侧重点也不一样的。如果是风险投资者,更关注产品、商业模式和获利;如果是学者评委,则更关注产品原理、商业计划的逻辑性;如果是合作伙伴,则更关注财务状况和未来3—5年的规划等。比如商业计划的目的是融资需要,那么听众主要是风险投资者,演示者应该把产品、模式和获利作为重点内容进行介绍。

三、沟通环节

演示后沟通是演示者和投资者或听众对商业计划书有关信息进一步交流的必要环节。投资者或听众对自己关心的问题或者不理解的地方进行提问,演示者回答问题。当然,聪明的演示者往往不会让自己处于被动状态,在演示的过程中可能就已经对评委进行了诱导,对于评委要提的问题也已心中有数。

演示者在沟通环节注意的事项主要有:首先,对任何问题保持谦虚和冷静。演示者应该注意自己的礼貌礼仪,在回答问题的时候要跟评委保持社交距离。个别评委提的问题可能比较犀利,演示者也要调整好自己的心态,礼貌尊重不能少,回答也要有理有据。其次,要做好充分的知识准备和心理准备。演示者要对项目烂熟于心,尤其是关键点与核心点。只有自己准备充分了,才能够针对性地回答问题。最后,要掌握回答问题的小技巧。如果对于评委的问题没有听懂,万万不可含糊回答,会让评委觉得你很敷衍。一定要礼貌又谦逊地跟评委确认,可以以这样的句式确认"您的意思是……吗?"如果对于评委的问题确实不知道,演示者可以根据自己的理解谈些看法,并且向评委表示歉意。

本章小结

演示也被称为路演,原意是指所有在马路上进行的演示活动。因为商业计划演示能够在短时间内给受众传递大量的信息,并且在演示过程中提供双方交流的机会,所以商业计划演示目前是创业者和投资者或评委、听众之间有效信息交流的主要方式。商业计划演示的功能不仅是吸引投资,也有产品发布、渠道招商、成交客户、凝聚人心、吸引人才和影响股东等作用。

商业计划演示PPT的设计与制作是宣传项目的重要工具和表达方式,制作商业计划演示PPT按照理顺逻辑、构思版面、制作初稿以及修改完善的顺序进行。

商业计划演示的实践环节包括入场、演示与沟通。在有限的时间内充分表达商业计划书的核心和精华内容,演示者一定要注意在每个环节尽善尽美。

本章中英文关键词

商业计划演示(Business Planning Demonstration)

路演(Road Show)

商业计划演示PPT(Business Plan Presentation PPT)

演示后沟通(Communication after Presentation)

复习思考题

1. 什么是商业计划演示?商业计划演示具有什么样的作用?
2. 商业计划演示PPT该如何制作,有哪些注意事项?

3. 商业计划演示实践过程中，该如何做才能给评委留下好印象？

拓展与提升：课程思政点、案例及思考

本章课程思政元素索引

序号	教学内容	课程思政
1	商业计划书演示的内涵与功能、主要形式和注意事项	培养学习者传递关键信息和换位思考的能力，理解有效沟通对团队合作和社会影响的重要性
2	商业计划书演示 PPT 的设计技巧、制作步骤，以及整体结构的设计方案	锻炼学习者的创新思维能力，培养严谨、务实的工作态度
3	入场、演示和沟通环节所需要把握的细节和注意事项	提升学习者珍惜时间和提升效率的意识，学会在有限资源下实现高效沟通

课程思政案例一：

极兔速递在 2024 年交出亮眼成绩单，全年实现营收 102.6 亿美元，包裹处理量高达 246.5 亿件，经调整净利润达 2 亿美元，成功从早期的规模扩张阶段迈入盈利兑现期。在中国市场，极兔发起“效率革命”，凭借精细化运营将单票成本压缩至 0.3 美元，构建起覆盖全国 99% 县区的物流网络，并针对农产品流通痛点推出“农特专线”，助力地方经济发展；同时，通过推出“兔优达”等差异化服务，切入中高端市场，市场份额稳步提升至 11.3%。

在海外市场，极兔的表现同样出色，东南亚地区市占率达到 28.6%，成为区域物流头部企业。其成功绑定 Shopee 等电商平台的同时，积极拓展散单业务，实现客户结构多元化。在中东、拉美等新兴市场，极兔包裹量同比增长 22.1%，通过加大本地物流基建投入、深度对接跨境电商需求，快速打开市场。此外，极兔高度重视技术赋能，利用动态数字地图、智能路径规划等工具优化配送效率，构建起涵盖电商件、散单、逆向物流的多元化业务矩阵，并将在中国与东南亚积累的运营经验灵活复制到新市场，形成全球化发展的良性循环。

（资料来源：经济观察报．经调整净利润 2 亿美元！极兔 246.5 亿件包裹背后的盈利密码[EB/OL]．(2025－03－06)．http://m.toutiao.com/group/7478620508662055435/.）

思考：

在商业计划书中，如何借鉴极兔速递的成本控制、技术赋能、国内外市场协同扩张策略，制定出兼具短期盈利性与长期增长潜力的发展路径，并构建抵御市场竞争与政策风险的核心壁垒？

课程思政案例二：

2023 大湾区科学论坛由“一带一路”国际科学组织联盟发起，广东省人民政府主办，于 5 月 20 日至 23 日在广东举办。21 日，丁肇中在论坛现场接受采访。丁肇中说，这是他第一次来到广州南沙，“南沙非常漂亮，是个好地方”。这也是丁肇中第一次参加大湾区科学论坛。在主论坛环节，他作了主旨报告，分享了自己的理论心得。

丁肇中说，实验是自然科学的基础。“理论不可能推翻实验结果，但实验可以推翻理论。任何理论，没有实验的证明就没有意义。实验推翻了理论，才能产生新的知识。”他说，“同时，

做实验的人必须对理论有深刻的理解,才能做出有价值的实验。"

理论研究需要持之以恒的坚持。1976年获得诺贝尔物理学奖的丁肇中认为,自然科学研究竞争性很强,他建议,青年科学家要重视科研,要把科学和研究"当成自己一辈子最重要的事情"。

丁肇中本人也是以这样的态度对待自己的科研工作。他为科研团队立下了一个规定:无论自己身在何处,实验有任何进展都要第一时间和他取得联系。参加论坛期间,年近九旬的丁肇中还接到了几通团队打来的电话。

"每天24小时,每周7天,我必须要了解最新的情况。但我不觉得疲倦,因为这是我最重要的事情。"他说。谈到自己感兴趣的工作,他思路敏捷,口齿清晰,滔滔不绝。

谈到基础研究和应用技术的关系,丁肇中认为,两者共同构成了一座"金字塔",由于新技术的出现,金字塔的应用部分在不断地长高,同时,基础研究也在不断拓展金字塔的底部。

"有时候基础研究走到了最外面的角落,有时候基础研究因为远离日常生活而受到责难。但一段时间以后,当金字塔的应用部分'长高'了,公众对奇怪的新现象熟悉了,基础研究看上去就更实际了。"丁肇中说。

与中国、美国、欧洲等国家和地区的科研工作者都有过合作经历,丁肇中看好中国实验物理科学家为人类知识做出贡献。"中国有很多世界一流的实验物理科学家。他们有想象力、有发展新技术及领导国际合作的经验和能力,可以主持最前沿的实验物理。"丁肇中说。

丁肇中期待青年科研工作者坚持走科研之路,用兴趣驱动自己的科研。"一个人在世界上只走一次,要靠兴趣向前走。"他说。

(资料来源:诺贝尔奖获得者丁肇中:兴趣是科研的第一驱动力[EB/OL].(2023-05-21).https://baijiahao.baidu.com/s?id=1766517125663640309&wfr=spider&for=pc.)

思考:

在商业计划书演示环节,如何通过案例和演讲激发青年人关注科技创业、探索创新发展路径。

综合分析案例

某省股权交易中心企业投融资常态化路演PPT指导

一、路演简介

某省股权交易中心企业投融资常态化路演由股权托管交易中心与深圳证券信息有限公司合作举办,通过"中国高新区科技金融信息服务平台",以视频、文字等形式,采取"现场路演+网上直播"、"嘉宾分享+专家点评+线上线下问答交流"的方式,邀请各投资机构到场,同时线上向全部通过认证的专业投资人开放同步直播,由企业高管向各位投资人详细介绍企业和项目的相关情况及融资需求。

二、路演PPT注意事项

1. PPT页数:20页左右(路演时间为:15分钟主讲人演讲+10分钟嘉宾点评和现场投资人提问,请勿超时,请主讲人提前演练)。

2. 本平台路演为线上线下直播模式,PPT会通过直播系统进行格式适配与内容解析,请勿使用复杂的动画效果,容易导致转换失败,影响路演直播系统的播放速度。

3. 路演为现场直播,PPT需要由工作人员提前上传到直播系统。PPT终版一旦提交,无法更改，请路演企业知悉。

4. 路演结束后，认证投资人可以在"燧石星火"App 查看路演回放，若路演企业有保密资料，建议不写进 PPT 中，可在路演现场口述。

三、路演 PPT 制作指导

路演 PPT 制作指导部分，包括对路演 PPT 结构的设计以及对每一部分的建议。

案例思考题：

根据上述案例内容，结合课本内容分析这份路演 PPT 指导的完整性。请分析补充有关内容，形成完整的路演指导书。

挑战性思维和深度思考指引

在商业计划书的演示与实践过程中，PPT 设计和语言表达是关键，要求内容逻辑清晰、重点突出，同时注重视觉效果和演示者的表现力。实践环节还涉及团队协作、临场应变和答疑能力，这不仅考验创业团队的专业素养，也展现了项目的执行力和发展潜力。通过系统学习和演练，学习者能够提升专业能力、责任意识和表达技巧，为未来创业或职业发展做好准备。此模块旨在通过推荐阅读一系列精选的文献资料，助力大家在撰写商业计划书 PPT 时，能够充分汲取文献中的专业视角和创新思路，激发批判性思维，让 PPT 内容兼具逻辑严谨性与独特创新性。所选文献均来源于中国知网官方网站(https://www.cnki.net/)。

思考题：

1. 在设计商业计划书演示内容时，如何同时满足投资者对收益的关注和社会对可持续发展的需求？

2. 根据文献，分析如何合理分工与高效协作以提高整体演示效果。

3. 商业计划演示过程中可能会遇到设备故障或评委提问超出预期的情况。团队应如何在准备阶段制定应急预案，并在现场展示中灵活应对？

推荐阅读：

[1]田鹏．深交所组织上市公司开展境外路演全方位宣介中国资产投资新机遇[N]．证券日报，2024—11—11(A03)．DOI：10.28096/n.cnki.ncjrb.2024.005992.

[2]张婧鑫．以 PPT 演示+实践操作为核心的分组讨论式教学法的构建[J/OL]．吉林医药学院学报，1—4[2024—12—07]．https://doi.org/10.13845/j.cnki.issn1673—2995.20240920.001.

[3]梁婷．课程思政背景下大学英语 PPT 演示教学研究[D]．太原：太原理工大学，2023．DOI：10.27352/d.cnki.gylgu.2023.001624.

[4]张微．PPT 演示文稿版式设计中的形式美法则探究[J]．电子技术与软件工程，2022(18)：147—151.

[5]张微．视觉元素在 PPT 演示文稿设计中的运用分析[J]．电脑知识与技术，2022，18(22)：87—89．DOI：10.14004/j.cnki.ckt.2022.1546.

第十一章 “创业融资”相关案例

案例一

控制与收益：私募股权投资 KKR 对圣农发展公司治理的影响①

摘　要：获得被投资公司的公司治理权会影响私募股权投资未来资本增值效果。本案例介绍私募股权投资和畜禽养殖行业发展背景下，选择在业界产生一定影响的 KKR 投资圣农发展为案例对象。回顾 KKR 投资圣农发展主要过程，再现 2015 年 5 月 18 日 KKR 耗资约 4 亿美元取得圣农发展 18%的股权后，KKR 通过参与圣农发展公司股东大会控制权、董事会决策权及监事会监督权的方式参与公司治理，展现了私募股权投资影响被投资公司治理的情境。

关键词：私募股权投资；公司治理；控制权；决策权；监督权

0　引　言

2015 年 5 月 18 日，在这个特殊的日子里，福建圣农发展股份有限公司（本案例简称“圣农发展”）与私募股权投资机构 KKR 联合发表声明，双方已经完成战略投资交易。此时，KKR 利用此次投资机会成为圣农发展的股东。不仅如此，KKR 为了让投资取得更大的效益，与圣农发展形成了多方位的战略合作，诸如改善圣农发展运作、影响公司治理等各个方面。这种深入的合作方式引起了媒体的广泛关注。各路媒体、投资者以及学界最关心的是：KKR 是如何参与圣农发展公司治理的？KKR 是如何对圣农发展的股东大会控制权、董事会决策权以及监

---

① 本案例由武汉理工大学管理学院的沈俊、熊芳芳撰写，作者拥有著作权中的署名权、修改权、改编权。本案例授权中国管理案例共享中心使用，中国管理案例共享中心享有复制权、修改权、发表权、发行权、信息网络传播权、改编权、汇编权和翻译权。由于企业保密的要求，在本案例中对有关名称、数据等做了必要的掩饰性处理。本案例只供课堂讨论之用，并无意暗示或说明某种管理行为是否有效。

事会监督权施加影响的？其权力变化结果如何，对双方未来收益将产生什么影响？

1 相关背景

1.1 私募股权投资的蓬勃发展

近几年来，私募股权投资如雨后春笋般快速发展壮大。在这个合作共赢的时代，越来越多的私募投资者瞄准了改进公司治理来获取长远利益的发展契机。私募投资方充分运用投资优势来创造价值，进而给被投资方的经营运作带来了福音。私募投资方一边利用其股东身份来扩大其话语权，一边充分发挥其专业优势来行使其建言权，从而达到影响被投资公司的决策、改善公司的治理状况的意图。在投资对象的选择上，私募股权投资方更偏向于大股东“一股独大”的企业。这样的公司一旦成为私募股权方相中的对象，对双方而言都是福气。KKR 正是看中了圣农发展改进的空间，才大刀阔斧地向圣农发展进行大规模投资，赢得抢占先机的机遇。

1.2 畜禽养殖业发展状况

圣农发展以生产鸡肉为主业，属于畜禽养殖行业的老大。在销售收入方面，圣农发展 2015 年第一季度的销售收入达到 142 453.87 万元，而排在行业老二的牧原股份销售收入仅为 49 990 万元，牧原股份的销售收入仅仅是圣农发展的 35.09%，连行业老大的一半都没有达到，可见，圣农发展把行业老二远远地甩在身后。这在某种意义上增强了 KKR 投资圣农发展的吸引力。对 KKR 来说，信心真的是了不起的东西，无形之中给予公司每一个人传递着巨大的能量，为企业的发展注入活力。借着 KKR 对圣农的投资机遇，圣农发展在后期抢占发展的制高点，2015 年第二季度的销售收入达到了 176 420.92 万元，增长了将近 23.84 个百分点。如此快速的增长速度反映了私募股权 KKR 有效提高了圣农发展的市场认可度。圣农发展的行业知名度为其后续的发展后劲提供了有效的发展基石。一位了解 KKR 的资深人士表态认为：圣农发展的发展状况远超出他们的预期，而且这项合作具有极大的发展潜力[①]。为了佐证圣农发展的行业潜力及其发展速度，可以依据表 11—1 中 2015 年第一和第二季度 KKR 投资前后畜禽养殖业 13 家公司的销售收入变化，圣农发展的市场拓展空间可见一斑。

表 11—1　　KKR 投资圣农发展前后畜禽养殖业 13 家公司销售收入对照表　　单位：万元

序　号	公司名称	2015 年第一季度	2015 年第二季度
1	圣农发展	142 453.87	176 420.92
2	雏鹰农牧	45 808.75	79 198.75
3	牧原股份	49 990.00	62 482.64
4	大康牧业	15 541.90	83 609.23
5	华英农业	47 095.41	45 708.95
6	仙坛股份	42 696.30	47 714.31

① 该人士不愿透露其姓名，故此处只援引其评论。

续表

序　号	公司名称	2015 年第一季度	2015 年第二季度
7	新五丰	26 424.47	31 838.53
8	福成五丰	29 968.56	26 618.32
9	民和股份	22 355.05	22 377.51
10	西部牧业	16 082.34	20 865.49
11	罗牛山	14 942.44	21 534.50
12	益生股份	17 859.81	13 972.83
13	天山生物	1 782.35	3 263.64
合　计		473 001.25	635 605.62

数据来源:2015 年畜禽养殖业 13 家公司的第一季度、第二季度报表。

从表 11—1 我们可以看到,2015 年第一季度畜禽养殖业的销售收入总额为 473 001.25 万元,2015 年第二季度的销售收入总额为 635 605.62 万元,增长幅度将近 34.38 个百分点,在一定程度上足以反映畜禽养殖业的市场前景呈现逐步回升的趋势。市场前景的发展潜力无疑给 KKR 投资圣农发展埋下了伏笔,除此之外,"圣农发展的迷人之处还有哪些方面让 KKR 坚定地选择其作为投资对象"也成为我们要了解的问题。

2　圣农发展私募融资简介

2.1　KKR 简介

KKR 集团(Kohlberg Kravis Roberts & Co. L. P. ,简称为 KKR),金融史上最成功的产业投资机构之一 ,全球历史悠久且经验丰富的私募股权投资机构之一。KKR 集团总部设在纽约,并在旧金山、伦敦、巴黎、香港、东京、北京等地设有多个办事处。KKR 集团擅长于管理层合作,充分利用其资源和资历来实现价值的创造。

克雷维斯和罗伯茨于 1976 年创立 KKR。值得玩味的是,KKR 的第一个 K 意味着另一位共同创始人杰尔姆·科尔伯格(Jerome Kohlberg),遗憾的是,这位创始人于 1987 年向公司请辞。让 KKR 名声大振的是 RJR Nabisco 收购案。

KKR 与众不同之处是在其追求利润的过程中,恰当运用公司治理机制——债务、经理持股和董事会监督。债务的硬约束作用让管理层经理吐出企业中"闲置的现金流量",制约着管理层对投资项目的选择权;KKR 为了赢得被投资公司的决策权,选用管理层经理的大量持股方式。为此,KKR 投资的众多案例也向人们展示了作为股东和大股东以及债权人的代表,是如何妥善处理董事会和管理层之间的职责分离的。

2.2　圣农发展简介

圣农发展于 2006 年 10 月成立,并在 2009 年 10 月 21 日上市。作为一家自养自宰白羽肉鸡专业生产企业,以肉鸡饲养、肉鸡屠宰加工和鸡肉销售为主业,鸡肉产品行销各地。其产品已然成为国内快餐业、大型超市、大中城市的主要市场供应商。依托于武夷山自然保护区和闽江源头富屯溪，这为圣农发展生产优质无污染的鸡肉提供了得天独厚的屏障条件。公司下辖50多个生产基地，现已形成集饲料加工、种鸡养殖、种蛋孵化、肉鸡饲养、肉鸡屠宰加工与销售为一体的完整的白羽鸡产业链，在源头上保证了产品的质量。

2.3 KKR投资圣农发展主要过程

2014年8月，圣农发展已经和蜚声海内外的KKR达成初步合作协议，双方达成长达3年的长期战略合作。圣农发展公告：将以每股12.3元的价格向KKR定向增发共计2亿股，募集资金24.6亿元。增发完成后，KKR将持有圣农发展18.0%的股权。

截至2015年5月18日，圣农发展与KKR完成战略投资交易，KKR用4亿美元取得圣农发展18%的股份，成为圣农发展的股东。在获得股权投资的同时，KKR与圣农发展达成战略合作协议，双方将建立联合工作小组，通过运营优化、改进企业治理以及其他战略性举措实现合作共赢。圣农发展与KKR的全新战略合作关系一方面有利于扩大发展规模，另一方面有利于双方之间取长补短，实现优势互补。

私募股权投资机构KKR在完成对圣农发展的战略投资之后，依据其股权投资享有股东身份，打破了圣农发展公司大股东控股的局面，形成了股东之间相互牵制的新格局，从而防止控股股东做出损害中小股东的利益或公司整体利益的情形。股东身份的获得为KKR通过影响圣农发展公司股东大会控制权来改善公司治理埋下了伏笔。持股18%的KKR凭借其第二大股东身份向圣农发展公司提名其具备资深国际化职业背景的董事人选华裕能作为圣农发展公司的非独立董事成员。全新的董事会成员给董事会注入了新的活力，不同意见的探讨与综合让公司的决策更加民主与科学。KKR正是利用其影响圣农发展公司董事会决策权的方式来对公司治理施加影响。值得进一步重点关注的是，KKR入驻圣农发展后，监事会成员面临着换届选举。从某种意义上来说，监事会成员的选任需要经过私募股权投资方的认可。不仅如此，KKR为了实现自身利益最大化的目的，会积极主动地给监事会成员施加压力，逼迫监事会成员尽职履行职责，进一步促进决策的科学性。如果从这个角度出发的话，可以从KKR影响圣农发展监事会监督权的侧重点上来描述私募股权投资对公司治理施加的影响。总结起来可以说，KKR影响圣农发展公司治理的途径可以从影响股东大会控制权、董事会决策权及监事会监督权的角度来诠释。这里需要我们进一步思考的是，除了从这三个角度来影响圣农发展公司治理，KKR是否存在采用公开建议的途径抑或采取其他方式和手段来对圣农发展的公司治理进行干预？

3 KKR影响圣农发展公司治理的方式和手段

3.1 KKR对公司股东大会控制权的影响

股东行使其权利的方式主要是在股东大会行使其表决权。简而言之，股东利用股东大会来表示自己的真实意见，这种意见就会对公司其他股东的意志进行干预，特别是在大股东拥有一票否决的情况下，这种不同的心声在某种意义上限制了大股东对股东大会的操控力度。为了方便读者理解，需要指出的是，公司所有股东的持股比例实质上是参与股东大会的股东掌握的股东大会的控制权情况。为了方便理解，可以比较圣农发展公司前五大股东的持股比例变化及相对控股股东人数变化来诠释私募股权投资对圣农发展股东大会控制权施加的干预。为了更形象地描述其变化情况,反映投资前后圣农发展前五大股东的持股比例是很有必要的。投资前后圣农发展公司前五大股东持股比例变化如表 11—2 所示。

表 11—2　　KKR 投资前后圣农发展前五大股东持股比例变化表

序号	前五大股东	投资前持股比例	投资后持股比例
1	福建省圣农实业公司	51.55%	42.27%
2	KKR	0	18.00%
3	傅长玉	4.37%	3.58%
4	中国银行股份有限公司证券投资基金	3.95%	1.61%
5	中国工商银行—广发大盘证券投资基金	3.36%	1.48%
6	苏晓明	1.43%	1.18%

数据来源:圣农发展公司 2015 年第一季度财务报告及半年报。

由表 11—2 可以清楚地了解到,圣农发展在获得私募股权投资后,公司第一大股东持股比例由 51.55%下降到 42.27%,降幅达到 9.28 个百分点。随着 KKR 介入圣农发展,KKR 顺理成章地成为公司的股东,而且一跃成为仅次于福建省圣农实业公司的第二大股东。两个可以相互抗衡的股东之间必定有一场较量,这种斗智斗勇的过程实际上是一种相互牵制的明争暗斗,避免出现大股东肆无忌惮地操纵股东大会的局面。更值得一提的是,实际控制人傅光明、傅长玉及傅芬芳合计持股比例由原来的 57.11%降低到 46.82%,这在某种意义上削弱了家族企业中家族成员在股东大会的话语权。虽然 KKR 持股比例比第一大股东持股比例少 24.47%,但是值得庆幸的是,KKR 持股比例远大于 10%。这意味着什么呢?要厘清这一点需要从圣农发展的公司章程大做文章。因为圣农发展公司章程明文规定,单独或合计持有公司 10%以上股份的股东可以提请召开临时股东大会。为什么说提请召开临时股东大会很重要?这就不得不提及行使话语权的途径,而临时股东大会正是股东顺利地发挥其话语权的场所,有了话语权,就能让自己内心真实的想法得以落实。这里尤为需要注意的是,针对大股东不择手段的自私自利的行为,此时,其他股东可以有申诉的权利,借用临时股东大会这个平台来联合抵制大股东的损人利己行为。由此可知,形成相互牵制的格局有利于抑制大股东的绝对控制权,对大股东的控制权施加有效的影响。

3.2　KKR 对公司董事会决策权的影响

投资前圣农发展每年召开的董事会定期会议、临时会议在一定程度上保证公司的决议不是随意决策出来的,而是在董事会这个平台经过全体董事会成员商议制定的,这种符合大多数人意愿的决议才是相对科学的。从某种层面上来说,董事会定期会议、临时会议为圣农发展董事会决议的公正性提供了制度保障。

有一句话说得确实在理,“理想很丰满,现实很骨感”。任何事情你设计得再好,在现实中都会或多或少遇到阻碍,这也是为什么要在一次次尝试中吸取教训,不断调整,让预想的结果不至于偏离太多。这个道理在圣农发展的董事会决策方面同样存在类似的问题。制度的保障并不能百分之百保证公司的董事会决策出现失败的局面。毕竟世事难料、人无完人,圣农发展就出现过违规操作的情况。2013 年 1 月 9 日,深圳证券交易所向公司出具了《关于对福建圣农发展股份有限公司的监管函》(简称《监管函》)。《监管函》明确指明,公司 2011 年度股东大会审议通过了2012年预计公司及子公司与实际控制人所控制的关联方福建圣农食品有限公司、福建省光泽县兴瑞液化气有限公司、福建省圣农实业有限公司累计发生的日常关联交易总额为22 981.00万元，而公司截至2012年12月26日与上述关联方实际发生的日常关联交易总额为26 282.17万元，实际发生的日常关联交易比预计的超出3 301.17万元。公司针对此超过预计金额的日常关联交易没有及时履行信息披露义务，直至2012年12月28日才公告相关事项。公司的上述行为违反了《上市规则》第10.2.11条规定。证监会要求公司董事会充分重视上述问题，吸取教训，及时整改，杜绝上述问题的再次发生。对于投资前圣农发展公司的这种10人组成的董事会成员中的6名非独立董事全部由与圣农发展的控股股东有直接经济利益的人员担任的极端情况极易助长歪风。相信看到这种特殊情形，我们可以坚信类似违规情况的发生不是偶然，这是根据董事会成员构成的情况可以预料的。在当今社会，我们常常见到亲属回避制度可能就是这个道理。为什么说实质重于形式，不要被表象所迷惑也许正印证了这一点。投资前圣农发展的定期会议、临时会议制度实际上是一种表面上的公正，在实际操作过程中，董事会的决议成了非独立董事操纵的平台，从这个层面来说，公司治理在董事会层面上的治理状况存在大股东侵占公司利益的治理问题。

值得庆幸的是，KKR的投资给圣农发展的未来带去了福音。KKR积极协助圣农发展组建了具有国际化色彩的董事会团队，它将具有“国际级”工作背景的人员引入圣农发展，这无疑为圣农发展带来了新的活力。就拿董事会新成员华裕能来说，华裕能不仅是注册会计师（CPA），而且还是美国注册管理会计师（CMA）。也许你会说，考证不代表工作实力，然而，华裕能就是那种不仅专业知识渊博，而且实战经验丰富的人。华裕能曾先后就职于Lazard Freres的合并收购组、Coopers&Lybrand’s金融咨询公司、摩根士丹利的私募基金部门。如此丰富的国际工作经验能为圣农发展带来的发展潜力是不言而喻的。虽然投资后圣农发展公司的董事会成员中KKR派出的人员只有一名代表，但相比投资前圣农发展公司董事会成员构成，这无疑是一个巨大的进步。代表其他股东利益的新的董事会团队已经能够照顾到除控股股东以外的股东利益，而且董事会成员的专业水平比之前得到了显著的提高。这毫无疑问提高了公司的治理水平，极大地避免了公司再次出现违规情况。同时兼具国际化色彩的新董事会团队为公司充分利用KKR带来的国际资源，为公司进一步开拓国际市场，提升公司的行业地位提供了契机。

“对比越直观，反响更明显”，为了进一步说明私募股权投资对圣农发展董事会决策权的影响，通过对比投资前后圣农发展公司治理状况进行佐证。表11－3是投资前后圣农发展董事会治理对照表。

表11－3　　KKR投资前后圣农发展董事会治理对照表

序　号	名　称	投资前	投资后
1	代表私募股权方利益的董事人数	0	1
2	专业胜任能力	国内任职经历	国际任职经历
3	公司出现的违规次数	2	0
4	治理效率	一般	得到提高

根据表11－3可以知道，私募股权投资方派驻的董事越多，董事的专业胜任能力越高，越有利于公司治理状况的改善。

3.3 KKR对公司监事会监督权的影响

投资前圣农发展公司为监事会设置常设机构和独立办公场所，并配备必要的工作人员，为监事开展工作、履行职责提供必要的后勤保障；为了方便监事履行职责，相关人员在不干预监事会履行职责的基础上还需要协助其履行职责。这在一个侧面就有效地反映出圣农发展针对监事会的监督做到了双重保障（制度保障和权力保障）。

当KKR入主圣农发展公司后，变化也就在悄悄地发生着。圣农发展第三届监事会团队也面临着换届选举，第三届监事会第十九次会议于2015年7月9日以现场会议方式召开。经与公司主要股东协商，公司监事会同意提名严高荣先生、张玉勋先生两人为公司第四届监事会股东代表监事候选人，并提请公司股东大会采取累积投票制进行选举。值得关注的是，KKR此时在决定监事候选人上发挥着举足轻重的作用。这就意味着公司股东代表监事的选举必须得到KKR的审查与认可。得到认可的人选则毫无疑问从第三方认证的角度确保了公司股东代表监事的独立性与专业胜任能力。现实生活中，取得贷款的第三方担保正是与增强其可信度一致的用意。虽然圣农发展公司第三届监事会成员与目前公司监事会成员没有发生变化，但是这并不妨碍监事会成员的公正履职程度。究其原因在于第三届成员的股东代表监事是在主要股东（包括KKR）协商同意下再次成为候选人，且经过股东大会的表决成为监事会人选。候选人的确定及审议表决程序在无形之中增加了针对监事人员的信赖程度。

值得一提的是，KKR进驻圣农发展后，候选监事的任职条件也在发生着相应的变化。除了满足法律的基本规定外，还需要得到具有资深专业背景的私募股权投资方的认可。不仅如此，KKR还拥有着对监事会履职情况进行监督的权利。KKR自从对圣农发展进行投资后，KKR与圣农发展也就是拴在同一根绳子上的蚂蚱，为了让投资变得有价值，KKR无形之中就自觉地密切监督着监事会成员的履职情况。一旦发现其未尽职尽责，KKR就会想方设法阻止这种情况的发生。这时候，召开临时股东大会提出更换监事的权利成为KKR实现利益最大化的有效途径。从这个层面上来讲，根据更换股东代表监事难易程度、监事任职门槛高低及对监事履职情况的监督程度可以用来比较投资前后圣农发展公司在监事会监督权角度上的治理状况。表11－4为投资前后圣农发展在监事会监督权层面上的治理状况对照表。

表11－4　　KKR投资前后圣农发展在监事会监督权层面治理状况对照表

序　号	名　称	投资前	投资后
1	更换股东代表监事难易程度	比较容易	容易
2	监事任职门槛高低	比较高	高
3	对监事履职情况的监督程度	比较严苛	严苛
4	治理效率	比较高	高

我们可以确信的是，股东代表监事的候选提名与审议需要经过KKR的认可，在某种意义上就赋予了监事会人员的公正性。更值得关注的是，一旦监事会成员没有做好本职工作，则会面临着被辞退的压力，这在无形之中督促着监事会成员认真做好本职工作。而且，不单单只有监事会成员有被辞退的压力，KKR同样也面临着监督监事会履行职责的压力。为什么KKR作为投资者也会有这种监督监事履职的压力？我们可以用生活中的实际情况来解释。大家都知道，高考是每一个学生人生中最重要的事情。正因为其重要，学生自然就会有做好努力学习

的本职任务，否则就会被重点大学拒之门外，这无形之中给予了学生勤奋学习的压力。值得注意的是，高中老师同样有着监督学生努力学习的压力。如果老师不积极履行其监督学生学习，老师的利益就会受到损害。众所周知，老师积极履行自己的监督职责会提高学校的高考上线率，这毫无疑问就与老师的利益密切相关，老师会在维护自身利益不受损害的压力下，自觉履行监督学生学习的职责。同样的道理，KKR 在维护自身利益不受损害的压力下，会竭尽全力去监督监事会成员是否积极履行其本职工作（监督职责），这在某种意义上给予监事会成员一定的压力，迫使监事会成员积极履行其本职工作，从而避免出现监事会成员消极怠工的情况。那么，从股东代表监事的选举与相对控股股东对监事会成员监督的层面来说，投资后的圣农发展公司治理水平得到了有效的改善。

4 尾 声

KKR 投资圣农发展曾一度引起投资界和畜禽养殖业的关注，KKR 通过对圣农发展控制权、决策权、监督权的参与将会对圣农发展公司治理的影响程度如何，这需要根据未来圣农发展的经营状况及财务成果给出合理的解释。通过表 11－5 数据分析发现：KKR 投资圣农发展后，已对其有关财务指标产生一定程度的影响（或正或负）。由于 KKR 参与公司治理，未来圣农发展有关财务业绩会产生何种变化，就让我们拭目以待吧。

表 11－5 **圣农发展 2014—2015 年重要财务指标**

指标 \ 年份	2014 年	2015 年
流动比率	0.441 9	0.470 0
速动比率	0.190 9	0.178 3
存货周转率（次）	5.059 8	4.934 5
资产负债率（%）	63.724 1	49.095 7
应收账款周转率（次）	25.205 7	26.291 7
现金比率（%）	9.587 6	10.437
经营现金净流量与销售收入比（%）	0.143 1	0.062 4
净资产报酬率（%）	30.906 6	17.375 6

资料来源：根据圣龙发展 2014 年与 2015 年年度报表计算而得。

5 补充材料

5.1 KKR 近些年在中国的投资领域

KKR 团队在中国的投资领域包括农业和食品安全领域、环保领域、医疗领域等，其中代表性投资案例包括平安保险、南孚电池、蒙牛乳业、百丽鞋业、恒安国际等。近些年 KKR 团队更加关注的是食品安全、医疗、环保等全新领域。KKR 团队借助在这些领域的投资，从而抢占投资先机，进一步提高 KKR 的投资报酬率。

针对农业和食品安全领域,KKR团队从2008年起逐步选择现代牧业、亚洲牧业、中粮肉食及圣农发展。值得一提的是,针对现代牧业的投资,KKR团队已经实现资本投资的退出,获得了较高的投资回报率。

针对环保领域,KKR团队于2011年选择联合环境进行投资,KKR入主联合环境后,联合环境的利润增长率平均每年保持在63%的水平。2015年KKR选择将中信集团作为战略投资者,并成功实现了部分资本退出。由此可知,在投资对象的选择上,KKR团队比较关注环保领域。

针对医疗领域,KKR于2012年选择对中国脐带血库进行投资。近三年来公司达到了每年用户数增长保持在27%的增长率和复合利润增长率维持在22%的比率。同时金卫医疗向中国脐带血库提出收购要约,提出的条件是以6.4美元/股对中国脐带血库公司的股票进行回购。由此可知,医疗领域的投资是值得投资的重点投资领域。

5.2 圣农发展2016—2021年升级商业模式的战略布局

圣农发展提出2016—2021年升级公司的商业模式,采用特许加盟的模式向目标消费者销售冰鲜鸡肉产品。

(1)未来五年的战略目标

圣农发展将和福建省南平市政府联合打造"大武夷—大圣农"项目,预计可以在国内11个省、1 000个县,达到设立1 400家"圣农鲜美味"旗舰店及20 000家"圣农鲜美味"专营店,并依托"互联网+"等新模式来扩大品牌知名度。到时候"圣农鲜美味"的客户将达到6亿,直接向消费者提供冰鲜鸡肉产品,同时,公司与南平市政府将在整合地区优质资源的基础上,有效提高"圣农鲜美味"品牌附加值。

(2)目前运行状况

圣农发展于2015年8月底开启了"圣农鲜美味"的试运营,以公司的三个生产基地为中心向外延伸至周边地级市。部分门店陆续开业运营,截至11月23日,公司已在50个县市开设门店,其中已超过40个县市开业,总计开业门店数量将接近100家。

(3)对圣农发展未来的影响

①圣农发展的销售模式从"B2B模式"转变成"B2B+B2C"的新模式。

圣农发展逐步形成横跨养殖、加工、物流、零售业及电子商务整个产业链的新型发展模式,形成五大行业同步发展壮大,不断强化圣农发展在国内同行业的竞争力。

②形成良好的社会效益,促进圣农发展的可持续发展。

圣农发展预计将提供小微个体户的数量超过1 000个、提供就业岗位数量超过60 000人,从而让广大消费者购置最优质的产品,在社会上掀起质量第一的社会风气,进而形成良好的社会效益。圣农发展注重产品质量的品牌形象将为公司的可持续发展提供坚实的基础。

③优化圣农发展的销售渠道、增强品牌效应。

圣农发展通过采用招商加盟的模式来升级商业模式,由此发生的费用相对较少,基本属于零投资。在"B2B+B2C"模式下,圣农发展利用扩大"圣农鲜美味"知名度的方式,一方面逐步引进"圣农鲜美味"加盟商,转变原有的经营格局,强化同区域的经销商竞争,调动加盟商的潜能,从而逐步提高圣农发展的营运能力、盈利能力、偿债能力及发展能力,达到全面提高圣农发展的综合实力。另一方面"圣农鲜美味"的新型销售模式将逐步扩大公司的发展规模,充分提高公司的市场占有率,创造圣农发展新的利润增长点,同时提高圣农发展的品牌影响力,在改变居民消费习惯的基础上，形成新的消费需求点，从而为圣农发展产品扩大国际知名度，强化品牌效应提供坚实的基础。

启发思考题

1. 圣农发展公司能够引入私募股权投资的原因是什么？
2. 私募股权投资如何影响公司股东大会的控制权？
3. 如何分析本案例中私募股权投资对公司董事会决策权的影响？
4. 本案例中私募股权投资是如何影响公司监事会监督权的？
5. 本案例中私募股权投资者是否可以通过公开建议的方式改善公司治理状况？

案例一
使用说明

案例二

风险投资：是天使还是魔鬼——蒙牛的融资之路[①]

摘　要：1999 年，牛根生离开伊利，注册成立了“内蒙古蒙牛乳业股份有限公司”，并迅速走上了高速发展之路。随着企业的不断发展壮大、市场份额的快速增长，到了 2002 年，资金短缺成为制约蒙牛跨越发展的最大障碍。此时，高速发展的蒙牛已引起了顶级国际风险投资者的关注。本案例回顾了蒙牛在快速发展期的融资过程，着重梳理在此期间蒙牛与摩根等三大风险资本的合作与博弈，再现了蒙牛引入风险资本的过程以及该过程的“得”与“失”，呈现了一个真实的企业融资实践。案例主要用于企业融资，特别是企业引入风险资本方面的教学，目的在于让学生了解企业融资中利用风险资本，特别是国外风险资本所引起的系列内容和注意的相关问题。

关键词：蒙牛；企业融资；风险投资；对赌协议；可转股债券

0　引　言

2002 年，蒙牛已经经过了 3 个发展年头，作为企业创始人的牛根生是喜忧参半。喜的是蒙牛经受住了初创期的种种考验与煎熬，企业经营已初具规模：在 1999—2002 年这三年间，蒙牛的总资产从 1 000 多万元增长到近 10 亿元；年销售额从 1999 年的 4 365 万元增长到 2002 年的 20 多亿元；在全国乳制品企业排名中，也从第 119 位上升到第 4 位。忧的是牛根生知道现有的业绩还远远不够，已驶入快车道的蒙牛对资金仍然十分渴求，资本的注入对其成长至关重要。当前蒙牛正是小有成就、呈现良好成长势头的时候，生产资金的短缺却使蒙牛面临着坐失崛起良机的局面。

---

① 本案例由武汉理工大学管理学院的沈俊、罗毅、徐蓉撰写，作者拥有著作权中的署名权、修改权、改编权。本案例授权中国管理案例共享中心使用，中国管理案例共享中心享有复制权、修改权、发表权、发行权、信息网络传播权、改编权、汇编权和翻译权。由于企业保密的要求，在本案例中对有关名称、数据等做了必要的掩饰性处理。本案例只供课堂讨论之用，并无意暗示或说明某种管理行为是否有效。

正在牛根生领导下的蒙牛对资金投入遍寻无门的时候，摩根士丹利与鼎晖投资通过相关关系找到蒙牛，要求与蒙牛团队见面。见面之后摩根等机构劝其放弃正在筹划的到中国香港二板市场上市的计划，引入风险投资机构，利用风险资本帮助企业成长与规范化，待蒙牛发展到了一定程度再帮助其在香港主板上市。

摩根士丹利这等国际顶级投行的出现，无疑使蒙牛乳业以及牛根生团队看到了一条迥异于同类企业的发展道路。摩根士丹利这个名字给蒙牛带来的不单是现金和希望，更多的是国际资本力量的专业精神的震撼和冲击。“他们在投资我们之前已经把我们研究了个底儿掉，而事先我们根本就不知道，他们光资料就积累了这么一沓子！”蒙牛副总裁孙先红之后和外界透露：“他们还请了可口可乐的专家给我们做快速消费品的营销战略策划与培训。”

但是，对于以摩根士丹利为首的风险资本主动向蒙牛投怀送抱，我们应该如何看待？是雪中送炭、帮助中国企业发展的天使，还是意在牟利、获取中国企业资本价值的逐利者？

1 蒙牛融资环境

1.1 液态奶行业环境

基于中国乳业市场巨大的增长潜力，牛根生对蒙牛的盈利前景信心十足。他曾在招股新闻发布会上指出，1998 年至 2002 年期间，中国的液体奶消费总量每年以 26%的复合增长率增长。中国人均液体奶消费量虽由 1998 年的 0.6 公斤增至 2001 年的 2.2 公斤，但仍大约只是当时日本的十八分之一，韩国的二十九分之一，中国液态奶市场空间非常大。

创办初期，蒙牛市场占有率远不及伊利(见表 11—6)，在蒙牛创办后第三年(即 2001 年)，伊利的全年乳制品零售总额为 27.02 亿元，而蒙牛只有 7.24 亿元，为伊利当时的两成七。除了伊利之外，光明、三元、三鹿等也是蒙牛强有力的竞争对手。但蒙牛所表现出的快速发展的良好势头，还是在乳制品行业内外引起了强烈关注。

表 11—6　2000—2002 年乳制品行业企业销售额　单位：亿元

企业名称	2000 年	2001 年	2002 年
内蒙古伊利集团	16.00	27.02	40.10
光明乳业集团	22.70	35.20	50.20
石家庄三鹿集团	7.20	23.60	30.70
北京三元食品公司	6.80	15.70	—
内蒙古蒙牛集团	2.47	7.24	21.00
行业产值	193.80	290.00	358.30

资料来源：根据零星资料整理而得。

1.2 蒙牛的融资环境

由于蒙牛是新兴的乳制品生产企业，底子薄，银行信用还没有建立起来，所以银行不太愿意将大量资金借贷给蒙牛。蒙牛副总裁孙先红曾对笔者感叹：“当年想贷款，谁理我们呀。”因此，此时银行借贷这条路对蒙牛行不通。

从2001年开始，蒙牛开始考虑一些上市渠道，希望通过上市来筹集跨越发展所需要的资金。首先他们研究当时盛传要建立的深圳创业板，但是后来创业板没做成，这个想法也就不得不搁浅。同时他们也在寻求A股上市的可能，但是根据蒙牛当时的情况，在A股上市恐怕需要好几年的时间，蒙牛根本就等不起。他们也尝试过国内民间融资，但几乎都以失败而收场。其中国内一家知名公司来蒙牛考察后，要求蒙牛团队给他们51%的控股权，对此蒙牛不答应；另一家大企业本来准备要投资，但被蒙牛的竞争对手给劝住了；还有一家上市公司对蒙牛也有投资意向，结果又因为它的第一把手突然被调走而把这事搁下了。

2002年初，股东会、董事会均同意，在法国巴黎百富勤的辅导下在香港二板上市。蒙牛不能上主板的原因是当时蒙牛历史较短、规模小，不符合上主板的条件。然而香港二板除了极少数公司以外，流通性不好，机构投资者一般都不感兴趣，企业再融资非常困难。就在这时，摩根士丹利与鼎晖投资找到了蒙牛和牛根生团队，劝其引入风险投资机构，并利用专业化的资本运作帮助企业成长与规范化，等达到一定条件后就直接在香港主板上市。这也似乎是当时条件下蒙牛融资的最佳选择，从此，蒙牛开始了与国外风险投资机构的合作与博弈之路。

2 蒙牛的第一轮融资

2.1 融资过程

2002年6月，摩根士丹利等三家风险投资机构在开曼群岛注册了几家壳公司，其中最重要的有China Dairy Holdings(中国乳业控股)、MS Dairy Holdings(摩根乳业控股)、CDH(鼎晖乳业控股)及CIC(英联乳业控股)。其中第一家是未来蒙牛乳业上市的真正主体，而后三者是第一家的直系股东。

2002年9月，蒙牛的发起人在英属维尔京群岛(BRITISH VIRGIN ISLANDS，简称BVI)注册成立了金牛。同时，蒙牛的投资人、业务联系人和雇员注册成立了银牛(BVI)。

2002年10月17日，“金牛”与“银牛”以1美元/股的价格，分别投资1 134美元、2 968美元认购了开曼公司1 134股和2 968股的A类股票，加上以前各自分别持有的500股旧股，合计持有A类股票5 102股。紧随其后，摩根士丹利等三家风险投资机构以530美元/股的价格分别投资17 332 705美元、5 500 000美元、3 141 007美元，认购了32 685股、10 372股、5 923股的B类股票，合计持有B类股票48 980股，三家风险投资机构总投资约为2 597万美元(折合人民币约2.1亿元)。从这些资金的入账情况来看，当时这笔所谓的“外商投资”根本没有打入内蒙古蒙牛股份的账上，而是打到了摩根士丹利自己控制的中国乳业控股(China Dairy Holdings)。

根据开曼群岛的公司法，公司的股份可以分成A类股和B类股，A类股一股有十票投票权，B类股一股有一票投票权，“金牛”和“银牛”共拥有5 102股A类股，三家风险投资机构则拥有48 980股B类股，双方投票权之比恰好为51%∶49%；但是，股份数量比例即收益权却是9.4%∶90.6%，企业股权结构如图11—1所示。

第一轮融资过程中，机构投资者提出了一个“对赌协议”：如果“蒙牛”的管理层在一年之内没有实现维持高速增长的诺言，那么作为惩罚，开曼公司及其子公司毛里求斯公司账面上剩余的大笔投资现金将要由投资方完全控制，并且投资方将因此占有“蒙牛股份”60.4%(开曼公司内部的90.6%股权，乘以开曼公司对“蒙牛股份”的66.7%股权)的绝对控股权，可以随时更换

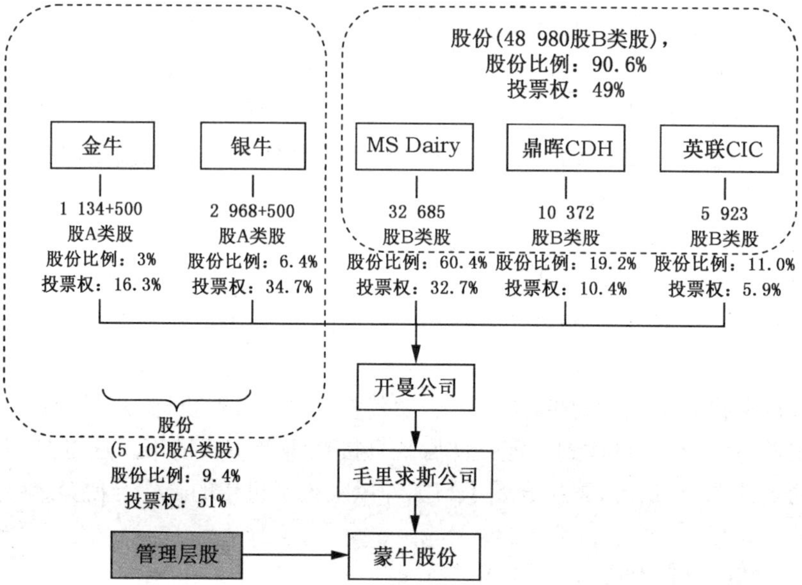

图 11—1 第一轮融资后蒙牛股权结构

“蒙牛股份”的管理层。一年后，如果管理层完成了任务，投资方才答应 A 类股可以 1 拆 10 的比例无偿转换为 B 类股。因此，只有一年后“蒙牛”的管理层完成业绩增长任务，这 51%的股票才能拥有 51%的收益。否则，三家风险投资机构就是以 2 597 万美元投资完全控制了蒙牛，蒙牛的管理层包括总裁牛根生将会彻底沦为打工者或者失业出局。

2.2 融资结果

2003 年 8 月，蒙牛已经提前完成了任务。“蒙牛股份”的财务数据显示：税后利润从 7 786 万元增至 2.3 亿元，增长了 194%。鉴于良好的业务，2003 年 9 月 19 日，外资允许“金牛”“银牛”分别将所持有的中国乳业控股 1 634 股(500 股中国乳业控股最初成立时“金牛”所持股份，加上 1 134 股管理层于首次增资前认购的股份)、3 468 股(同上的 500 股，加上 2 968 股)A 类股票转换成 16 340 股、34 680 股 B 类股票，管理层股东在中国乳业控股中所占有的股权比例与其投票权终于一致，均为 51%。

可以说，2002 年 6 月达成的投资对赌协议，直到一年后的 2003 年 9 月 19 日才真正完成，所幸的是这一跳有惊无险。但从中可见，2003 年 9 月三家风险投资机构视蒙牛经营状况决定在 A、B 类股间互相转换，可以说是蒙牛中方管理层和外资以企业控制权为赌注的第一次豪赌。博弈的结果是，蒙牛的资本控制权暂时留在了中方手里。

在这第一轮的融资过程中，蒙牛顺利获得了摩根士丹利、鼎晖投资、英联国际三家风险投资机构的投资，解决了资金短缺的问题。1999 年刚创立时，蒙牛一文不名，名列中国乳业的第 119 位。然而在经过风险投资融资后，三家来自海外的风险投资机构不仅为蒙牛带来了巨额的资本，更带来了蒙牛能与国际长期投资者合作的桥梁与通行证。蒙牛纵声一跃，跻身中国乳业前三名，几乎是“平均一天超越一个同类企业”，从一个处于成长初期的中小企业，迅速发展成为一个高速成长的、步入初步成熟阶段的企业。吸收第一轮风险资本后，蒙牛的股权结构如图 11—2 所示。

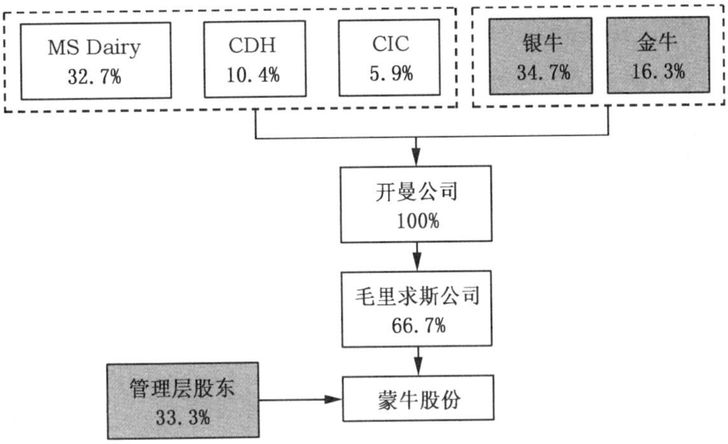

图 11—2 完成股权转换后企业股权结构

3 蒙牛的第二轮融资

3.1 融资过程

在接下来的 2003 年，蒙牛仍保持着高速发展的成长性，业务发展神速(见表 11—7)。处于这一成长发展阶段的蒙牛开始谋求上市。

表 11—7 蒙牛销售收入和同业排名变化表

年 份	实现销售收入(亿元)	同业排名
1999	0.37	119
2000	2.47	11
2001	7.24	5
2002	16.68	4
2003	40.71	3
2004	72.14	2

资料来源：根据零星资料整理而得。

根据蒙牛 2003 年的辉煌成果，金牛和银牛获得了以面值认购新股的权利，认购的上限是金牛和银牛的合计持股数量不能超过开曼公司总股本的 66%。金牛和银牛分别新认购 13 975 股和 29 661 股，这时蒙牛系与三家风险投资机构在开曼公司的股比变为 65.9%∶34.1%。

2003 年 10 月，三家风险投资机构鉴于“蒙牛股份”当年的税后利润将超过 2.3 亿元，前期投资市盈率已经下降到 2.82 倍以下(外资以 2.16 亿元获得了近 1/3 的股权，因此市值仅约 6.5 亿元，2.16/(2.3×0.33)=2.82)，因此，决定增大持有量，由于牛根生坚决不放 32%的最高外资投资底线，于是新的投资只能以认购可换股证券来实现。

2003 年 10 月，鼎晖投资、摩根士丹利和英联国际三家风险投资机构斥资 3 523 万美元(折合人民币 2.9 亿元)，购买了 3.67 亿股蒙牛上市公司可转债。约定的未来转股价为 0.74 港元/股，2004 年 12 月后可转股 30%，2005 年 6 月后可全部转股。

9 月 18 日，毛里求斯公司以每股 2.177 5 元的价格购得蒙牛的 80 010 000 股股份；10 月 20 日，再次以 3.038 元的价格购买了 96 000 000 股蒙牛股份，对蒙牛股份的持股比例上升至 81.1%。第二轮吸收风险资本后，蒙牛股权结构如图 11—3 所示。

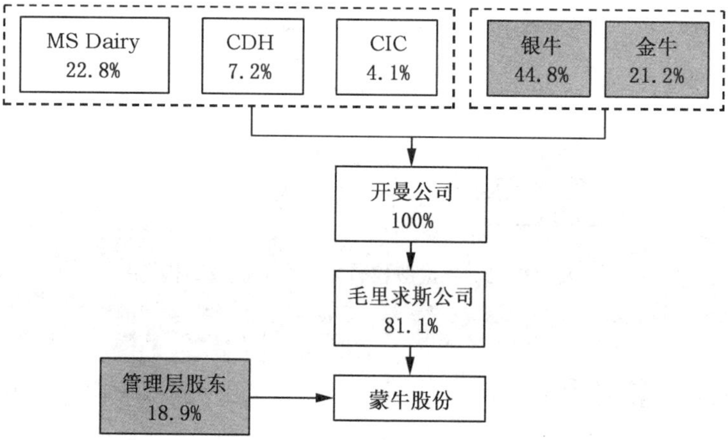

图 11—3 第二轮融资后企业股权结构

3.2 融资结果

为了控制投资项目的风险，“业绩奖惩条款”贯穿了蒙牛与三家风险投资机构的再次合作过程。在这一次的“对赌协议”中，条款规定：如果蒙牛的效益达不到三家风险投资机构期望的增长率，那么，三家风险投资机构就可没收(需要蒙牛管理层支付股票或等额现金)金牛公司(蒙牛管理层)所持有上市公司的 7 830 万股(金牛一共只有 1.58 亿股，7 830 万股约占上市公司总股数的 6%)，以惩罚蒙牛的管理团队。当然，如果目标实现，三家风险投资机构股东则向管理团队兑现同等奖励。其中，这一期望的增长率是指未来 3 年的年盈利复合增长达到 50%。也就是说，蒙牛在 2006 年的销售额需要达到 120 亿元以上。可以看出，所谓的对赌协议，三家风险投资机构根本就没有任何风险，他们更像是坐在驾驶席的车夫，轻松地赶着一辆牛车，而车辕上套着的，正是为了三年后 7 830 万股奖励而搏命以“蒙牛速度”狂奔的蒙牛管理层。

4 蒙牛上市与风险资本退出

4.1 蒙牛上市

2004 年 2 月，蒙牛乳业在开曼群岛注册成立。根据协议，按确切股份比例及类别，向管理层股东、牛根生及三家金融机构投资者配发及发行股份，以换取其当时持有的开曼公司股份，及向三家机构投资者发行可转债，以换取其持有的开曼公司可换股证券，从而建立如图 11—4 所示的蒙牛乳业与开曼公司的股权结构。

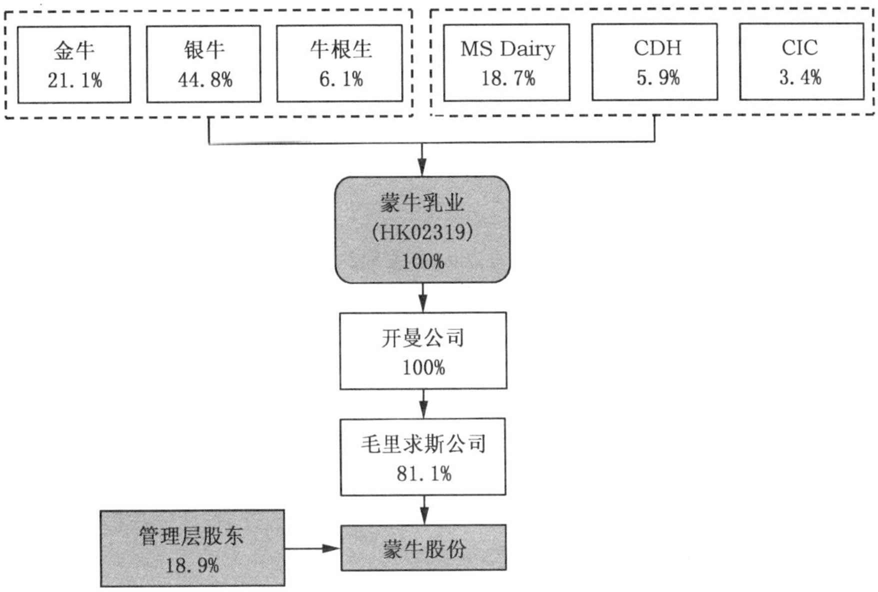

图 11—4 蒙牛上市前企业股权结构

2004 年 6 月 10 日，蒙牛乳业在香港挂牌上市，公开发售 3.5 亿股，其中 2.5 亿股是新发，另外 1 亿股来自三家风险投资机构的减持。发行价为 3.925 港元，共募集资金 13.74 亿港元。成为中国第一家境外上市民企红筹股。上市后股权结构如图 11—5 所示。

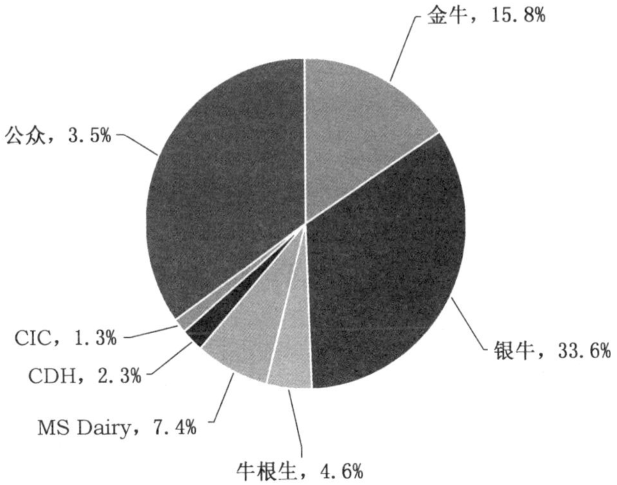

图 11—5 蒙牛上市后企业股权结构

4.2 风险资本退出

IPO 时，三家风险投资机构共出售了 1 亿股蒙牛的股票，套现 3.92 亿港元。摩根士坦利、鼎晖和英联分别卖出了 35 034 738 股、11 116 755 股及 6 348 507 股，分别相当于蒙牛已发行股本约 2.6%、0.8%及 0.4%。

2004 年 12 月,风险投资机构行使第一轮可转股债券转换权。摩根士丹利、鼎晖投资和英联国际三家风险投资机构将自己分别持有蒙牛的 11 227 万股、3 562 万股、2 034 万股共计 16 823 万股股份配售给投资者,配售价为每股 6.06 港元。配售完成后,这三家风险投资机构累计套现 10.2 亿港元。其中摩根士丹利将第一批可转债(30%)转换并以 6.06 港元/股的高价抛出 1.1 亿股蒙牛股份,套现 6.7 亿港元。2005 年 4 月 6 日,蒙牛乳业(2319. HK)公告其 2004 年度业绩(见表 11—8)。

表 11—8　　蒙牛上市公司 2004 年度利润表节选　　单位:人民币千元

	01/01/2004—31/12/2004	01/01/2003—31/12/2003
营业额	7 213 827	4 071 468
经营溢利/(亏损)	438 618	305 950
财务费用	(29 086)	(12 900)
应占联营公司之溢利/(亏损)	32	738
应占共同控制个体之溢利/(亏损)	不适用	不适用
扣除税项及少数股东权益后之溢利/(亏损)	319 393	164 372
相对上期之百分比增减	+96.3%	
每股盈利/(每股亏损)—基本	0.357	0.192
每股盈利/(每股亏损)—摊薄	0.285	不适用
非经常性收益/(亏损)	不适用	不适用
扣除非经常性项目后之溢利/(亏损)	319 393	164 372
末期股息(每股)	0.0585	不适用

资料来源:香港交易所 HKExnews 披露易上市公司公告(2005 年 6 月 4 日)。

由表 11—8 可知,蒙牛乳业 2004 年度乳业营业收入高达 72.138 亿元,比 2003 年上升了 77.18%,净利润高达 3.194 亿元,增幅为 94.3%,高出公司在 IPO 时许下的盈利承诺,每股基本盈利为 0.357 元,上升 85.9%。

此时,公告显示,由于蒙牛的杰出业务表现和利润增长理想,业绩奖惩条款生效,三家风险投资机构提出把以可转股债券(本金金额为 5 987 644 美元)方式持有的蒙牛乳业股权 6 260 万股股票转让给金牛——蒙牛管理层控股公司。代价是提早终止金牛公司与风险投资机构于 2004 年 5 月 11 日签订的股东协议内的估值调整机制。管理层控股公司则获得蒙牛乳业 6 260 万余股股票。如果按当时 6 港元/股的市值来计算,约合 3.75 亿港元。

至此,摩根士丹利、鼎晖投资和英联国际三家风险投资机构进入蒙牛以来,共投入约 5 亿元人民币,中方股东投入约 0.46 亿元人民币。如果按照 2005 年 4 月的股价来看,双方均可获得 20 多亿元的投资回报!

2005 年 6 月 13 日,三家风险投资机构行使全部剩余可转债。摩根士丹利、鼎晖投资和英联国际三家风险投资机构共出售了 1.94 亿股股票,蒙牛管理层及其员工出售了 1.21 亿股股票。此次售价为 4.95 港元/股,总共套现 16 亿港元。在这次减持后,三家风险投资机构持有蒙牛股份的数量仅剩 100 多万股。其中摩根士丹利、鼎晖投资和英联国际分别持有公司 877 820 股、273 776 股和 159 123 股,分别占公司股份的 0.06%、0.02%和 0.01%,三家风险投资机构合计持股比例则由之前的 14.27%骤减至 0.18%。

表 11—9 风险投资机构退出信息

	时间	售出股份	套现金额
IPO 时	2004 年 6 月	约 1 亿股	3.92 亿港元
第一次转股	2004 年 12 月	约 1.8 亿股	10.2 亿港元
全部转股后	2005 年 6 月	约 3.16 亿股	15.62 亿港元

至此，摩根士丹利、鼎晖投资和英联国际三家风险投资机构基本完成了对蒙牛的股权投资，以 IPO 的方式退出，并获得了超额的投资收益。三家风险投资机构从 2002 年到 2004 年共向蒙牛投入风险资金 6 120 万美元，折合 4.78 亿港元，通过蒙牛上市获得现金 29.74 亿港元，两年获利 5 倍之多！

5 案例总结

通过风险投资机构的投资与支持，牛根生带领蒙牛的管理团队，使蒙牛从一个初创的中小企业，以“蒙牛速度”成长为一个步入成熟的大中型上市企业。风险投资机构对蒙牛的发展功不可没：不仅在蒙牛需要资金注入的时候给予了资金支持，解决了蒙牛的融资问题，同时为蒙牛的管理提供增值服务，提升了企业的国际化水平，最终使蒙牛如愿进入资本市场。

然而，在蒙牛获得风险资本支持的同时，蒙牛以牺牲企业所有权、控制权及收益权的风险为代价，承受三家风险投资机构开出的各种限制性条件，总结如下：

（1）对蒙牛管理层售股的限制

本来《上市规则》对新上市公司控股股东设有 6 个月的禁售期，而且在禁售期满之后的 6 个月内也不允许其因减持而失去控股地位。上述规定根本无法满足三家投资机构对蒙牛管理层售股的限制欲，他们分别对金牛和银牛的股东制定了限售规则。对金牛股东出售股票的限制极为严苛：售股比例永远不得高于三家机构的售股比例且累计出售股份不得高于 6 330 万股（2004 年 5 月 14 日金牛持有股份数的 30%）。也就是哪怕三家机构仅持有一股蒙牛股票，金牛股东所持股票的 70%就不能变现。对银牛股东售股限制略有松动：上市第一年内不得售股，第二年最多可出售 1 亿股，第二年加第三年合计共可售 2.68 亿股。上市满三年后银牛股东才可自由出售所持的股票。蒙牛管理层被牢牢拴在资本的战车上，与资本共进退。

（2）可换股债券

三大风险投资机构选择持有蒙牛的可转股债券，反映了他们和“蒙牛”博弈过程中的游刃有余：

其一，暂时不摊薄“蒙牛系”实际控制“蒙牛股份”67%股权的现实，保证管理层对蒙牛股份控制权的稳定。

其二，不摊薄每股盈利，保证公司每股经营业绩稳定增长，维持上市前财务数据的可看性。

其三，换股价格远低于 IPO 股价，锁定了三家风险投资者的投资成本，保证规避一旦蒙牛业绩出现下滑时的投资风险。

另外，这笔可转换证券是以毛里求斯公司的全部股权为抵押的。如果股价不尽如人意，该证券将维持债券的模式，蒙牛有义务还本付息。并且，此可换股债券还设有强制赎回及反摊薄条款。

三家机构按约定可在蒙牛上市12个月后转为约3.684亿股。如果蒙牛业绩继续保持增长势头,三家机构通过转换股票后将持有总股本的34.9%,而管理层持有的股份从54%被稀释到39.5%。这样管理层就失去了绝对控股地位,只以4.6%的优势保住了第一大股东地位。而三家机构通过债转股既分享了蒙牛的成长,又加强了对其的控制。如果蒙牛业绩不理想三家机构可放弃转股,由上市公司赎回票据并支付利息。

(3)重新估值

三家投资机构为了进一步保护自己的利益,设计了所谓重新估值方案。蒙牛2004、2005、2006三个年度的复合利润增长率如果超过50%,金牛股东将按超额完成的情况获得投资机构奖励的股票。反之,金牛股东要割让股份给三家机构。奖惩股票最高数额为7 830万股。如果管理层被罚7 830万股,他们合计所持的股份将由5.4亿股降至4.6亿股,所占比率相应地由39.5%下降到33.8%。同时,三家投资机构合计所持的股票将由4.77亿股上升到5.55亿股,所占比率由34.9%上升到40.6%。此消彼长,管理团队将失去对上市公司的控制权而投资机构就有了罢免他们的主动权。如果管理团队能使利润每年增长50%,2006年度利润将达6.75亿元。管理团队得到奖励的7830万股,双方的股权分别为45.2%和29.2%,管理团队的控股地位得到巩固。三家机构虽然割让了所持股份的16%,股价却可望飙升至10元以上,投资机构所持股票的市值超过40亿元。

(4)服务限制

2004年,牛根生对三家机构承诺,至少5年内不跳槽到别的竞争对手公司去或者新开设同类乳业公司,除非风险资本减持上市公司股份到25%以下。这样一来,牛根生即使在"蒙牛"被风险资本流放,他也不能再出去创业了。

牛根生承诺,10年内,风险资本随时随地可以净资产价格或者2亿元人民币的"蒙牛股份"总作价中较高的一个价格,增资持有"蒙牛股份"的股权。这样,即使牛根生将来有二心,操纵金、银牛,对抗风险资本,风险资本也可以轻松地增持"蒙牛股份"的股权,从而摊薄金牛、银牛对"蒙牛股份"的控制力,架空牛根生。

(5)获取蒙牛股份的认购权

2004年,三家国际投资机构取得了在十年内一次或分多批按每股净资产(摊薄前为1.24港元/股)购买上市公司股票的权利。认购权涉及的数额没有披露,但三家投资机构对蒙牛资产和股权的觊觎不得不防。

2005年6月时,"蒙牛"的真正股权结构中,只要把外资系各股东的股份数量乘以当时的股价,就可以轻松地计算出外资系各股东可以得到的巨额回报。需要注意的是,金牛、银牛和牛根生的股票是有禁售期限制的,而届时外资系的全部股份都没有禁售期。并且,所谓的公众投资者,大多是摩根士丹利亲自推荐的机构,他们和摩根士丹利一致行动的可能性极大。那么,代表风险资本的股权将高达60.5%,谁掌握有"蒙牛"的真正控制权,自然不言而喻。

6 补充材料

6.1 三家风险投资机构简介

(1)摩根士丹利(Morgan Stanley)

摩根士丹利是一家全球领先的国际性金融服务公司，业务范围涵盖投资银行、证券、投资管理以及财富管理。公司在全球37个国家设有超过1 200家办事处，公司员工竭诚为各地企业、政府机关、事业机构和个人投资者提供服务。早在80年代中期，摩根士丹利就已进入中国，并于1993年开始在中国进行长期直接投资业务。1995年，摩根士丹利成为首家入股中国国内合资投资银行的跨国银行。中国国际金融有限公司（简称中金公司）就是摩根士丹利与中国建银投资有限责任公司和几家国内外实体联合组成的合资公司，摩根士丹利是第二大股东，持有公司34.3%的权益。

摩根士丹利直接投资部负责对经营性企业做长期的投资业务，现管理大约100亿美元的资金。这笔资金来自摩根士丹利、公司员工及其他机构与个人投资者。从性质上来说，这一部门就是一个风险投资管理机构。自80年代中期至今，这一机构在全世界范围内已投资了100多家公司，其投资理念是对业绩优秀的企业做长期的投资。通常来说，该基金不参与公司的日常管理，而是通过董事会层面与管理层充分沟通配合，并有效地利用摩根士丹利在全球的资源及金融专识以帮助其所投资的公司长期稳定发展。

迄今，摩根士丹利直接投资部已在中国对多家成功的企业进行了投资，并为它们的发展提供了多方面的协助。在国内的投资企业包括平安保险、南孚电池、蒙牛乳业、恒安国际、永乐家电、山水水泥、百丽国际等多家行业龙头企业。这些企业都是在国内乃至全球同行业中业绩最优秀的佼佼者，并且通过摩根士丹利在全球范围的资源整合协助，得以快速、全方位地与国际接轨，通过在海内外资本市场上市融资，利用全球资本谋求在发展上更上一层楼，成为具有国际水平的一流企业。

（2）鼎晖投资（CDH）

鼎晖投资基金管理公司的前身是中国国际金融有限公司（CICC）（简称“中金公司”）的直接投资部。中金公司是摩根士丹利与中国建银投资有限责任公司和几家国内外实体联合组成的合资公司，是中国最早开展直接投资业务的投资银行。在中金公司期间，管理团队在五年的实践中，取得了令人瞩目的投资业绩，主导投资总额达到1.2亿美元，投资的年均收益率超过30%，并培养了一支有丰富经验的管理团队。2001年中国证监会发布了禁止证券公司从事风险投资业务的规定，中金公司决定将其直接投资部及投资业务进行分拆。

2002年鼎晖投资基金管理公司成立，这也是中国省级基金参与的第一家有限合伙性质的私募股权投资基金。鼎晖投资的成功投资案例包括了李宁、鹰牌陶瓷、南孚电池、分众传媒和永乐家电等知名企业。

（3）英联国际（CIC）

英联国际成立于2000年6月，由英国最大的保险集团商联保险（CGNU）和英国联邦投资集团（CDC Capital Partners）各出资50%设立。英联投资管理着72家投资者的资金，管理的基金总额达27亿美元。其中中国团队是英联全球网络的一部分，于2000年在北京成立办事处，目前管理着2.26亿美元的基金。英联投资是为数不多的在中国设立办事处的国际性直接投资公司之一，在中国境内赫赫有名。英联的投资项目均为传统项目，包括中海油、宁夏红、厦门进雄（一家户外旅游产品企业）、禹华通讯（一家手机设计企业）和国人通讯（2006年初在纳斯达克上市），此外，英联国际还曾投资了著名的太阳能应用企业——无锡尚德（在美国纽约证券交易所上市获得巨大成功）。

三家风险投资机构选择集合投资，更像是一种对分散风险需要的反映。通过信息的分享和互通，从而降低投资风险。

6.2 开曼群岛和毛里求斯开设公司的优势

开曼是被全球各大证券交易所认可的上市公司注册地，比如港交所、纳斯达克、纽交所、新加坡交易所等交易所。因此，注册开曼公司基本都是因为国内证券市场进入门槛高，并且出于海外融资上市的目的。国内民企海外上市基本都会选择开曼公司作为上市主体，注册开曼公司之后，再以开曼公司控股国内实体资产，最终以开曼公司实现上市目的。

成立开曼群岛公司的优点在于：开曼群岛完全没有税收，无论是对个人、公司还是信托行业都不征任何税。所以开曼群岛被称为一个真正的税务避风港。开曼群岛在 1978 年获得一个皇家法令，法令规定永远豁免开曼群岛的缴税义务，目前这个法令继续有效。免除公司还可申请一个 20 年有效的免除证书更进一步保证了其无须缴税的地位。没有利润税、财产税，唯一之税项为印花税，任何转让或按揭房地产均需缴付印花税。没有附加条例限制贸易发展。没有外汇管制，资金可灵活调动。

在蒙牛上市过程中，设立毛里求斯公司的关键在于利用了双边税务协定：

（1）由于中国政府针对毛里求斯公司在中国的投资利润征收的预提税比较低，为 6%～7%；而从毛里求斯公司向开曼返回利润，是不征税的。

（2）假设蒙牛开曼的上市公司以开曼公司直接控制国内子公司，预提税则高达 20%。

（3）尽管目前很多公司以“关联交易”来替代“利润回流”，但这在法律上是有潜在风险的，属于灰色地带，尤其对于上市公司而言，更需要以合理的离岸结构来做合法避税。

启发思考题

1. 蒙牛为什么能吸引风险投资机构？什么样的民营企业能吸引风险资本？
2. 请分析蒙牛引入风险投资的利弊。
3. 你怎么看待蒙牛与风险资本的“对赌”协议，如果你是牛根生，你会接受这样的对赌协议吗？为什么？
4. 为什么风险资本提前废除与蒙牛系的对赌协议？
5. 蒙牛不同发展阶段采取的融资方式有哪些？
6. 你觉得蒙牛有没有被贱卖？

案例二
使用说明

案例三

纳斯达克上市的“成熟孩子”：斗鱼 TV 的商业模式演化之路

摘　要：随着第五代移动通信技术（简称 5G）时代的到来，互联网技术迎来了新的发展。借此机会，以互联网技术为依托的直播行业也迎来了新的春天。2019 年 7 月 17 日，斗鱼 TV 在美国纳斯达克上市（股票代码：DOYU），这不得不让我们惊叹是什么使这个仅出生 5 年的“孩子”在市场上有了较“成熟”的发展。本案例选择在直播业界具有代表性的斗鱼 TV 作为案例对象，回顾斗鱼 TV 的创业历程，分析使其得以发展的市场环境、商业战略和创新路径，回答斗鱼 TV 成功的商业模式是如何构建的问题，多轮融资在斗鱼 TV 商业模式演化的过程中发挥的作用是什么。案例侧重启发引导学员从环境、营销、融资等方面探究斗鱼 TV 商业模式的形成，利用商业模式九要素模型，帮助学员了解和认识动态调整创业企业商业模式的必由之路。

关键词：斗鱼 TV；直播+泛娱乐；商业模式；创业融资

0 引 言

2019 年 7 月 17 日，对于武汉斗鱼网络科技有限公司（本案例简称为“斗鱼 TV”）来说，这是个令人激动的大日子。这一天，斗鱼 TV 在美国纳斯达克上市了，其股票代码为“DOYU”，市值 37.33 亿美元，约 256 亿元人民币。这是湖北首家本土孕育的海外上市互联网企业，也是湖北乃至华中地区首次出现市值超过 250 亿元的互联网企业。斗鱼 TV 的上市是其自身的突破，斗鱼 TV 创始人、CEO 陈少杰在上市致辞时表示：这是一个激动人心的时刻，也是公司发展历程中最具有关键意义的里程碑。陈少杰说：“过去五年间，我们把握了直播行业的发展契机，也经受住了种种困难与考验。如今，斗鱼已经成长为中国最大的以游戏为核心的直播平台，也是中国电竞领域的先锋。”敲钟现场，陈少杰对平台上的 6.5 万主播和 2.5 亿用户表示了感谢，并称那天是斗鱼的“高光”时刻，但绝不是“巅峰”时刻。海阔凭鱼跃，斗鱼将锐意进取，不断为用户和股东创造更多价值。而在这短短 5 年就迅速上市的背后，是什么支撑斗鱼 TV 一路前进的呢？是什么使其成长如此之快？是运气还是实力？是巧妙的商业模式还是强大的资金支撑？抑或是其他复杂因素的共力作用？

1 厚积薄发，扶摇直上

1.1 携手创业，开拓蓝海

这是一个在没有深入交谈时很容易忽视的年轻人，他十分腼腆，在员工面前不善言谈，也不喜欢客套。可一旦他打开话匣子，他对行业的敏锐观察力和对产品的极致追求就显露无遗。这是斗鱼 TV 创始人、CEO 张文明给人的第一印象。他出生于 1984 年，江苏省沛县人，2006 年毕业于武汉理工大学。斗鱼 TV 的另一位创始人陈少杰是张文明的发小。起初，陈少杰在一家游戏公司负责产品研发，在工作的过程中，陈少杰萌生了创业的想法。他认为游戏行业是一片尚未开发的蓝海，在互联网时代背景下，游戏行业未来有很大的发展空间，于是他游说好友张文明一起创业。湖北政府和光谷创业园为创业公司提供场地、资金和诸多政策保护，为两人的创业提供了契机。

回到武汉的张文明与陈少杰共同开启了创业之路，并推出了“掌门人”游戏对战平台。后来盛大游戏收购“掌门人”，陈少杰成为盛大边锋武汉分公司总经理后，任职期间，他收购了当时不为人知的 A 站，并在其中持有一小部分股份。

1.2 发掘需求，瞄准商机

在网游行当深耕的过程中，张文明和陈少杰发现，喜欢打游戏的玩家也喜欢观看游戏高手对决。作为一个游戏迷，陈少杰感受到了游戏直播行业的发展潜力，便在 A 站推出游戏直播 ACFUN 生放送栏目。游戏直播具有互动性的特点，玩家观看自己喜欢的主播玩游戏时，可以通过“弹幕”与主播、观众和各路大神交流，沟通游戏技巧，这样及时的反馈和实时的互动性是下载、观看游戏录像所不能达到的。此外,大多数游戏直播的观众出生于80、90年代,他们大部分从小就接触电子游戏这类娱乐工具,由于这群观众受到了互联网的巨大影响,所以他们擅长利用互联网平台展现自己,善于在网络上寻找与自己兴趣相投的人,构建基于游戏的社交关系。游戏直播带来的认同感对游戏玩家有强大的吸引力,很容易吸引具有超强黏性的受众群体。

2014年,游戏直播势头上升明显,陈少杰和张文明也嗅到了商机,他们及时将生放送直播从A站独立,正式更名为斗鱼TV。起名灵感来自泰国斗鱼,这种鱼以好斗闻名,两雄相遇必有一场决斗,它们互相冲击挑衅、撕咬,直到一方死亡。斗鱼TV继承了A站的弹幕风格,视频加弹幕的有趣形式成为斗鱼TV的特色。

1.3 把握机遇,厚积薄发

对于初创型公司来说,资金问题是最大的困难。张文明回忆,斗鱼TV创立之初,许多国内风投并不看好,因为大多数投资人看不懂游戏直播这个行业。当斗鱼TV陷入资金困境时,大洋彼岸传来了亚马逊9.7亿美元收购Twitch的消息,令国内资本方看到了游戏直播的前景,于是在斗鱼TV成立一年内,就获得了来自奥飞动漫、红杉资本等资本方的陆续投资。张文明说:"要不是亚马逊要收购这家游戏直播网站,刺激到国内的资本方,斗鱼还要继续等待"。获得投资后,斗鱼TV迅速着手进行平台建设和开拓市场,迅速占据了行业高地。

当机会来临时,斗鱼TV总能审时度势,勇敢把握,明确前进的风向标,迎风而立。从内容到市场,它总是走在行业的前列,也许这也是投资方青睐斗鱼TV的原因。根据斗鱼TV上市前夕披露的数据可以发现,斗鱼TV已经成为用户基数最大的游戏直播平台,注册用户达2.809亿,平均月活跃用户1.59亿,领先于虎牙的1.238亿。无论是App渗透率还是用户活跃度,斗鱼TV都稳居第一。由此可见,斗鱼TV的迅速成长并不是凭借运气,而是厚积薄发的结果。

2 深耕电竞,多管齐下

在游戏直播行业中,一介平民出身的斗鱼TV毫无疑问是个苦孩子,但它却能在一众具有先天优势的直播平台中脱颖而出,斗鱼TV依靠的正是它对电竞产业的深耕,对平台建设游戏直播内容的专注,具体举措包括冠名电竞俱乐部、签约和培养游戏主播、自制电竞游戏赛事等,如图11—6所示。

2.1 冠名俱乐部,提升知名度

陆续获得融资的斗鱼TV开始签约游戏赛事直播权,冠名电竞俱乐部,进行赛事植入。在斗鱼TV发展的初期,这些营销手段使其知名度迅速提升,初步开拓了市场。

从2014年至今,斗鱼TV已经累计冠名了AG、HGT等8家顶尖的电竞俱乐部,其中已经有许多在国内国际电竞赛事中先后获得过冠、亚、季军,这也极为符合斗鱼TV的企业品牌的定位——做国内游戏直播行业的领头羊。游戏直播行业的佼佼者与国内电子竞技领域的顶尖俱乐部强强联合,带来了一番游戏直播热潮。多家电竞俱乐部在斗鱼TV的冠名赞助下出战赛事,提升了品牌曝光率,形成了品牌规模效应,电竞俱乐部的队员也会在比赛之余为斗鱼TV用户带来精彩直播,为平台吸引了众多游戏玩家。斗鱼TV与电竞俱乐部的合作为电竞

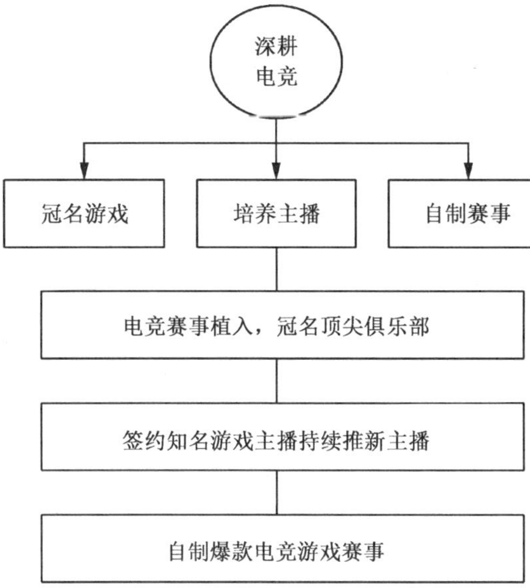

图 11－6 斗鱼 TV 深耕电竞产业链

提供了强有力的传播平台，另一方面，借助这些俱乐部参加的赛事，使斗鱼 TV 名气大增。对于双方来说都大有裨益，何乐而不为呢?

2.2 签约主播，培养新秀

除了对赛事赛制的植入，斗鱼 TV 也十分重视对知名游戏主播的签约。2014 年 10 月，斗鱼 TV 高价签约著名 LOL 解说小智和前 LOL 职业玩家若风。直播行业对小智签约价为 1 500 万元的消息纷纷热议，为斗鱼 TV 赚足了话题，做了免费的宣传。此后，斗鱼 TV 还陆续签约了骚白、旭旭宝宝、PDD 等自带粉丝群的超人气主播，为平台吸引了巨大的流量，签约费也频创新高。

同时，斗鱼 TV 集中力量培养新秀游戏主播，投入 10 亿元开展“主播星计划”，发掘主播，进行培养扶持和宣传包装。张文明认为平台要具备持续推出新主播的能力，主播这一职业已经形成行业生态，并获得投资，未来非职业化的主播很难再突围。“现在主播的工作室有策划剧情的、负责道具的，还有宣传团队和群众演员。”斗鱼 TV 为一些有潜力的主播设立公司，给予大力支持以确保主播和平台都能盈利，以此促进新主播的涌现，激发更多主播的创造热情，形成良性循环。游戏主播在强大的平台流量下迅速成为重量级明星预备役，赋能给斗鱼另一个“职业经纪人”的新人设，先后培养妃凌雪、17shou 等新秀游戏主播。

斗鱼 TV 签约和培养的众多游戏主播凭借自身的实力以及公司的包装吸引了大量粉丝，为斗鱼 TV 的知名度提升做出很大贡献，也形成了企业的核心人力资源与核心竞争力。用户去平台观看直播的很大原因是想看自己喜欢的主播，尤其是一些热门和实力强劲的主播，斗鱼 TV 大量签约和培养主播无疑给平台带来了新鲜的血液。

2.3 自制赛事，大获全胜

在冠名电竞和签约游戏主播后，斗鱼 TV 并不止步于此，而是继续深耕电竞产业链，以求纵向发展做精做好做深。平台先后加持推出了斗鱼超级联赛以及斗鱼黄金大奖赛等热门游戏赛事,还特为获胜者设置了高达46万元的赛事奖金,吸引了参与者的目光。这些爆款游戏赛事一经推出,就引发了业界和水友的高度关注,不管是参加人数还是举办效果,都属行业顶级。斗鱼超级联赛仅开赛三周,在线观看人次达5 100万,弹幕条数超过220万。斗鱼黄金大奖赛的海选赛总热度就已突破千万记录,一度被看作是"国内最大规模绝地求生电竞赛事"。斗鱼TV游戏赛事制作上的大获全胜也给了这条"鱼"更多的信心。

凭借在国内电竞直播领域的先发优势,斗鱼TV不仅拥有广泛的用户基础,并且拥有高度的用户参与率,高品牌知名度和诱人的商业机会,初步构建了商业模式,形成了游戏开发商、赛事主办方、职业选手、电竞主播和粉丝观众之间的融合发展格局。同样是在深耕电竞价值链的途中,斗鱼TV发现市场背景悄悄发生了变化。"互联网+"的发展为直播行业提供了广阔的发展空间,国家文化产业政策支持发展电子竞技等新业态,深耕游戏直播已经成为直播行业人尽皆知的事情,市场上涌现出了越来越多的直播平台,也出现了许多强劲的竞争对手,例如虎牙、企鹅电竞、熊猫TV等。当下人口红利缩减,用户增速变缓。直播逐渐走入人民生活,人民对直播行业的需求增加,对直播质量、平台技术水平的要求更高;短视频的出现也对游戏直播产生了巨大的冲击。在其他竞争对手继续深耕游戏直播的情况下,斗鱼TV一味深耕游戏直播带来的只有两败俱伤。思索过后,斗鱼TV又开始继续寻找属于它的新征程。

3 线上转型,万花齐放

创业两年后的斗鱼TV凭借市场渗透率、用户规模、收入水平等方面居于行业领先地位,这与斗鱼TV前瞻的目光和独特的商业战略息息相关,也为转型泛娱乐综合直播平台积累了资源。斗鱼TV在深耕电竞的基础上调整商业模式,丰富价值主张,积极布局"直播+",向泛娱乐转型,致力于打造"每个人的直播平台"。

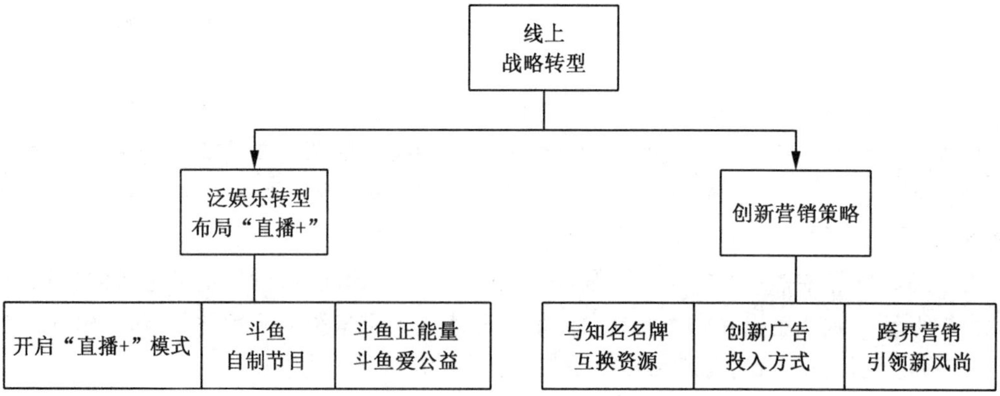

图11—7 斗鱼TV线上战略转型

3.1 转变价值主张,布局泛娱乐转型

(1)布局"直播+"泛娱乐

不满足仅制作游戏领域直播的斗鱼TV,在探索全民电竞的基础上转战布局泛娱乐,开始

了属于它的商业模式转型之旅。推出游戏、真人秀、综艺、科技、体育、音乐、影视、教育等综合性 360 度全方位的直播内容，布局以“游戏直播”为核心的“直播＋”模式。

陈少杰表示，斗鱼 TV 将布局“直播＋”战略，走直播多元化、内容精品化的发展道路，降低电竞自身的竞技属性，提高电竞与娱乐结合的程度和电竞的娱乐化水平，这将是“全民电竞”的又一发展态势。张文明也在接受《长江日报》采访时表示，斗鱼 TV 致力于打造一个平民及全民的泛娱乐直播平台，直播内容从游戏直播拓展到体育、生活和娱乐等方面。这也不难看出斗鱼 TV 的商业模式正在发生改变。直播＋电竞、直播＋音乐、直播＋电商、直播＋航天……“直播＋”模式正在成为斗鱼 TV 甚至整个直播行业实现创新突破的可靠路径和主要方式。泛娱乐模式促进直播行业向产业链各端渗透，促进内容创新和产品创新。同时，直播行业具有互动强、传播快、变现快的特点，这将为其他行业带来新的增长点。泛娱乐的纵深发展有利于直播平台与其合作行业实现双赢。随着互联网通讯技术和智能移动设备的进步，人们可以随时随地发起直播和观看直播，直播内容也更加泛生活化，斗鱼 TV 打造“每个人的直播平台”的价值主张逐渐成为现实。在“直播＋”模式的帮助下，斗鱼 TV 拥有直播界最多的优质主播资源，以及最高忠诚度的粉丝，斗鱼 TV 华丽转身，“直播＋”战略深得市场需要。

(2)自制节目助力转型

对于白热化竞争的直播行业，经历了资本厮杀和主播、版权资源的争夺后，越来越多的直播平台意识到了优质、丰富的内容是其发展之基，是差异化优势的核心所在。作为引领行业发展的头部平台斗鱼 TV，在抢先获得资本和获取优质用户后，在平台的自制内容上又一次走在了前面。

2016 年，直播行业还处在野蛮生长时期，斗鱼 TV 就率先开启了自制内容之路。斗鱼 TV 分别推出了首档直播综艺节目《饭局的诱惑》和首档跨界旅游主题的直播综艺节目《鱼乐星之旅》。其中，《鱼乐星之旅》首次尝试多机位直播，借鉴了传统电视综艺节目的表现手法，在表现形式和内容展示上实现了多元创新，弹幕形式也使综艺嘉宾和观众之间实现了即时互动。与马东团队合力打造的《饭局的诱惑》是斗鱼 TV 自制节目的杰作之一，蔡康永、侯佩岑等综艺大咖加盟其中，观众们在“第二现场”以实时互动的方式参与到直播综艺中。比如节目嘉宾在游戏中输了，观众可以通过实时互动决定嘉宾接受的惩罚内容。“直播＋点播”的创新模式拉近了明星和粉丝之间的距离，将综艺节目的娱乐性巧妙地融入直播这一形式中，也为平台的直播内容注入了新的活力，扩大了平台的受众。首期《饭局的诱惑》便收获了近 600 万的观看量，微博话题阅读量排名综艺节目话题榜第一位。此外，斗鱼 TV 还自制《花漾大爬梯》、《超神偶像》、《鱼塘星音乐》等节目，再次加码泛娱乐布局转型。

斗鱼 TV 的自制节目中也包含许多公益和充满正能量的内容，2018 年以来，走进军营系列和温暖回家路系列直播收获了不俗的成绩。走进军营系列展现了铁骨铮铮的军人形象，淋漓尽致地表现了真实的军旅生活，激发民众爱国爱家的情怀，曾创下 2 113.93 万直播累计观看人数、2 799.87 万累计弹幕条数的纪录。此外，由主播成立的正能量“网红党支部”发起温暖回家路的系列直播，受到了 2 000 万用户的关注。主播们把无数游子在春节期间返乡过年的感人景象传递到直播间，引起了观众的极大共鸣。

3.2 推动重要合作，创新营销策略

(1)与知名品牌资源互换

2015 年，斗鱼 TV 开始探索与国内外知名手机品牌的重要合作，全程直播苹果、三星和小

米等品牌发布会。在知名手机品牌的影响力辐射下,斗鱼 TV 的品牌形象迅速提升。在线上活动营销方面,斗鱼 TV 聚合头部流量资源,联合淘宝、腾讯视频、饿了么、大麦等 20 多个平台深度合作,打造全方位立体化传播,将活动信息覆盖文娱、游戏、电商、生活服务等多领域,实现跨平台曝光量近 10 亿。年轻群体是数码、游戏、动漫和快消品行业的消费主力,而斗鱼 TV 的粉丝群体较为年轻化,巨大的流量价值是斗鱼 TV 获得知名品牌青睐的重要原因,与其他品牌进行资源互换既丰富了直播内容,也提升了平台的知名度。

(2)跨界营销引领新风尚

随着跨界营销的兴起,斗鱼 TV 也开始做直播界的跨界营销领航者,与肯德基、必胜客、蔡林记联手打造嘉年华主题店,再一次引领直播新风尚。走进武汉光谷新天地肯德基餐厅,它别致的装饰风格令人眼前一亮,首先映入眼帘的是玻璃上贴满了斗鱼嘉年华的卡通形象,其中担当 C 位的是代表斗鱼 TV 的墨镜小鲨鱼,再配以卡通形象的美味食物,让人仿佛进入了二次元的世界。这是斗鱼 TV 在斗鱼嘉年华前夕与肯德基门店的跨界营销,不仅宣传了斗鱼嘉年华的活动,更是为斗鱼 TV 做足了宣传,对于新风格的肯德基门店来说,也吸引了众多消费者。

在 2018 年的"618"年中大促活动中,斗鱼 TV 与京东开展了一场深度合作。在"618"期间,京东邀请斗鱼 TV 的 618 位网红主播同时在线直播,为"618"购物节造势,从美妆、美食、电器黑科技等多方面立体化地展现购物节。强强联手的效果必然是"1+1>2",6 月 18 日当天,斗鱼端最高热度 969 万,位居斗鱼 TV 当日第一热榜,京东+斗鱼联合的节目推荐资源总曝光达 1.83 亿,直播总观看人次高达 4 327 万。这次与知名电商的跨界营销为平台赚足了流量,也为斗鱼 TV 的商业战略部署迎来了新的方向。

4 线下发力,全面布局

2018 年,斗鱼 TV 登上中国独角兽企业价值榜,并在当年获得腾讯独家战略投资。斗鱼 TV 如虎添翼,由起初的单一游戏直播平台转型为泛娱乐综合内容直播平台,并将"直播+"战略推广到线下,通过内容、形式的整合和延伸探索商业模式的创新,取得了良好的效果。斗鱼 TV 线下战略布局如图 11－8 所示。

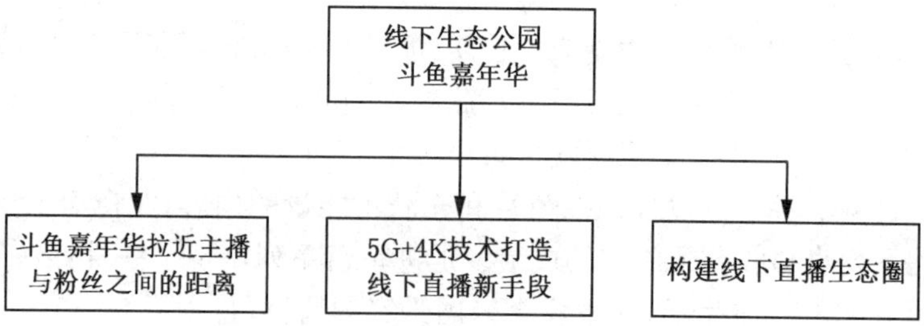

图 11－8 斗鱼 TV 线下战略布局

4.1 上下联动,打造直播产业链闭环

腾讯在斗鱼 TV 身上看到了商业前景,而斗鱼 TV 也从未让人失望过。斗鱼 TV 并不止步于线上的直播和优质运营,而是打破思维惯性和原有的商业模式,在线下完善泛娱乐产业布局,打造关键 IP。在线下举办"直播+主题公园"和"斗鱼嘉年华","游戏 IP+国漫 IP+美漫

IP＋日漫 IP＋展会 IP"的多维 IP 矩阵，配合嘉年华多元化的内容纵深，构建了豪华的泛娱乐线下聚会，再一次开创了行业首例。

斗鱼 TV 将线上布局与线下活动联动一体，走在了众多直播平台的前列，带领用户从"虚拟"世界走入"现实"世界，拓宽了产业链的延伸方向，巧妙地形成了产业链闭环。挖掘关键业务的深度和多元应用场景，为用户提供更多价值，给用户带来了新鲜的体验，同时丰富了直播行业立体化商业模式的内涵。在"互联网＋"时代，诸多直播平台线上发力，却忽视了线下市场，而斗鱼 TV 逆其道而行之，线上＋线下形成产业链闭环，对直播行业商业模式的构建提供了诸多启发。

4.2 自我造血，锻造全新 IP

2016 年 7 月，直播届首个线下主题乐园"斗鱼嘉年华"在众多主播与用户的翘首期盼下隆重开启，内容涵盖游戏、影视、科技、时尚、二次元、体育、音乐等多维度，3 000 多位知名主播在此汇聚，超过 8 万名游客入园。2019 年 6 月的第四届斗鱼嘉年华上，1 500 名主播、200 多家知名厂商、41 万人次的现场水友、3.1 亿人次的在线观众，共同打造出一个万众瞩目的泛娱乐盛典。斗鱼 TV 结合新科技、新通讯，展开了 5G＋4K 的科技创新直播方式，采用 360 度全景 VR 镜头，将每一帧画面都实时地传递给了无法亲临现场的斗鱼 TV 用户，大大提升了用户的直播观看体验，使其充分地感受到现场的热情。本次斗鱼嘉年华活动连接了广大线上、线下用户的热情，真正地实现了多维度直播、多维度欢乐的联动。它巨大的流量吞吐能力吸引了国内顶级厂商的青睐，福特汽车、游族网络曾为斗鱼嘉年华首席赞助和冠名，腾讯、英特尔等国内外顶尖公司纷纷参与到嘉年华中谋求合作。

如今，斗鱼嘉年华已经成为直播行业影响力最大的线下狂欢盛会，也是武汉最具代表性的大型娱乐盛典，每年都吸引了众多游客的目光。这里是直播水友的朝圣地，是主播与粉丝近距离沟通的平台，也是众多直播行业从业者关注的焦点。从第一届崭露头角到 2019 年的空前盛况，无论是阵容规模，还是内容维度，都在一次次刷新行业标准。斗鱼嘉年华作为斗鱼 TV 落地到线下的产物，是线上泛娱乐模式的线下延伸，并且探索到了线上平台无法触及的领域。网红主播在现场举办演唱会或个人见面会，这实质上是将主播"明星化"。通过斗鱼嘉年华这个沟通和互动的平台，网红主播走到线下与粉丝们近距离接触，调动用户热情和参与度。

直播依旧是斗鱼嘉年华的核心内容，但斗鱼 TV 在泛娱乐方面的探索获得了众多年轻人的关注和喜爱，为平台赢得了更多用户，也为直播行业探索了一条多元化的新型发展道路。直播行业作为互联网的衍生产业，已经探索出游戏联运、打赏提成、广告、会员增值服务、直播节目收费、商业推广、网红孵化等多种变现途径，但存在缺乏核心收入来源，未形成支柱性收入的问题。大多数直播平台被带宽成本、主播签约费用、主播分成和运营推广成本四座大山压迫，导致直播行业发展痛点明显，而斗鱼嘉年华在线下转型布局泛娱乐模式，能带来一系列联动效应，例如吸引投资赞助、获取合作资源等，为这一问题的解决提供了新思路和可靠方案。

5 资本簇拥，给予新生

在商业模式备受争议的直播领域，资本市场对直播行业总体保持冷静态度，而斗鱼 TV 却一直在资本的簇拥下阔步前行。回顾斗鱼 TV 的融资历史可以发现，它在资本的助推下进入了发展的快通道。据粗略估算，通过前六轮融资，斗鱼 TV 总融资额达 11 亿美元，约合 73 亿元人民币，具体融资情况如表 11－10 所示。

表 11—10　　斗鱼 TV 融资大事记

序号	日期	融资轮次	金额	投资方
1	2014—04	天使轮	2 000 万元人民币	奥飞娱乐
2	2014—09	A 轮	2 000 万美元	红杉资本
3	2016—03	B 轮	1 亿美元	腾讯投资、红杉资本、天神娱乐、南山资本
4	2016—08	C 轮	15 亿元人民币	凤凰投资、腾讯投资、红杉资本、南山资本、国中创投、嘉远资本、时尚资本、融玺创投、深创投
5	2017—11	D 轮	约 10 亿人民币	招银国际、南山资本
6	2018—03	E 轮	6.3 亿美元	腾讯投资
7	2019—07	IPO 融资	8.91 亿美元	公开发行

资料来源：企查查，天眼查，新浪财经 2019—07—19。

5.1 斗鱼出海，获天使轮融资

2014 年 1 月，斗鱼 TV 正式成立。斗鱼 TV 的成长速度很快，规模与日俱增。A 站本是主推二次元主题的平台，起初 A 站内部对于游戏直播的发展想法产生了分歧。于是，一心开拓游戏直播行业的陈少杰决定集中精力致力于斗鱼 TV 的发展，并将自己在 A 站的股权转让。刚成立的斗鱼 TV 在初期建设上投入了大量资本，急需资金进行带宽建设和版权采购。正在陈少杰和张文明为资金问题一筹莫展时，奥飞动漫的 2 000 万元人民币天使轮投资如雪中送炭一般解决了斗鱼 TV 的燃眉之急，而奥飞娱乐的董事长也是 A 站的大股东蔡东青。

5.2 伯乐识“鱼”，红杉资本助力

“谁能带着斗鱼的名号打上国服第一就给 20 万”，这是斗鱼 TV 刚刚上线时的响亮口号和宣传，也体现了斗鱼 TV 拓展国内市场和烧钱的冰山一角。一个多月的时间，蔡东青投资的 2 000 万元花去了大半，其中大多数用在了互联网带宽的建设和直播内容版权的采购上。2014 年 8 月底，Twitch 以 9.7 亿美元的价格卖身亚马逊，给斗鱼 TV 和国内的投资方带来了很大的启示。“我们想找寻一家这类业态的公司，看了很多家都不够好，经朋友介绍了解到陈少杰、张文明团队。我们感觉到这就是我们要找的人，经过商议迅速达成了投资。”时任红杉资本中国基金董事总经理的曹曦说。红杉资本 2 000 万美元的 A 轮投资及时有效地解决了斗鱼 TV 的资金困难，满足了平台建设的需求。对于尚未完成 B 轮融资的项目，这一惊人的资金投入也间接影响了资本市场对于整个直播行业的关注与投放规模。

5.3 逆袭之路，武汉首家独角兽

2016 年 3 月，斗鱼 TV 完成 B 轮融资 1 亿美元(约 6.7 亿元人民币)，其中腾讯出资 4 亿元人民币领投，红杉资本追加投资，南山资本和天神娱乐跟投。融资完成后，斗鱼 TV 估值达 10 亿美元，问鼎武汉首家互联网独角兽企业。同时，斗鱼 TV 在转型中丰富个性化直播内容，构建创新的商业布局，也都获得了国内直播市场和行业用户的一致认可，保持着 70%的市场

份额。腾讯投资总监余海洋表示:“斗鱼 TV 从游戏直播领域入手,在创业的一年多时间内发展迅猛,也有大量的非游戏内容在平台上涌现,我们很认可。”

5.4 弹药充足,赢战千播之役

2016 年 8 月 15 日,斗鱼 TV 完成 C 轮 15 亿元人民币融资,由腾讯、凤凰投资领投,红杉资本中国、南山资本、国中创投、深创投等跟投。此消息一出,行业震撼。斗鱼 TV 在半年内完成两轮融资,一年内融资超 20 亿元人民币。2016 年的直播领域正在上演“千团大战”,C 轮融资后,几乎可以确定斗鱼 TV 在直播市场的领导者地位。除了本身体量庞大,腾讯对其在资本和资源上的加持也是非常关键的一点,斗鱼 TV 逐渐成为腾讯泛娱乐生态链中的重要一环。独角兽和互联网巨头的合作将会促使直播市场呈现马太效应,使强者愈强,弱者恒弱。直播行业即将开启没有硝烟的“资本竞赛”,全行业进入下半场激烈的淘汰赛阶段。

5.5 估值百亿,“国家队”入局

2017 年 11 月,斗鱼 TV 完成 D 轮融资,成为国内首家实现盈利并迈入 D 轮的直播平台。此轮融资由真正的“国家队”领投,三个投资方为湖北长江招银成长股权投资、深圳市招银共赢股权投资以及苏州工业园区元禾南山股权投资。招银国际的“银行系”背景能为斗鱼 TV 开发优质客户资源、挖掘更灵活的融资方式。而国资的进入能有效地为企业背书,显著提升品牌影响力。有消息称此轮融资金额达 10 亿美元,至此,斗鱼 TV 估值已超过 100 亿元人民币。

5.6 鱼跃未来,迈进新征程

2018 年 3 月 8 日,斗鱼 TV 完成 E 轮融资,由腾讯独家投资 6.3 亿美元(约 39.8 亿元人民币),此时距离上一轮融资仅有 4 个月。马化腾曾在 3 月 7 日表示,社交、效果广告及直播领域都是腾讯未来较大的增长点。话音刚落,腾讯就独家投资斗鱼 TV 近 40 亿元人民币,进行了深度战略绑定。经过腾讯的战略加持,斗鱼 TV 估值在 150 亿～200 亿元之间,稳坐直播领域头把交椅。仔细梳理斗鱼 TV 的融资历程我们可以很清楚地发现,2014 年全年获得 1.3 亿元融资,到 2018 年初已斩获 40 亿元投资,短短四年的成长,融资的金额扩大了 30 倍,可谓是增长速率惊人。在市场和资本对直播行业整体保持谨慎和冷静的情况下,斗鱼 TV 融资成绩斐然,可见资本市场对斗鱼 TV 十分看好。斗鱼 TV 也将不负众望,在直播行业加速洗牌的后劲中乘风破浪。

5.7 成功上市,进军华尔街

2019 年 7 月 17 日晚,斗鱼 TV 在美国纳斯达克交易所挂牌上市,发行价为每股 11.5 美元,平台对应估值约 37 亿美元。此次 IPO 融资规模约为 8.91 亿美元,是 2019 年以来中概股最大规模的赴美 IPO。上市募集资金后,斗鱼 TV 将为平台用户提供更多优质电竞和泛娱乐直播内容,优化用户体验,提升运营效率,提高品牌影响力。

同时,斗鱼 TV 在招股说明书中还披露了股东的持股信息,具体情况如表 11—11 所示。

表 11－11　　斗鱼 TV 股东持股信息

股东名称	首次公开募股前		首次公开募股后	
	持股数量	持股比例	持股数量	持股比例
腾讯全资子公司 Nectarine Investment Limited	12 068 104	43.1%	12 068 104	37.2%
斗鱼 TV 创始人、首席执行官兼董事 陈少杰	4 323 857	15.4%	4 323 857	13.3%
斗鱼 TV 联合创始人、联席首席执行官兼董事 张文明	892 402	3.2%	546 827	1.7%
红杉中国及其他机构成员	2 940 792	10.5%	2 940 792	9.1%
蔡东青附属公司 Aodong Investments Limited	2 679 672	9.6%	779 009	2.4%
Phoenix Fuju Limited	1 806 049	6.0%	1 806 049	5.6%

资料来源:斗鱼 TV 招股说明书,新浪财经 2019－07－17。

6　海外荣光,蓄力再发

如今,斗鱼 TV 已在美国纳斯达克交易所上市。回想当年,斗鱼 TV 从光谷佳园路上的基建办公室起步,只有 30 多名员工,总办公面积仅 300 平方米;而今天,武汉、北京、上海广泛分布着斗鱼 TV 的 600 名工作人员,企业办公环境也今非昔比,仅在光谷软件园总部就占据了 5 层半、将近 8 000 平方米的办公场地,这些巨大的变化不禁让人感慨万千。斗鱼 TV 创始人张文明表示,在斗鱼 TV 没有一定“地基”时,只想埋头干事,但谁也不曾想到,这样一个草根创业者能成功地在纳斯达克上市。2019 年 7 月 17 日现场,创业伙伴陈少杰和张文明共同敲响了上市钟声并表明斗志,正如陈少杰所说,上市是斗鱼的高光时刻,但不是斗鱼的巅峰时刻。斗鱼 TV 的商业战略和商业模式依旧在时代的发展中不断变化和创新,上市并不能满足它的野心。在武汉发力中国互联网第四极的道路上,斗鱼 TV 提供了强有力的支撑。而对于“互联网第四极”的梦想,张文明曾做过直接描述,就是“希望在 BAT 后面加个 D”,这个“D”,就是斗鱼 TV。

启发思考题

1. 斗鱼 TV 为什么要在深耕电竞的基础上进行泛娱乐转型?
2. 分析斗鱼 TV 从深耕电竞产业链到泛娱乐转型过程中的商业模式转变。
3. 相比其他直播平台,斗鱼 TV 商业模式的创新之处在哪里?
4. 分析斗鱼 TV 多轮融资与其商业模式构建之间的关系。
5. 通读案例,勾画出斗鱼 TV 的商业模式画布。

案例三
使用说明

案例四

REITs聚势，产业乘风——越秀交通创新融资之路[①]

0 引 言

“我宣布，深交所2021年度‘优秀基础设施公募REITs原始权益人’是越秀交通基建有限公司。”随着主持人念出颁奖词，越秀交通REITs团队主要负责人越秀交通副总经理潘勇强、基础设施REITs项目团队核心成员越秀交通战略发展与投资部、资本经营部副总经理刘春利代表公司团队上台接受荣誉。

“2021年12月14日，越秀交通作为原始权益人及运营管理机构发行设立的华夏越秀高速公路REIT成功在深圳证券交易所上市交易。作为2021年试点项目中首个以高速公路为底层资产的出表型REITs，越秀交通发行REITs成功降低了企业资产负债率，为公司带来了9.6亿元投资收益。这代表着越秀交通逐步完成了“投、融、管、退”的资产循环建设，实现向基础设施资产管理公司转型的战略目标，更为中国基础设施公募REITs试点工作的推进作出了重大贡献。”听到交易所对团队成绩的认可，潘勇强与刘春利心中百感交集。

不到九个月前，证监会40号文(即《关于推进基础设施领域不动产投资信托基金(REITs)试点相关工作的通知》，下文均简称证监会40号文)在业界殷殷期盼下横空出世，为中国公募REITs试点工作提供了坚实指引。三大“聚焦”是最吸引人目光的要求，“聚焦重点区域、聚焦重点行业、聚焦优质项目”让基础设施领域内企业都摩拳擦掌，力图打响中国公募基础设施REITs第一枪，这其中也包括越秀集团旗下的越秀交通。

1 敢为人先

越秀集团迅速地响应不是毫无缘由。中国公募基础设施REITs与集团发展战略系出同源、与集团历史与发展理念一脉相承、与集团市场区域不谋而合。越秀集团成立于1985年，历经37年的发展形成了以金融、房地产、交通基建、现代农业为主，造纸等传统产业和未来可能进入的战略性新兴产业为辅的“4+X”体系。集团旗下有越秀金控、越秀地产、越秀交通基建(下文均简称“越秀交通”)、越秀房地产投资信托基金(REITs)、越秀服务等几大上市平台。

集团旗下越秀房地产投资信托基金(REITs)是首家在香港上市的国内资产REITs，也是世界范围内首家投资领域以中国大陆相关物业为中心的上市房地产投资信托，始自2005年，为越秀集团带来了17年的REITs管理经验。越秀房产基金的首要投资标准是可观的现金流回报，在经济发达地区物色符合投资标准的办公楼、酒店、公寓等商业项目，同时看重项目的运营潜力，力

[①] 本案例由武汉理工大学管理学院沈俊、何琪、王简、张卓云撰写，作者拥有著作权中的署名权、修改权、改编权。本案例授权中国管理案例共享中心使用，中国管理案例共享中心享有复制权、修改权、发表权、发行权、信息网络传播权、改编权、汇编权和翻译权。由于企业保密的要求，在本案例中对有关名称、数据等做了必要的掩饰性处理。本案例只供课堂讨论之用，并无意暗示或说明某种管理行为是否有效。

争在接手后能通过集团的专业运营带来更高业绩增长。作为全世界首只投资于中国内地物业的上市 REITs，越秀房产基金成功完成“四连跳”，实现指数级增长，在资产规模方面稳居亚洲前十。依托于越秀集团雄厚的地产资源与资本运作实力，以及丰富的商业物业运营管理经验，越秀房产基金的千亿元资产目标正在稳步实现中。越秀集团作为第一个在海外先行成功发行了房地产 REITs 的国内企业集团，有强烈的意愿、丰富 REITs 管理经验、优质的资产、扎实的资产运营能力，在长期实践中积淀了丰富的 REITs 资产管理经验，并建立了深度的理解。

越秀集团作为 REITs 资产管理人，长期关注境内 REITs 市场的发展，对 REITs 产品特点有着深刻的认识，对于投资人、监管等各方需求有着深刻的理解，为境内基础设施基金试点进行了充分准备。因此，越秀集团争当国内公募 REITs 的先行兵和推动者，持续多年致力于为国内公募 REITs 试点的相关工作建言献策。集团张招兴董事长在担任十二届全国人大代表期间，曾连续三年提出加快推进国内公募 REITs 立法和试点工作的议案。近年来，为响应党中央“供给侧改革”中“去库存、去杠杆”的要求，集团不断与主管部门沟通，呼吁加快国内公募 REITs 试点政策的出台，积极为相关制度的制定建言献策。

对开展国内公募 REITs 试点工作这一时代机遇，越秀集团有着得天独厚的优势。集团上下一致认为，越秀集团既有能力也有意愿做好这项工作，经过高层商讨，带领越秀交通迎接挑战的任务落到了越秀交通战略发展与投资部、资本经营部副总经理刘春利的身上。

2 委以重任

为什么集团旗下越秀交通被赋予此重任呢？其缘由之一在于证监会 40 号文的三大“聚焦”要求（见图 11－9）。

越秀交通成立于 1996 年，1997 年在香港联交所上市（股票代码 01052. HK），是越秀集团旗下的上市公司之一，作为国内在香港上市的公路红筹股排头兵，是集团“地产＋金融”双平台的重要组成部分，也是集团实现“公路＋”战略的重要载体。在成立的 25 年间，越秀交通的经营核心从未偏离收费公路等交通基础设施的投资并购领域，同时以市场化、专业化、精细化的经营理念对项目进行管理，以经营风格稳健著称。越秀交通的主营业务正是重点行业中的收费公路，2018 年以来，公司公路通行费收入占比均在 97％以上。

截至 2021 年 6 月，越秀交通控股、参股、代管的高速公路、桥梁、码头项目共计 15 个，总里程约 835. 3 公里，其中控股项目 10 个、参股项目 5 个，分布于粤港澳大湾区及中西部重点城市群等经济发展高增长高潜力省份。其中湖北与湖南地处长江经济带，是证监会 40 号文支持的重点区域之一。

对优质项目的要求，越秀交通的经营模式也具有独特优势。高速公路行业内

大部分公司的业务包括建设与运营两个环节，即在取得特许经营权后，公司要负责公路建造完工、运营管理等所有工作。这种传统的经营模式对企业资金、运营等方面带来了较大考验，项目所面临的不确定性也更大。越秀交通则采用投入周期更短的收购＋运营的经营模式，即直接选取符合要求的公路项目进行收购。这样的模式有以下三个优势：①省去了公路建设工作，缩短了项目投资回收周期，降低了项目建设中的不确定风险，减轻一定的资金压力。②可以提前对项目进行筛选，对权属问题、合规问题进行调查。③可以考察项目现金流及增长潜力。由于并购标的都是已建设完成的公路，因此可以对近几年的经营情况与车流量情况进行详实考察，在经过筛选后，公司投资并购对象都是现金流稳健并具有增长潜力的优质项目。

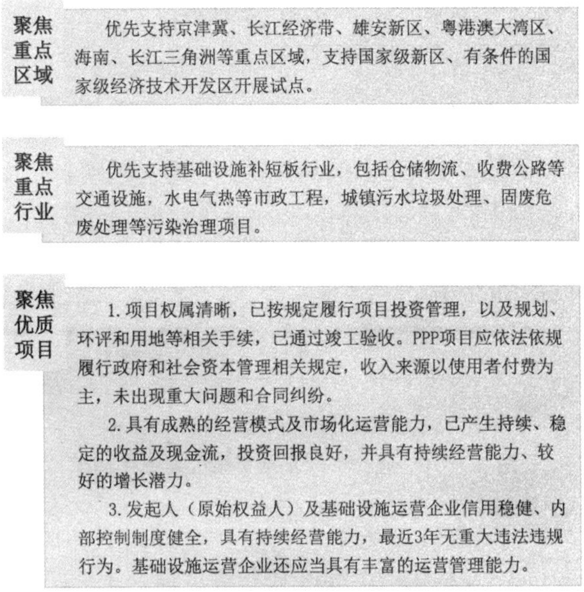

资料来源：根据证监会 40 号文整理 http://www.csrc.gov.cn/csrc/c100028/c1000786/content.shtml

图 11－9　证监会 40 号文对试点项目要求

3　暗室逢灯

越秀交通的雄心从“3331”战略构想就可见一斑，因此利用 REITs 融资成为了一种发展的必然需要。

“3331”战略构想如图 11－10 所示。

①“3”，构建上市公司、公募 REITs、孵化平台三大平台。

②“3”，培育投资能力、运维能力、金融化能力三大核心能力。

③“3”，聚焦高速公路主业、发达地区、相关副业三大方向。

④“1”，中长期实现一千亿元资产目标。

越秀交通近年来一直通过并购新项目扩张版图，力争实现“3331”战略构想。然而 2020 年新冠疫情爆发，各地封闭造成高速公路交通量锐减，其后为刺激经济而发布的减免高速公路过路费政策等对公司运营产生了巨大影响。

由附录 1 中表 1 可见，2018—2020 年及 2021 年 1—6 月越秀交通营业毛利率分别为 70.70%、66.55%、53.40%、62.76%，净利润率分别为 49.58%、52.75%、13.85%、34.55%。2019 年度、2020 年度净利润下降，一方面由于营业总成本大幅增加，2019、2020 年度营业总成本分别增加 11 056.47 万元、36 390.55 万元，主要来源于人工成本增加，以及并购新项目湖北汉蔡高速、湖北汉鄂高速、湖北大广南高速融资带来的财务费用增加，另一方面由于新并购项目尚在培育期，未实现盈利而亏损所致，新并购项目在 2019 年并表后，2019 年内亏损 5 593 万元。2020 年湖北省汉蔡高速公路有限公司、湖北阿深南高速公路发展有限公司仍分别亏损 3 667.77 万元、7 656.26 万元，全年并表后进一步放大了两个公司亏损的负面影响。此外，由

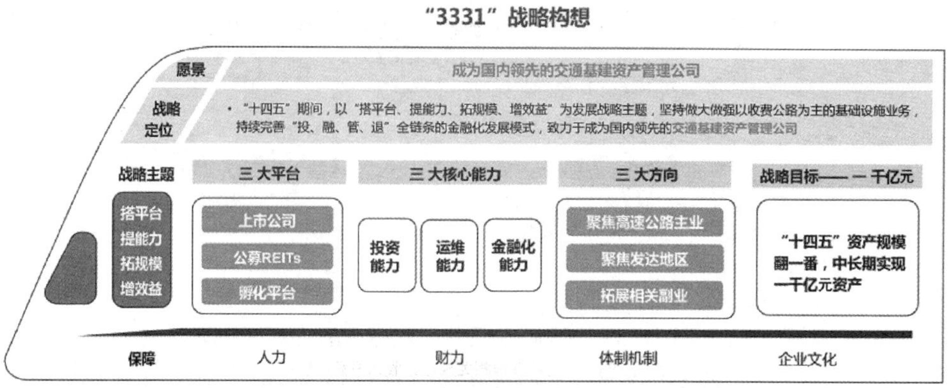

资料来源：http://www.yuexiutransportinfrastructure.com

图 11－10　越秀交通基建有限公司战略构想

于受到新冠疫情影响，公司通行费收入减少，但公路养护成本、人力成本等仍居高不下，因此造成净利润大幅下降。2021 年 1—6 月，净利润大幅上升的原因主要是由于相比于 2020 年疫情期间收入大幅增加。

从短期偿债能力来看，2018—2020 年及 2021 年 6 月末越秀交通流动比率分别为 163.56%、70.92%、44.36%、64.22%，越秀交通的流动负债主要由其他应付款主成，流动资产主要由货币资金、应收账款及其他应收款组成。2020 年由于疫情影响流动资产大幅减少，导致流动比率有较大幅度下降。2018—2020 年及 2021 年 6 月末越秀交通资产负债率分别为 45.40%、63.00%、62.50%、61.9%，资产负债率上升主要由于并购项目增多。

从盈利能力来看，2018 年—2020 年及 2021 年 1—6 月越秀交通净资产收益率为 10.47%、10.76%、2.96%、8.67%。2019 和 2020 年净资产收益率下降，主要由于越秀交通成本费用上升及并购项目尚在培育期导致的净利润下降。

纵观近三年越秀交通财务数据可以看出在疫情前公司经营状况较为良好，无论是资本结构还是营收能力都较为优秀。而在 2020 年，由于受到各地封城经济活动减少影响，旗下项目车流通行情况大幅减少，由此严重影响公司财务表现。2021 年上半年虽然通行量有一定回升，但可以看出疫情余威犹在，各项指标改善程度没有回到最优点。

越秀交通 2018 年—2020 年及 2021 年 1—6 月现金流量净额的变化与其近年来频繁的并购交易有着密切的联系。在经营活动方面，现金流量净额在 2021 年有较大下降，其原因主要在于业务受到负面影响，流出减少。在投资活动方面，近几年现金流量净额呈上升趋势，在 2019 年收购湖北汉蔡高速、汉鄂高速、大广南高速等项目资产，造成投资流出现金流大幅增加，使得净额下降。筹资活动主要受到偿还债务的影响，公司在前期的银行借款及债权到期使得现金流出较多(见附录 1 表 2)。

在融资结构方面，越秀交通的债务资本也处于上升趋势(见图 11－11)。从 2018 年到 2021 年 6 月，企业债务资本占比不断增大，主要来源于银行存款、应付票据、公司债券等。公司一年内到期债务占比 12.8%，一至两年到期债务占比 25.0%，根据 2021 年中报估算未来一年内需偿付债务总金额预计超过 200 亿元，未来一到两年应偿付债务超过 400 亿元，因此公司面对较高的偿债压力，亟需新型权益性融资渠道改善融资结构。

在这样的发展情况下，发行公募基础设施 REITs 既是越秀交通实现其战略野心的必要手

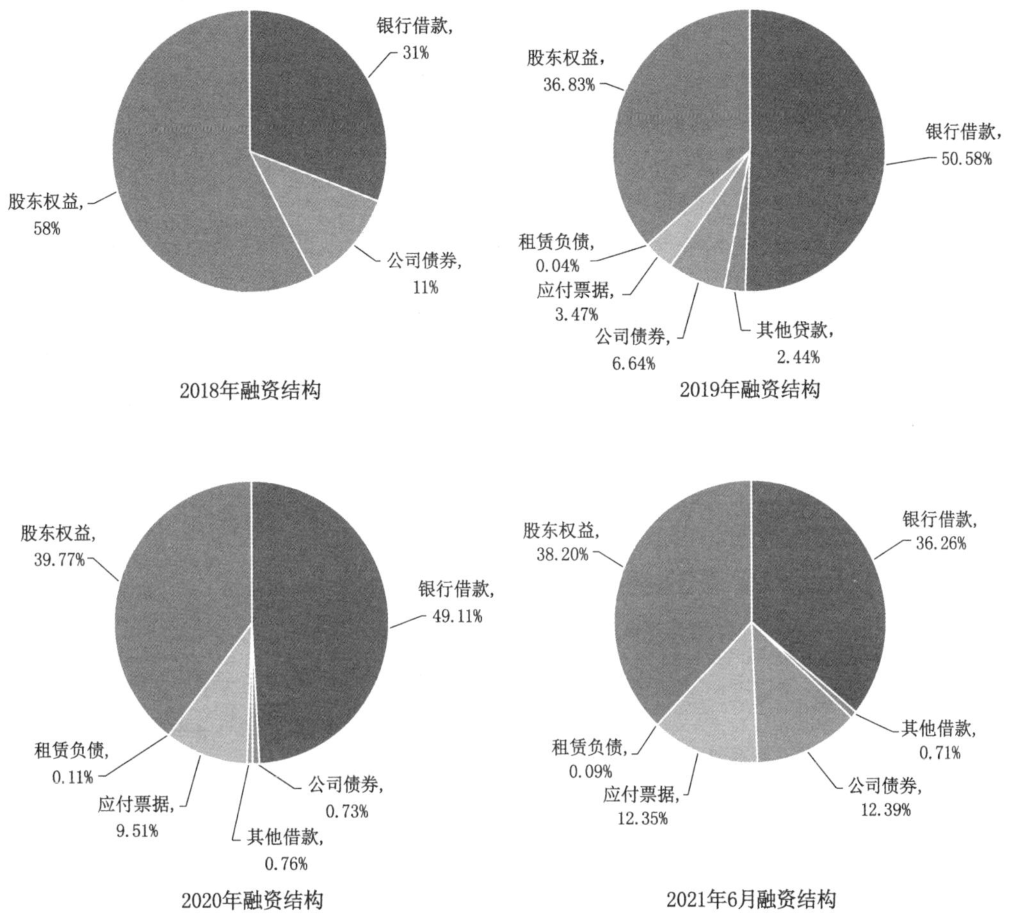

数据来源：根据越秀交通年报数据整理 http://www.yuexiutransportinfrastructure.com/teachers.aspx? TypeId=131&FId=t26:131:26

图 11—11 越秀交通 2018—2021 年 6 月融资结构组成明细

段，也是解决其现实困难的有效途径。那么拥有丰富 REITs 发行与管理经验支持的越秀交通要如何从众多项目中选择出最合适的项目进行发行呢？项目团队开始对集团目前控股项目进行摸底，对照证监会要求进行筛选。

4 众里寻他

潘勇强与刘春利虽然得到了集团上下的支持，但又面临着更大的问题，集团旗下有超过十个高速公路项目，运营时间、公路条件各有不同，要怎样才能筛选出合适的项目呢？这时候，华夏基金的专业人员就发挥了作用，经过接洽，越秀交通与华夏基金相关专业人员迅速召开了项目讨论会。在会上，有丰富不动产研究经验的研究员发表了意见：“在高速公路领域，最适合作为基础设施公募 REITs 底层资产的高速公路项目是已经进入运营成熟期的项目。对投资者来说，公募 REITs 的风险高于债券，低于股票；潜在收益低于股票，高于债券。高速公路的特许经营权剩余经营年限可以理解为项目的“久期”[①],它越短意味着 REITs 基金收益与风险特征向债券靠近。剩余经营期限越短,意味着项目面临的不确定性更低、现金流及收入更加容易预测、隐含的风险也随之降低,但同时内含收益率也更低。在高速公路投资领域,成熟期项目的盈利潜力与未来增速虽然低于仍处于成长期的项目,但优势在于未来收入与现金流的可预测性远高于成长期。在公募 REITs 充分的信息披露要求下,这一优势恰好能够减少带来的投资者回撤的潜在风险,稳定基础设施基金运营。”

针对这一点,越秀交通战略发展与投资部与会人员也补充了自己的看法:“如果是从经营年限来看的话,特许经营权剩余经营年限过短也会带来问题。如果底层资产高速公路项目在基金存续期内到期,在目前扩募政策还不明朗的情况下,会为基础设施基金的存续带来较大的风险与波动,为基金的平稳运营带来困难。”

从表 11－12 可看出,集团目前 100%控股的项目有五个,分别是广西苍郁高速(位于广西梧州)、湖北汉孝高速(位于湖北武汉)、湖南长株高速(位于湖南长沙)、河南尉许高速(位于河南许昌)、湖北汉鄂高速(位于湖北武汉)。其中湖北省武汉市九省通衢,地处长江经济带,具有良好的区位优势,是证监会 40 号文所支持的重点区域,因此项目团队将目光放到了汉孝与汉鄂高速上。

表 11－12　　　　越秀交通及母公司投资运营公路桥梁情况

项目情况	道路/桥梁名称	所在地区	所占权益(%)	剩余经营年限(年)	收购日期
控股项目	广州北二环高速	广东广州	60	11	2006 年
	广西苍郁高速	广西梧州	100	9	2008 年(90%) 2011 年(10%)
	天津津雄高速	天津	60	9	2010 年
	湖北汉孝高速	湖北武汉	100	15	2011 年(90%) 2014 年(10%)
	湖南长株高速	湖南长沙	100	19	2011 年(90%) 2015 年(10%)
	河南尉许高速	河南许昌	100	14	2012 年
	湖北随岳南高速	湖北荆州	70	19	2015 年
	湖北汉蔡高速	湖北武汉	67	17	2019 年
	湖北汉鄂高速	湖北武汉	100	21	2019 年
	湖北大广南高速	湖北黄冈	90	21	2019 年

① 久期的概念由 Macaulay 在 1938 年提出。它是以未来时间发生的现金流,按照收益率折现成现值,再用每笔现值乘以现在距离该笔现金流发生时间点的时间年限,然后进行求和,以这个总和除以债券价格得到的数值就是久期。概括来说,就是债券各期现金流支付所需时间的加权平均值。

续表

项目情况	道路/桥梁名称	所在地区	所占权益（%）	剩余经营年限（年）	收购日期
联营合营项目	广州西二环高速	广东广州	35	9	2004 年
	虎门大桥	广东东莞	27.78	8	2007 年
	广州北环高速	广东广州	24.3	2	1998 年
	汕头海湾大桥	广东汕头	30	7	2003 年
	清连高速	广东清远	23.63	13	1998 年

资料来源：根据越秀交通概况与历史回顾整理 http://www.yuexiutransportinfrastructure.com/about.aspx? TypeId=127&FId=t1:127:1

对于这两条高速公路，团队内部意见不一。一方认为汉鄂高速是武汉城市圈规划的七条快速进出城干线之一，车流量更大，通行费总收入更高；另一方认为汉孝高速与机场高速、京港澳高速、武汉绕城高速、岱黄高速、孝襄高速相接，地理区位的优势同样存在。意见难以统一，大家决定将汉孝高速与汉鄂高速经营数据进行对比分析。

第二天的会议上，新的数据被清晰地展现出来。如表 11－13 所示，汉孝高速各项经营数据都优于汉鄂高速。虽然在汉孝高速收费里程上逊色于汉鄂高速，但在每里程数据上，无论是收入与成本数据，都优于汉鄂高速。在日均路费收入上，汉孝高速每公里可产生 1.57 万元收入，是汉鄂高速的 1.5 倍；在日均经营成本上，汉孝高速平均每公里经营成本仅为 0.5 万元，仅为汉鄂高速的 81.97%。因此汉孝高速的毛利率大幅高于汉鄂高速，最终产生的净利润为汉鄂高速的 3.8 倍。

表 11－13　2021 年 1—6 月汉孝高速与汉鄂高速经营数据对比　金额单位：万元

	收费里程/km	日均路费收入/每公里	日均经营成本/每公里	合计收入占比	合计成本占比	毛利率	净利润
汉孝高速	38.5	1.57	0.50	6.8%	5.1%	69.0%	5 019.0
汉鄂高速	54.8	1.05	0.61	5.8%	8.9%	43.9%	1 320.4

数据来源：根据越秀交通 2021 年中报数据整理，其中 2021 年上半年截至 6 月 31 日共有自然日 181 天。http://www.yuexiutransportinfrastructure.com/teachers.aspx? TypeId=131&FId=t26:131:26

汉鄂高速收费里程是汉孝高速的 1.42 倍，但其贡献的收入占总收入比重却低于汉孝高速，合计成本占总成本比重更是显著高于汉孝高速。由此可见，汉孝高速经营能力与造血能力大幅优于汉鄂高速，最终的净利润数据也支持此结论。

在证监会 40 号文对基础设施基金底层资产现金流规定与基础设施基金分红规定的双重要求下，团队最终选择了现金流更高更稳定的汉孝高速作为底层资产发行基础设施 REITs。

5　巧设架构

确定了发行 REITs 基金的底层项目后，团队又开始进入下一步工作。2021 年 8 月 17 日，越秀交通签署《股权转让协议》将湖北汉孝公司纳入麾下，股权转让协议生效后，越秀交通通过境内公司全额持有汉孝高速项目公司，如图 11－12 所示。

为形成符合监管要求的基金架构、降低税收政策的不确定性风险、保证基金获取稳定现金

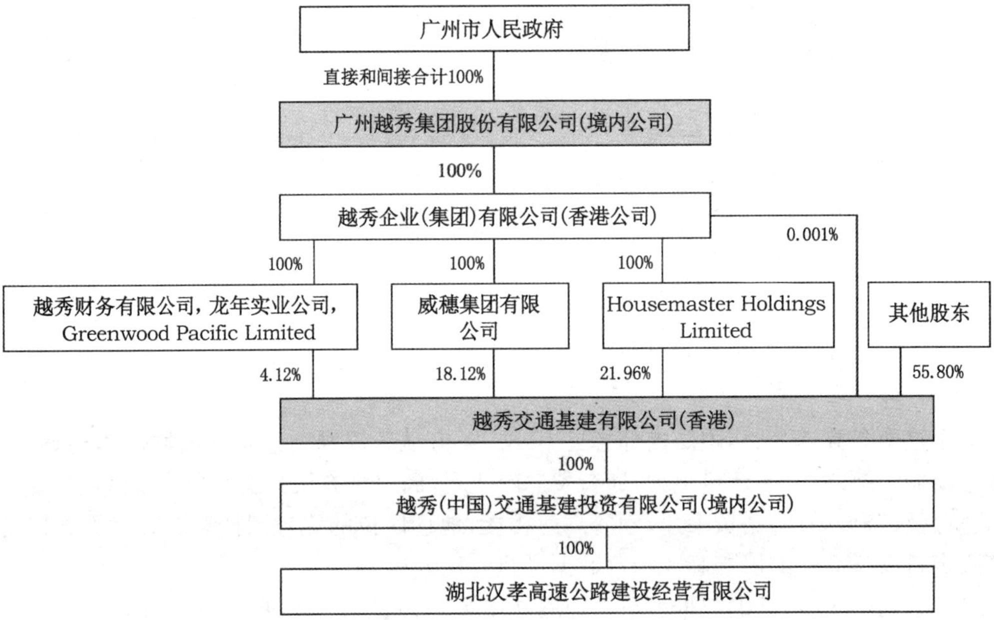

资料来源：华夏越秀高速公路封闭式基础设施证券投资基金招募说明书 https://data.eastmoney.com/notices/detail/180202/AN202111151529236933.html

图 11—12　2021 年 9 月公司股权结构图

流，团队采取了先设立 SPV[①] 再进行反向吸收合并的操作。

(1)越秀交通设立 SPV

2020 年 11 月 17 日，越秀交通正式设立 SPV(湖北越通交通投资有限责任公司)，SPV 成立时注册资本为 1 000 万元。越秀交通全额持有 SPV 股权)。

(2)基金成立并认购全部资产支持证券

基础设施基金管理人(华夏基金)与资产支持专项计划管理人(中信证券)签订《认购协议》，将基金的认购资金委托给中信证券进行管理，中信证券设立并管理“中信证券—越秀交通高速公路 1 号资产支持专项计划”，基础设施基金取得以上资产支持专项计划的全部份额，成为唯一持有人。

(3)资产支持专项计划向越秀交通购买 SPV100％股权

资产支持专项计划设立后，中信证券根据约定指示托管银行将 SPV 股权转让对价划拨至越秀交通指定的账户，用于购买 SPV 股权，并成为 SPV 的唯一股东。中信证券代表资产支持专项计划成为 SPV 的唯一股东后，向 SPV 履行缴纳出资及增资义务。至此 SPV 由越秀交通名下转移至资产支持专项计划名下。

(4)资产支持专项计划向 SPV 发放股东借款

根据《股东借款合同》，中信证券代表资产支持专项计划拟向 SPV 发放借款，形成对 SPV 的债权。SPV 取得的借款将用于收购汉孝高速项目公司 100％股权。

(5)SPV 收购汉孝高速项目公司

① Special Purpose Vehicle，简称 SPV，即特殊目的实体，系指为实现特殊目的而设立的公司。

根据《项目公司股权转让协议》，SPV以取得的股东借款和出资及增资款项收购汉孝高速项目公司(见图11－13)，至此汉孝高速脱离越秀交通控制转移至SPV旗下。

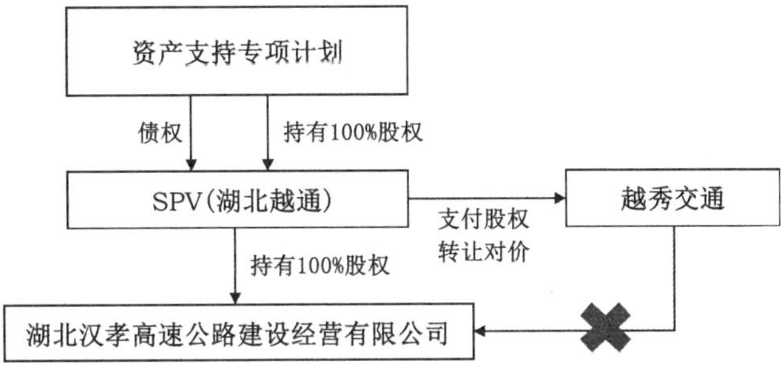

资料来源：华夏越秀高速公路封闭式基础设施证券投资基金招募说明书 https://data.eastmoney.com/notices/detail/180202/AN202111151529236933.html

图11－13 SPV向越秀交通购买汉孝公司100%股权

(6)项目公司反向吸收合并SPV

在完成汉孝高速项目公司收购后，由汉孝高速项目公司反向吸收合并SPV。项目公司在吸收合并完成后，继承SPV对专项计划负有的股东借款(见图11－14)。

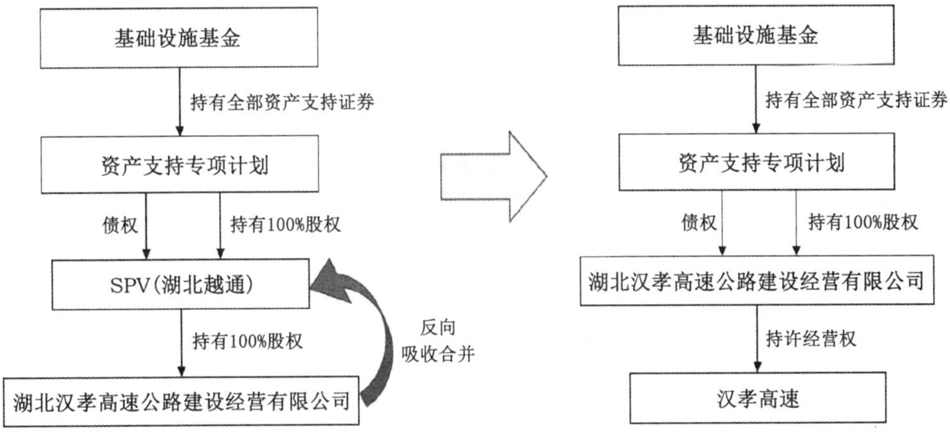

资料来源：华夏越秀高速公路封闭式基础设施证券投资基金招募说明书 https://data.eastmoney.com/notices/detail/180202/AN202111151529236933.html

图11－14 项目公司反向吸收合并SPV形成基金预设架构

在完成以上六个步骤后，基础设施基金的架构如图11－15所示。

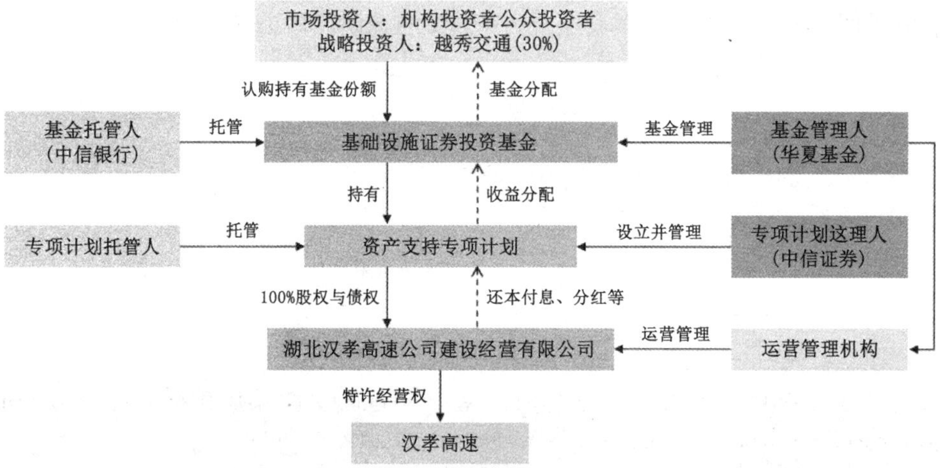

资料来源：华夏越秀高速公路封闭式基础设施证券投资基金招募说明书 https://data.eastmoney.com/notices/detail/180202/AN202111151529236933.html

图 11－15　华夏越秀高速公路封闭式基础设施证券投资基金架构图

6 尾　声

2021 年 12 月 14 日，越秀交通以汉孝高速公路为底层资产发行的华夏越秀高速 REIT 于深交所成功上市，获得了投资者高达 46.76 倍的超额认购，公司持有 30%份额。在上市首日，华夏越秀高速公路 REIT 价格呈上涨趋势，且成交活跃。其上市首日溢价率为 22.76%，价格走势呈现较为明显的涨势。从成交情况来看，华夏越秀高速公路 REIT 上市首日的成交量为 3 302.37 万份，成交规模为 2.78 亿元，换手率高达 39.16%，为上市以来最高水平。从价格走势来看，华夏越秀高速公路 REIT 从上市首日到 12 月 17 日溢价率持续上升，12 月 17 日达到最高值 37.94%，此后有所回落，12 月 21 日降至低位(24.18%)，此后呈现较为平稳的状态。

2022 年 4 月 1 日，管理层发布了 2021 年年报，财务表现优异。流动比率、资产负债率等各项指标都回升至疫情前水平(见附录 1 中表 3)。

越秀交通融资结构也有了明显改善，股东权益同比增长 17.8%(见图 11－16)，直接融资比例由 2020 年的 25.2%快速上升至 40.3%。

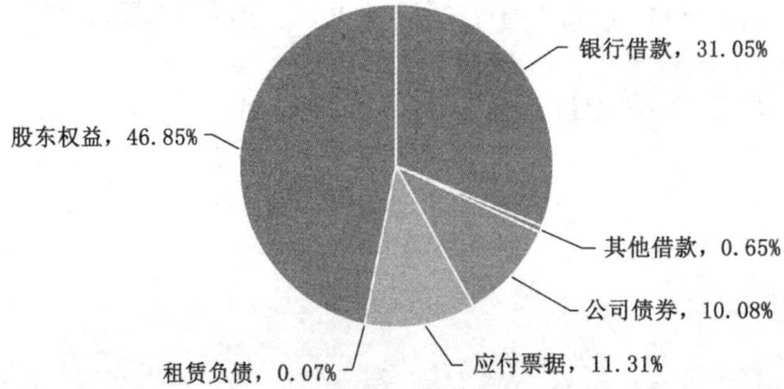

数据来源：根据越秀交通年报数据整理 http://www.yuexiutransportinfrastructure.com/teachers.aspx? TypeId=131&FId=t26:131:26

图 11－16　越秀交通 2021 年年末融资结构组成明细

随着基础设施公募REITs政策试点逐步扩大，对试点项目的所属行业及区域要求、现金流要求明显放松，意味着尚处亏损期的项目也可以申报发行REITs，这对已成功发行华夏越秀REITs的越秀交通来说是更大的机遇。未来公司及集团有望凭借旗下丰富的基础设施资产打造更多上市平台，为公司带来更多正面效益。

附录1 越秀交通财务数据

表1 越秀交通2018年—2021年6月主要财务指标

财务指标	2021中报	2020年	2019年	2018年
流动比率	64.22%	44.36%	70.92%	163.56%
资产负债率	61.9%	62.50%	63.00%	45.40%
营业毛利率	62.76%	53.40%	66.55%	70.70%
净利润率	34.55%	13.85%	52.75%	49.58%
净资产收益率	8.67%	2.96%	10.76%	10.47%
利息保障倍数	4.8倍	3.1倍	7.6倍	8.2倍

数据来源：根据越秀交通年报数据整理 http://www.yuexiutransportinfrastructure.com/teachers.aspx?TypeId=131&FId=t26:131:26

表2 越秀交通2018年—2021年6月现金流量净额 单位：万元

财务指标	2021中报	2020年	2019年	2018年
经营活动产生的现金流量净额	126 057.8	210 318.0	214 206.1	209 687.0
投资活动产生的现金流量净额	−3 407.9	−23 852.6	−551 280.8	47 244.4
筹资活动产生的现金流量净额	−82 324.7	−178 284.0	241 365.3	−306 989.6

数据来源：根据越秀交通年报数据整理 http://www.yuexiutransportinfrastructure.com/teachers.aspx?TypeId=131&FId=t26:131:26

表3 越秀交通2021年年末部分财务指标与现金流情况 单位：万元

财务指标	2021年
流动比率	71.68%
资产负债率	59.4%
营业毛利率	60.05%
净利润率	48.42%
净资产收益率	12.73%
利息保障倍数	4.6倍
经营活动产生的现金流量净额	256 995.0
投资活动产生的现金流量净额	128 541.1
筹资活动产生的现金流量净额	−245 082.5

数据来源：根据越秀交通年报数据整理 http://www.yuexiutransportinfrastructure.com/teachers.aspx?TypeId=131&FId=t26:131:26

附录 2 REITs 相关税项

本基金及纳入合并范围的专项计划和 SPV 适用的税种及税率如下:

(1)资管产品运营过程中发生的增值税应税行为,以资管产品管理人为增值税纳税人。资管产品管理人运营资管产品过程中发生的增值税应税行为,暂适用简易计税方法,按照 3%的征收率缴纳增值税。对证券投资基金管理人运用基金买卖债券的转让收入免征增值税,对国债、地方政府债以及金融同业往来利息收入亦免征增值税。资管产品管理人运营资管产品提供的贷款服务,以产生的利息及利息性质的收入为销售额。

(2)专项计划及本基金以契约型的形式存在,其并非企业所得税纳税主体,其从项目公司取得的利息收入或投资收益及分红无需缴纳企业所得税。

(3)资管产品的城市维护建设税、教育费附加和地方教育附加等税费按照实际缴纳增值税额的适用比例计算缴纳。

本基金纳入合并范围的项目公司适用的税种及税率如下:

税种	计税依据	税率
企业所得税(i)	应纳税所得额	25%
增值税(ii)	应纳税增值额(应纳税额按应纳税销售额乘以适用税率扣除当期允许抵扣的进项税后的余额计算)	3%、5%、6%及 9%
城市维护建设税	缴纳的增值税税额	7%
教育费附加	缴纳的增值税税额	3%
地方教育费附加	缴纳的增值税税额	1.5%、2%
房产税	房屋原值的 70%或租金收入	1.2%及 12%
城镇土地使用税	持有土地面积	2 元/平方米

根据《财政部国家税务总局关于企业关联方利息支出税前扣除标准有关税收政策问题的通知》(财税[2008]121 号)规定,项目公司向专项计划支付的利息支出应满足以下条件:

①接受关联方的债权性投资与权益性投资的比例不超过 2∶1;

②准予扣除的利息支出不超过按照金融企业同期同类贷款利率计算的数额的部分;

③该利息支出与项目公司取得收入有关且合理的,则该利息支出可以税前扣除。

本基金假设项目公司的股东借款利息以 6%为限对应纳税所得额抵扣,同时假设设定股东借款利率最高不超过中国人民银行授权银行间同业拆借中心发布的一年期贷款市场报价利率(LPR)的 4 倍。

附录 3 汉孝公司的借款方案

1. 汉孝公司的借款方案

本基金通过在汉孝公司和专项计划之间搭建一层 SPV 的方式,首先在 SPV 层面搭建股债结构,在基金合同生效后通过汉孝公司反向吸收合并 SPV 的方式,将 SPV 对专项计划的债务下沉到汉孝公司层面，从而在汉孝公司层面完成股债结构的搭建。汉孝公司在股东借款存续期向专项计划支付股东借款利息并偿还股东借款本金。

2. 项目公司股权转让对价支付安排、股权交割、工商变更登记安排

(1)股权转让对价支付安排

①专项计划向越秀中国收购SPV阶段，在满足《SPV股权转让协议》约定的转让价款支付的前提条件的情况下，由计划管理人向越秀中国一次性支付全部股权转让对价。

②SPV取得实缴资本和股东借款后，由SPV向越秀中国收购项目公司100%股权。《项目公司股权转让协议》约定的前提条件已全部满足时，SPV应当向越秀中国一次性支付全部标的股权转让价款。如果《项目公司股权转让协议》约定的前提条件未在预定的时间内全部满足，则越秀中国与SPV应当就项目公司股权转让价款的支付进一步协商。

③越秀中国与SPV一致同意并确认，若项目公司与SPV未能于2021年12月31日24时前完成吸收合并，则项目公司自交割审计基准日(含)至2021年12月31日(含)多缴纳的所得税款(相比于项目公司与SPV于2021年12月31日前完成吸收合并时，项目公司缴纳的所得税款而言)由越秀中国承担，越秀中国应及时支付给项目公司。

(2)股权交割及工商变更登记安排

①SPV股权交割及工商变更登记安排

在专项计划设立日起10个工作日内，SPV注销越秀中国的出资证明书，并向专项计划签发出资证明书，修改公司章程和股东名册中有关股东的记载。

在专项计划设立日起45个工作日内，中信证券、越秀中国、SPV应共同负责办理《SPV股权转让协议》约定的标的股权的工商变更登记手续。中信证券、越秀中国、SPV应就该等工商变更登记手续提供协助(包括按登记机关要求签署工商版本股权转让协议等(如需))，并且越秀中国应向专项计划提供工商变更登记手续所需的全部文件、材料。

中信证券、越秀中国、SPV确认，自专项计划向越秀中国支付完毕全部标的股权转让价款且载于股东名册之日起，专项计划即受让取得标的股权及其全部权益，成为SPV的股东。

②项目公司股权交割及工商变更登记安排

越秀中国与项目公司应当配合SPV在专项计划设立日起45个工作日之内将SPV记载于项目公司的股东名册，注销越秀中国的原出资证明书(如有)，向SPV签发新的出资证明书，并完成标的股权的股权转让工商变更登记。各方应就该等工商变更登记手续提供协助(包括按登记机关的要求签署登记机关版本的股权转让协议等(如需))，并且越秀中国应向SPV提供项目公司工商变更登记手续所需的全部文件、材料。

(3)交割审计安排

在项目公司股权转让工商变更登记完成之日后的3个工作日之内，越秀中国、SPV聘请的审计机构对项目公司进行交割审计，相应审计费用由项目公司承担。其中，交割审计基准日为项目公司股权转让工商变更登记完成之日的前一个自然日。越秀中国和项目公司应当积极配合审计机构的交割审计工作。

本基金预计募集资金约人民币19.55亿元。SPV将以约人民币19.53亿元对价从原始权益人处取得项目公司100%的股权。根据越秀(中国)与SPV拟签署的《项目公司股权转让协议》约定，股权的最终转让价格在公募基金成功设立后，将根据公募基金募集资金情况进行调整。基础设施基金和专项计划预留费用主要包括基础设施基金和专项计划的初始直接交易费用等，乃根据市场数据进行预测，预计金额约为人民币150万元。

3. 期后事项

如本项目未在约定时间内完成反向吸收合并,则项目公司现金流无法按既定计划以股东借款利息的形式直接归集至专项计划。本项目现金流归集将根据实际情况,采取以下替代方式归集,作为反向吸并完成前的现金流归集过渡期方案:(1)方案一:项目公司向SPV分红,再通过股东借款利息形式归集至专项计划,截至2021年6月30日,项目公司未分配利润达1.74亿元,可满足2021年及2022年的项目公司层面现金流通过分红方式归集的未分配利润规模要求;(2)方案二:项目公司层面现金流通过往来款的方式先借予SPV,再通过股东借款利息形式归集至专项计划。

附录4 汉孝高速项目估值

于评估基准日2021年6月30日,汉孝高速公路特许经营权的评估结果为228 600万元。评估采用收益法,具体而言,采用资产的税前自由现金流折现方法对特许经营权进行评估。

资产估值现金流公式为:

$$P=\sum_{t=1}^{n} FCFFBT_t(1+r)^{-t}$$

其中:$FCFFBT_t$:未来第t年资产所创造的税前自由现金流;r:对应的税前折现率;n:收益期限按政府批文中的收费年限确定;税前自由现金流($FCFFBT$)=$EBITDA$-资本性支出-营运资金追加额+期末营运资金回收额+期末固定资产回收额;$EBITDA$=息税前利润+折旧及摊销=净利润+所得税+利息支出+折旧及摊销。

表4 越秀交通部分财务数据 单位:万元

	2021年报	2021中报	2020年报
净利润	179 269.40	63 292.80	40433.60
财务费用	69 914.30	36 421.50	77 939.80
固定资产折旧	2 484.50	1 251.20	2 624.00
无形资产摊销	106 315.40	53 212.10	94 991.80
购建固定资产、无形资产及其他长期资产所支付的现金	101 273.40	11 935.80	32 337.00
处置固定资产、无形资产及其他长期资产所支付的现金	203 120.30	15.60	115.10
流动资产	329 295.20	226 046.50	187 804.30
流动负债	459 383.30	351 959.60	423 293.00

数据来源:根据越秀交通年报数据整理 http://www.yuexiutransportinfrastructure.com/teachers.aspx?TypeId=131&FId=t26:131:26

启发思考题

1. 什么是REITs?基于本案例,请总结这种新型融资方式的特点及适用条件.
2. 高速公路行业企业近几年面临着哪些风险与挑战?在这样的行业背景下,越秀交通发行 REITs 的动机是什么？

3. 越秀交通发行 REITs 过程中涉及几次企业合并？在这个过程中，SPV 起到了什么作用？

4. 发行 REITs 后越秀交通企业价值的提升体现在哪些方面？请结合案例材料分析变化原因．你如何评价越秀交通发行 REITs 这一行为？

案例四
使用说明

案例五

风险忽视还是管控无效？——BK 公司老总停职后的反思①

0 引 言

在国家《“十三五”生物产业发展规划》的支持下，武汉市生物农业领域充满活力。为响应国家号召，充分利用利好政策，BK 生物农业公司（下文简称“BK 公司”）积极融资开发现代生物农业园区建设项目（以下简称“新产业园项目”）。2020 年初新冠肺炎疫情爆发，对生物农业造成巨大冲击。为了支持疫情下生物农业的继续发展，2020 年 2 月，党中央召开“统筹推进新冠肺炎疫情防控和经济社会发展工作部署会议”，习近平总书记提出：要积极扩大国内有效需求，用好中央预算内投资、专项债券资金和政策性金融，优化投向结构。会议精神为 BK 公司带来了曙光，2020 年 4 月，BK 公司向中国农业发展银行（以下简称“农发行”）H 支行借入 7 亿元政策性中长期贷款，用于建设新产业园项目。

然而，仅在短短一年内，BK 公司便陷入了被迫停产、无力付息的局面。2021 年 3 月 3 日上午，BK 公司总经理王冲收到一封《关于公司有关贷款事项的告知函》，函中明确表示：由于受到整个生物农业领域的不利影响，公司遭受严重亏损且目前被迫停产，截至告知函发出之日起，公司已无偿付任何贷款本息的能力，将停止支付一切贷款本息。祸不单行的事实是：公司人资部对于王冲的停职通知书几乎同时到达。政策性中长期贷款本是在疫情背景下帮扶企业可持续发展的一项利好政策，BK 公司为何会陷入无法偿债的困境？是风险忽视还是管控无效？王冲摘下眼镜，揉了揉眼眶，深深陷入了对公司无法偿还这笔政策性中长期贷款的思考……

1 进退维谷，路在何方

近年来我国一直对生物农业领域给予高度重视，为了促进传统农业向先进生物农业的转

① 本案例由武汉理工大学沈俊、黄亦宸、李一帆、张舒晴、罗惠琳撰写，作者拥有著作权中的署名权、修改权、改编权。本案例授权中国管理案例共享中心使用，中国管理案例共享中心享有复制权、修改权、发表权、发行权、信息网络传播权、改编权、汇编权和翻译权。由于企业保密的要求，在本案例中对有关名称、数据等做了必要的掩饰性处理。但不影响案情对教学的支持。本案例只供课堂讨论之用，并无意暗示或说明某种管理行为是否有效。

化,相继出台了《国家中长期科学和技术发展规划纲要》《中国生物产业发展报告》《生物产业发展规划》等一系列政策,提出生物产业是我国的一项战略性新兴重点发展产业,为促进我国人口健康,保障粮食产业的快速发展,需要加快新产品研发,积极推进生物产业的有序、高效发展。

2019 年,BK 公司为开发新产业园项目,已向农发行 H 支行借入 5 000 万元信用贷款,并于 2020 年 3 月 3 日全部偿还完毕。但 2020 年该项目逐步正式推进开展后,BK 公司仍需大量资金投入。据测算,项目共需要总投资 101 041.07 万元,其中:工程费用 78 484.61 万元、工程建设其他费 5 895.51 万元、基本预备费 4 219.01 万元、专项费用 5 606.43 万元、建设期利息 6 835.50 万元。公司已有项目资本金 31 041.07 万元,占比 30.72%,还有 70 000 万元的资金缺口需要进行外部融资,占比 69.28%。

面对迫在眉睫的巨大资金缺口,总经理王冲进退维谷。在可能获得的资金来源中,公司目前只能通过贷款填补资金缺口。可是公司正处于扩张期,可供抵押的财产较少。且集团公司由于已为其他子公司提供了额度较大的担保,难以再为 BK 公司提供 7 亿元的担保。在没有抵押、担保的情况下,公司如果想要继续贷款,就只能获得信用贷款。

但王冲对信用贷款不抱太大希望,多年贷款经验告诉他,在不提供抵押、担保的情况下,进行贷款对公司信用以及银企关系的要求都很高。虽然此前与 H 支行有 5 000 万元信用贷款的合作,但还不足以为新产业园需要的 7 亿元资金作保。独自思索无果后,王冲召集公司高层商讨新产业园项目资金筹措困境的解决之道。

2 风险暗涌,危机共存

BK 公司的会议室内,气氛显得有些沉默,面对王冲抛出的难题,众人脸上满是凝重之色。财务总监首先打破沉寂,提起一则新闻:农发行于 2020 年 2 月 28 日印发《关于加强农业政策性金融服务,统筹做好支持疫情防控和企业有序复工复产工作的实施意见》(以下简称"实施意见"),该实施意见重点推出六项差异化信贷措施,允许支行适度容缺办理信贷业务,且准许客户临时性延期还本付息。与实施意见配套的优惠政策也明确倾斜信贷资源,对疫情防控应急贷款单列计划全额保障、划设 1 200 亿元专项信贷额度支持中小微企业复工复产,并单独追加受疫情影响较大地区信贷规模。

不过,财务总监还是有些不安。他提出:由于自主创新能力不足,生物农业领域的发展目前正遭遇瓶颈。受到行业下行和疫情的叠加影响,公司 2019 年就未获盈利。虽然政策性中长期贷款的利率相对较低,一定程度上可以缓解公司未来的付息压力,但 7 亿元的负债一旦背上,公司收入不稳定和贷款偿还的矛盾必然加剧。而且,高负债率很有可能让公司运营如履薄冰,不仅会降低企业面对危机的应对能力,也使公司未来进一步筹资变得更加困难。

基于上述原因,虽然财务总监提出了申请政策性中长期贷款的方案,但他综合考虑了偿债风险、企业还本付息的压力以及逾期后企业失信的后果,仍然认为在申请贷款金额方面需审慎考虑,7 亿元的资金缺口不宜全部由贷款来填补。

王冲暗自掂量,新产业园项目的落地实施是 BK 公司巩固行业地位的关键一环,政策性中长期贷款规模大、利率低且还款周期长,正好适合新产业园项目。而且,在当前金融支持经济持续恢复和高质量发展背景下,农发行作为我国唯一一家农业政策性银行,在支持乡村振兴、服务脱贫攻坚、促进地方实体经济发展中占据越来越重要的地位。农发行的政策性中长期贷款着重服从于国家现实和长远的经济发展战略和产业政策，公司新产业园项目与生物产业相关，属于疫情后国家重点扶持产业，正好可以申请以政府信用提供担保的政策性中长期贷款。于是他更加坚定地说服会议室众人，“我们项目这笔资金需求很急，项目已经开启了，正等着大量资金流通。何况存在亏损是由于公司正处于扩张期，前期生产经营有所亏损也属于正常现象。再说，2020 年国内生物农业产业投资浪潮正盛，公司必须抓住这股投资热潮重振旗鼓、转亏为盈。”

公司高层经过会议商讨，认为在中央积极促进生物农业科技创新和成果转化应用的背景下，如果新产业园项目申请政策性中长期贷款可以通过农发行贷款审批，这笔资金的确可以解决项目资金的困境。最后，关于申请政策性中长期贷款的讨论结束，BK 公司确认新产业园项目 7 亿元资金缺口全部向 H 支行申请政策性中长期贷款。

3　测险明度，成功借贷

2020 年 4 月，王冲来到农发行 H 支行，对副行长丁鑫表示 BK 公司的新产业园建设有 7 亿元的资金缺口，需要申请政策性中长期贷款。

查看王冲提供的新产业园项目的资料后，丁鑫组织专班对此次贷款进行了紧急评估。他们发现项目第一还款来源为项目自身收益，主要是新产业园的租赁收入。经过周密计算，丁鑫得出运营期总收入预计为 121 177.96 万元，而贷款本息为 96 095.8 万元，第一还款来源可以覆盖贷款本息；新产业园项目投资税前财务内部收益率为 7.72%，税后财务内部收益率为 6.12%，高于基本收益率 6%。

项目综合偿债备付率为 1.2，高于 1 低于 1.3，这说明项目具备足够的还本付息能力，符合农发行申请政策性中长期贷款的条件，但结合国内市场环境考虑，可能还存在潜在的财务风险。丁鑫此时有些踌躇，却又考虑到 H 支行最近下了指标任务，若是这 7 亿元贷款能给 BK 公司办理下来，指标任务的完成指日可待。

在丁鑫的积极推动下，风险评估完毕之后，H 支行认为对 BK 公司的 7 亿元政策性中长期贷款风险整体可控，同意了贷款要求并阶段性发放贷款，截至 2020 年 7 月，7 亿元贷款全部发放完成。

4　避险不及，无力偿还

获得足额贷款后，由于项目进度与贷款到位时间并不匹配，BK 公司账上一时多了大量闲置资金，王冲便将闲置的部分贷款资金用于弥补以前因经营不善导致的亏损。到了 H 支行贷后跟踪控制时点，信贷员来到 BK 公司对新产业园项目进行检查。但是该信贷员当时所负责的贷款规模、管辖地域及其他工作量已达到了饱和状态。根据工作经验判断，该信贷员认为 BK 公司贷款仅仅几个月，不至于达到难以付息的境地，对项目进行了流程化检查后就回行里向丁鑫复命了。

始料未及的是，2020 年末，BK 公司陷入了与其他银行的金融借款纠纷案。而且，由于 BK 公司自主研发能力不足，与其他企业的产品同质化现象严重，陷入价格竞争的恶性循环。2021 年初，BK 公司收入骤降，未偿还的贷款本息越积越多，资产负债率远超行业均值，同时达到了公司历史最高值。直至 2021 年 3 月 3 日，BK 公司发出《关于公司有关贷款事项的告知函》，告知债权人，公司已无偿付任何贷款本息的能力，将停止支付一切贷款本息。不久之后，虽然BK公司的上属集团公司帮忙承担了部分债务，但是作为总经理，王冲也难以置身事外，他在收到停职通知之后感到懊悔不已。政策性中长期贷款申请不需要抵押和担保，在如此优惠的政策条件下，王冲忽视了维持企业信用的重要性，也忽视了资产负债率过高可能给企业带来的困境。在申请贷款时，如果他能将遵守诚信，将按时还款置于第一要位，就会做好充分的风险评估，及时发现风险并进行管控。申请贷款后，如果他能提前进行资金预算并严格执行，制定合理的资金应急预案，也不至于使公司陷于资不抵债的窘迫境地。王冲追悔莫及，陷入了深深的反思……

启发思考题

1. 疫情背景下，BK公司为什么选择政策性中长期贷款？政策性中长期贷款有什么特点？

2. BK公司在风险识别环节是否存在问题？如果你是BK公司的管理层，你将如何识别生物农业园区建设项目的政策性贷款风险？

3. 请使用敏感性分析法，评估该案例中政策性贷款项目的风险？

4. 风险管理的基本策略有哪些？BK公司在风险管控环节是否存在问题？如果你是BK公司管理层，你会如何规避和控制政策性贷款风险？

5. 诚信经营理念下，企业应如何正确认识、合理利用政策性中长期贷款？

案例五
使用说明

附录

表 1 **BK 公司新产业园项目运营期营业收入估算表**

序号	项目 \ 年份	合计	运营期									
			4 年	5 年	6 年	7 年	8 年	9 年	10 年	11 年	12 年	13 年
一	营业收入(万元)	121177.96	11415.59	11415.59	11415.59	11986.37	11986.37	11986.37	12585.69	12585.69	12585.69	13214.98
1	生产用房租赁收入(万元)	111814.02	10533.46	10533.46	10533.46	11060.14	11060.14	11060.14	11613.14	11613.14	11613.14	12193.80
	租赁面积(平方米)	72147.00	72147.00	72147.00	72147.00	72147.00	72147.00	72147.00	72147.00	72147.00	72147.00	72147.00
	单价指标	4.00	4.00	4.00	4.00	4.20	4.20	4.20	4.41	4.41	4.41	4.63
	平均出租率(%)		100	100	100	100	100	100	100	100	100	100
2	办公用房租赁收入(万元)	9363.94	882.13	882.13	882.13	926.24	926.24	926.24	972.55	972.55	972.55	1021.18
	租赁面积(平方米)	20140.00	20140.00	20140.00	20140.00	20140.00	20140.00	20140.00	20140.00	20140.00	20140.00	20140.00
	单价指标	1.20	1.20	1.20	1.20	1.26	1.26	1.26	1.32	1.32	1.32	1.39
	平均出租率(%)		100	100	100	100	100	100	100	100	100	100

表 2 **BK公司新产业园项目总成本费用估算表** 单位:万元

序号	项目＼年份	合计	建设期			运营期									
			1年	2年	3年	4年	5年	6年	7年	8年	9年	10年	11年	12年	13年
1	经营成本	405.40				36.00	36.00	36.00	39.60	39.60	39.60	43.56	43.56	43.56	47.92
1.1	职工薪酬	337.83				30.00	30.00	30.00	33.00	33.00	33.00	36.30	36.30	36.30	39.93
1.2	其它管理费用	67.57				6.00	6.00	6.00	6.60	6.60	6.60	7.26	7.26	7.26	7.99
2	折旧额	46180.19				4618.02	4618.02	4618.02	4618.02	4618.02	4618.02	4618.02	4618.02	4618.02	4618.02
3	摊销费	978.07				97.81	97.81	97.81	97.81	97.81	97.81	97.81	97.81	97.81	97.81
4	利息支出	19260.30				3255.00	2994.60	2729.55	2450.55	2148.30	1832.10	1501.95	1148.55	785.85	413.85
5	总成本费用合计(1+2+3+4)	66823.96				8006.83	7746.43	7481.38	7205.98	6903.73	6587.53	6261.34	5907.94	5545.24	5177.60
5.1	其中：可变成本	67.57				6.00	6.00	6.00	6.60	6.60	6.60	7.26	7.26	7.26	7.99
5.2	固定成本	66756.40				8000.83	7740.43	7475.38	7199.38	6897.13	6580.93	6254.08	5900.68	5537.98	5169.61

表 3　　BK 公司新产业园项目利润及利润分配表　　单位：万元

序号	项目 \ 年份	合计	建设期			运营期									
			1 年	2 年	3 年	4 年	5 年	6 年	7 年	8 年	9 年	10 年	11 年	12 年	13 年
1	营业收入	121177.96				11415.59	11415.59	11415.59	11986.37	11986.37	11986.37	12585.69	12585.69	12585.69	13214.98
2	税金及附加	291.21											47.09	119.09	125.03
3	总成本费用	66823.96				8006.83	7746.43	7481.38	7205.98	6903.73	6587.53	6261.34	5907.94	5545.24	5177.60
4	补贴收入														
5	利润总额(1—2—3+4)	54062.80				3408.77	3669.17	3934.22	4780.40	5082.65	5398.85	6324.36	6630.67	6921.36	7912.35
	以前年度亏损														
6	弥补以前年度亏损														
7	应纳税所得额(5—6)	54062.80				3408.77	3669.17	3934.22	4780.40	5082.65	5398.85	6324.36	6630.67	6921.36	7912.35
8	所得税	13515.70				852.19	917.29	983.56	1195.10	1270.66	1349.71	1581.09	1657.67	1730.34	1978.09
9	净利润(5—8)	40547.10				2556.58	2751.88	2950.67	3585.30	3811.99	4049.14	4743.27	4973.00	5191.02	5934.26
10	期初未分配利润														
11	可供分配的利润(9+10)	40547.10				2556.58	2751.88	2950.67	3585.30	3811.99	4049.14	4743.27	4973.00	5191.02	5934.26
12	提取法定盈余公积金	4054.71				255.66	275.19	295.07	358.53	381.20	404.91	474.33	497.30	519.10	593.43
13	可供投资者分配的利润(11—12)	36492.39				2300.92	2476.69	2655.60	3226.77	3430.79	3644.22	4268.94	4475.70	4671.92	5340.84
14	应付优先股股利														
15	提取任意盈余公积金														
16	应付普通股股利(13—14—15)														

表 4 **BK 公司新产业园项目投资现金流量表** 单位：万元

序号	年份 / 项目	合计	建设期			运营期									
			1 年	2 年	3 年	4 年	5 年	6 年	7 年	8 年	9 年	10 年	11 年	12 年	13 年
1	现金流入	175060.76				11415.59	11415.59	11415.59	11986.37	11986.37	11986.37	12585.69	12585.69	12585.69	67097.78
1.1	营业收入	121177.96				11415.59	11415.59	11415.59	11986.37	11986.37	11986.37	12585.69	12585.69	12585.69	13214.98
1.2	补贴收入														
1.3	回收固定资产余值														53882.80
1.4	回收流动资金														
2	现金流出	94902.17	69589.50	17604.21	7011.86	36.00	36.00	36.00	39.60	39.60	39.60	43.56	90.65	162.65	172.95
2.1	建设投资	94205.57	69589.50	17604.21	7011.86										
2.2	流动资金														
2.3	经营成本	405.40				36.00	36.00	36.00	39.60	39.60	39.60	43.56	43.56	43.56	47.92
2.4	税金及附加	291.21											47.09	119.09	125.03
2.5	维持运营投资														
3	所得税前净现金流量	80158.59	−69589.50	−17604.21	−7011.86	11379.59	11379.59	11379.59	11946.77	11946.77	11946.77	12542.13	12495.05	12423.04	66924.83
4	累计税前净现金流量		−69589.50	−87193.71	−94205.57	−82825.97	−71446.38	−60066.78	−48120.01	−36173.24	−24226.46	−11684.33	810.72	13233.75	80158.59
5	调整所得税	18330.78				1665.94	1665.94	1665.94	1807.74	1807.74	1807.74	1956.58	1944.81	1926.80	2081.55
6	所得税后净现金流量	61827.81	−69589.50	−17604.21	−7011.86	9713.65	9713.65	9713.65	10139.04	10139.04	10139.04	10585.55	10550.24	10496.24	64843.28
7	累计税后净现金流量		−69589.50	−87193.71	−94205.57	−84491.91	−74778.26	−65064.61	−54925.57	−44786.54	−34647.50	−24061.95	−13511.71	−3015.47	61827.81
8	所得税前净现金现值流量	11982.57	−65650.47	−15667.68	−5887.29	9013.70	8503.49	8022.16	7945.29	7495.55	7071.28	7003.46	6582.23	6173.87	31376.97
9	累计税前净现金现值流量		−65650.47	−81318.16	−87205.45	−78191.74	−69688.25	−61666.08	−53720.79	−46225.24	−39153.96	−32150.50	−25568.27	−19394.40	11982.57
10	调整所得税现值	11195.85				1319.58	1244.89	1174.42	1202.25	1134.20	1070.00	1092.54	1024.50	957.56	975.91
11	所得税后净现金现值流量	786.72	−65650.47	−15667.68	−5887.29	7694.12	7258.61	6847.74	6743.04	6361.36	6001.28	5910.92	5557.73	5216.31	30401.06
12	累计税后净现金现值流量		−65650.47	−81318.16	−87205.45	−79511.32	−72252.72	−65404.98	−58661.94	−52300.58	−46299.30	−40388.38	−34830.65	−29614.34	786.72

计算指标	所得税前				所得税后	
财务内部收益率：	7.72%				6.12%	
财务净现值（ic=6%）：	11982.57			万元	786.72	万元
静态投资回收期（含建设期）：	10.94			年	12.05	年
动态投资回收期（含建设期）：	12.62			年	12.05	年

附录

国家支持创新创业资金的政策和法规一览表

序号	文件名称	发文单位	发文批号与日期	发文日期	主要内容
1	关于印发《中关村国家自主创新示范区优化创新创业生态环境支持资金管理办法》的通知	北京市科学技术委员会、中关村科技园区管理委员会、北京市财政局	京科发【2024】20号	2024.10.31	支持科技成果转化、创新创业公共服务平台建设和提升科技服务专业能力，具体包括支持内容、支持条件、支持方式及金额标准
2	科技部办公厅关于印发《“创新积分制”工作指引(全国试行版)》的通知	科技部办公厅	国科办资【2024】84号	2024.08.02	企业创新积分评价指标及权重明细、企业数据汇集及分析方法、“创新积分制”应用建议
3	国务院办公厅关于印发《促进创业投资高质量发展的若干政策措施》的通知	国务院办公厅	国办发【2024】31号	2024.06.15	培育多元化创业投资主体、多渠道拓宽创业投资资金来源、加强创业投资政府引导和差异化监管、健全创业投资退出机制、优化创业投资市场环境
4	关于进一步支持专精特新中小企业高质量发展的通知	财政部、工业和信息化部	财建【2024】148号	2024.06.14	2024—2026年，通过中央财政资金支持重点产业链、工业“六基”及战略性新兴产业、未来产业领域的“小巨人”企业打造新动能、攻坚新技术、开发新产品、强化产业链配套能力，同时支持地方加大对专精特新中小企业培育赋能
5	关于加强科技型企业全生命周期金融服务的通知	金融监管总局	金发【2024】2号	2024.01.05	持续深化科技金融组织管理机制建设、形成科技型企业全生命周期金融服务、扎实做好金融风险防控、加强组织保障和政策协同
6	《浦东新区综合改革试点实施方案(2023—2027年)》	中共中央办公厅、国务院办公厅	国务院公报2024年第4号	2024.01.22	加大规则标准等开放力度，打造制度型开放示范窗口；完善科技创新体系，建设开放创新生态；深化人才发展体制机制改革，加快建设高水平人才高地；深化政府职能转变，激发各类经营主体活力；深化人民城市建设实践，探索超大城市治理新路

续表

序号	文件名称	发文单位	发文批号与日期	发文日期	主要内容
7	关于印发《中央引导地方科技发展资金管理办法》的通知	财政部、科技部	财教【2023】276号	2023.12.28	中央引导地方科技发展资金用于支持重大科技任务、区域科技创新体系建设、科技创新基地建设、科技成果转移转化、自由探索类基础研究,引导资金采取项目法和因素法相结合的方法分配
8	关于印发《普惠金融发展专项资金管理办法》的通知	财政部	财金【2023】75号	2023.09.04	创业担保贷款奖补政策、中央财政支持普惠金融发展示范区奖补政策、农村金融机构定向费用奖补政策、资金分配方法、预算管理方法
9	关于印发《企业技术创新能力提升行动方案(2022—2023年)》的通知	科技部、财政部	国科发区【2022】220号	2022.08.05	推动惠企创新政策扎实落地、建立企业常态化参与国家科技创新决策的机制、引导企业加强关键核心技术攻关、支持企业前瞻布局基础前沿研究、促进中小企业成长为创新重要发源地、加大科技人才向企业集聚的力度、强化对企业创新的风险投资等金融支持、加快推进科技资源和应用场景向企业开放、加强产学研用和大中小企业融通创新
10	关于开展"携手行动"促进大中小企业融通创新(2022—2025年)的通知	工业和信息化部、国家发展和改革委员会、科学技术部、财政部、人力资源和社会保障部、中国人民银行、国务院国有资产监督管理委员会、国家市场监督管理总局、中国银行保险监督管理委员会、国家知识产权局、中华全国工商业联合会	工信部联企业【2022】54号	2022.05.12	以创新为引领,打造大中小企业创新链;以提升韧性和竞争力为重点,巩固大中小企业产业链;以市场为导向,延伸大中小企业供应链;以数字化为驱动,打通大中小企业数据链;以金融为纽带,优化大中小企业资金链;以平台载体为支撑,拓展大中小企业服务链;以队伍建设为抓手,提升大中小企业人才链

续表

序号	文件名称	发文单位	发文批号与日期	发文日期	主要内容
11	科技部办公厅关于营造更好环境支持科技型中小企业研发的通知	科技部办公厅	国科办区【2022】2号	2022.01.11	从优化资助模式、完善政策措施、集聚高端人才、创造应用场景、夯实创新创业基础条件等方面，形成支持科技型中小企业研发的制度安排，支持科技型中小企业开展关键核心技术攻关

参考文献

Honjo Y, Iwaki Y, Kato M. Outside or inside the firm? The impact of debt financing on the exit routes of start-up firms[J]. Small Business Economics, 2024, (prepublish): 1—24.

Majeed O. The Role of Innovation and Entrepreneurship in Economic Growth, by Michael J. Andrews, Aaron Chatterji, Josh Lerner and Scott Stern (National Bureau of Economic Research, Cambridge, MA, 2022), pp. xi +620. [J]. Economic Record, 2023, 99(326): 459—461.

Prenzel P, Bosma N, Schutjens V, et al. Cultural diversity and innovative entrepreneurship[J]. Small Business Economics, 2024, 63(4): 1381—1414.

Schumpeter A J. The Theory of Economic Development[M]. Taylor and Francis: 2021—01—12.

鲍珩森，吴超鹏. 风险投资能抑制企业食药品安全违规吗[J]. 会计研究，2024(02)：154—168.

蔡莉，杨亚倩，詹天悦，等. 数字经济下创新驱动创业过程中认知、行为和能力的跨层面作用机制——基于三一集团的案例研究[J/OL]. 南开管理评论，1—24(录用定稿).

蔡亮华，陈伟俊，杨红梅，等. 商业计划书[M]. 北京：企业管理出版社，2022.

陈红川，魏璐璐，李云健，等. 管理创新如何影响企业竞争优势——新冠疫情冲击下组织韧性与政府支持的作用[J]. 广东财经大学学报，2021，36(05)：90—102.

陈静. 区块链技术下互联网金融的风险演化及防范[J]. 宏观经济管理，2019(04)：76—84.

陈荣达，余乐安，金骋路. 中国互联网金融的发展历程、发展模式与未来挑战[J]. 数量经济技术经济研究，2020，37(01)：3—22.

陈为民，杨泽俊，陈依. 借款描述对互联网金融信用风险的影响研究[J]. 财经理论与实践，2022，43(6)：24—30.

陈伟，张筱典. 风险投资机构二元关系的演变及其退出效应研究[J]. 南京审计大学学报，2024，21(2)：79—87.

陈霞，朱新兰，王兮泽. 企业融资策略与商业思维[M]. 北京：人民邮电出版社，2023.

陈欣怡，沈俊，芦静，等. 科技金融生态环境对高新技术企业成长性影响研究[J]. 武汉理工大学学报(信息与管理工程版)，2023，45(02)：273—280.

德鲁克. 创新与企业家精神[M]. 北京：机械工业出版社，2022.

邓立治，邓张升，唐雨歆. 商业计划书案例[M]. 北京：机械工业出版社：2022.

杜什尼茨基，余雷，路江涌. 公司创业投资：文献述评与研究展望[J]. 管理世界，2021，37(07)：198—216+14+18—25.

段勇倩，陈劲. 风险投资如何影响企业创新？——研究述评与展望[J]. 外国经济与管理，

2021,43(01):136－152.

范方勇,沈俊,刘元林.武汉市科技金融生态发展研究[M].武汉:武汉理工大学出版社,2018.

范琳琳,周铭山.风险投资经验、投资行为与初创科技企业存活——基于风险投资税收优惠的准自然试验[J].管理科学学报,2023,26(12):135－154.

房汉廷.中国科技金融发展未来之像[J].科技与金融,2023(05):3－7.

冯日欣,刘砚平.我国融资租赁业发展现状及策略研究[J].东岳论丛,2016,37(03):125－132.

高烽,王树文,王志诚.科技 PPT 演示文稿编排方法[M].杭州:浙江大学出版社,2021.

高昊.关于中小企业融资问题的探索——从企业外源融资的角度分析[J].全国流通经济,2021(13):87－89.

宫义飞,张可欣,徐荣华,等.政府引导基金发挥了“融资造血”功能吗[J].会计研究,2021,(04):89－102.

郭复初,王庆成.财务管理学[M].北京:高等教育出版社,2014.

郭菊娥,熊洁.股权众筹支持创业企业融资问题研究[J].华东经济管理,2016,30(01):179－184.

何宇城.聚焦战略落地和价值创造,持续推进中国宝武特色商业计划书管理[J].冶金财会,2023,42(11):4－7＋14.

胡方.互联网金融创新创业教程[M].武汉:武汉大学出版社,2021.

胡奕馨.北京中关村科技金融生态圈模式建设及启示[J].中小企业管理与科技(中旬刊),2017(11):64－65.

黄福广,柯迪,张振泽,等.多轮次融资对创业企业价值的影响机制研究——以启奥科技为例[J].管理案例研究与评论,2019,12(01):26－40.

贾康,韩娇.创新创业对经济高质量发展的影响及其空间溢出效应:数字化转型的中介作用[J].经济体制改革,2023(06):33－42.

江涛涛,王文华.企业数字化转型背景下商科创新创业人才的培养[J].教育与职业,2021(03):98－102.

金鑫,张敏,孙广华,等.众创空间、初创企业与风险投资的合作策略及投资决策研究[J].管理工程学报,2023,37(02):183－196.

李海波.董事责任保险与企业过度负债——基于信贷配置视角[J].财会通讯,2023(22):54－58.

李军.浅析我国融资租赁业发展的现状、问题与对策[J].中国管理信息化,2019,22(05):124－127.

李利明,曾人雄.1979－2006 中国金融大变革[M].上海:上海人民出版社,2007.

李心丹,束兰根.科技金融:理论与实践[M].南京:南京大学出版社,2013.

李占雷,李瑞,徐勇强.互助担保融资关联信用风险传染研究——基于借款方违约视角[J].会计之友,2023(11):25－31.

林兢,陈翔,张香玉.新租赁准则对我国酒店业的预期影响及对策——以锦江股份为例[J].财会月刊,2020(03):71－79.

刘宾.基于区块链技术的互联网金融风险防范探究[J].会计之友,2024(19):155－161.

刘鹏林，谷文臣．风险投资、代理成本与高管在职消费[J]．财会月刊，2022(12)：65－74．

刘志阳，林嵩，邢小强．数字创新创业：研究新范式与新进展[J]．研究与发展管理，2021，33(01)：1－11．

鲁银梭，张月莉．创业企业的多阶段风险投资决策指标研究——基于摩拜和ofo的多案例比较[J]．财会月刊，2022(05)：95－104．

陆毛忠．基于股权融资的商业计划书编制初探——以Z公司为例[J]．全国流通经济，2021(10)：85－87．

陆岷峰．企业数字化与数字供应链金融融合发展研究[J]．会计之友，2022(22)：2－9．

马铁群，郭家宝．互联网金融、金融脱媒与中小企业融资约束[J]．会计之友，2021(16)：112－118．

马永斌，柏喆．大学创新创业教育的实践模式研究与探索[J]．清华大学教育研究，2015，36(06)：99－103．

孟繁玲．商业计划书里必备的"2H6W"[J]．成才与就业，2020(10)：36－37．

宁金辉．绿色信贷政策与企业融资租赁[J]．当代财经，2022(06)：139－148．

彭华涛，吴双．社会网络视角下内源与外源融资对创业绩效的影响[J]．科技进步与对策，2023，40(15)：32－42．

戚湧，宋佳阳，张远．风险投资进入时机、外部环境与企业创新投入[J]．科技进步与对策，2022，39(12)：82－91．

乔金杰，李思瑾，黄贤环．创业企业社会资本、融资约束与财务柔性[J]．会计之友，2022(21)：124－131．

沈俊，陈欣怡．武汉市科技金融促进科技创新的政策文本研究——基于政策工具与创新阶段二维视角[J]．武汉金融，2021(06)：81－88．

沈俊，刘元林．科技成果转化的金融动力机制研究——以武汉市为例[M]．武汉：武汉理工大学出版社，2021．

沈睿，卢青云，杨俊．风险投资与创业企业互动关系的理论框架与未来研究展望[J]．研究与发展管理，2023，35(01)：89－104．

施国平．国企进行风险投资能培育创业企业创新吗？[J]．管理评论，2023，35(08)：157－170．

史燕平，陈乾，刘微，等．租赁融资会促进企业创新吗？[J]．技术经济，2021，40(04)：19－28．

史燕平，杨汀，庞家任．去产能政策与融资租赁[J]．金融研究，2021(04)：73－91．

史燕平，杨文涛．资本结构偏离与融资租赁决策——基于资本结构动态权衡理论[J]．经济与管理评论，2022，38(01)：78－91．

宋华，韩思齐，刘文诣．数字技术如何构建供应链金融网络信任关系？[J]．管理世界，2022，38(03)：182－200．

Sophie．PPT演讲力[M]．北京：人民邮电出版社，2021．

田鹏．深交所组织上市公司开展境外路演全方位宣介中国资产投资新机遇[N]．证券日报，2024－11－11(A03)．

拓晓瑞，徐久香．广东省科技金融结合的发展历程与创新实践研究[J]．科技管理研究，2017，37(24)：98－104．

王聪聪，党超，徐峰，等. 互联网金融背景下的金融创新和财富管理研究[J]. 管理世界，2018，34(12)：168－170.

王琪. 商业计划书写作与通用模板[M]. 北京：人民邮电出版社，2021.

王万竹，王颖，韦斐琼. 商业计划书撰写教程[M]. 南京：南京大学出版社，2023.

王尧禹. 创新型企业利用风险投资融资模式分析——以 ofo 共享单车为例[J]. 湖北经济学院学报(人文社会科学版)，2017，14(11)：42－44.

王轶，陆晨云. 财政扶持政策能否提升返乡创业企业创新绩效？——兼论企业家精神的机制作用[J]. 产业经济研究，2022(04)：59－71.

温瑶，李翠妮，王正斌，等. 创业企业身份特征、组织场域对创业融资的影响[J]. 科技进步与对策，2023，40(16)：62－71.

吴友. 风险投资管理参与、数字化转型与企业创新[J]. 上海经济研究，2023(05)：78－92.

吴雨轩，李九斤，袁冬梦. 风险投资、社会责任与价值创造[J]. 会计之友，2023(02)：44－53.

谢乔昕，王斐波. 浙江省科技创新与金融协同效应研究[J]. 技术与创新管理，2016，37(3)：250－255.

闫冬，朱芸加，赵浩凯. 私募股权投资管理[M]. 北京：企业管理出版社，2022.

严炳卫. 论融资租赁行业发展现状及未来发展趋势[J]. 中国市场，2021(36)：25－26.

杨敏，于赓琦. 以投资退出视角论 PE/VC 股权投资协议条款设置及争议解决[M]. 上海：上海社会科学院出版社，2023.

殷贵梅. 多方共担风险的科技金融苏州模式研究[J]. 金融纵横，2016(7)：77－82.

于淼，李亚欣，朱方伟，等. 转型经济背景下的大企业战略性内部创业与制度逻辑变迁：一个共演模型[J]. 管理世界，2024，40(03)：161－180.

余江，孟庆时，张越，等. 数字创业：数字化时代创业理论和实践的新趋势[J]. 科学学研究，2018，36(10)：1801－1808.

员明. 股权众筹融资模式运作流程问题探究——以京东东家为例[J]. 财会通讯，2018(26)：16－20.

云乐鑫，杨俊，张玉利. 创业企业如何实现商业模式内容创新？——基于“网络－学习”双重机制的跨案例研究[J]. 管理世界，2017(04)：119－137＋188.

张广冬，邵艳. 风险投资与公司客户稳定性[J]. 会计研究，2022(04)：179－192.

张峻，肖浪. 国美电器有限公司营运资金管理分析[J]. 投资与创业，2023，34(06)：116－118.

张明喜，魏世杰，朱欣乐. 科技金融：从概念到理论体系构建[J]. 中国软科学，2018，328(04)：36－47.

张明喜，赵秀梅. 科技金融中心的内涵、功能及上海实践[J]. 科学管理研究，2016(4)：101－105.

张茜，蔺楠，倪梦媛，等. 性别视角下创业企业融资绩效研究回顾与展望[J]. 研究与发展管理，2022，34(04)：168－182.

张微. PPT 演示文稿版式设计中的形式美法则探究[J]. 电子技术与软件工程，2022(18)：147－151.

张微. 视觉元素在 PPT 演示文稿设计中的运用分析[J]. 电脑知识与技术，2022，18(22)：

87－89.

张曦如，沈睿，路江涌. 风险投资研究：综述与展望[J]. 外国经济与管理，2019，41(04)：58－70＋138.

张勇. 供应链客户稳定度与企业信贷融资——基于我国上市公司银行信用借款的证据[J]. 南方金融，2024(02)：22－39.

张云，宋贺，文凤华. 定向增发中风险投资的角色：制衡抑或串谋？[J]. 管理科学学报，2024，27(09)：98－123.

张真. 农机商业计划书该怎么写[J]. 农机市场，2022(03)：13.

赵昌文. 科技金融[M]. 北京：科学出版社，2009.

赵菁. 新租赁准则调整及会计处理实务分析[J]. 财会通讯，2020(05)：90－93＋98.

赵娜，王博，张珂瑜. 融资租赁、银行信贷与企业投资[J]. 金融研究，2021(01)：150－168.

郑斯文，李贺. 互联网金融[M]. 北京：北京理工大学出版社，2023.

周亮，刘黎一帆. 互联网金融背景下小微企业融资问题研究[J]. 会计之友，2020(12)：43－47.